Weltkulturerbe Lübeck
Denkmalgeschützte Häuser

Klaus J. Groth

WELTKULTURERBE
LÜBECK

Denkmalgeschützte Häuser

Über 1000 Porträts der Bauten
unter Denkmalschutz in der Altstadt
– nach Straßen alphabetisch gegliedert –

SCHMIDT
RÖMHILD

Die Deutsche Bibliothek – CIP-Einheitsaufnahme

Weltkulturerbe Lübeck : denkmalgeschützte Häuser ; über 1000 Porträts der Bauten unter Denkmalschutz in der Altstadt ; nach Straßen alphabetisch gegliedert / Klaus J. Groth. – Lübeck : Schmidt-Römhild, 1999
ISBN 3-7950-1231-7

Impressum
Gesamtherstellung: Schmidt-Römhild, Lübeck

ISBN 3-7950-1231-7

Inhaltsverzeichnis

Vorwort

In den historischen Altstädten mit ihren alten Häusern sahen die Architekten und Stadtplaner der Wiederaufbauzeit nach 1945 eine störende Belastung, die eine zukunftsweisende Entwicklung im Städtebau behindere. Sie erkannten in den zerstörten Städten nicht so sehr das kulturelle Desaster, als vielmehr die Chance des modernen Neubeginns ohne historischen Ballast. Die Bewohner hatten damals ihre Identifikation mit ihren kriegszerstörten Städten weitgehend verloren und schienen für einen modernen Neubeginn empfänglich.
Die praktische Erfahrung hat dann aber gezeigt, daß die neuen Städte gar nicht so human und lebenswert waren, wie besprochen, und daß die moderne Entwicklung die Konzepte sehr schnell überholte. Die neuen Städte sahen alle mehr oder weniger gleich aus, mit den gleichen Wohnblocks, den gleichen Kaufhäusern und den gleichen Verwaltungsbauten. Überall wurden die Städte durch ähnliche Straßen und Verkehrsbauten durchschnitten, die zwar den Zusammenhang der verschiedenen städtischen Funktionen sichern sollten, im Stadtraum die Menschen aber voneinander trennte und die Aufenthaltsqualität am Ort zunehmend verschlechterte. Die Unterscheidung dieser Städte war kaum noch auf Grund ihres individuell geprägten Bildes möglich, außer wenn doch noch ein historisches Gebäude im Blickfeld auftauchte. Das Schlagwort von der „Unwirklichkeit" unserer Städte wurde zum neuen Markenzeichen der „modernen Stadt".
Es zeigte sich, daß Lebensqualität ohne Geschichte nicht zu haben ist. Auch die mittelalterliche Stadt hätte dieses Problem gehabt, wäre sie in einem Jahrzehnt fix und fertig erbaut worden. Da aber Städtebau vor der „Erfindung der Moderne" ein langsamer permanenter Prozeß war, wurde das Bild einer Stadt immer durch historische Vielfalt geprägt. Dieser Prozeß hat das Bild einer Stadt über Generationen hinweg allmählich verändert, nie aber die Spuren der Geschichte vernichtet. Dadurch wurde die Vielfältigkeit des Stadtbildes im historischen Entwicklungsprozeß bis in unsere Zeit gesichert. Dies war ein fundamentales Gesetz des Städtebaus bis die Moderne mit dieser Kontinuität Schluß machte und die Industriealisierung das für diesen Kontinuitätsbruch notwendige wirtschaftliche Potential bereitstellte.
Die Auseinandersetzung der Bewohner mit der neuen Stadt war begleitet von leidvollen Erfahrungen und schmerzlichen Einsichten, die immer mehr zu einer kritischen Haltung führten. Unsere neuen Städte wurden in diesem Erfahrungsprozeß mit viel Geld und Aufwand vielfach umgebaut und weiter „modernisiert". Trotz dieser Anstrengungen wurde aber immer deutlicher, daß nur die Stadt, die ihr modernes Leben mit ihrer Tradition verbindet und ihre historischen Häuser in die Gegenwart integriert, wirkliche Lebensqualität entfaltet und tragfähige Entwicklungschancen hat. Allein die historisch ge-

prägten Städte haben ein individuelles Erscheinungsbild, das ihren Wiedererkennungswert im Spektrum der europäischen Stadt sichert. Sie werden damit zu Orten, an denen sich die Bewohner heimisch fühlen und wohin Gäste gerne zu Besuch kommen. Je länger die in einer Stadt erlebbare Tradition zurückreicht und je älter ihre Häuser sind, um so vielfältiger ist die ortsbezogene Lebensqualität.
Die Geschichte der Häuser im Weltkulturgut Lübecker Altstadt reicht in der Regel über mehrere Jahrhunderte zurück. In manchen Fällen verbirgt sich in ihren Mäuern ein kulturgeschichtlicher Schatz der bis zu 800 Jahre umfassen kann und dessen kultureller Wert manches Archiv vor Neid erblassen läßt. In einem solchen historischen Haus finden sich Zeugnisse der verschiedensten kulturgeschichtlichen Epochen neben- und übereinander, so daß die neueren Befunde meist die älteren verdecken. Das bedeutet aber, daß der größte Teil dieser Kulturgeschichte für den heutigen Betrachter verborgen bleibt, so daß z. B. schon mancher glaubte, vor einem durchweg klassizistischen Haus zu stehen, obwohl die Anfänge dieses Gebäudes bis in das 15. oder 16. Jh und manchmal sogar bis in das 13. Jh zurückreichen. An anderen Häusern erkennt man zwar bereits bei oberflächlicher Betrachtung, daß dort verschiedene Stilepochen gewirkt haben, weil sie noch heute an der Oberfläche durchschimmern und ablesbar sind, aber auch hier ist in der Regel nur der kleinere fragmentarische Teil der Hausgeschichte zu erkennen.
Das hier vorliegende Buch setzt sich mit diesem Phänomen der Altstadt auseinander und möchte dem Leser die Vielschichtigkeit der historischen Häuser des Weltkulturerbes näher bringen, die aufgrund ihres besonderen Denkmalwertes in das Denkmalbuch der Hansestadt Lübeck eingetragen sind. Es informiert über ihre wichtigsten historischen Daten und Stilmerkmale und macht die Geschichte des Weltkulturerbes lebendig und faßbar.
Dem Verfasser gebührt Anerkennung und Dank für die geleistete Arbeit an über 1000 Häusern. Grundlage für diese Arbeit war der Denkmalplan und die Forschungsakten der Denkmalpflege nach dem Arbeitsstand von 1998 Wenn der Verlag die Erarbeitung dieses Buches gefördert und dessen Herausgabe übernommen hat, so zeigt sich darin sicher auch ein Stück seiner Verbundenheit mit der Hansestadt Lübeck und dem Weltkulturerbe.
Das umfangreiche Material ist in diesem Buch nach Straßen und Hausnummern geordnet, so daß jedes Haus gezielt aufgesucht werden kann. Damit erhält es die Qualtität eines Führers durch die Lübekker Denkmallandschaft und ist für die Bewohner, die Hauseigentümer sowie Gäste und Besucher der Lübecker Altstadt von Interesse.

Lübeck im Januar 1999
Dr. Horst H. Siewert
Leiter des Amtes für Denkmalpflege

Danksagung

Wenn alte Häuser erzählen könnten...
Dieses Buch läßt die unter Denkmalschutz stehenden Häuser in Lübecks Altstadt sprechen. Ihre Architektur erzählt von mehr als 800 Jahren Kultur- und Stadtgeschichte, von dem in Stein gefügten Wandel des Zeitgeschmacks, von Um- und Anbauten, von den veränderten Nutzungen, von den Bewohnern, von schlechten und von guten Zeiten. Zu jedem Haus ist angemerkt, wann und warum es unter Denkmalschutz (Dms.) gestellt wurde.
Die Grundlagen dazu haben Architekten und Wissenschaftler druch ihre systematische Forschungsarbeit geschaffen. Auf ihren Erkenntnissen basiert dieses Buch. Ihnen ist deshalb an erster Stelle zu danken.
In den Akten des Amtes für Denkmalpflege wurden die Ergebnisse der Erhebungen Haus für Haus gesammelt. Für die Bewahrung des alten Stadtbildes und die Forschung sind diese Akten von unschätzbarem Wert. Aus weit mehr als 200 Aktenordnern wurden die zusammenfassenden Beschreibungen der einzelnen Häuser für dieses Buch erarbeitet. Dabei zeigten sich die Mitarbeiterinnen und Mitarbeiter des Amtes für Denkmalpflege überaus hilfsbereit. Deshalb gilt ihnen mein ausdrücklicher Dank.
Zu danken ist auch dem Verlag Schmidt-Römhild, der sich die Herausgabe dieses Buches zum Anliegen gemacht hat. Aus Verbundenheit zur Hansestadt Lübeck stellte er sich einer Aufgabe, die in dieser Weise bislang ohne Vorbild ist. Das Puzzle aus über 1000 Text- und Bildteilen stellte an die Mitarbeiterinnen und Mitarbeiter, die mit der Produktion dieses Buches befaßt waren, hohe Anforderungen.
So steht jetzt jedes Bild bei dem dazugehörigen Text (in einigen Fällen war es aus umbruchtechnischen Gründen notwendig, auf die folgende Seite auszuweichen), so wie die Straßen sich alphabetisch reihen und die Häuser Nummer um Nummer.
Alle an dem Entstehen dieses Handbuches Beteiligten haben dazu beigetragen, daß große und kleine, prächtige und bescheidene Häuser in Lübecks einmaliger Altstadt nun gemeinsam von der Vergangenheit und den Aufgaben der Zukunft erzählen.

Klaus J. Groth
im Februar 1999

Aegidienstraße

1286 Platea sancti Egidii, 1438 St. Illienstrate, 1460 St. Ilgenstrate/Eydienstrate, im Volksmund auch Tilgenstrate. Bis 1884 hießen beide Arme der Straßengabelung an der Aegidienkirche Aegidienstraße. Im 15. Jh. wurde unterschieden zwischen „by den Geren" (nördlicher Arm) und „up dem Ruggen" (südlicher Arm). 1884 wurde der südliche Arm in Schildstraße umbenannt.

1-3, Aegidienkirchhof Zur Kirche St. Aegidien gehörige Reihe von drei langgestreckten Traufenhäusern mit zwei Dacherkern in Fachwerk unter schlichtem Dreiecksgiebel (links über Nr. 2 und 3 aus der Erbauungszeit, rechts aus dem 18. Jh.); hohes EG mit Dielen/Dornsen- Gliederung und rundbogigen Portalen mit gestuftem Gewände. Haustür Nr. 1 um 1800. Besonders bedeutsam für den Charakter des Gebäudes sind die erhaltenen einfachen Beischläge, die in dieser Art in Lübeck kein weiteres Mal vorkommen.
Erste Erwähnung des Grundstücks 1454 (bebaut). Wohnung des Kirchenvogts (Nr. 3, von 1900-1913 Wohnung des Glockenläuters) und des Küsters (Nr. 2). Auch Wohnung des Werkmeisters und der Sargträger (Nr. 1). Angebaut war ein Haus, das als Wohnung für Predigerwitwen diente. Es wurde 1878 abgerissen. Älteste nachgewiesene Bebauung 1300-1454, prägend 1550-1599 (Renaissance).
(Dms. seit 1968: Die historische Substanz des Gebäudes, insbesondere das Äußere)

18 Klassizistische Putzfassade mit Attika und angedeuteter Bel-étage, oberer Abschluß durch Kranzgesims und niedrige Attika, Fenster der Bel-étage gerahmt; Haustür im Zopfstil des 18. Jh.. Rückwärtiger Giebel backsteinsichtig, Seitenflügel des 15. Jh., durch Hochblenden gegliedert, zweigeschossiges Quergebäude von 1875.

Erste Erwähnung des Grundstücks 1318 (bebaut). 1788 Haus eines Tischlers. Älteste nachgewiesene Bebauung 1300-1324, prägend 1875 (Klassizismus)
(Dms. seit 1967: Äußeres, Haustür)

20 Klassizistische Putzfassade, Bel-étage und eingeschossiger Giebelaufsatz mit Segmentbogenaufsatz, Fenster gerahmt, beschnitzte Haustür aus der Entstehungszeit. Front vor eine vorhandene Fassade gesetzt, im EG überformt durch die Verlegung des Eingangs.
Erste Erwähnung des Grundstücks 1314 (bebaut). 1803 Vorderhaus neuerbaut, 1876 Vorderhaus verändert und Hofge-

bäude neuerbaut. Älteste nachgewiesene Bebauung 1300-1324, prägend 1803-1876 (Klassizismus).
(Dms. seit 1981: Äußeres und erhaltenswerte Teile im Innern)

22 Ehemaliger mittelalterlicher Hof, im Stil des Spätbarock 1779 als elfachsiges Wohnhaus mit zwei quergerichteten hintereinanderliegenden Dächern neuerbaut; vorderes Mansarddach mit dreiachsigem Zwerchhaus in der Mitte, bekrönt von einem Dreiecksgiebel, seitlich Gauben mit Oculi und geschweifter Rahmung. Fenster im OG gerahmt und überdacht. Haustür aus der Erbauungszeit. EG 1889 mit bossierten Putzquadern verblendet. Rechter Seitenflügel von 1779 (1889 umgebaut), gleichzeitig Quergebäude als Produktionshalle errichtet.
Erste Erwähnung des Grundstücks 1344 (bebaut). 1420-1455 war der Italiener Gerardus de Boeris Eigentümer des Hofes.

16.-18. Jh. als „Der Geverdeshof" bezeichnet. Im 16. Jh. Sitz der Patrizierfamilie Gravert; 1560-1599 im Besitz der Familie von Stiten; 1619 Johann von Wickede. Von L. H. von Höveln 1779 neuerbaut. Seit dem Ende des 19. Jh. industriell genutzt (C. C. Hahn, Fabrik haltbarer Speisen). Älteste nachgewiesene Bebauung 1344, prägend 1779-1889 (Barock).
(Dms. seit 1966/1969: Gesamtes Gebäude und erhaltenswerte Teile im Inneren)

24 Barockes Eckhaus, beherrschendes Gebäude an der Straßengabelung. Verputzter Volutenschweifgiebel mit ge-

schweiftem Segmentbogenaufsatz, Haustür und Fenster teilweise erste Hälfte 19. Jh..
Erste Erwähnung des Grundstücks 1320 (bebaut). Stand im 14. Jh. zusammen mit zehn Buden auf einem Großgrundstück, wurde im 15./16. Jh. neuerbaut, in der zweiten Hälfte des 18. Jh. umgebaut. Älteste nachgewiesene Bebauung 1300-1320, prägend 1733-1765 (Barock).
(Dms. seit 1967: Äußeres)

35 Frühklassizistische Putzfassade mit einem von einer Spitzverdachung bekrönten Giebel. Oberlicht der schlichten Haustür im Zopfstil (Kopie eines verlorengegangenen Originals). Im Rückgiebel rundbogiges Portal des 16./17. Jh.. Im Inneren

Dielenrest mit Kücheneinbau des 18. Jh., darüber Hangelkammer mit zweiflügeliger Tür; Treppe mit gedrechseltem Stabgeländer, Keller im hinteren Teil des Hauses mit Tonnenwölbung.
Erste Erwähnung des Grundstücks 1300 (bebaut). Älteste nachgewiesene Bebauung 1275-1299, prägend 1775-1799 (Klassizismus), Rückgiebel 1550-1649 (Renaissance) und 1775-1799 (Klassizismus). 1985 saniert.
(Dms. seit 1976/1986: Gesamtes Gebäude)

55/57 Renaissance-Querhaus mit Dacherker in Fachwerk, vermutlich aus dem 17. Jh. Rundbogiges Portal mit Fasenkante, Fenster mit segmentbogigen Entlastungsbogen, im OG mit Blendnische.

Erste Erwähnung des Grundstücks 1291 (bebaut). Nr. 55 und 57 waren Teil eines mittelalterlichen Traufenhauses mit rundbogigem Portal und gemeinsamer Fachwerkgaube. Prägende Bebauung 1550-1649 (Renaissance).
(Dms. seit 1968: Äußeres, insbesondere Straßenfassade)

59 Barockes Wohnhaus mit Schweifgiebel (gerahmtes Ochsenauge), überformt durch Laden im EG. Im Inneren Rokokomalerei auf Leinwand im Vorderzimmer des OG, Dielensäule von 1754, ehemali-

ger kleiner Rokokosaal mit Stuckdecke im EG des Flügelbaus.
Erste Erwähnung des Grundstücks 1315 (bebaut). Prägende Bebauung nach durchgreifendem Umbau 1754 (Barock). Umbau im EG 1908.
(Dms. seit 1967: Äußeres, insbesondere Straßenfassade, ferner im Inneren auf die Teile aus der Entstehungszeit des Hauses)

65 Zur Straße Bau von 1872 im Stil des Eklektizismus mit Übernahme von Stilelementen der Gotik und des Klassizismus; auf dem Hof kleines zweigeschossi-

ges Traufenhaus mit Fachwerkobergeschoß und dreieckig geschlossenem Zwerchgiebel aus dem 17./18. Jh.
Erste Erwähnung des Grundstücks 1320 (bebaut). 1555 Haus des Ratsherrn Heinrich Köhler, der das Haus 1561 als Armenhaus stiftete. Neubau des Armenhauses 1872, mit Wohnung für 18 Witwen und Jungfrauen. Umbau des Köhler-Stifts 1981 zum Studentenwohnheim. Prägende Bebauung des Hofgebäudes 1700.
(Dms. seit 1983: Äußeres)

67 Klassizistische Putzfassade mit Attika, Fenster flachbogig überdacht; rückwärtig Dreiecksgiebel in Fachwerk. Im Inneren einfacher Dielenraum mit Treppenanlage des Rokoko. Rückseitig zweigeschossiger

Flügelanbau, 18. Jh., Querhaus aus dem 16. Jh.
Erste Erwähnung des Grundstücks 1325 (bebaut), gemeinsam aufgeführt mit den Grundstücken bis Nr. 71. 1491 „Im Swa-

ne" genannt; 1618 wird ein zum Haus gehörender „Schwanengang" erwähnt. Älteste nachgewiesene Bebauung 1300-1332, prägend 1800-24 (Klassizismus); Hofgebäude 1550 (Renaissance)
(Dms. seit 1980/1994: Gesamtes Gebäude, einschließlich Seitenflügel und Querhaus)

75 Klassizistische Putzfassade mit flachem Dreiecksgiebel (Halbkreisfenster)
Erste Erwähnung des Grundstücks 1288 (1305 bebaut). 1544 von der Vorsteherschaft der Aegidienkirche gekauft als Dienstwohnung für einen Prediger. 1831 neu aufgebaut. Am Garten befand sich das zur Kirche gehörende Magazin, in dem vornehmlich Baumaterialien aufbe-

wahrt wurden, mit Tür zur Straße. Älteste nachgewiesene Bebauung 1300-1324, prägend 1831 (Klassizismus), rückwärtig teilweise 1550-1649.
(Dms. seit 1968: Äußeres)

77 Klassizistischer Backsteinbau mit flachem Dreiecksgiebel (kleines Halbkreisfenster)

Als „Do(mus) ecclesie" oder „Die Wehde", das Pastorenhaus zu St. Aegidien bezeichnet. 1826-1828 zu gleichem Zweck neu gebaut. Prägende Bebauung 1827-1828 (Klassizismus)
(Dms. seit 1968: Äußeres)

Alfstraße

1290 Platea Adolphi, 1307 Platea Alvelini, 1329 Alvestrate, 1334 Platea Alwini, 1351 Plata Alvis, 1391 Platea Alphei, 1395 Platea Alevi, 1398 Platea Amelii, 1458 Alffstrate, 1474 Alefstrate, 1789 Albstrate

32 Wohnhaus mit Renaissance- Treppengiebel und einfachem rundbogigen Portal. Türen-, Nischen- und Lukenöffnungen mit gefastem Stein gemauert.
Ab 1303 bis 1890 Backhaus. Prägende Bebauung 1600 (Renaissance). 1966 saniert, Rundbogenportal freigelegt, Windenrad an der Traufseite wiederhergestellt.

(Dms. seit 1967: Äußeres, insbesondere Straßenfassade mit dem Giebel)

36 Unter dem Haus aus der ersten Hälfte des 20. Jh. befindet sich ein steinwerkarti-

ger Bau aus dem frühen 13. Jh. Bei Grabungen auf den Grundstücken Alfstr. 36 und 38 wurden Überreste von Holzhäusern gefunden, datiert auf den Zeitraum 1184-95. Beide Häuser wurden durch einen Brand im 13. Jh. zerstört, der nachfolgende Bau wurde auf dem Brandschutt errichtet.
Erste Erwähnung des Grundstücks 1294 (bebaut).
(Dms. seit 1988: Mauerwerk des im Keller enthaltenen steinwerkartigen Baues aus dem frühen 13. Jh. mit Treppenanlage)

38 Eckhaus mit Renaissance-Treppengiebel, im Kern (vermutlich romanisches) Saalgeschoßhaus, zum gotischen Dielenhaus umgebaut. Reich profiliertes Portal zur Alfstraße, Bogengesims mit barockem Ohrmuschelwerk aus Sandstein (17. Jh.). Rokoko-Haustür mit Oberlicht. Im EG Rokoko-Saal mit reicher ornamentaler Wandgliederung und Stuckdek-

ke, alte Treppenanlage mit barockem Treppenpfosten in Hermengestalt. Reste von Wandmalerei. Der Flügelbau zeigt zur Hofseite eine Gliederung nach Art der niederländischen Renaissance. Entlastungsbögen der Fenster mit Quadern (durch Löwenköpfe verziert) und Diamantquadern. Im Inneren schwere barokke Stuckdecke.
Erste Erwähnung des Grundstücks 1305 (bebaut). Bei Grabungen Fund der Überreste eines Holzhauses (siehe auch Nr. 36). 1853 Kauf durch A. P. Rehder, 1869

durch Lienau. Älteste nachgewiesene Bebauung 1184, prägend 1564 (Renaissance). 1984 saniert.
(Dms. seit 1967: Gesamtes Gebäude einschließlich Innenräume)

Alsheide

1329 Platea, quae dicitur Alheide, 1361 Alesheide, 1368 Alheidestrate, 1379 Alsheyde/ Alsheideheyde/ Alghesheide, 1437 Alheidisdwerstrate, 1442 Platea Alheydis, 1467 Alsheydenstrate, 1616 Aalsheide, 1695 Alsheide; im Volksmund auch Allein Heidestraße. Der Name leitet sich vermutlich von einem trockenen Höhenrükken über den umgebenden Wiesen ab.

15 Renaissance-Haus, ehemaliger Treppengiebel im ausgehenden 18. Jh. verändert. Schweifgiebel mit klassizistischem Dreiecksgiebel in profilierter Rahmung, umlaufende Fasenkanten an allen Fenstern im OG; doppelte Fasenkante mit Rundbogen als Türlaibung. Rückwärtig

dreieckiger Fachwerkgiebel. Im Inneren bemalte Balkendecke (16./17 Jh.) im ersten OG; im Flügel bemalte Balkendecke aus dem ehemaligen Flügel des Nachbarhauses (17. Jh.).
Erste Erwähnung des Grundstücks 1310 (bebaut). 1388 fünf Buden, bis 1405 gehörten die Buden 9-17 zusammen. Größere Umbauten 1785 und 1806. Bewohner im 19. Jh.: Schiffer, Dielenträger. 1977 saniert. Älteste nachgewiesene und prägende Bebauung 1575-1624 und 1785 (Renaissance/Klassizismus).
(Dms. seit 1967: Äußeres, insbesondere Straßenfassade)

17 Wohnhaus mit Renaissance- Treppengiebel, Fasenkanten vorkragend. Segmentbogige Fenster mit umlaufender Fasenkante, im Giebelgeschoß außen jeweils eine Blendnische. Im Inneren im EG Kücheneinbau des 18. Jh., alte Treppenanlage mit beschnitzter Brüstung aus der glei-

chen Zeit. Im ersten OG kleiner Saal mit sparsamer Stuckierung; Paneel und Ofennische.
Erste Erwähnung des Grundstücks 1310 (bebaut). Bis 1405 gehörten die Buden 9-17 zusammen. 1797 grundlegend instandgesetzt.
Bewohner im 19. Jh.: Schiffer, Schiffszimmermeister, Lederarbeiter. Älteste nachgewiesene und prägende Bebauung 1575-1624 (Renaissance).
(Dms. seit 1967: Äußeres, insbesondere Straßenfassade)

An der Mauer

Ursprünglich wurde der gesamte Straßenzug an der Ostseite von der Mühlenstraße bis zur Fleischhauerstraße und von der Hundestraße bis zur Kaiserstraße als An der Mauer bezeichnet. Seit 1884 beschränkt sich die Bezeichnung auf den Straßenzug zwischen Mühlenstraße und Fleischhauerstraße.

8 Spätmittelalterliches Traufenhaus mit einer im 18./19. Jh. verputzten Fassade. Spätbarocke Tür. Flügel mit deutlichen Merkmalen einer Fachwerkkonstruktion des 16./17. Jh.

Erste Erwähnung des Grundstücks 1315 (bebaut). Bauliche Veränderungen im 16. Jh. und um 1800. 1989 saniert. Älteste nachgewiesene Bebauung 1246, prägend 1850-1880 (Neoklassizismus).
(Dms. seit 1988: Gesamtes Gebäude, Vorderhaus und Seitenflügel)

14 Putzfassade mit breitem Zwerchhaus aus der ersten Hälfte 19. Jh. Dachabschluß mittig mit Gesimsband. Rechts Durchgang zum nicht mehr bestehenden Küter-Gang.
Erste Erwähnung des Grundstücks 1315 (bebaut mit zehn Buden, Nr. 14-32). 1565 Buden separiert. 1864 bauliche Veränderung. Älteste nachgewiesene Bebauung 1500-1600, prägend 1800-1850.
(Dms. seit 1980: Äußeres sowie erhaltenswerte Teile im Inneren)

16 Klassizistische Putzfassade, hervorgegangen aus der Erhöhung und Veränderung einer ehemaligen Kleinhaus-Fassade, ausgebauter Dacherker als Attikaabschluß. Einzelne profilierte Sohlbänke. Unter einem Dach mit Nr. 18.
Erste Erwähnung des Grundstücks 1315 (bebaut mit zehn Buden, Nr. 14-32). 1565 Buden separiert. Im 18./19. und 20. Jh. bauliche Veränderungen. 1982 saniert. Älteste nachgewiesene Bebauung 1500-1600, prägend 1800.

(Dms. seit 1981: Äußeres und erhaltenswerte Teile im Inneren)

18 Putzfassade des 19. Jh., Haus im Kern älter. Spitz verdachtes Zwerchhaus, Gesimsband über dem EG. Halbbogenförmige Eingangsrahmung. Unter einem Dach mit Nr. 16. Beschnitzte klassizistische Haustür mit Oberlicht.

Erste Erwähnung des Grundstücks 1315 (bebaut mit zehn Buden, Nr. 14-32). 1565 Buden separiert. Neue Fassade um 1800. 1889 und 1900 kleine bauliche Veränderungen. 1982 saniert. Älteste nachgewiesene Bebauung 1500-1600, prägend 1800. (Dms. seit 1981: Äußeres und erhaltenswerte Teile im Inneren)

47 Fachwerkhaus der Renaissance mit vorkragendem OG, eingebaut in einen Halbturm (13. Jh.) der ehemaligen Stadtmauer am Krähenteich. Mittig im Dach kleine Schleppgaube. Im Inneren übereinanderliegende Dornsen des EG und OG aus dem 17. Jh. unverändert erhalten. Besteigbarer Kamin mit hölzernen Sprossen. Im EG Herdschürzen der ursprünglich offenen Feuerstelle.

Gehörte als Bude zu den mittelalterlichen Ackerhöfen der St.-Annen-Straße. 1672 in den Halbturm eingebaut. 1822 als wüste Stelle gegenüber dem Spinnhaus angegeben. Älteste nachgewiesene Bebauung 1300, prägend 1672 (Renaissance).
(Dms. seit 1967/1995: Gesamtes Gebäude, bestehend aus dem Halbturm der ehem. Stadtmauer aus dem 13. Jh. und dem Fachwerkhaus aus dem 17. Jh.)

49 Fachwerkhaus der Renaissance mit vorkragendem OG, angelehnt an den Rest der ehemaligen Stadtmauer am Krähenteich. Mittig im Dach kleine Fachwerkgaube. Fenster mit zweiteiligem Oberlicht und jeweils zwei Fensterläden, alle aus Holz, mit Sprossen und Winterflügel.
Ehemalige Bude eines mittelalterlichen Ackerhofes in der St.-Annen-Straße. Älteste nachgewiesene Bebauung 1300, prägend 1672 (Renaissance). 1982 saniert.
(Dms. seit 1967: Äußeres)

51 Fachwerkhaus der Renaissance mit vorkragendem OG, angelehnt an den Rest der ehemaligen Stadtmauer am Krähenteich. Mittig im Dach kleine Fachwerkgaube. Abschluß nach Süden kleiner Treppengiebel. Im EG vierteilige Fenster mit Halterungen für Fensterläden. Alle Fensterrahmen aus Holz mit Sprossen und Winterflügel.

Ehemals Bude eines mittelalterlichen Akkerhofes in der St.-Annen-Straße. Älteste nachgewiesene Bebauung 1300, prägend 1672 (Renaissance). Umbau 1981.
(Dms. seit 1967: Äußeres)

118 Traufenständiges Haus der Renaissance mit rundbogigem Portal, für die Größe des Hauses aufwendig gestaltet mit doppelt gestufter Laibung. Unter einem Dach mit Nr. 120. Seitenflügel mit Fachwerk.
Erste Erwähnung des Grundstücks 1328 (bebaut). 1982 saniert, Fachwerk im Seitenflügel ausgetauscht. Älteste nachgewiesene Bebauung 1300, prägend 1575-1599 (Renaissance)
(Dms. seit 1977: Äußeres)

120 Kleinwohnhaus, vermutlich spätes 16. Jh., Zwerchhaus mit Dreiecksgiebel aus dem 17. Jh., zweigeschossig und mit verputzter Fassade umgebaut.

Erste Erwähnung des Grundstücks 1328 (bebaut). Die mittelalterliche Bude wurde im 16. Jh. neu erbaut, unter einem Dach mit Nr. 118, Aufstockung im 18. Jh. Saniert 1983-1985. Älteste nachgewiesene Bebauung 1300, prägend 1575-1799.
(Dms. seit 1965: Äußeres)

154 Traufenständiges Kleinhaus des späten 18. Jh. Original erhaltener Dachstuhl. Im Inneren in beiden Geschossen vollständig erhaltene Raumstruktur einschließlich der Ausstattung wie Türen, Fenster.

Erste Erwähnung des Grundstücks 1315 (bebaut). Teil eines mittelalterlichen Akkerhofes, unter einem Dach mit Nr. 150-152 sowie 156-160. Neuerbaut 1749. Fortlaufende Zählung im Dachstuhl weist auf die Zusammengehörigkeit hin.
(Dms. seit 1990: Gesamtes Gebäude)

156 Traufenständiges Kleinhaus mit verputzter Fassade und Zwerchhaus von Ende des 13. Jh. Gehört zu einer Gruppe von Kleinhäusern, an deren Rückseite die Ganghäuser „Römisches Reich" liegen.
Erste Erwähnung des Grundstücks 1315 (bebaut). Teil eines mittelalterlichen Ak-

kerhofes, unter einem Dach mit Nr. 150-154 sowie 158-160. Prägende Bebauung 1700-1824.
(Dms. seit 1976: Äußeres, insbesondere Straßenfassade)

160 Klassistisches Traufenhaus mit Zwerchhaus (gestuftes Kranzgesims, eingezogene Attika), verputzte Fassade.

Erste Erwähnung des Grundstücks 1315 (bebaut). Teil eines mittelalterlichen Akkerhofes, unter einem Dach mit Nr. 150-158. 1978 abgebrochen und nach altem Vorbild erneut aufgebaut. Älteste nachgewiesene Bebauung 1766-1799, prägend 1978.
(Dms. seit 1976: Äußeres, insbesondere Straßenfassade)

An der Obertrave

Straßenbezeichnung seit 1884. Der Bereich zwischen Harten- und Effengrube sowie bis zur Depenau hieß 1593 nach dem hier gelagerten Holz Holzmarkt. Der Bereich zwischen Petersgrube und Holstenbrücke wurde nach den Liegeplätzen der Salzschiffe Salzmarkt (1578 Soltenmarkede) benannt. Beim kleinen Bauhof wurde der Bereich Beim Ober-Wasserbaum (1290 Apud arborem superiorem) nach dem den Hafen abschließenden Wasserbaum benannt.

6 Gotischer Treppengiebel, in seiner jetzigen Form nach einem Umbau von 1937-38.

Erste Erwähnung des Grundstücks 1294 (bebaut). 1790 nach einem Brand neu erbaut. 1895 Holsteinischer Hof. 1919 Holstenhaus. Umbau 1938. Älteste nachgewiesene Bebauung 1600, prägend 1938. (Dms. seit 1978: Äußeres, insbesondere Straßenfassade)

7 Wohnhaus mit Renaissance-Treppengiebel, Gliederung im EG neuzeitlich verändert. Halbbogige Blendnischen, halbbogige Fensteröffnungen mit Rundstab gemauert.

Erste Erwähnung des Grundstücks 1306 (bebaut). 1598-1880 als Essigbrauhaus genutzt. Älteste nachgewiesene und prägende Bebauung 1600 (Renaissance). (Dms. seit 1967: Äußeres)

8 Wohn- und Geschäftshaus mit Renaissance-Treppengiebel, EG neuzeitlich verändert. Im Giebelfeld halbbogige Blendnischen, äußere Nischen als Blendfester ausgebildet. 31 Maueranker.
Erste Erwähnung des Grundstücks 1296 (bebaut). 1819-1876 Mälzgerechtigkeit, Malzdarre auf dem Boden. 1982 Fassade instandgesetzt. Älteste nachgewiesene und prägende Bebauung 1600 (Renaissance).

(Dms. seit 1967: Äußeres, insbesondere Straßenfassade)

11 (Kleine Petersgrube 18) Rokokohaus mit geschweiftem Giebel, zur Kleinen Petersgrube verputzt. 1975 Rekonstruktion nach Brand.
Erste Erwähnung des Grundstücks 1300 (bebaut). Gemeinsames Grundstück mit

Obertrave Nr. 11. Nutzung als Gasthof „Stadt Kiel". 1972 vollständig ausgebrannt. Älteste nachgewiesene Bebauung 1750 (Rokoko), prägend 1975 (unter Bewahrung der Stilmittel des Rokoko).
(Dms. seit 1965: Äußeres)

12 Eckhaus mit geschweiftem, dreiecksbekrönten Giebel des späten 18 Jh.
Erste Erwähnung des Grundstücks 1297 (bebaut). Älteste nachgewiesene Bebauung 1750, prägend verändert 1980 (vollständiger Abriß, nur die Fassade zur Obertrave blieb erhalten, Traufseite mit altem Material in alter Form wieder aufgebaut).
(Dms. seit 1967: Äußeres)

13 Klassizistische Putzfassade mit Dreiecksgiebel.
Erste Erwähnung des Grundstücks 1293 (bebaut). 18./19. Jh. Haus eines Weinhändlers. 1855 Sitz der Hembergschen lithographischen Anstalt und Steindruckerei (ebenfalls Große Petersgrube Nr. 10), die 1910 in die Johannisstrasse (Dr. Julius-Leber-Strasse) umsiedelte. Umbauten nach Brand 1873. 1980 saniert. Älteste nachgewiesene und prägende Bebauung 1800-1821 (Klassizismus).
(Dms. seit 1978: Äußeres und erhaltenswerte Teile im Inneren)

14 Bürgerhaus mit von Dreiecksgiebel bekrönter Putzfassade um 1800. Bemalte Kasettendecke des 17. Jh., Ausmalungsreste 16. Jh.

Erste Erwähnung des Grundstücks 1294 (bebaut). Im 18./19. Jh. eine Färberei. 1980 saniert. Älteste nachgewiesene und prägende Bebauung 1750-1800 (Renaissance).
(Dms. seit 1978: Äußeres und erhaltenswerte ältere Teile im Inneren)

15 Speicher um 1600, Treppengiebel mit Lukenöffnungen in der vertieften Mittelachse aus dem letzten Viertel des 19. Jh. Hölzernes Brüstungsteil im ersten OG, die oberen Fenster mit Holzläden. EG und erstes OG verputzt. Äußere Luken im

Giebel als Blendnischen. Bemalte Balkendecke.
Erste Erwähnung des Grundstücks 1312 (bebaut). Bereits im 14. Jh. ein Getreidespeicher mit vier Stockwerken. 1969 und 1975 Umbau zum Mehrfamilienhaus. 1978 saniert. Älteste nachgewiesene Bebauung 1500, prägend 1890-1975 (Klassizismus/ Neuzeit).
(Dms. seit 1977: Äußeres)

16a Speichergebäude von 1890-1895, an die Stelle eines mittelalterlichen Kornspeichers gesetzt. Gegliedert durch Lisenen

und leicht vorspringendem Mittelresalit, Klötzchenfries, abschließendes Kranzgesims. Im Inneren ist die hölzerne Tragekonstruktion mit Bohleneindeckung erhalten.
Erste Erwähnung des Grundstücks 1330 (bebaut). 1470 als Kornspeicher erwähnt. 1799 wurden zwei Wohnsäle in dem Haus angegeben, 1832 diente es als Wohnhaus (mit Weinhandlung). 1990-92 Instandsetzung zur Nutzung als Bürogebäude. Älteste nachgewiesene Bebauung 1300-1332, prägend 1896 (Neoromanik).
(Dms.: Gesamtes Gebäude, seit 1990)

Gang Im Reinfeld
(Das sumpfige Traveufer am südwestlichen Teil des Stadthügels konnte erst nach umfangreichen Aufschüttungen besiedelt werden. 1266 erwarb das Zisterzienserkloster Reinfeld hier Gelände für den Bau eines Stadthofes. 1583 verkaufte der letzte Abt den Klosterhof. An seiner Stelle wurde hinter einem großen Speicher an der Trave der Gang Im Reinfeld mit elf Buden errichtet (noch sechs erhalten).

20, Gang Im Reinfeld, Haus Nr. 3 Ganghaus der Renaissance, frühklassizistisch verputzt, mit dreieckbekröntem Zwerchhaus; rundbogiges Portal mit Fasenkante; breites Dornsen-, schmales Dielenfenster. Beschnitze Haustür im Zopfstil aus der Entstehungszeit mit Oberlicht, Inschrift „HWH".

Erste Erwähnung des Grundstücks 1266 (Kloster Reinfeld). In der zweiten Hälfte 18. Jh. in einzelnen Parzellen verkauft. Unter einem Dach mit den Nachbarhäusern. Prägende Bebauung 1584-1800 (Renaissance/Klassizismus).
(Dms. seit 1967: Äußeres einschließlich der Haustür)

20, Gang Im Reinfeld, Haus Nr. 4 Renaissance-Ganghaus mit frühklassizistisch überformter Fassade; Fachwerk-Zwerchhaus gemeinsam mit Nr. 5, auskragender hölzerner Giebel mit Kleeblattbogengliederung; ursprünglicher Eingang um 1800 rechtwinklig verändert, Fenster und Tür aus der Umbauzeit erhalten, breites Dornsen-, schmales Dielenfenster, beide mit Läden.
Erste Erwähnung des Grundstücks 1266 (Kloster Reinfeld). In der zweiten Hälfte des 18. Jh. in einzelnen Parzellen verkauft. Unter einem Dach mit Nr. 3 und 5. Prägende Bebauung 1584 (Renaissance). 1982 saniert.
(Dms. seit 1968: Äußeres)

20, Gang Im Reinfeld, Haus Nr. 5 Renaissance-Ganghaus mit frühklassizistisch überformter Fassade; Fachwerk-Zwerch-

haus gemeinsam mit Nr. 4, auskragender hölzerner Giebel mit Kleeblattbogengliederung; ursprünglicher Eingang um 1800 stichbogig verändert, Fenster und Tür mit gesproßtem Oberlicht aus der Umbauzeit erhalten, breites Dornsenfenster mit Läden.
Erste Erwähnung des Grundstücks 1266 (Kloster Reinfeld). In der zweiten Hälfte des 18. Jh in einzelnen Parzellen verkauft. Unter einem Dach mit Nr. 3 und 4. Prägende Bebauung 1584 (Renaissance). 1983 saniert.
(Dms. seit 1967: Äußeres)

20, Gang Im Reinfeld, Haus Nr. 6 Renaissance-Ganghaus, geschlämmte Backstein-Fassade, hohes EG; rundbogiges Portal mit gestufter abgefaster Laibung, breites Dornsenfenster; Traufbohle mit karniesprofilierten Balkenköpfen; Tür aus der Umbauzeit mit (erneuertem) Oberlicht.
Erste Erwähnung des Grundstücks 1266 (Kloster Reinfeld). In der zweiten Hälfte

des 18. Jh. in einzelnen Parzellen verkauft. Unter einem Dach mit Nr. 7 und 8. Prägende Bebauung 1584-1599 (Renaissance). 1983 saniert.
(Dms. seit 1967: Äußeres)

20, Gang Im Reinfeld, Haus Nr. 7 Renaissance-Ganghaus, geschlämmte Backstein-Fassade, hohes EG; rundbogiges Portal mit gestufter abgefaster Laibung, breites Dornsenfenster; Traufbohle mit karniesprofilierten Balkenköpfen; vermutlich um 1800 Einbau eines Zwischengeschosses über der Dornse, Fenster zu dessen Belichtung nach oben erweitert; Fenster und

Tür aus der Umbauzeit mit gesproßtem Oberlicht.
Erste Erwähnung des Grundstücks 1266 (Kloster Reinfeld). In der zweiten Hälfte des 18. Jh. in einzelnen Parzellen verkauft. Unter einem Dach mit Nr. 6 und 8. Prägende Bebauung 1584-1599 (Renaissance). 1981 saniert.
(Dms. seit 1967: Äußeres einschließlich der Haustür)

20, Gang Im Reinfeld, Haus Nr. 8 Renaissance-Ganghaus, geschlämmte Backstein-Fassade, hohes EG; rundbogiges Portal mit gestufter abgefaster Laibung, breites Dornsenfenster; Traufbohle mit karniesprofilierten Balkenköpfen; vermutlich um 1800 Einbau eines Zwischengeschosses über der Dornse, zu dessen Belichtung kleines Fenster über das Dornsenfenster gesetzt; Fenster und Tür aus der Umbauzeit mit gesproßtem Oberlicht.

Erste Erwähnung des Grundstücks 1266 (Kloster Reinfeld). In der zweiten Hälfte des 18. Jh. in einzelnen Parzellen verkauft. Unter einem Dach mit Nr. 6 und 7. Prägende Bebauung 1584-1599 (Renaissance). Seitengiebel nach Abbruch der Bude Nr. 9 1941 neu aufgemauert. 1980 saniert.
(Dms. seit 1967: Äußeres)

23 Renaissance-Traufenhaus mit Fachwerk-OG, unter einem Dach mit Nr. 24. EG im 19. Jh. verändert. Auskragendes

OG, Stirnseite der seitlichen Brandwand von einer Sandsteinkonsole mit Baudatum „Anno 1618" gestützt, Deckenbalken mit Beschlagwerkmalerei. Kleine Gaube mit Dreiecksgiebel. Im Inneren barocke Decken und Balkenmalerei in den ehemaligen Stuben des EG und OG.
Erste Erwähnung des Grundstücks 1290 (bebaut). 1618 neu erbaut. 1990 saniert. Älteste nachgewiesene Bebauung 1280-1290, prägend 1618 (Renaissance).
(Dms. seit 1967/1994: Gesamtes Gebäude)

24 Renaissance-Traufenhaus mit Fachwerk-OG, unter einem Dach mit Nr. 23. EG mit Dielen/Dornsen-Öffnungsgliederung. Auskragendes OG, Stirnseite der seitlichen Brandwand von einer Sandsteinkonsole gestützt, Deckenbalken mit Beschlagwerkmalerei. Kleine Gaube mit geschweiften Giebelaufsatz aus dem 18. Jh. Im Inneren historische Raumstruktur im wesentlichen erhalten; zahlreiche Ausstattungsdetails unterschiedlicher Zeitstufen: barocke bemalte Kassettendecke (EG), Wandpaneele, klassizistische Tür-

rahmungen (OG), ehemalige Feuerstelle mit Rauchfang.
Erste Erwähnung des Grundstücks 1290 (bebaut). 1618 neu erbaut. 1990 saniert. Älteste nachgewiesene Bebauung 1280-1290, prägend 1618 (Renaissance).
(Dms. seit 1967/1995: Gesamtes Gebäude)

25 Wohnhaus mit ehemaligem Renaissance-Treppengiebel, im 18. Jh. durch Abschrägung und geschwungenen Giebelkopf barock verändert. Im EG Dielen/Dornsen-Gliederung mit rundbogigem Portal, stichbogige OG-Fenster im 18. Jh. vergrößert. Im zweiten OG stichbogige Blendnischen mit Fasenkanten, Giebel mit Hochblendengliederung.
Erste Erwähnung des Grundstücks 1304 (bebaut). 1460 ein Kornhaus, in der zweiten Hälfte 16. Jh. mit Vordergiebel neu erbaut. 1980-83 saniert, dabei Vordergiebel von Putz befreit und die Öffnungsgliederung des 16-18. Jh. wiederhergestellt. Älteste nachgewiesene Bebauung 1290-1304, prägend 1799.
(Dms. seit 1967: Äußeres, insbesondere Straßenfront)

28 Kleines Traufenhaus, 1833 durchgreifend umgebaut, mit spätmittelalterlichen

Mauerresten. Verputzte Fassade, mittiges Zwerchhaus mit Dreiecksgiebel (Halbkreisfenster).
Erste Erwähnung des Grundstücks 1335 (bebaut 1341). Älteste nachgewiesene Bebauung 1290-1305, prägend 1833.
(Dms. seit 1978: Äußeres und erhaltenswerte Teile im Inneren)

30-31 Renaissance-Vorderhaus des Rosen Hofes (Durchgang links durch rundbogiges Portal mit Taustabgewände). Über Sandsteinkonsolen und stichbogiger Akatur auskragendes OG mit Fenstern in stichbogigen Blendnischen mit Fasenkante, die Fenster des zweiten OG mit seitli-

chen Fasenkanten, Traufe mit karniesprofilierten Balkenköpfen.
Erste Erwähnung des Grundstücks 1320 (bebaut). Ehemals zum Eckhaus Obertrave 33 gehörige Bude, im 15. Jh. Bordell. 1581 Nr. 30-31 abgetrennt, 1617 als Doppelhaus neu erbaut. 1983-86 saniert, dabei Portal rekonstruiert. Älteste nachgewiesene Bebauung 1290-1320, prägend 1617 (Renaissance).
(Dms. seit 1967: Äußeres, insbesondere Straßenfassade)

32 Barockes Haus mit Segmentzwerchgiebel, Teil einer mittelalterlichen Budenreihe. Fassade verputzt, Dielen/Dornsen-Gliederung, flaches Gurtgesims.
Erste Erwähnung des Grundstücks 1320 (bebaut). Ehemals zum Eckhaus Obertra-

ve 33 gehörig, im 15. Jh. Bordell. Im 18. Jh. Vorderfassade mit Zwerchhaus umgebaut. Älteste nachgewiesene Bebauung 1290-1320, prägend 1400-1799 (Barock).
(Dms. seit 1990: Äußeres sowie erhaltenswerte ältere Teile im Inneren)

36 Klassizistische Putzfassade mit Attika, vor ein Giebelhaus aus der Zeit um 1600 gebaut. Die älteren Öffnungen mit Dielen-/Dornsen-Gliederung und zwei Fenstern im OG wurden beibehalten. Profilierte Fensterrahmungen und Gurtgesims, Kranzgesims auf Konsolen. Über dem Hauseingang ältere Inschrift „Soli Deo Gloria Ao. 1776“ und Wappen mit springendem Hirsch (von Rehhagens Gang Nr. 37?). Rückwärtiger Giebel in Fachwerk um 1600, weitgehend verbaut mit Ganghaus Nr. 37/1.
Erste Erwähnung des Grundstücks 1351. Seit 1409 Buden erwähnt, 1460 dazu ein „kleyn solthus“. Um 1600 mit Nr. 38 als zwei kleine Giebelhäuser neu erbaut. 1776 vermutlich Umbau. 1879 mit Attikafassade versehen. 1988 Putz ausgebessert, neue Fenster und Türen. Älteste nachgewiesene Bebauung 1390 bis 1409, prägend 1590 bis 1879 (Spätklassizismus).

(Dms. seit 1967: Wappen und Inschrift über der Haustür)

37 Rehhagens Gang, Haus Nr. 1 Ganghaus, Teil einer im 16. Jh. erbauten eingeschossigen Budenreihe. Im Dach vermutlich Reste des durchlaufenden Daches aus der Bauzeit. Gemeinsame Giebelgaube mit Nr. 37/2. Mansarde aus der Mitte des 18. Jh. Im EG Dielen- und Dornsen-Gliederung.
Erste Erwähnung des Grundstücks 1351. 1446 erstmals eine Reihe von sieben Buden erwähnt. 1460 acht Buden, im 16. Jh. mit durchlaufendem Satteldach neu erbaut. Seit 1593 „Der Rehagen" genannt. Im 18. Jh. mit einseitigem Mansarddach umgebaut. Wohnsäle im DG über Außentreppe erreichbar. 1981 Fenster erneuert. Älteste nachgewiesene Bebauung 1430 bis 1446, prägend 1740 bis 1760.
(Dms. seit 1989: Originalteile der Ganghäuser und der dazugehörige Schuppen)

37 Rehhagens Gang, Haus Nr. 2 Ganghaus, Teil einer im 16. Jh. erbauten eingeschossigen Budenreihe. Im Dach vermutlich Reste des durchlaufenden Daches aus der Bauzeit. Gemeinsame Giebelgaube mit Nr. 37/1. Mansarde aus der Mitte des

18. Jh. Im EG Dielen- und Dornsen-Gliederung. Dornse mit kleinteilig gesproßtem Kreuzstockfenster, Mittelpfosten als hölzerne Säule ausgebildet, einige Winkelbinder aus der ersten Hälfte des 18. Jh. Fenster und Türen mit hölzernen Blendrahmen.
Erste Erwähnung des Grundstücks 1351. 1446 erstmals eine Reihe von sieben Buden erwähnt. 1460 acht Buden, im 16. Jh. mit durchlaufendem Satteldach neu erbaut. Seit 1593 „Der Rehagen“ genannt. Im 18. Jh. mit einseitigem Mansarddach umgebaut. Wohnsäle im DG über Außentreppe erreichbar. 1981 Fenster erneuert. Älteste nachgewiesene Bebauung 1430 bis 1446, prägend 1740 bis 1760.
(Dms. seit 1989: Originalteile der Ganghäuser)

37 Rehhagens Gang, Haus Nr. 3 Ganghaus, Teil einer im 16. Jh. erbauten eingeschossigen Budenreihe. Im Dach vermutlich Reste des durchlaufenden Daches aus der Bauzeit. Gemeinsame Giebelgaube mit Nr. 37/4. Mansarde aus der Mitte des 18. Jh. EG erneuert, einige Fachwerkreste freigelegt. Dielen- und Dornsen-Gliederung mit teilweise erhaltenem Dielenfenster.
Erste Erwähnung des Grundstücks 1351. 1446 erstmals eine Reihe von sieben Buden erwähnt. 1460 acht Buden, im 16. Jh. mit durchlaufendem Satteldach neu erbaut. Seit 1593 „Der Rehagen“ genannt. Im 18. Jh. mit einseitigem Mansarddach umgebaut. Wohnsäle im DG über Außentreppe erreichbar. 1981 Fenster erneuert. Älteste nachgewiesene Bebauung 1430 bis 1446, prägend 1740 bis 1760.
(Dms. seit 1989: Originalteile der Ganghäuser)

37 Rehhagens Gang, Haus Nr. 4 Ganghaus am Ende des Ganges, Teil einer im 16. Jh. erbauten eingeschossigen Budenreihe. Im Dach vermutlich Reste des durchlaufenden Daches aus der Bauzeit. Gemeinsame Giebelgaube mit Nr. 37/3. Mansarde aus der Mitte des 18. Jh. EG erneuert. Dornsenfenster aus der ersten Hälfte 19. Jh.

Erste Erwähnung des Grundstücks 1351. 1446 erstmals eine Reihe von sieben Buden erwähnt. 1460 acht Buden, im 16. Jh. mit durchlaufendem Satteldach neu erbaut. Seit 1593 „Der Rehagen" genannt. Im 18. Jh. mit einseitigem Mansarddach umgebaut. Wohnsäle im DG über Außentreppe erreichbar. 1981 Fenster erneuert. Älteste nachgewiesene Bebauung 1430 bis 1446, prägend 1740 bis 1760.
(Dms. seit 1989: Originalteile der Ganghäuser)

38 Wohnhaus mit Renaissance-Treppengiebel mit rotgeschlämmtem Backsteingiebel. Links Durchgang zu Rehhagens Gang, darüber das Fenster eines Zwischengeschosses in stichbogiger Blendnische mit Fasenkante. Nahezu mittiges Dornsenfenster mit hölzernem Blendrahmen. Hauseingang rechts mit scheitrecht gemauertem Sturz. Fenster im ersten OG mit stichbogigen Blendnischen mit Fasenkante. Kleinteilig gesproßte Kreuzstockfenster. Rahmenfüllungstür mit Kassettierung, profiliertem Kämpfer und gesproßtem Oberlicht.
Erste Erwähnung des Grundstücks 1351, gehörte zum Grundstück Nr. 36-38. Seit 1409 Buden erwähnt. 1460 dazu ein „kleyn solthus". Um 1600 mit Nr. 36 als zwei Giebelhäuser neu erbaut. 1989 saniert. Älteste nachgewiesene Bebauung 1380 bis 1400, prägend 1590 bis 1610 (Renaissance).
(Dms. seit 1967: Äußeres, insbesondere Straßenfassade)

39 Barockes Haus mit geschlämmter Backsteinfassade. Dielen-/Dornsen-Gliederung, Dornse links. Fenster mit Stützkloben für Läden. Rechts stichbogiger Durchgang zu Donats Gang, darüber Fenster eines Zwischengeschosses. Rundbogiger Hauseingang, zweiflügelige Rokoko-Haustür mit geschweift aufsteigenden Füllungen mit Viertelkreisecken, geschweifter Kämpfer mit Mittelornament, geschweift gesproßtes Oberlicht. Fenster unter Entlastungsbögen; gesproßte Block-

zargenfenster. Fachwerkgaube mit Dreiecksgiebel.
Erste Erwähnung des Grundstücks 1330 (Alardus de Bremen). Gehörte zum Grundstück Nr. 39-42. 1402/1409 mit zwei Buden neu erbaut. 1442 Kauf durch die Kämmereiherren, bis 1571 im Eigentum der Stadt, sechs Buden an der Straße, fünf im hinteren Teil des Grundstücks. 1592 Nr. 39 abgeteilt. Ehemals Krughaus. Mitte 18. Jh. durchgreifend umgebaut, OG vermutlich neu aufgemauert. 1988 saniert.
Älteste nachgewiesene Bebauung 1390 bis 1409, prägend 1550 bis 1760 (Barock).
(Dms. seit 1967: Äußeres, insbesondere Straßenfassade mit Rokoko-Haustür)

41 Wohnhaus der Renaissance, Teil einer in der zweiten Hälfte 16. Jh. erbauten Traufenhausreihe. Dielen-/Dornsen-Gliederung, Dornsenfenster im 18. Jh. zu zwei Fenstern umgebaut. Rundbogiger Hauseingang mit dreistufiger Freitreppe. Zweiflügelige Rahmenfüllungstür um 1800 mit Rauten- und Sonnenornament, profilierter Kämpfer, gesproßtes Oberlicht. Fensteröffnungen mit seitlichen Fasenkanten; gesproßte Blockzargenfenster. Mittiges Zwerchhaus mit Dreiecksgiebel.
Erste Erwähnung des Grundstücks 1330 (Alardus de Bremen). Gehörte zum Grundstück Nr. 39-42. 1402/1409 mit zwei Buden neu erbaut. 1442 Kauf durch die Kämmereiherren, bis 1571 im Eigentum der Stadt, sechs Buden an der Straße, fünf im hinteren Teil des Grundstücks. Im 18. Jh. ehemaliger Treppengiebel mit geschweiftem Bogenaufsatz umgebaut, Anfang 20. Jh. in Dreiecksgiebel umgeändert. In den 1980/90er Jahren saniert.
Älteste nachgewiesene Bebauung 1390 bis 1409, prägend 1550 bis 1910 (mit Stilelementen der Renaissance).
(Dms. seit 1967: Äußeres einschließlich der Haustür und altem Treppenlauf)

42 Wohnhaus der Renaissance, Teil einer in der zweiten Hälfte 16. Jh. erbauten Traufenhausreihe. Dielen-/Dornsen-Gliederung, Dornsenfenster im 18. Jh. verkleinert. Hauseingang unter Entlastungsbogen und Sturzbohle, hölzerne Türbekleidung. Zweiflügelige Rahmenfüllungstür im Zopfstil mit pilasterförmigen Vorlagen, gesproßtes Oberlicht. Dielenfenster unter erneuertem Backsteinsturz. OG Fenster mit seitlichen Fasenkanten. Mittiges Zwerchhaus mit Lukenöffnungen in stichbogigen Blendnischen mit Fasenkanten, Treppengiebel.
Erste Erwähnung des Grundstücks 1330 (Alardus de Bremen). Gehörte zum Grundstück Nr. 39-42. 1402/1409 mit zwei Buden neu erbaut. 1442 Kauf durch die Kämmereiherren, bis 1571 im Eigentum der Stadt, sechs Buden an der Straße, fünf im hinteren Teil des Grundstücks. Eigentümer 1631 bis 1682: Seefahrer, Kaufmann, Holzkäufer, Kaufmann, Holzkäufer, Kaufmann, Holzkäufer. Bewohner 1798 bis 1928: Stecknitzfahrer, Flußschiffer, Seemaschinist, Musiker. Treppengiebel im 18. Jh. unter Verwendung der alten Maueranker neu aufgebaut, Dornsenfen-

ster verändert. 1974 saniert, Fassade freigelegt. Älteste nachgewiesene Bebauung 1390 bis 1409, prägend 1550 bis 1599 (Renaissance).
(Dms. seit 1967: Äußeres, insbesondere Straßenfassade sowie Haustür)

43 Ehemalige städtische Roßmühle, erbaut 1750 von Stadtbaumeister Johann Adolf Soherr. Fachwerkbau mit mittlerer Durchfahrt, in dieser vier ehemalige Hauseingänge. Über der Durchfahrt ehe-

malige Ladeluke und Gaube mit Kranbalken.
Erste Erwähnung des Grundstücks 1311 (bebaut). 1571 „Das Brandehaus". Zwei hier gelegene Häuser der Parchamschen Stiftung kaufte die Stadt 1750 und baute auf dem Gelände eine von Pferden betriebene Mühle – die Roßmühle (wurde betrieben, wenn im Sommer die anderen Mühlen wegen Wassermangels nicht ingang gesetzt werden konnten). 1797 Mühle stillgelegt, anschließend Lager der Baudeputation. 1918 zu Wohnungen umgebaut. 1998 Umbau zum Zweifamilienhaus. Älteste nachgewiesene Bebauung 1300 bis 1311; prägend 1750 bis 1918.
(Dms. seit 1977: Äußeres)

44 1835 neu erbautes Haus, ehemals als Bude zum Salzspeicher Nr. 43 gehörig. Geschlämmte Backsteinfassade mit Zwerchhaus.
Erste Erwähnung des Grundstücks 1297 (bebaut 1311). Im 18. Jh. „Der Danziger Topf" genannt. 1807 Wohnhaus. 1835 neu

erbaut. 1982 saniert. Älteste nachgewiesene Bebauung 1300 bis 1311, prägend 1835. (Dms. seit 1982: Äußeres und erhaltenswerte Teile im Inneren)

46, Stüwes Gang, Haus 5-6 Fachwerk-Ganghaus, Teil einer Mitte 16. Jh. als Salzspeicher mit Wohnungen erbauten Reihe. EG verputzt, verbretterter Dreiecksgiebel. Blockzargenfenster im EG erhalten. Rahmenfüllungstür Anfang 19. Jh., Kämpfer mit Zahnschnitt, gesproßtes Oberlicht, hölzerne Türverkleidung.

Erste Erwähnung des Grundstücks 1301 (Gelände verkauft von Sifridus de Quedlingeborch). Bebaut 1357. Gehörte zum Grundstück Nr. 45 - 48. 1391 abgeteilt. 1505 wüst gelegen, mit zwei Buden neu bebaut. 1562 ein „Solthus" dazugebaut. Ende 18. Jh. getrennte Wohnnutzung im EG und OG, das über eine Außentreppe zu erreichen war. 1984 saniert. Älteste nachgewiesene Bebauung 1540-1562. prägend 1540-1899.
(Dms . seit 1983: Gesamtes Gebäude)

46, Stüwes Gang, Haus 7 Barockes Ganghaus, Teil einer Mitte 18. Jh. erbauten Budenreihe. Verputzt, Dielen-/Dornsen-Gliederung, Giebel mit geschweiftem Seg-

mentbogen. OG zum Teil mit Asbestzementschindeln verkleidet. Blockzargenfenster mit geteilten Läden. Stichbogiger Hauseingang. Rahmenfüllungstür Mitte 19. Jh., segmentbogiger Kämpfer, gesproßtes Oberlicht.
Erste Erwähnung des Grundstücks 1301 (Gelände verkauft von Sifridus de Quedlingeborch). Bebaut 1357. Gehörte zum Grundstück Nr. 45-48. 1391 abgeteilt. 1505 wüst gelegen, mit zwei Buden neu bebaut. 1562 ein „Solthus" dazugebaut. 1783 als eingeschossige Budenreihe neu erbaut. Nach Brandschaden 1981 neu ausgebaut. Prägende Bebauung 1740-1760 (Barock).
(Dms. seit 1981: Gesamtes Gebäude)

46, Stüwes Gang, Haus 8 Barockes Ganghaus, Teil einer Mitte 18. Jh. erbauten Budenreihe. Verputzter Backstein, Dielen-/Dornsen-Gliederung, Dornse links mit

in gefaster Leibung. Rechts Dornsenfenster. Traufbereich attikaartig hochgebaut, Kranzgesims, mittiges Zwerchhaus mit Dreiecksgiebel. Blockzargenfenster, Klassizistische Rahmenfüllungstür mit profiliertem Kämpfer und gesproßtem Oberlicht.

Sturzbalken, Stützkloben für Läden, Zwerchhaus mit geradem Abschluß. Blockzargenfenster mit gesproßtem Oberlicht. Stichbogiger Hauseingang. Rahmenfüllungstür Mitte 19. Jh., segmentbogiger Kämpfer, gesproßtes Oberlicht. Alte Treppe im Inneren.
Erste Erwähnung des Grundstücks 1301 (Gelände verkauft von Sifridus de Quedlingeborch). Bebaut 1357. Gehörte zum Grundstück Nr. 45-48. 1391 abgeteilt. 1505 wüst gelegen, mit zwei Buden neu bebaut. 1562 ein „Solthus" dazugebaut. 1783 als eingeschossige Budenreihe neu erbaut. Im 19. Jh./Anfang 20. Jh. DG links hochgebaut. 1980 saniert. Älteste nachgewiesene Bebauung 1550-1577 (Barock).
(Dms. seit 1980: Äußeres sowie Treppe)

47 Wohnhaus der Renaissance mit Zwerchhaus aus dem 19. Jh. Vorderhaus zu Stüwes Gang mit rundbogigem gefasten Durchgang, darüber Halbkreisfenster eines Zwischengeschosses. Darüber Wappenfeld mit Helmzier. Hauseingang

Erste Erwähnung des Grundstücks 1301 (Gelände verkauft von Sifridus de Quedlingeborch). Bebaut 1357. Gehörte zum Grundstück Nr. 45-48. 1357 abgeteilt. Und 1600 neu erbaut, im 19. Jh. mit Fassadenputz und Zwerchhaus umgebaut. Prägende Bebauung 1590-1610.
(Dms. seit 1967: Äußeres, insbesondere Straßenfassade)

48 Traufenständiges verputztes Wohnhaus der Renaissance mit Zwerchhaus des 19. Jh. Hauseingang mit vierstufiger Freitreppe. OG Brüstungsgesims. Zwerchhaus mit Dreiecksgiebel.
Erste Erwähnung des Grundstücks 1301 (Gelände verkauft von Sifridus de Quedlingeborch). Bebaut 1357. Gehörte zum

Grundstück Nr. 45-48. 1357 abgeteilt. In der zweiten Hälfte 16. Jh. neu erbaut. Im 19. Jh. mit Fassadenputz und Zwerchhaus umgebaut. 1968 Öffnungsgliederung verändert, neue Fenster und Haustür. Prägende Bebauung 1550-1968.
(Dms. seit 1967: Äußeres, insbesondere Straßenfront)

49 Klassizistische Putzfassade, Dielen-/Dornsen-Gliederung, Dornsenfenster links zu einem Doppelfenster umgebaut, Fenster mit Läden. Stichbogiger Durchgang zwischen Nr. 49 und 51 zu Blohms Hof mit gestufter Archivolte und doppelter Fasenkante. Gurt- und Kranzgesims, Attika. Mittiges Zwerchhaus mit Halbkreisgiebel, profilierte Gesimse. Unter einem Dach mit Nr. 51. Kleinteilig gesproßte Blockzargenfenster mit Mittelkämpfer und kleinteilig gesproßtem Oberlicht. Haustür um 1800 mit profiliertem Kämpfer, gesproßtes Oberlicht.
Erste Erwähnung des Grundstücks 1306 (bebaut 1375). Ehemals Teil eines 1404 aus Speichern dreier Grundstücke vereinigten Hauses. Vermutlich im 16. Jh. als Teil einer Traufenhausreihe erneuert. Um 1800 das Dornsenfenster zu zwei Fenstern umgebaut, verputzt, Attika gemeinsam mit Nr. 51 aufgesetzt, ebenso die Gaube. Älteste nachgewiesene Bebauung 1550-1599, prägend 1790-1810 (Klassizismus).
(Dms. seit 1967: Äußeres, insbesondere Straßenfront)

51 Klassizistische Putzfassade, Dielen-/Dornsen-Gliederung, Dornsenfenster rechts. Stichbogiger Durchgang zwischen Nr. 49 und 51 zu Blohms Hof mit gestufter Archivolte und doppelter Fasenkante. Gurt- und Kranzgesims, Attika. Mittiges Zwerchhaus mit Halbkreisgiebel, profilierte Gesimse. Unter einem Dach mit Nr. 49. Erste Erwähnung des Grundstücks 1306 (bebaut 1375). Ehemals Teil eines 1404 aus Speichern dreier Grundstücke vereinigten Hauses. Vermutlich im 16. Jh. als Teil einer Traufenhausreihe erneuert. Um 1800 das Dornsenfenster zu zwei Fenstern umgebaut, verputzt, Attika gemeinsam mit Nr. 49 aufgesetzt, ebenso die Gaube. Älteste nachgewiesene Bebauung 1350-1375, prägend 1550-1810 (Klassizismus).

(Dms. seit 1967: Äußeres, insbesondere Straßenfront)

52 Wohnhaus der Renaissance mit Zwerchhaus aus der ersten Hälfte 19. Jh. Dünn verputzte Backsteinfassade, Dielen-/Dornsen-Gliederung. Stützkloben für Läden. Gurtgesims, darüber Entlastungsbogen für Dornsen- und Dielenfenster. Zwerchhaus mit Dreiecksgiebel.
Erste Erwähnung des Grundstücks 1306 (bebaut 1375). Ehemals Teil eines 1404 aus Speichern dreier Grundstücke vereinigten Hauses. Vermutlich im 16. Jh. als Teil einer Traufenhausreihe erneuert. Erste Hälfte 18. Jh. verputzt, Attika aufgesetzt, ebenso die Gaube. Älteste nachgewiesene Bebauung 1350-1375, prägend 1550-1599 (Renaissance).
(Dms. seit 1967: Äußeres, insbesondere Straßenfront)

53 Wohnhaus mit Stilelementen der Renaissance und des Klassizismus. Teil der Traufenhausreihe 49-54. EG verputzt, OG Backstein dünn verputzt. Dielen-/Dornsen- Gliederung. Stichbogiges Portal mit Fasenkante im Bogen. etwas zurückversetzt stichbogige Türöffnung mit halbkreisförmigem Oberlicht. Gurtgesims, Kranzgesims, darauf niedrige Attika. Zwerchhaus mit Halbkreisgiebel, mit profiliertem Basis- und Ortgesims.
Erste Erwähnung des Grundstücks 1306 (bebaut 1375). Ehemals Teil eines 1404 aus Speichern dreier Grundstücke vereinigten

Hauses. Vermutlich im 16. Jh. als Teil einer Traufenhausreihe erneuert. In der ersten Hälfte 19. Jh. verputzt, Attika aufgesetzt, ebenso die Gaube. Älteste nachgewiesene Bebauung 1350-1375, prägend 1550-1849 (Renaissance/Klassizismus).
(Dms. seit 1967: Äußeres, insbesondere Straßenfront)

An der Untertrave

Straßenbezeichnung seit 1884. Zuvor führten die einzelnen Abschnitte gesonderte Bezeichnungen: Am Dampfschiffhafen (zwischen Große Altefähre und Marstall); Heringsmarkede (1483)/ Heringsmarkt (bei der Heringskoje zwischen Beckergrube und Fischergrube); By dem Kahuse (zwischen Alsheide und Grünem Gang, nach dem 1597 als Kahus bezeichneten Haus Nr. 23); Osemundmarkt (zwischen Fisch- und Alfstraße nach den aus Schweden mit Eisen (Osemund) kommenden Schiffen, 1700), Petri-Sanddamm (zwischen Alsheide und Altefähre, dort lag ein St. Petri gehöriges Sandhaus), Beim Unter-Wasserbaum (1319 Apud aborem inferiorem, 1459 To dem Tore) nach dem an der Kleinen Altefähre den Hafen sperrenden Wasserbaum; Weinstaat/Weinkaie (zwischen Alf- und Mengstraße, weil dort die mit Wein beladenen Schiffe gelöscht wurden, 1841).

Lagerschuppen 6 Einschiffige Lagerhalle in Holzkonstruktion, 1906 nach Pfahlgründung errichtet. An der südlichen Schmalseite flacher Dreiecksgiebel aus Mauerwerk mit Firstzinne. Nordseite verändert. Zusammen mit Schuppen 9 Zeugnis des Hafenausbaues im Industriezeitalter.
(Dms. seit 1988: Äußeres)

Lagerschuppen 9 Zweischiffige, nach Süden leicht eingezogene Lagerhalle, nach Pfahlgründung 1906 errichtet. Eingebaute Kontore. Im Norden und Süden Mauerwerksgiebel mit Schmuckelementen

(leicht verändert). Zur Straße ein Mittelgiebel im ursprünglichen Zustand. Typischer Lagerhausbau der Hafenanlagen im Bereich der Innenstadt (historisierender Stil).
(Dms. seit 1988: Äußeres inkl. straßenseitige Doppelstufen)

18 Schlichte klassizistische Putzfassade mit Attika, profiliertes Gurtgesims und Attikagesims; EG überformt. Rückwärtig Dreiecksgiebel des 16. Jh. mit Lukenaufteilung. Im Seitenflügel Malereifragmente des 17./18. Jh.
Erste Erwähnung des Grundstücks 1319 (bebaut mit Kornhaus). Im 16. Jh. Bau des jetzigen Vorderhauses. 1809 klassizistische Fassade, weiterer Umbau 1856. Bewohner im 19. Jh.: Schiffer. 1962 Einbau einer Gaststätte. 1983 Instandsetzung. Älteste nachgewiesene Bebauung 1550-1649 (Renaissance), prägend 1800-1809 (Klassizismus).

(Dms. seit 1979: Äußeres einschließlich des alten Flügelbaues sowie erhaltenswerte ältere Teile im Inneren)

21 Klassizistische Fassade vor Renaissancehaus; übergiebeltes Zwerchhaus. Im Inneren Reste von Deckenmalerei des 16./17. Jh.; vom Umbau im frühen 19. Jh.: mehrläufige gestäbte Treppen mit Brüstungen, Türen, innere und äußere Fenster.
Erste Erwähnung des Grundstücks 1298 (bebaut mit Kornhaus). Im 16. Jh. durch jetziges Gebäude ersetzt, bestehend aus zwei hintereinanderliegenden Traufenhäusern mit gemeinsamer Mittelmauer. 1808 aufgestockt und innen neu ausgebaut. Bewohner im 19. Jh.: Schiffer, Steuermann. 1991 saniert. Älteste nachgewiesene Bebauung 1600-1649 (Renaissance), prägend 1800-1808 (Klassizismus).
(Dms. seit 1990: Gesamtes Gebäude)

27 Historistisch verputzter Giebel (1899) vor einem 1980-1981 komplett neu gebauten Haus.

Erste Erwähnung des Grundstücks 1334 (bebaut mit einem Kornhaus, zu dem an der Rückseite vier Buden gehörten). 1857 die Häuser Nr. 27 und 28 zu einer Einheit zusammengefaßt. Bewohner im 19. Jh.: Krüger, Wirt; Destillation und Schankwirtschaft. Neubau 1980-81.
(Dms. seit 1977: Äußeres, insbesondere Rückfront zum Hellgrünen Gang)

34 Kornspeicher, erbaut 1873 für die Familie Mann, „Die Eiche“ genannt. Turmartig augebildete Schaufassade im Stil des Historismus mit leicht gotisch betontem Abschluß im kleinem Treppengiebel. Blendgiebel mit Blendnischen. Fassade durch Lisenen in drei Bereiche gegliedert.

Erste Erwähnung des Grundstücks 1323 (bebaut mit Kornhaus). Bildete mit einer Reihe kleiner Gebäude „Harder Gang". 1443 verkauft an den Stadtrat Thomas Kerkring. Bewohner im 19. Jh.: Postschreiber, Steuermann, Seefahrer, Musiker. Anstelle des Ganges errichtete Senator Johann Sigismund Mann 1873 das Speichergebäude. Saniert und zum Möbelhaus umgewidmet. Älteste nachgewiesene und prägende Bebauung 1873 (Historismus).
(Dms. seit 1977: Äußeres, insbesondere Straßenfassade)

39 Eckhaus mit Renaissance-Treppengiebel, hohes Dielengeschoß über zwei Geschosse; Eingang mit halbrundem Oberlicht und Taustabgewänden, segmentbogige Fenster mit umlaufenden Fasenkanten, in den Giebelgeschossen jeweils als Blendnischen. EG überformt.
Erste Erwähnung des Grundstücks 1331 (bebaut mit zwei Buden). 1437 zwei Buden hinzugefügt. Als Haus 1450 erwähnt. Bierkeller „In goldenen Löwen M. J. C. Böttger Ao 1808", Krug- und Hökergerechtigtkeit. Bewohner im 19. Jh.: Krüger, Höker, Wirt. 1984 saniert. Älteste nachgewiesene und prägende Bebauung 1600-1624 (Renaissance).
(Dms. seit 1967: Äußeres, insbesondere Straßenfassade)

42 Renaissance-Haus, klassizistisch überformt (ehemals backsteinsichtige Fassade verputzt und mit Dreieckgiebel in profilierter Rahmung versehen). Älterer Flügel (16./17. Jh.), im OG Zimmer mit bemalter Balkendecke (blaue und rote Ranken sowie Blüten auf gelbem Grund, vermutlich aus der ersten Hälfte des 18. Jh., über einer älteren Kassetten-Malerei). Längswand des Raumes gegenüber dem Fenster mit durchgehend marmoriert bemalter Vertäfelung.
Erste Erwähnung des Grundstücks 1318 (bebaut). Ursprünglich mit einer Bude bebaut, 1465 zum Wohnhaus ausgebaut. Veränderung der Fassade 1791 und 1857. Bewohner im 19. Jh.: Flachshändler, Schiffer, Gewürzkrämer, Krämer. 1980 saniert, da-

bei Deckenmalerei im Flügel entdeckt. Älteste nachgewiesene Bebauung 1550-1624 (Renaissance), prägend 1797-1857 (Klassizismus).
(Dms. seit 1980: Äußeres sowie der mit alter Ausstattung versehene Raum im OG des Flügels)

52 Renaissance-Haus, durch Brandschaden 1995 erheblich zerstört, unteres verputztes Geschoß in Teilen erhalten.
Erste Erwähnung des Grundstücks 1296 (bebaut). Grundstücke Untertrave 52 und 53 befanden sich in gemeinsamen Besitz, zu dem auch die Parzellen Große Kiesau 4 und 6 gehörten. 1576 Trennung der Grundstücke an der Untertrave, 1581 Trennung von den Grundstücken Gr. Kiesau. Bewohner im 19. Jh.: Tabakhändler, Schiffszimmermann, Schiffbaumeister. Nahezu vollständige Zerstörung bei Brand Januar 1995. Älteste nachgewiesene und prägende Bebauung 1525-99 (Renaissance).
(Dms. seit 1968: Äußeres, insbesondere Straßenfassade)

53 Renaissance-Haus, durch Brandschaden 1995 erheblich zerstört, unteres verputztes Geschoß in Teilen erhalten.
Erste Erwähnung des Grundstücks 1296 (bebaut). Grundstücke Untertrave 52 und 53 befanden sich in gemeinsamen Besitz, zu dem auch die Parzellen Große Kiesau 4 und 6 gehörten. 1563 Gastwirtschaft „De bunte Osse“ (nach dem Bau der Drehbrücke „Zur Drehbrücke“). 1576 Trennung der Grundstücke an der Untertrave, 1581 Trennung von den Grundstücken Gr. Kiesau. Bewohner im 19. Jh.: Tabakhändler, Schiffszimmermann, Schiffbaumeister. Nahezu vollständige Zerstörung bei Brand Januar 1995. Älteste nachgewiesene und prägende Bebauung 1525-1599 (Renaissance).
(Dms. seit 1968: Äußeres, insbesondere Straßenfassade)

60 Fassade des Spätbarock mit profiliertem Dreiecksgiebel, EG überformt. Im Inneren Treppe über drei Geschosse mit beschnitzten Antrittspfosten und Brüstung mit ovalen Ausschnitten. Flügelanbau aus dem 16./17. Jh.; Querhaus mit getrepptem Renaissance-Zwerchgiebel.

Erste Erwähnung des Grundstücks 1292 (bebaut). Bewohner im 19. Jh.: Schiffer, Kaufmann, Gewürzkrämer. 1956 wegen Brandgefahr entmietet. Älteste nachgewiesene Bebauung 1500-1599 (Renaissance), prägend 1775-1799 (Barock).
(Dms. seit 1978: Gesamtes Gebäude)

61 Renaissance-Treppengiebel mit Fasenkante, segmentbogige Fensteröffnungen mit umlaufender Fase, EG überformt.
Erste Erwähnung des Grundstücks 1289 (bebaut). 1769 Brandweinbrenner-Haus. Bis 1854 gehörte zu dem Besitz ein als Packraum, später als Speicher bezeichnetes Querhaus. Bewohner im 19. Jh.: Schiffer, Weinschreiber, Kaufmann, Weinhändler, Bierhändler, Krämer, Träger. Ab 1854 „Matsfährhaus“, nachdem die Stadt das Haus gekauft und dem Pächter der Matsfähre als Wohnung sowie den Verlehntenkorporationen als Unterkunft zugewiesen

hatte. Später als Nachtwache genutzt. Die Fähre wurde nach dem Bau der Drehbrükke eingestellt. 1857-1877 klassizistisch überformt. 1911 eine Gastwirtschaft, 1916 verkaufte die Stadt das Haus an den Wirt. Älteste nachgewiesene und prägende Bebauung 1500-1599 (Renaissance).
(Dms. seit 1968: Äußeres, insbesondere Straßenfassade)

62 Wohnhaus mit Renaissance-Treppengiebel, im EG verklinkert, EG und 1. OG überformt. Kehlbalkendachstuhl von zwölf Gesperren aus der Bauzeit mit durchlaufender Numerierung.
Erste Erwähnung des Grundstücks 1294 (bebaut). Bewohner im 19. Jh.: Regalmacher. Älteste nachgewiesene Bebauung 1500-1599 (Renaissance), prägend 1976.
(Dms. seit 1994: Straßen- und Hoffassade mit älterer Befensterung, die Brandmauern, das Mauerwerk der Seitenflügel sowie die Dachkonstruktion mit Zwischengeschoß und Einbauteilen aus der Bauzeit)

70 Eckhaus aus dem 18. Jh., Putzfassade, im EG genutet. Sockelbereich gefliest. Über der modernisierten Fassade Doppenwappen mit Jahreszahl 1749. Im ersten OG ein Erker auf Konsolen, Brüstungsfelder mit Ornamentik. Sternenförmige Rahmung der Fenster im DG. Dreiecksbekrönter Giebel, seitlich Voluten. Zur Fischergrube dreiecksbekrönter Giebel.
Erste Erwähnung des Grundstücks 1288 (bebaut 1297). 1326 ein Backhaus mit Buden. 1409 Backhaus mit Getreidespeicher. Prägende Bebauung 1700-1800.
(Dms. seit 1966: Äußeres)

86 Bürgerhaus mit Renaissance-Treppengiebel, gegliedert durch steigende rundbogige Blenden und flachbogige Luken. Backsteinfassade nachträglich verputzt, mittlere Blende im Giebel vermauert, da-

bei Fenster an Stelle der Luken gesetzt. Portal erneuert. Ehemaliges hohes Dielengeschoß unterteilt.
(Dms. 1976: Äußeres)

96 Fachwerkbau (Laubenhaus) der Renaissance, erstes OG vorkragend, gestützt auf drei Steinpfeiler. Traufbalken mit profilierten Balkenköpfen. Bemalte Decken und Wände (auferstandener Jesus mit Heiligenschein, begleitet von zwei Jüngern, umgeben von Ranken, dazu der Text: „O welck ein seliger dach das war; die jünger word (o)ffenbar: do he en leb(en) erst(n)de(en)“. Seitenflügel aus dem 17. Jh.
Erste Erwähnung des Grundstücks 1307 (bebaut). 1569 Etagenmietshaus Bis 1559 ein Grundstück mit Mengstraße Nr. 39 und

41. Ein Steinpfeiler 1977 zerstört, ersetzt. Älteste nachgewiesene und prägende Bebauung 1569 (Renaissance). 1988 saniert. (Dms. seit 1966: Äußeres)

97 Speicher mit neogotischer Backsteinfassade. Im mittleren Teil Ladeluken bis zum Giebel und eine Winde. Schmuck durch grünglasierte Formsteine. Rückwärtig dreiecksförmiger Giebel aus dem 17. Jh.
Erste Erwähnung des Grundstücks 1307 (bebaut). 1853 Kauf durch Posssehl und Umbau. 1960 Einbau einer Getreideförderanlage. 1976 Umbau zum Jugendzentrum. Prägende Bebauung 1871 (Neogotik).
(Dms. 1976: Äußeres)

98 Speicher, 1870 von Lienau erbaut. Fassade durch gemauerte Lisenen mit Segmentbögen in den Fensterabschlüssen gegliedert. Mittelachse durch dreieckigen

Giebelabschluß betont. Im Inneren Holz-Skelett-Tragekonstruktion aus der Erbauungszeit, genagelter Dielenboden, im 3. OG Originalfenster in Gußeisen.
Erste Erwähnung des Grundstücks 1315 (bebaut mit zwei Häusern). Prägende Bebauung 1870 (Neogotik).
(Dms. seit 1990: Gesamtes Gebäude)

Balauerfohr

Die Straße ist benannt nach den Brüdern und Schwestern des benachbarten Klosterhofes des Marienwohlder Birgittenstifts, die zuvor im Dorf Below ansässig waren. Der nördliche Teil der Straße (zwischen Hüx- und Wahmstraße) wurde ursprünglich Dwerstrate inter platea hoxorum et aurigarum, 1449-1577 Salunenmakerstrate, der mittlere Teil (zwischen Wahm- und Krähenstraße) platea transversalis ex opposito platea aurigarum, der südliche Teil (zwischen Krähen- und Stavenstraße) inter plateas cornicum et Noe oder Kreienstrate (1483), In der Kreienstrate (1487) genannt. 1440 Balauwervorde, 1458 Balouvervort, 1460 Ballewervort, 1584 Balauwer Vorde, 1751 Balauer Föhrde, seit 1852 Balauerfohr.

2 Klassizistische Putzfassade mit Zwerchhaus, abgeschlossen von Attika, zu Beginn des 20. Jh. modernisiert. Teil einer der wenigen erhaltenen mittelalterlichen steinernen Budenreihen. Im Innern ehemaliger Durchgang an der Ostseite erkennbar, Kriechkeller im hinteren Teil des Hauses; barocke Zimmertür im ehemaligen Durchgang „Dreililien Gang", der heute zum Haus gehört.
Erste Erwähnung des Grundstücks 1302 (bebaut), unter einem Dach mit Balauerfohr 4 und Hüxstraße 94. Älteste nachgewiesene Bebauung 1275-1324, prägend 1358-1832 (Klassizismus).
(Dms. seit 1995: Gesamtes Gebäude)

3 Mittelalterliche Bude, klassizistisch überformt, geometrisch aufgeteilt mit mittigem Zwerchhaus.
Gehörte ehemals als Bude zum Eckhaus Hüxstraße 96/Balauerfohr 1.
Erste Erwähnung des Grundstücks 1308 (1313 bebaut); 1331 mit einer Bude; 1345 wird eine Bäckerei angegeben, mit zwei Buden Richtung Wakenitz; 1477 ein Backhaus mit Buden, Giebel zur Hüxstraße.

Ab 1542 Weißbrauhaus; 1596 Brauhaus mit Giebel zum Balauerfohr, dazu gehörend sieben Buden; 1596 Brauhaus mit nur noch fünf Buden, drei in der Hüxstraße, zwei im Balauerfohr. 1811 Abriß und Neubau. Älteste nachgewiesene und prägende Bebauung 1811 (Klassizismus). (Dms. seit 1983: Äußeres und erhaltenswerte Teile im Inneren)

4 Klassizistische Putzfassade, Zwerchgiebel mit Attika, Gliederungselemente später wieder abgeschlagen, im EG überformt.

Erste Erwähnung des Grundstücks 1302 (bebaut). War Teil einer zwischen 1358 und 1378 erbauten Budenreihe, unter einem Dach mit Balauerfohr Nr. 2 und Hüxstraße 94.
Älteste nachgewiesene Bebauung 1275-1324, prägend 1876 (Klassizismus).
(Dms. seit 1995: Äußeres und Konstruktion)

35 Dielenhaus mit Renaissance-Treppengiebel, OG-Fenster mit Fasenkanten, Luken im DG in stichbogigen Blendnischen mit Fasenkanten. Ladeneinbau im EG Anfang 20. Jh., seit 1970 als Wohnung genutzt.

Erste Erwähnung des Grundstücks 1304 (bebaut). Unter dem Haus befand sich ein Wohnkeller. Älteste nachgewiesene Bebauung 1250-1304, prägend 1592-1610 (Renaissance), Fassade 1920 verändert.
(Dms. seit 1966: Äußeres)

37 Wohnhaus mit Renaissance-Treppengiebel, geschlemmt; im OG und DG Fenster und Luken in stichbogigen Blendnischen mit Fasenkante, rundbogiges Portal; in das hohe Dielengeschoß wurde im 19. Jh. ein Zwischengeschoß eingezogen und teilweise verputzt.
Erste Erwähnung des Grundstücks 1304 (bebaut). Wurde lange Zeit als Hökerei

mit Gaststube (bis 1900 „Up de Trepp“) genutzt. Älteste nachgewiesene Bebauung 1250-1304, prägend 1592-1610 (Renaissance).
(Dms. seit 1967: Äußeres)

Beckergrube

1227 Fossa pistorum, 1377 Bekergrove oder Beckergrove, 1852 Beckergrube. Bereits 1238 wichtige Zufahrt zum Hafen.

6 Klassizistische Fassade, vor ein Haus der Renaissance gesetzt. Waagerechtes Kranzgesims mit flacher Attika. Rückwärtig Dreiecksgiebel. Flügelanbau aus Backstein mit hohen, gefasten Fensterblenden (17. Jh.). Alter Balkenkeller. Mit dem Nachbarhaus letztes der alten Gebäude in der oberen Beckergrube, EG überformt. Erste Erwähnung des Grundstücks 1320 (bebaut). Pferdestall, evtl. im Flügel. Älteste nachgewiesene Bebauung 1550-1649 (Renaissance), prägend 1825-1850 (Klassizismus).
(Dms. seit 1977: Äußeres)

8 Klassizistische Putzfassade mit Attika, kräftiges Traufgesims, Fenster segmentbogig überdacht und gerahmt, Brüstungsbalustrade im ersten und zweiten OG; im EG überformt. Rückwärtig Dreiecksgiebel. Flügelanbau (17./18. Jh.). Keller mit Holzbalkendecke, Tonnengewölbe. Alte Treppenanlage mit verstäbter Brüstung bis ins zweite OG. Mit dem Nachbarhaus

letztes der alten Gebäude in der oberen Beckergrube.
Erste Erwähnung des Grundstücks 1303 (bebaut). Älteste nachgewiesene Bebauung 1775-1825, prägend 1825 (Klassizismus).
(Dms. seit 1967: Äußeres, insbesondere Straßenfassade)

10-14 Stadttheater Jugendstilbau von Martin Dülfer, Sandstein-Fassade aufwendig dekoriert, kräftige gequaderte Eckpilaster und Mittelrisalit, Achsen in Felder gegliedert mit trennenden Pilastern. Über dem EG höheres erstes OG als Bel-étage mit flachgiebeliger Verdachung, das niedrigere zweite OG mit ornamentiertem Brüstungsfeld. Hauptgesims mit Figurenfries von G. Roemer, im Mittelfeld „Apollo und die neun Musen", in den Seitenfeldern „Komödie" und „Tragödie" darstellend. Das Giebeldreieck wird getragen von einer Gruppe Karyatiden und Atlanten von K. Weinberger. Im Inneren blieb die gesamte ursprüngliche Struktur des Grundrisses trotz späterer Überformung erhalten: Anordnung von Bühne, Repräsentations-, Aufenthalts- und Nebenräume sowie die Treppenanlage. Ursprüngliche Bauausstattung weitestgehend im Originalzustand: Fenster, Türen, Paneele, geschmiedete eiserne Schmuckbrüstungen, Treppengeländer, farbige Wand- und Deckengestaltung (farbige Jugendstildecke im Großen Haus). Im Bereich der heutigen Kammerspiele ehemaliger Festsaal mit erhaltener Stuckdecke, Stuckdecken in den Wandelgängen, Treppenaufgängen, ehemaligen Restaurants, Foyers und Vorhalle des Großen Hauses; originale farbige Wandputze im Foyer, Wandelgängen, Vorhallen, Treppenaufgängen. Ursprünglicher Theatervorhang erhalten. Sanitärräume mit Jugenstilfliesen. Im Kellerbereich architektonisch strukturell die ehemalige Heizungs- und „Klimaanlage", in der heutigen Schlosserei die ursprüngliche Theaterküche mit Wandfliesen und Schmuckfries erhalten.
Erste Erwähnung des Grundstücks 1302 (bebaut). Bereits 1347 ein zusammenhängendes Grundstück bis zur Fischergrube. 1393 „Lüneburger Hof", im Besitz der Patrizieramilie Lüneburg (bis ins 17. Jh.). 1751 Gelände „bis dato wüst gestanden". 1752 von Zimmermeister Joh. Heinr. Schröder ausgebaut zum ersten öffentlichen Schauspielhaus Lübecks (über der Einfahrt zum Hof stand der Spruch „Wir bauen Häuser hoch und feste/Sind doch darin nur fremde Gäste./Denn da wir ewig sollen sein,/da bauen wir gar wenig drein." 1774-1857 das „Ebbe'sche Haus", genannt

nach dem Besitzer, der in dem Haus neben Theatervorstellungen auch Konzerte und Maskeraden veranstaltete. 1857 Abbruch durch die Casino Aktiengesellschaft. Neubau eines Schauspielhauses mit größeren Sälen für Bälle und Konzerte. 1859 Casino AG als Betreiber des Theaters. 1905 Schließung wegen mangelhafter Sicherheit. Auf dem Grundstück Nr. 14 im 17. Jh. Rotbrauerkrug, 18./19. Jh. Sitz der Rotbrauergesellschaft. Prägende Bebauung 1908-1909 (Jugendstil).
(Dms. seit 1967/1992: Gesamtes Gebäude mit seinen originalen Ausstattungsdetails, ausgenommen Bühnentechnik)

16 Klassizistische Fasade, vor ein Haus der Renaissance gesetzt. EG gequadert, aufgeputzte Arkaden im ersten OG, in jedem Bogen ein Fenster. Attika mit Aufbau in Form eines Zwerchhauses. Klassizistische Haustür mit Oberlicht. Im Inneren des Vorderhauses und des Renaissance-Seitenflügels zahlreiche Befunde von Wandfassungen, im Seitenflügel barocke Wandmalerei, Paneele. Im ersten OG des Vorderhauses ein Raum mit italienischer Wandmalerei, Medaillons, Supraporten, lisenenartigen Wandgliederungen, wahrscheinlich eine Arbeit des Malers Christian Heinrich Achenbach (1799-1860)
Erste Erwähnung des Grundstücks 1305 (bebaut). Im 17./19. Jh. ein Brauhaus. Hinter dem Garten ein Pferdestall. 1803 ein Kaufladen. Älteste nachgewiesene Bebauung 1550-1649 (Renaissance), prägend 1840 (Klassizismus).
(Dms. 1967/1994: Gesamtes Gebäude, Vorderhaus und Seitenflügel)

63 Barockes Wohnhaus mit dreiecksbekröntem Schweifgiebel und Fachwerk-Dacherker an der Blocksquerstraße. Überformt durch Laden.
Erste Erwähnung des Grundstücks 1303 (bebaut). Bereits 1303 ein Backhaus, im 18. Jh. als Brauhaus erwähnt. Prägende Bebauung 1700-1800 (Barock).
(Dms. 1967: Äußeres)

65 Wohnhaus, ehemals mit Renaissance-Treppengiebel, um 1800 klassizistisch verändert, verputzt (obere Lukengeschosse gestrichener Backstein) und mit Dreiecksgiebel versehen. Flügelanbau der Renaissance. Innen: Diele mit alter Treppenanlage.

Erste Erwähnung des Grundstücks 1301 (bebaut). Bereits 1301 ein Backhaus. Im 18. Jh. ein Brauhaus. Älteste nachgewiesene Bebauung 1582, prägend 1600-1900 (vorherrschend Klassizismus). 1986 saniert.
(Dms. seit 1967: Äußeres, insbesondere Straßenfassade)

67 Renaissance-Treppengiebel mit Taustabprofil an den Staffeln, durch rundbogige Hochblenden gegliedert, Fassade unterhalb des Giebels im 19. Jh. neu verblendet.
Erste Erwähnung des Grundstücks 1290 (bebaut 1303). Ab 1338 als Backhaus, ab

1537 als Brauhaus geführt. 1872 vollkommen umgebaut. Einbau der Schaufenster 1960. Älteste nachgewiesene Bebauung 1590 (Renaissance), prägend 1600-1880 (vorherrschend Stilelemente der Renaissance).
(Dms. seit 1967: Treppengiebel der Straßenfassade)

69 Wohnhaus mit Renaissance-Treppengiebel. Über dem Portal Sandsteinwappen mit Jahreszahl 1590. Ehemalige Öffnungen im ersten und zweiten OG sowie Luken im Giebel mit gefastem Stein gemauert. EG neuzeitlich verändert.
Erste Erwähnung des Grundstücks 1298 (bebaut). Bereits 1298 als Backhaus genannt. 1550 wird im Haus eine Braupfanne erwähnt, von 1581 bis ins 19. Jh. nachweislich als Brauhaus geführt. Älteste nachgewiesene Bebauung 1590 (Renaissance), prägend 1600-1900 (vorherrschend Stilelemente der Renaissance).

(Dms. seit 1967: Äußeres, insbesondere Straßenfassade)

71 Bürgerhaus mit Renaissance-Treppengiebel, Fensteranordnung in den OG aus dem 18. Jh., im EG neuzeitlich verändert. Im Inneren Dielentreppe mit ornamentierten Pfosten aus dem 18. Jh.
Erste Erwähnung des Grundstücks 1298 (bebaut). 1305 als Backhaus genutzt, im 16. Jh. als Brauhaus erwähnt. 1793 brannte das Haus ab, wurde neu aufgebaut als Tischlerhaus genutzt. 1876 Umbau. Gegenwärtige Nutzung als Speiserestaurant „Wullenwever". Älteste nachgewiesene und prägende Bebauung 1793 mit Stilelementen der Renaissance.
(Dms. seit 1967: Äußeres, insbesondere Straßenfassade, sowie auf die im Inneren erhaltenen älteren Teile einschließlich der Dielentreppe)

73 Klassizistische Putzfassade mit Attika (Zinnenfries und Blattkonsole); im EG genutet. Gesimse trennen die Geschosse,

Fenster überdacht (Dreiecke im ersten OG) und gerahmt. Klassizistische Haustür um 1800. Im Kern älter. Flügelanbau aus dem 17. Jh.
Erste Erwähnung des Grundstücks 1287 (bebaut). Bereits 1287 als Backhaus genutzt, 1596 als Rotbrauhaus bezeichnet. 1870 zum Mietshaus umgebaut. Prägende Bebauung 1880 (Neoklassizismus). 1983 saniert.
(Dms. seit 1983: Gesamtes Gebäude)

76 Barockes Eckhaus mit vorkragendem Dachausbau zur Böttcherstraße. Haustür (Medaillon und Schleife, Inschrift 1443) mit Oberlicht im Zopfstil.

Erste Erwähnung des Grundstücks 1311 (seit 1333 bebaut mit einem Eckhaus). Backhaus seit 1448 bis in die Gegenwart, 1982 Abbruch des Bäckerei-Schornsteins. Älteste nachgewiesene Bebauung 1443, prägend 1800 (Barock).
(Dms. seit 1967: Äußeres)

79 Klassizistische Putzfassade mit Attika, schwerem Abschlußgesims. Umgestalteter ehemaliger Renaissance-Treppengiebel. Rückwärtig Dreiecksgiebel mit flachbogigen Luken. Langgestreckter Hofflü-

gel aus dem 17. Jh. Innen wesentliche Teile der älteren Ausstattung erhalten: Diele mit Fenster des 18. Jh. und Treppenanlage des späten 19. Jh. Im Flügelanbau bemalte Holzbalkendecke im EG, im OG kleiner Saal mit stuckierter Decke und Ofennische des Rokoko.
Erste Erwähnung des Grundstücks 1290 (bebaut). Bereits 1290 als Backhaus geführt. Im 18. und 19. Jh. Brauhaus, ausgestattet mit Mülzgerechtigkeit. 1815 Sitz des Ältesten der Brauerzunft. 1841 Abbruch Quergebäude. 1874 Zigarrenfabrik. Prägende Bebauung 1860-1900 (Klassizismus).
(Dms. seit 1984: Gesamtes Gebäude)

82 Bürgerhaus mit Renaissance-Backsteingiebel, versehen mit breiter rundbogiger Hochblendengliederung, vermauerte zweigekuppelte Luken, seitliche Ab-

schweifungen des ehemaligen Treppengiebels von 1800. Fassade unterhalb des Giebels verputzt, mit veränderter Gliederung des 19. Jh.
Erste Erwähnung des Grundstücks 1309 (bebaut). 1598 bis ins 19. Jh. als Rotbrauhaus geführt. 1775 als „großes“ Brauhaus mit fünf Böden und großem Seitenflügel beschrieben. Prägende Bebauung 1600-1800 (vorherrschend Stilelemente der Renaissance).
(Dms. seit 1976: Äußeres, insbesondere Straßenfassade)

83-85 Speicher im historistischen Stil von 1898. Im Inneren ursprüngliche Tragekonstruktion mit gußeisernen Säulen mit aufliegenden gewalzten Eisenträgern.
Erste Erwähnung des Grundstücks 1292 (bebaut 1324). Seit dem 13. Jh. gemeinsames Grundstück Beckergrube 83, 85 und Siebente Querstraße 2, 4 und 6, jeweils mit eigener Bebauung. Haus Nr. 85 brannte 1761 ab und wurde, wieder aufgebaut, mit Nr. 83 als Speicher genutzt (Nr. 85 mit

Braugerechtigkeit). 1869 (Nr. 85) und 1873 (Nr. 83) Kauf durch Piehl + Fehling, Bau des Speichers 1892.
(Dms. 1990: Gesamtes Gebäude)

86 Barocke Backsteinfassade, nach der Zerstörung 1942 wieder aufgebaut. Barokke Tür sowie Weintraube ebenfalls wieder originalgetreu angefertigt. Auf der Diele Hausbaum mit korinthischem Kapitell, Kücheneinbau, historischer Bodenbelag, rückseitige Dielenfenster. Windenrad mit Aufzug über alle Geschosse erhalten, bie-

dermeierliche Einbauten im DG. Seitenflügel des 17. Jh., vermutlich im Barock verlängert, an der Bohlendecke Bemalung des 17. und 18. Jh.; Paneele (OG), barocke Stuckleisten und Türlaibungen. Im Querhaus aus der zweiten Hälfte 19. Jh. Ladeluke mit Winde.
Erste Erwähnung des Grundstücks 1293 (bebaut). Nacheinander im Besitz der Familien Warendorp, Casdorp, Brekewoldt, van Retelen. 1552 im Besitz des Ratsherren und späteren Stifters eines Armenhauses in der Aegidienstraße, Hinrich Köhler. Vermutlich bereits 1758 eine Weinhandlung. 1836 im Besitz des Weinhändlers Christian Friedrich Wilms, 1853 kaufte Herman Friedrich von Melle das Haus, unter dem Namen wird die Weinhandlung bis in die Gegenwart geführt. Älteste nachgewiesene Bebauung 1454-58 (Dachstuhl), prägend 1700-1800 (Barock). (Dms. seit 1968/1996: Gesamtes Gebäude, bestehend aus Vorderhaus, Seitenflügel und Querhaus)

87 Wohnhaus mit Renaissance-Treppengiebel (drei Speicherböden), Fassade unterhalb des Giebels erneuert. Über dem Tor ein Doppelwappen mit der Angabe 1581.
Erste Erwähnung des Grundstücks 1296 (bebaut). 1563 mit Braugerechtigkeit, Rotbrauhaus. Im 18. Jh. Fabrik eines Drahtziehers. 1918 Kauf durch Piehl + Fehling, größerer Umbau. Prägende Bebauung 1500 (Renaissance). 1980 saniert. (Dms. seit 1967: Äußeres, insbesondere Straßenfassade)

88 Barockes Wohnhaus mit dreiecksbekröntem Giebel mit angedeuteten Voluten, hervorgegangen aus der Überformung eines ehemaligen Renaissance-Treppengiebels. Rückwärtig Dreiecksgiebel mit flachbogigen Luken, neuzeitlich überformt.

Erste Erwähnung des Grundstücks 1300 (bebaut). 1502 bis 1840 als Brauhaus geführt. 1900 Schmiede und Wagenbau. Prägende Bebauung 1870-1800 (Barock). (Dms. seit 1975: Gesamtes Gebäude)

89 Wohnhaus, ehemals mit Renaissance-Treppengiebel, vier Speicherböden. Giebel im 18. Jh. durch Abschweifung und Aufsatz eines geschwungenen Giebelkopfes sowie der Fenster barock umgestaltet. EG im 19. Jh. verändert.

Erste Erwähnung des Grundstücks 1327 (bebaut). Vor dem Haus ein Brunnen oder Soot. 1576 als Rotbrauhaus eingetragen. 1865 Kauf durch Firma Piehl, größere Umbauten, 1890 Handlungshaus Piehl + Fehling. 1936 Übernahme durch Rob. und Ch. Coleman. Älteste nachgewiesene Bebauung 1540, prägend 1872 (Barock).
(Dms. seit 1967: Äußeres, insbesondere der Giebel)

95 Speicher mit Renaissance-Treppengiebel. EG überformt. Erste Erwähnung des Grundstücks 1311 (bebaut). 1375 Bezeichnung des Hauses: „Das Roß", als Speicher genutzt, 1822 als Brauhaus geführt, mit Essig- und Malzgerechtigkeit. 1975 Abbruch Seitenflügel und Quergebäude.

1980 Fassade überformt. Prägende Bebauung 1550-1980 (vorherrschend Stilelemente der Renaissance).
(Dms. seit 1967: Äußeres, insbesondere Straßenfassade)

Bei St. Johannis

1262 Versus sanctum Johannem, 1347 Platea transver salis apud sanctum Johannem, 1460 Rosengharde; benannt nach dem dort liegenden St.-Johannis-Kloster.

1-3, Johanneum Im Stil der Neorenaissance errichteter Schulkomplex, gebaut nach Entwürfen des Bauamtes 1903-1905. L-förmig um einen Hof gruppierte Flügelanlage mit schlichter Backstein-Fassade, der längere Trakt an der Dr.-Julius-Leber-Straße betont durch zwei stark aus der Traufenfront herausspringende Eckteile mit bewegten kleinteiligen Giebeln in Renaissancemanier, die in gleicher Weise wie der durch ein Sandsteinportal dominierte Haupteingangsbereich zur Straße Bei St.

Johannis aufgegliedert sind. Im Gegensatz dazu ist das südlich anschließende abgesetzte giebelständige Gebäude mit der Aula mit Sandsteinzierformen der Giebelumrandung ausgeführt, ebenso die darauf folgende ehemalige Hauptfeuerwache. In der Mitte der Fassade ein großes Fenster mit farbiger Verglasung. Innere Ausstattung, besonders die Aula, mit Formen des Jugendstils.

Erste Erwähnung des Grundstücks 1312 (bebaut). Gehörte zum Bereich des 1172 von Bischof Heinrich gegründeten Benediktinerklosters. 1806 Abriß der Klosterkirche und weiterer zum Kloster gehöriger Gebäude. Nach Eröffnung des Elbe-Trave-Kanals (1900) wurde die Johannisstraße (heute Dr.-Julius-Leber-Straße) verlängert und durch das Gelände des Klosters verlegt. Die letzten Reste des Klosters verschwanden mit dem Bau des Johanneums (1903-1905), einem neuen Altenstift

und der Hauptfeuerwache (1905). Erhalten blieben Reste des gotischen Refektoriums und gotischer Mauern. Prägende Bebauung 1903-1905 (Neorenaissance). (Dms. seit 1987: Gesamtes Gebäude)

5 Fleischhauerstraße 91-93 Ehemalige Hauptfeuerwache. Gebäudekomplex (Eckbebauung), bestehend aus zwei Gebäuden als bauliche Einheit im Stil des Neubarock. Putzbauten mit Mezzaningeschoß; symmetrischer Gestaltung; Fassadengliederung durch volutengeschmückte Ziergiebel, Eckrustizierungen und Fensterfasche; Fledermaus- und Schleppgauben, gestaltete Schornsteinköpfe. Zur Straße Bei St. Johannis rhythmische Gliederung durch Tore und Fenstergruppen, Eingangstür aus der Erbauungszeit. Im Inneren weitgehend erhaltene Raumaufteilung sowie Ausstattung; im EG Wagenhalle mit doppelter Mittelstützenreihe und Fliesenbekleidung; im zweiten OG Zugangstür zu einem Rutschstangenschacht. Zur Fleischauerstraße ehemaliger Refektoriumsflügel des Johannisklosters, durch Umbau zur Hauptfeuerwache entstellt, aber mit Resten der romanischen Gestaltung des Westgiebels und der gotischen Blendgliederung des Ostgiebels.

Das Grundstück gehörte zum Bereich des 1172 von Bischof Heinrich gegründeten Benediktinerklosters. 1806 Abriß der Klosterkirche und weiterer zum Kloster gehöriger Gebäude. Nutzung als Dampfmühle bis zu deren Abriß 1904. Die letzten Bauten des Klosters verschwanden mit dem Bau des Johanneums (1903-1905), einem neuen Altenstift und der

Hauptfeuerwache (1905). Erhalten blieben Reste des gotischen Refektoriums und gotischer Mauern. 1981 Entkernung des Refektoriums und Umbau zur Sporthalle.
(Dms. seit 1993: Gesamtes Gebäude)

30 Renaissance-Haus mit schlichter Putzfassade und Fachwerk-Giebel aus der Zeit um 1700; unter einem Dach erbaut mit Nr. 32; Haustür um 1800.

Erste Erwähnung des Grundstücks 1353 (bebaut mit zwei hölzernen Buden, nahe dem Eckhaus Fleischhauersstraße 89, 1572 getrennter Verkauf der beiden Buden). 1800-1850 wird ein kleines Erkerhaus mit Diele und Dachboden angegeben, 1825 als Bude aufgeboten. Prägende Bebauung 1600-1700 (Renaissance).
(Dms. seit 1966: Äußeres)

32 Wohnhaus mit getrepptem Renaissance-Zwerchgiebel, erbaut unter einem Dach mit Nr. 30. Im Erdgeschoß gemauerte Bögen über beiden Fenstern, in Obergeschossen Blendnischen mit gefastem Stein. Haustür um 1800.

Erste Erwähnung des Grundstücks 1353 (bebaut mit zwei hölzernen Buden nahe dem Eckhaus Fleischhauerstraße 89, 1572 getrennter Verkauf der beiden Buden). Prägende Bebauung 1600- 1700 (Renaissance).
(Dms. seit 1966: Äußeres, insbesondere Straßenfassade mit Zwerchgiebel)

34 Wohnhaus mit getrepptem Renaissance-Zwerchgiebel, erbaut unter einem Dach mit Nr. 38 und 36. Gemauerte Bögen im EG über beiden Fenstern, im OG Blendnischen aus gefasten Stein. Rundbogiges Taustab-Portal.
Erste Erwähnung des Grundstücks 1353 (Nr. 30-38 als gemeinsames Grundstück, bebaut mit zwei hölzernen Buden nahe dem Eckhaus Fleischhauerstraße 89, 1572 getrennter Verkauf der beiden Buden). Prägende Bebauung 1600-1700 (Renaissance).

(Dms. seit 1958/1966: Äußeres, insbesondere Straßenfassade mit Zwerchgiebel)

36 Traufenständiges Wohnhaus der Renaissance (mit Zwerchgiebel um 1700), schlichte Putzfassade, unter einem Dach mit Nr. 38, 34 und Fleischhauerstraße 89. Erste Erwähnung des Grundstücks 1353 (Nr. 30-38 als gemeinsames Grundstück, 1353 bebaut mit zwei hölzernen Buden nahe dem Eckhaus Fleischhauerstraße 89, 1572 getrennter Verkauf der beiden Buden.) Prägende Bebauung 1600-1700 (Renaissance), starke Veränderungen 1875.

(Dms. 1958/66: Äußeres, insbesondere Straßenfassade)

38 Traufenständiges Haus mit schlichter Putzfassade aus der 2. Hälfte 19. Jh., erbaut unter einem Dach mit Nr. 36 und 34. Erste Erwähnung des Grundstücks 1353 (Nr. 30-38 als gemeinsames Grundstück, 1353 bebaut mit zwei hölzernen Buden nahe dem Eckhaus Fleischhauerstraße 89,

1572 getrennter Verkauf der beiden Buden). Ältere nachgewiesene Bebauung 1600-1700 (Renaissance), 1875 überformt. (Dms. seit 1958/1966: Äußeres)

Blocksquerstraße

Seit 1884 so benannt. 1344 Blokkesdwer, 1352 Blockdwerstrate, 1363 Blockesdwerstrate. Benannt nach den Gebrüdern Johann, Hasso und Hidde Block, denen das Haus Mengstraße 40 sowie in der Querstraße die Buden 16-28 gehörten.

6 Barockes Wohnhaus mit dreieckigem Zwerchausbau. Beschnitzte Haustür des Rokoko. Im Inneren alte Treppenanlage des 18. Jh. mit beschnitzten Pfosten, Brüstung mit ovalen Öffnungen.
Erste Erwähnung des Grundstücks 1560 (bebaut mit drei Buden). Das Grundstück gehörte mit den Nr. 2-14 zum Eckgebäude Beckergrube 63. 1596 ein Haus. Um 1800

neu aufgebaut. Prägende Bebauung 1800 (Barock).
(Dms. seit 1978: Gesamtes Gebäude)

12 Gotischer Speicher, in den OG Strebbögen mit gefasten Stein erhalten, im EG überformt.
Erste Erwähnung des Grundstücks 1563 (bebaut mit zwei Buden). Bis dahin zum Eckgrundstück Beckergrube 63 gehörend. Im 18. Jh. als Speicher zur Mengstraße 40 gehörend. Bauliche Veränderung Ende 20. Jh. Prägende Bebauung 1600-1998 (vorherrschend Gotik).
(Dms. seit 1967: Äußeres)

16 Klassizistisches Kleinhaus mit schlichter Putzfassade, Abschlußgesims und Dacherker im 19. Jh. verändert.
Keine frühe eigenständige Erwähnung des Grundstücks, gehörte zu Mengstraße 40. Prägende Bebauung 1700-1800 (Klassizismus).
(Dms. seit 1967: Äußeres)

18 Barockes Kleinhaus mit Dacherker, zusammen mit Blocksquerstraße 16 und 20-28 eine einheitliche, für das Straßenbild charakteristische Gruppe bildend. Unter einem Dach mit Nr. 14-28.

Keine eigenständige Erwähnung des Grundstücks bis 1795, gehörte zum Haus Mengstraße 40. Prägende Bebauung 1700-1800 (Barock).
(Dms. seit 1967: Äußeres)

20 Barockes Kleinhaus mit Dacherker, zusammen mit Blocksquerstraße 16-18 und 22-28 eine einheitliche, für das Straßenbild charakteristische Gruppe bildend. Unter einem Dach mit Nr. 14-28. Keine eigenständige Erwähnung des Grundstücks bis 1795, gehörte zum Haus Mengstraße 40. 1992 Feuerschaden am Dach. Prägende Bebauung 1700-1800 (Barock).
(Dms. seit 1967: Äußeres)

22 Barockes Kleinhaus mit Dacherker, zusammen mit Blocksquerstraße 16-20 und 24-28 eine einheitliche, für das Straßenbild charakteristische Gruppe bildend. Unter einem Dach mit Nr. 14-28. Keine eigenständige Erwähnung des Grundstücks bis 1795, gehörte zum Haus Mengstraße 40. 1951 Vorderfront neu verputzt. Prägende Bebauung 1700-1800 (Barock).
(Dms. seit 1967: Äußeres)

24 Barockes Kleinhaus mit Dacherker, zusammen mit Blocksquerstraße 16-22 und 26-28 eine einheitliche, für das Straßenbild charakteristische Gruppe bildend. Unter einem Dach mit Nr. 14-28. Keine eigenständige Erwähnung des Grundstücks bis 1784, gehörte zum Haus Mengstraße 40. Instandsetzungen 1964/1993. Prägende Bebauung 1700-1800 (Barock).
(Dms. seit 1968: Äußeres)

26 Barockes Kleinhaus mit Dacherker, zusammen mit Blocksquerstraße 16-24 und 28 eine einheitliche, für das Straßenbild charakteristische Gruppe bildend. Unter einem Dach mit Nr. 14-28. Rokoko-Haustür mit Oberlicht von 1740.

Keine eigenständige Erwähnung des Grundstücks bis Beginn 18. Jh., gehörte zum Haus Mengstraße 40. Prägende Bebauung 1700-1998 (Rokoko).
(Dms. seit 1967: Äußeres und Haustür)

28 Barockes Kleinhaus mit Dacherker, zusammen mit Blocksquerstraße 16-26 eine einheitliche, für das Straßenbild charakteristische Gruppe bildend. Unter einem Dach mit Nr. 14-26. Rokoko-Haustür mit Oberlicht von 1740.
Keine eigenständige Erwähnung des Grundstücks, gehörte zum Haus Mengstraße 40. Im 18. Jh. als Nebenhaus von Nr.

26 bezeichnet. Prägende Bebauung 1700-1998 (Rokoko).
(Dms. seit 1967: Äußeres und auf die Haustür)

Böttcherstraße

So bezeichnet seit 1852. 1257 prope sanctum Clementem (nach der dort gelegenen Clemenskirche), 1289 Dwerstrate apud santum Clementem, 1376 Platea sancti Clementis, 1426 Sunte Clementisdwerstrate, 1459 Clementestrate, 1486 Sunte Clemensstrate, 1580 Bodekerdwerstrate, 1598 Bodekerstrate.

8 Barockes Schweifgiebel-Zwerchhaus, unter einem Dach mit Nr. 10-12. Klassizistische Haustür (1790/1800). Im Giebeljahreszahl 1741.
Keine eigenständige Erwähnung des Grundstücks, gehörte mit Böttcherstraße 2-6 zu Fischergrube 79. Als Böttcherhaus genutzt. Bauliche Veränderungen 1900 und Mitte 20. Jh. Prägende Bebauung 1741 (Barock).

(Dms. seit 1967: Äußeres, insbesondere Straßenfassade)

12 Kleinhaus mit verputzter Fassade und Zwerchhaus um 1800, im Kern älter. Unter einem Dach mit Nr. 8 und 10. Klassizi-

stische Haustür (1790/1800). Fenster erhalten.
Erste Erwähnung des Grundstücks 1305 (bebaut mit drei Buden). Gemeinsames Grundstück mit den Nummern 10-18. Ehemals Böttcherhaus. Prägende Bebauung 1800.
(Dms. 1981: Äußeres und erhaltenswerte ältere Teile im Inneren)

17 Klassizistische Fassade mit ebensolcher Haustür vom Anfang 19. Jh. (1790/1800), seltene ornamentale Durchbildung (rautenförmige Rosetten). An der nördlichen Schmalseite Reste eines älteren Backsteingiebels. Im Inneren klassizistische Treppe bis in zweites OG, Pfosten mit Rosette.

Erste Erwähnung des Grundstücks 1289. Gemeinsames Grundstück mit Nr. 13-17. Bebaut 1292 mit zwei Häusern, dabei eine Gaststube. 1289-1532 öffentliche Badestube. 1839-1873 Schulhaus der Schröderschen Freischule. Prägende Bebauung 1700-Ende 20. Jh. (vorherrschend Elemente des Klassizismus).
(Dms. seit 1967: Haustür)

20 Schmales Haus mit Renaissance-Treppengiebel, Jahreszahl 1606 an der Fassade, EG neuzeitlich verändert.

Erste Erwähnung des Grundstücks 1294 (bebaut). Prägende Bebauung 1600-1700 (Renaissance).
(Dms. seit 1967: Äußeres, insbesondere Straßenfassade)

21 Kleinhaus des 16. Jh. mit verputzter Fachwerkkonstruktion im leicht vorkragenden ersten OG. Oberer Fassadenabschluß im 19. Jh. als profilierte Attika ausgebildet. Teil der Reihenhausbebauung des 16. Jh. mit Böttcherstraße 23 und 25. Im Inneren Treppenanlage, Baugliederung und Ausstattung aus der Bauzeit, größtenteils verdeckt.
Erste Erwähnung des Grundstücks 1561 (bebaut). Gemeinsames Grundstück mit

Nr. 19-35. 1569 mit neuen Buden. Prägende Bebauung 1600-Ende 20. Jh. 1983 saniert.
(Dms. seit 1991: Gesamtes Gebäude mit Hof)

22 Wohnhaus mit Renaissance-Treppengiebel, EG verputzt.

Erste Erwähnung des Grundstücks 1315 (bebaut). Gemeinsames Grundstück mit Nr. 22 - 26. 1346 geteilt. 1495 zwei Häuser, 1499 nur noch ein Haus auf dem Grund. 1874 großer Umbau. Prägend 1600-1700 (Renaissance).
(Dms. seit 1967: Äußeres, insbesondere Straßenfassade)

23 Kleinwohnhaus des 16. Jh. mit kleinem Flügel und Hof. Mittelgaube unter beschnitztem Dreiecksgiebel. Leicht vorkragendes erstes OG mit verputzter Fachwerkkonstruktion. Fassade im 19. und 20. Jh. neu gegliedert. Teil der Reihenhausbebauung des 16. Jh. mit Böttcherstraße 21

und 25. Im Inneren gewendelte hölzerne Treppenanlage.
Erste Erwähnung des Grundstücks 1561 (bebaut). Gemeinsames Grundstück mit Nr. 19-35. Prägende Bebauung 1600-Ende 20. Jh.
(Dms. seit 1991: Gesamtes Gebäude)

Braunstraße

So genannt seit 1852. 1259 Brunstrate (nach einem Bürgermeister), 1273 Platea Brunonis, 1350 Brunestrate, 1351 Platea fusca, 1360 Strata Brunosis, 1384 Platea Bruni, 1405 Brunenstrate, 1407 Braunestrate.

1-5 Renaissance-Sandsteinportal des ehemaligen Amtshauses der Krämekompagnie mit reichem figürlichen und ornamentalen Schmuck von R. Coppens (von 1587). Seitlich Hermenpilaster, Beschlagwerkgewände und Diamantenquader im Bogen. Löwenkopf-Konsolen tragen Wappen der Krämerkompagnie, flankiert von weiblichen Gestalten mit Ruder und Totenkopf, darüber Figur „Gerechtigkeit". Rokoko-

Haustür mit reich ausgebildetem Oberlicht aus der Zeit um 1750. Eingelassen in neogotisches Postgebäude von 1905-1909.
Erste Erwähnung des Grundstücks 1287 (bebaut). Prägende Bebauung 1904-09 (Neogotik).
(Dms. seit 1967: Portal sowie Haustür und Oberlicht)

6 Wohnhaus mit geschweiftem, dreiecksbekrönten Renaissance-Giebel (wiederhergestellt 1974). Renaissance-Portal mit reicher Beschlagswerk-Ornamentik auf Sandsteinplatten. Hoffassade niederländische Renaissance.
Erste Erwähnung des Grundstücks 1290 (bebaut mit einem Steinhaus). 1444 von der Krämer-Kompagnie erworben und bis 1554 als Schütting genutzt. 1942 fast völlig zerstört. Portal 1960 restauriert. Älteste nachgewiesene Bebauung 1580 (Renaissance), prägend 1946-75 (unter Wiederverwendung der Stilelemente der Renaissance).
(Dms. seit 1967: Äußeres einschließlich Portal)

8 Wohnhaus mit geschweiftem Renaissance-Giebel. Schlichtes Portal mit Kämpfergesims und Schlußstein.

Erste Erwähnung des Grundstücks 1367 (bebaut). 1942 zerstört, 1946 wieder aufgebaut. Älteste nachgewiesene Bebauung 1599 (Renaissance), prägend 1699-1946 (unter Beibehaltung der Stilelemente der Renaissance).
(Dms.: Äußeres, seit 1967)

10 Barockes Wohnhaus mit dreiecksbekröntem Schweifgiebel, überformt durch Laden.

Erste Erwähnung des Grundstücks 1299 (bebaut, eine Bude, zu Nr. 9 gehörig). 1942 teilweise zerstört. 1992 saniert. Älteste nachgewiesene Bebauung 1650, prägend 1715-1946 (unter Beibehaltung der Stilelemente des Barock).
(Dms. seit 1967: Äußeres)

12 Schmales gotisches Bürgerhaus, ursprünglich mit Schildgiebel, später mit Staffeln erhöht. Flügelanbau des 18. Jh. An der Rückfont Ziegelmuster mit Windmühle. Innen: Treppenanlage des mittleren 18. Jh. mit Brüstung aus ausgesägten Schalbrettern, ursprünglich plastisch bemalt zur Vortäuschung von Baluster. Im OG Ausmalungen des 17. Jh. (Figur in Narrenkostüm), auch an Deckenbalken, Paneele und Türen 18. Jh. Keller von 1280.

Erste Erwähnung des Grundstücks 1299 (bebaut mit Bude, zusammen mit Nr. 10). Älteste nachgewiesene Bebauung 1280-1554 (Gotik), prägend 1599-1799 (unter Beibehaltung der Stilelemente der Gotik).
(Dms. seit 1967: Äußeres)

19 Barockes Dielenhaus mit Schweifgiebel, Rokokoportal, Haustür aus der Entstehungszeit. Hohes Dielengeschoß. Fenster nach Beschädigung 1942 verändert, alte Segmentbögen durch glasierte Steine noch erkennbar.
Erste Erwähnung des Grundstücks 1293 (bebaut 1330). Diele mit Pferd und Wagen befahrbar. Steinhof mit laufendem Wasser. Prägende Bebauung 1868 (Barock).
(Dms. seit 1967: Äußeres, insbesondere Straßenfassade mit Rokokoportal)

23 Wohnhaus mit Renaissance-Treppengiebel, überformter Speicher. EG neuzeitlich verändert.
Erste Erwähnung des Grundstücks 1298 (bebaut mit zwei Steinhäusern). 1308 ein Backhaus. Großer Umbau 1877. Prägende Bebauung 1877.
(Dms. seit 1967: Äußeres, insbesondere Straßenfassade mit Giebel)

27 Neubau von 1909, im Kern vermutlich alter Speicher aus dem 16. Jh., stark überformt. Im Sockel Inschriftentafel aus Kalksandstein von 1546, vom ehemaligen Gebäude stammend und in Minuskelschrift auf Hausbau und Besitzer hinweisend.

Erste Erwähnung des Grundstücks 1287 (1438 mit drei Häusern bebaut). Abriß und Umbau 1546. Krughaus „Der rote Hahn". Weiterer Umbau 1909. Prägende Bebauung 1909.
(Dms. seit 1968: Steinere Inschriftentafel im Sockel des Gebäudes)

Breite Straße

1284 Platea lata, 1379 Breydestrate, 1411 Bredestrate, 1424 Platea larga, 1852 Breitenstraße, seit 1854 Breite Straße. Der Bereich zwischen Kohlmarkt und Hüxstraße wurde auch als forum pabuli (1289) und Vordermarked (1351) bezeichnet, da hier Heu und Stroh verkauft wurden. Überliefert ist für den Bereich am Rathaus prope forum (1308) und ex oposito domus novea consulum (1316). Der Abschnitt zwischen Fleischhauer- und Mengstraße wurde als apud macella carnium (1293) und by den Vleschschrangen bezeichnet.

1-5 Wohn- und Geschäftshaus im Stil des Historismus. Im EG korbbogige Arkaden mit verschiedenen Öffnungsweiten, durch Schaufenster geschlossen. Zwerchgiebel mit neobarocken Schweifgiebeln, darauf dreieckiger Giebelaufsatz und aufgesetzte Kugeln. In den Giebeln Inschrift „Junge/ 1907“. Zwischen den Zwerchgiebeln breite Schleppgauben und Fledermausgauben. Balkonerker.
Erste Erwähnung des Grundstücks 1290 (bebaut). Zwei Häuser, direkt am Friedhof gelegen. 1529 Teilung, ein Haus mit Bude am Friedhof. 1539 von der Jacobikirche gekauft und als Pastorenhaus genutzt, ab 1837 Wohnung des Küsters. 1829 Hutfabrik mit Wohnkellern. Bis 1907 eigenständig, dann von der Kirche verkauft, abgebrochen und vollkommen neu gebaut, Dampf-Bäckerei Hansa. Älteste nachgewiesene und prägende Bebauung 1908 (Historismus).
(Dms. seit 1968: Äußeres)

2, Schiffergesellschaft Renaissance-Treppengiebel mit mehrfach gestuften Blendnischen. Rechts Vorbau mit Kellerabgang und ehemaliger Wohnung des Boten (18. Jh.). In der erneuerten Tür mit profiliertem Kämpfer Medaillons, Laterne und aufwendig gestaltetes Oberlicht vom 1768. Darüber eine von kannelierten Pilastern gerahmte, aus dem 17. Jh. stammende Darstellung eines Dreimasters, auf Kupfer gemalt, flankiert von einem Inschriftenfries: „Du bist der Mann… Dir sey Gott allein die Ehre“; Inschrift beidseitig abgeschlossen von Bildmedaillons (Gottvater und Moses). Oberhalb und unterhalb des Bildes „Anno 1535“ und „Schiffer-Gesellschaft“. Vor dem Portal Beischlagwangen

von 1745 aus gotländischem Kalkstein, auf denen Boote dargestellt sind. Dreimaster als Giebelaufsatz (17. Jh.). Drei Strebbögen, die über die Engelsgrube führen.
Erste Erwähnung des Grundstücks 1292 (bebaut). 1407 mit mehreren Buden an der Engelsgrube. 1407 Giebel zur Engelsgrube, traufenständig zur Breiten Straße. 1538 kauften die Ältesten der Schiffergesellschaft das Haus; dazu gehörten zwei Wohnkeller unter dem Haus, fünf Buden, darunter vier Wohnkeller, drei Giebelhäuser, ein Gang mit fünf Wohnungen in der Engelsgrube. Amtshaus der Schiffer, seit 1868 öffentliche Gaststätte. Giebel 1880 erneuert. Älteste nachgewiesene und prägende Bebauung 1535 (Renaissance).
(Dms. seit 1966: Äußeres sowie die Diele und ihre Ausstattung)

4 Aus zwei Häusern hinter klassizistischer Attika-Fassade zusammengefügtes Gebäude. Geschosse unterteilt durch Gesimsbänder, das oberste Halbgeschoß mit rundbogigen Doppellukenpaaren. Im Inneren nahezu vollständige Ausstattung der Umbauzeit von 1882 vorhanden: Große repräsentative Wohnung in der Bel-étage mit Zimmertüren, Stuckdecken, Kachelofen, Kamin sowie die wesentlichen Teile der Apothekeneinrichtung von 1874 (St.-Jacobi-Apotheke). Im Keller Reste mittelalterlicher Balkendecke.
Erste Erwähnung des Grundstücks (linke Gebäudehälfte) 1288 (bebaut 1304). 1841 Wein- und Kramladen, 1853 Polster-Magazin; (rechte Gebäudehälfte) 1292 (bebaut). Linker Teil 1852 erbaut (1874 als Apotheke eingerichtet), rechter Teil 1882 hinzuerworben, das ältere Haus abgebrochen, in Angleichung an das bereits stehende neu aufgebaut. Älteste nachgewiesene Bebauung linker Teil 1450-1499 prägend 1852-1885 (Klassizismus); rechter Teil 1850-1860.
(Dms. seit 1978/1996: Gesamtes Gebäude einschließlich Seitenflügel)

6-8, Industrie- und Handelskammer Zwei Bürgerhäuser mit aufwendigen Fassaden im neogotischen Stil. Im Inneren

Fredenhagenzimmer von 1573-1585 mit Schnitz- und Einlegearbeiten (Alabaster) von Hans Dreger aus dem Haus Schüsselbuden 16 (vielfigurige Reliefs, allegorische Darstellungen in Holz und Alabaster); Diele mit Paneel, Gemälden und Decke aus dem ehemaligen Haus der Krämer-Kompanie, Schüsselbuden 24 (Vertäfelung von 1595 aus der Werkstatt von Tönnies Evers, Malerei 1596 von Johann Willinges; Sitzungssaal (ehemals „Neues" oder „Großes Gemach") mit Vertäfelung aus der Zeit 1610-1612 von Tönnies Evers d. J. und Bildnissen der in den Rat gewählten Mitglieder der Kaufleute-Kompanie aus der Zeit 1650 und 1740 (v. Dassel, Isernhagen, v. Lengerke, Plönnies, Stauber, Bornefeldt, Schinkel, G. Marquardt, Rodde (1761 v. St. Torelli), Fredenhagen, Münter, O. Brokes, Wedemhoff, H. v. Dorne, Saffen, Billerbeke, Pöpping).
Erste Erwähnung des Grundstücks Nr. 6 1350 (bebaut). 1495 kaufte Hans Stange das Haus für die „societas mercatorium Lubicensium". 1499 durch ein Feuer zerstört. Durch Prozeß ging das Haus 1582 an die „Olderlude unde Bysittern der Coeplude Companie", die es 1583 umbauten. Auf dem Giebel wurde das Wappen der Campagnie angebracht, zudem die Inschrift „Si Deus pro nobis, quis contra nos". Am 2. April 1665 wurde in dem Haus die Hochzeit des Landgrafen Wilhelm Christoph von Hessen mit Prinzessin Anna Elisabeth, Tochter des Herzogs August von Sachsen-Lauenburg gefeiert. Neubauten 1838-1839 (vermutlich unter Einbeziehung alter Bausubstanz), entworfen von dem Architekten Georg Heinrich Krollmann. 1937-1938 zusammengelegt. Älteste nachgewiesene und prägende Bebauung 1838-1839 (Neogotik).
(Dms. seit 1967: Äußeres, insbesondere Straßenfassade, im Inneren auf die Ausstattung von Diele, Fredenhagen-Zimmer und Sitzungssaal)

9 Klassizistisch überformte verputzte Renaissance-Fassade mit Schweifgiebel (Dreiecksaufsatz). Ehemals hohes Dielen-

geschoß, rechts der Haustür in der Höhe geteilt. Sehr hohe Sprossenfenster im EG, darunter Schaukästen. Seitenflügel des Barock. Rechts Durchgang zum Innenhof mit Schwippbögen. Im Inneren alter Treppenlauf, Rokoko-Stuckdecke im vorderen EG-Zimmer. Im Flügel Reste der Stuckdecke des ehemaligen Saales (durch Wohnungseinbau verändert), zwei Ofennischen mit reichem Rokoko-Stuck. Alte Einbaumöbel, zahlreiche Malereien.
Erste Erwähnung des Grundstücks 1317 (bebaut). 1352 Apotheke. 1479-1517 Wohnhaus des Malers Bernd Notke. 1769 Gewürzladen. Älteste nachgewiesene Bebauung 1550-1650 (Renaissance), prägend 1800-1825 (Klassizismus).
(Dms. seit 1967: Äußeres, ferner auf im Inneren erhaltene historische Bestandteile)

27 Bürgerhaus mit Empire-Fassade, überbautes ehemaliges mittelalterliches Dielenhaus. Im 15. Jh bis 1469 diente es den Zirkelbrüdern oder Junkerkompagnie als Versammlungshaus; es gehörte dem Zirkelbruder Bertram von Rentelen. Das jetzige Gebäude wurde 1830 zwischen den mittelalterlichen Brandmauern neu aufgebaut. Attikafassade mit aufgesetztem Dreiecksgiebel.
(Dms. seit 1967: Äußeres, insbesondere Fassade)

28 Unter dem Haus mit historisierender Fassade des späten 19. Jh. befindet sich eine spätgotische Kelleranlage, bestehend aus zwei parallel zueinander verlaufenden Segmentbogengewölben. An der Straßenseite spätere Einbrüche von Fenstern. Erhaltener Bodenbelag mit Gotländer Platten.

Erste Erwähnung des Grundstücks 1315 (bebaut). Im 19. Jh. als Kramladen und Tabakfabrik geführt. Heute Teil der Sparkasse. Prägende Bebauung 1880-1902.
(Dms. seit 1990: Gesamte spätmittelalterliche Kelleranlage)

30 Historisierender Bau aus dem letzten Drittel 19. Jh., Fassade stark plastisch gegliedert. EG überformt, erstes OG durch

horizontalen Putzstreifen und Gesims, zweites und drittes OG durch Pilaster und quadratische Putzfelder mit kreisförmigen Kartuschen betont. Mittelalterlicher Keller, aus zwei Räumen bestehend, einer davon als zweischiffige, quadratische Halle mit Kreuzgewölbe und einer Mittelstütze gebaut. Bodenbelag aus Gotländer Platten erhalten. Verlängerung der südlichen Schiffes als Tonnengewölbe.
Erste Erwähnung des Grundstücks 1299 (bebaut). 1814 Krambude. Nach 1922 Teil der Sparkasse. Älteste nachgewiesene Bebauung 1300 (Gotik), prägend 1880 (Historismus).
(Dms. seit 1994: Äußeres, insbesondere Straßenfassade sowie auf den frühgotischen Keller)

32-34 Historisierendes Eckhaus, Fassade mit barocken und klassizistischen Stilelementen, im EG überformt, ansonsten alle Teile original aus der Bauzeit. Im ersten OG korbbogige Fenster, im zweiten und dritten OG hochrechteckige Sprossenfenster. Erkerartige Vorsprünge, bekrönt von Balustrade.
Erste Erwähnung des Grundstücks 1306 (bebaut). Bei der ersten Erwähnung bereits eine Bäckerei. 1376 wird eine Wasserleitung durch das Backhaus erwähnt, ein Kornspeicher hinter dem Haus. 1804

Krug- und Wohnkeller („Theaterkeller“ bis 1907). 1871 neu errichtetes Wohn- und Geschäftshaus. 1908 Neubau. 1942 Bombenschaden. 1948 Umgestaltung „Cafe Opera“. 1991-94 saniert. Prägende Bebauung 1908-1909 (Historismus).
(Dms. seit 1994: Äußeres, insbesondere Straßenfassaden)

75 Späthistoristisches Wohn- und Geschäftshaus mit reicher Putzgliederung, aufwendig gestaltet, aus der Mitte 19. Jh. Mit Putzgarnituren dekoriert, zum Teil

noch Originalteile. Teil der historischen Straßenflucht. Keller mit Tonnengewölbe. Erste Erwähnung des Grundstücks 1290 (im Besitz von Johannis Sist). 1325 kaufte Volmarus de Attendorne die Ecke gegenüber dem Rathaus, 1663 ging sie mit allen Buden in den Besitz von Johannes Pleskow über. Zu der Liegenschaft gehörten mehrere Buden, die 1563 durch ein Haus ersetzt wurden. 1769 Wohn- und Kramhaus. Haus aus der Mitte 16. Jh. abgebrochen.
(Dms. seit 1994: Äußeres, Brandwände, Keller unter dem Seitenflügel)

77 Klassizistisches Geschäftshaus von 1820/1830, Teil der historischen Straßenflucht. Mittelalterlicher, aus mehreren Räumen bestehender Keller. Fassade horizontal gegliedert, gerade Fensterverdachungen, kräftiges Traufgesims mit darunterliegendem Fries.
Erste Erwähnung des Grundstücks 1289 (Hinricus domine Eyleken, Erwähnung eines Steinhauses). 1302 kaufte Gherlacus Blaken Anteile des Gebäudes gegenüber dem Haus der Tuchmacher. 1442 wurde das Haus als „Tom Drakensten“, 1585 als „Den Drackenstein“ bezeichnet. Amtshaus der Fischer, in ihm wurde laut Conrad von Höveln (1666) „des Fischer Lobba (Luba) Fischer-Riesengürtel“ verwahrt. Im Mittelalter als Krughaus genutzt.
(Dms. seit 1994: Äußeres, Keller unter Vorderhaus und Seitenflügel, Brandwände)

Dankwartsgrube

1259 Fossa Tanquardi (nach einem Bürgermeister), 1362 Danquersche Grove, 1364 Dancquardes Grove, 1460 Danquersgrove, 1461 Dankerstrate, 1463 Danckersgrove, 1464 Dancquverdes Grove, 1498 Danckwardesgrove, 1562 Danckwertsgrove, 1597 Danckqwertsgrowe, 1779 Danckersgrube, 1852 Dankwärtsgrube, seit 1884 Dankwartsgrube.

3 Dielenhaus mit geschweiftem barocken Giebel, rundbogiges Mittelportal mit Fasenkante in leicht vorspringendem Risalit,

Gurtgesims, OG stichbogige Fensteröffnungen, Gurtgesims, DG hohe stichbogige Fensteröffnungen. Haustür aus der Entstehungszeit mit geschweiften oberen Füllungen und rocailleartigen Verzierungen, geschweifter, sehr plastisch profilierter Kämpfer, Oberlicht mit Sprossung. Im Inneren Diele mit alter Treppenanlage; jetzt unterteilter Saal mit Ofennische in Paneel im OG.
Erste Erwähnung des Grundstücks 1300 (bebaut). Zwischen mittelalterlichen Brandmauern im 16. Jh. neu erbaut (davon noch das EG des Vordergiebels erhalten), in der zweiten Hälfte 18. Jh. weitgehend neu erbaut. 1981 Wiederherstellung der Diele, Restaurierung von Malereien im Windfang. Älteste nachgewiesene Bebauung 1290-1300, prägend 1750-1799 (Barock).
(Dms. seit 1967/1988: Gesamtes Gebäude)

5 Klassizistische Putzfassade mit Attika, breites Durchfahrtstor, rustiziert mit Lagerfugenrillen, OGe mit Brüstungsgesims bzw. Sohlbänken, Fenster gerahmt und verdacht auf kannelierten Kosolen, Mezzanin mit Brüstungsgesims, Kranzgesims mit Konsolen. Dach mit handgestrichenen Ziegeln der Petri-Ziegelei gedeckt. Rückwärtig große Hofanlage mit Resten der ehemaligen Schmiede. Im Inneren Raumausstattung des 19. Jh.
Erste Erwähnung des Grundstücks 1296 (bebaut). Seit 1538 (bis nach 1842) von Grobschmieden genutzt. Vor dem Haus befand sich ein sogenannter Nothstall. 1878 mit Durchfahrt versehen. 1993 saniert. Älteste nachgewiesene Bebauung 1290-1296, prägend 1878 (Klassizismus).
(Dms. seit 1992: Gesamtes Vorderhaus mit rückwärtiger Hofanlage und begrenzenden Umfassungsmauern)

7 Bürgerhaus mit klassizistischer Putzfassade (baugleich mit Nr. 11); abgeschrägter, durch flaches Dreieck bekrönter Giebel; Durchgang zu Kellings Gang; Gurtgesims, Fenster im OG mit Sohlbänken. Klassizistische Haustür mit gesproßtem Oberlicht.

Erste Erwähnung des Grundstücks 1316 (bebaut). 1448 im Besitz der Brüderschaft zu dem Friedhofe am Dom, 1581 verkauft. In der zweiten Hälfte 16. Jh. mit Nr. 11 als Doppelgiebelhaus vor einem Gang neu erbaut, 1803 mit Zwillingsfassade versehen. 1953 Umbau zur Mietwäscherei, 1987 Umbau und Nutzung als Gaststätte. Älteste nachgewiesene Bebauung 1290-1316, prägend 1804 (Klassizismus).
(Dms. seit 1977: Äußeres sowie erhaltene ältere Teile im Inneren (Treppe))

11 Bürgerhaus mit klassizistischer Putzfassade (baugleich mit Nr. 7); abgeschrägter, durch flaches Dreieck bekrönter Giebel; Durchgang zu Kellings Gang; Gurtgesims, Fenster im OG mit Sohlbänken.
Erste Erwähnung des Grundstücks 1316 (bebaut). 1448 im Besitz der Brüderschaft zu dem Friedhofe am Dom, 1581 verkauft. In der zweiten Hälfte 16. Jh. mit Nr. 7 als Doppelgiebelhaus vor einem Gang neu erbaut, 1803 mit Zwillingsfassade versehen. 1953 Umbau zur Mietwäscherei, 1987 Umbau und Nutzung als Gaststätte. Älteste nachgewiesene Bebauung 1290-1316, prägend 1804 (Klassizismus).
(Dms. seit 1977: Äußeres sowie erhaltene ältere Teile im Inneren)

13 Klassizistische, geschlämmte Backsteinfassade, im EG Toreinfahrt, schaufensterartige Fensteröffnungen im EG, Bel-étage und Mezzanin. Schweifgiebel mit Dreiecksaufsatz, darin Halbkreis-Blendfenster.

Erste Erwähnung des Grundstücks 1316 (bebaut). Im 18. Jh. Branntweinbrennerhaus (bis nach 1861 auch Likörfabrik, anschließend Schankwirtschaft). 1860 Brand, Ende 18. Jh. weitgehend neu erbaut. Älteste nachgewiesene Bebauung 1290-1316, prägend 1780-1799 (Klassizismus).
(Dms. seit 1977: Äußeres, insbesondere Straßenfassade)

15 Ehemaliges Dielenhaus mit gotischem Treppengiebel, ursprünglich Bestandteil einer mittelalterlichen Traufenhausreihe. Bereits im ersten OG ansetzende spitzbogige Hochblenden, Luken im 19. Jh. zu Fenstern umgebaut. 1866 ins EG eine Durchfahrt einbaut und verputzt.
Erste Erwähnung des Grundstücks 1316 (bebaut). Ursprünglich unter einem Dach mit Nr. 17 und 19, 1389 einzeln verkauft. Mitte 15. Jh. als Giebelhaus neu erbaut. Bis ins 20. Jh. Huf- und Wagenschmiede. Älteste nachgewiesene Bebauung 1290-1316, prägend 1433-1465 (Gotik).
(Dms. seit 1968: Äußeres, insbesondere Straßenfassade)

21 Klassizistische Putzfassade mit Attika, Gliederung des EG vermutlich auf einen Vorgängerbau des 16./17. Jh. zurückgehend. EG rustiziert mit Fugenrillen. Angedeutete Bel-étage mit Brüstungsgesims, Fenster gerahmt und verdacht, profiliertes Kranzgesims. Klassizistische Haustür.
Erste Erwähnung des Grundstücks 1303 (bebaut). 1875 weitgehend neu erbaut. 1980 saniert. Älteste nachgewiesene Bebauung 1290-1306, prägend 1875 (Klassizismus).
(Dms. seit 1979: Äußeres, insbesondere Straßenfassade)

25 Wohnhaus mit Renaissance-Treppengiebel, verputztes EG mit Dielen/Dornsen-Gliederung, Luken zu Fenstern umgebaut. Haustür von einem Umbau 1876.
Erste Erwähnung des Grundstücks 1301 (bebaut 1311). 1311 zwei Traufenhäuser, 1397 als Giebelhaus neu erbaut. Neuer Vordergiebel um 1600. Älteste nachgewiesene Bebauung 1290-1314, prägend 1590-1610 (Renaissance).
(Dms. seit 1967: Äußeres, insbesondere Straßenfassade)

Rückwärtig Fachwerk-Giebel und kurzer Seitenflügel. Im Innern Treppe des Biedermeier, Esse im EG; Dachstuhl von 1545-1547 mit Windenrad. Im Seitenflügel alte Herdstelle im Vorflur des OG.
Erste Erwähnung des Grundstücks 1296 (bebaut). Seit 1470 als Traufenhaus überliefert. In der zweiten Hälfte 16. Jh. als Dielenhaus mit Seitenflügel neuerbaut. In der Zeit 1825-1835 nicht bewohnt. 1832-1835 im Dielengeschoß eine Zwischendecke eingezogen, vordere Fassade verändert. Vordere Fassade 1980 saniert. Älteste nachgewiesene Bebauung 1290-1296, prägend 1500-1832 (unter Beibehaltung der Stilelemente der Renaissance).
(Dms.: Gesamtes Gebäude, seit 1967/1996)

26 Wohnhaus mit Renaissance-Treppengiebel; rundbogige Hochblenden, stichbogige Luken und kreisrunde Putzblenden.

30 Gotisches Dielenhaus mit Treppengiebel, spitzbogige Hochblenden und stichbogige Doppelluken; in der ersten Hälfte 19. Jh. im EG verputzt, Hauseingang seitlich verlegt; Speicherböden ausgebaut, anstelle der Luken Fenster eingesetzt.

Erste Erwähnung des Grundstücks 1312 (bebaut). 1832 Haus eines Böttchers, 1839 Kleinkinderschule. 1849 wesentliche Teile verändert. Älteste nachgewiesene Bebauung 1250-1312, prägend 1400-1799 (Gotik). 1978 saniert, dabei den Einbau eines Ladens aus den 1950er Jahren rückgängig gemacht und Lukenöffnungen zum Teil rekonstruiert.
(Dms. seit 1967: Äußeres, insbesondere Straßenfassade)

32 Klassizistische Putzfassade mit Attika, Brüstungsgesims, mehrfach profiliertes Kranzgesims, Fenster gerahmt. Flügelanbau des späten 19. Jh. Im Inneren Treppenanlage des 19. Jh., im DG mit beschnitzten Antrittspfosten des späten 18. Jh., gestäbte Treppenläufe des 19. Jh. im EG und ersten OG; Fachwerkwände mit Lehmstakung im zweiten OG.
Erste Erwähnung des Grundstücks 1297 (bebaut). 1828 grundlegender Umbau, 1875 Neubau des Seitenflügels. Älteste nachgewiesene Bebauung 1250-1297, prägend 1828 (Klassizismus). 1990 saniert. (Dms. seit 1990: Äußeres mit Dachstuhl und Dachhaut, erhaltenswerte historische Teile des 16. und 19. Jh. im Inneren)

39-41 Barockes Eckhaus, Trauffassade mit Zwerchhaus (Dreiecksgiebel); DG-Fenster und seitliche Gauben von einem Ausbau in den 1920er Jahren. Ladeneinbau von 1889 mit schrägem Eckfenster zwischen gußeisernen Stützen. Im Hof (vermutlich) 1889 aufgestockter Seitenflügel mit hohem Schornstein des ehemaligen Backhauses.

Erste Erwähnung des Grundstücks 1300 (bebaut 1317). Seit Ende 13. Jh. fortlaufend von Bäckern bewohnt. Nach 1762 weitgehend neu erbaut. 1889 Durchbruch des Vorderhauses und Aufstockung des Seitenflügels. 1920er Jahre Ausbau des DG. Das 1949 erbaute Wohnhaus Lichte Querstraße la 1985 abgetrennt. 1992-1993 saniert. Gegenwärtige Nutzung als Galerie. Älteste nachgewiesene Bebauung 1290-1300, prägend 1762-1799 (Barock). (Dms. seit 1967: Äußeres)

42 Wohnhaus mit Renaissance-Treppengiebel, stichbogige Luken horizontal gereiht; Fenster im OG in Blendnischen mit Fasenkanten, im EG neuzeitlich verändert, breite Durchfahrt vermutlich vom Anfang des 20. Jh.

Erste Erwähnung des Grundstücks 1329 (bebaut). 1831 als Haus eines Böttchers geführt. Älteste nachgewiesene Bebauung 1275-1329, prägend 1575-1620 (Renaissance).
(Dms. seit 1967: Äußeres, insbesondere Straßenfassade)

52 Klassizistische Putzfassade mit Attika, Kranzgesims auf Konsolen, OGe Brüstungsgesimse, Fenster gerahmt, im EG überformt. Rückwärtiger Giebel in der zweiten Hälfte 18. Jh. zum backsteinsichtigen Schweifgiebel mit Segmentbogenaufsatz umgebaut.
Erste Erwähnung des Grundstücks 1290 (bebaut). Im 18. Jh. als Wirtshaus geführt, „Im rothen Hahn". Teil der Seifensiederei Daniel Friedrich Lehmann. 1837 Vermietung „der große, trockene Speicher" mit

zwei festen Kornböden. Älteste nachgewiesene Bebauung 1250-1290, prägend 1750-1865 (Rückgiebel Barock, Vorderfassade Klassizismus). 1986 saniert.
(Dms. seit 1984: Äußeres und erhaltenswerte Teile im Inneren)

54 Bürgerhaus mit schlichter klassizistischer Putzfassade, im Kern spätmittelal-

terliches Dielenhaus. Rückwärtig backsteinsichtiger Dreiecksgiebel. Flügelanbau aus dem 17. Jh. Vordere Fassade im 19. Jh. verändert: Attika, Brüstungsgesimse.
Erste Erwähnung des Grundstücks 1297 (bebaut). 1479 neu erbaut. Eigentümer über lange Zeit Böttcher. Älteste nachgewiesene Bebauung 1250-1297, prägend 1477-1824 (Gotik/Klassizismus). 1992-1993 saniert.
(Dms. seit 1984: Äußeres sowie erhaltenswerte Teile im Inneren)

56 Bürgerhaus mit schlichter klassizistischer Putzfassade, im Kern spätmittelalterliches Dielenhaus. Rückwärtig backsteinsichtiger Dreiecksgiebel mit breiter Dielenöffnung, um 1600. Flügelanbau aus dem 17. Jh. Vordere Fassade 1805 verändert: Attika, Brüstungsgesimse; Dielen- und Dornsenfenster. Im Innern sind die Diele mit Teilen den Kücheneinbaues, die Treppe mit gestäbter Brüstung und der obere Vorplatz mit einer Folge von Türen und Raumfenstern aus der Umbauzeit erhalten.

Erste Erwähnung des Grundstücks 1297 (bebaut). 1497 zusammen mit Nr. 54 als eines von zwei Giebelhäusern neuerbaut. Älteste nachgewiesene Bebauung 1250-1297, prägend 1479-1805 (Klassizismus). 1989-1991 saniert.
(Dms. seit 1989: Äußeres der Architektur, die Deckenbalken und die Dachkonstruktion mit seitlicher Regentraufe, die Eingangsdiele und die Raumstruktur und Ausstattung des Vorplatzes im 1. OG mit dazugehörigem Treppenlauf)

60 Klassizistische Putzfassade mit Attika, Mezzanin Brüstungsgesims, Kranzgesims; vor ein im Kern mittelalterliches Traufenhaus gesetzt. Rückwärtig zweigeschossiger Seitenflügel mit Fenstern in stichbogigen Blendnischen mit Fasenkanten.

Erste Erwähnung des Grundstücks 1297 (bebaut). 1595 unter einem Dach mit Nr. 62 gebaut, vermutlich im Auftrag Gert Ruters d. J., dem Eigentümer der gerade zuvor gebauten Nachbarhäuser Nr. 64-70.

1873 umgebaut und aufgestockt. 1980 Abbruch und Neubau des Dachstuhls. 1990 im Inneren saniert. Älteste nachgewiesene Bebauung 1250-1297, prägend 1595-1873 (Renaissance/Klassizismus).
(Dms. seit 1979: Äußeres)

62 Traufenhaus mit klassizistischer Putzfassade und dreiecksbekröntem breiten Zwerchhaus. Rückwärtig zweigeschossiger Seitenflügel, rückwärtige Fassade in Fachwerk. Beschnitzte Haustür aus der Umbauzeit um 1800 sowie Treppenanlage aus der gleichen Zeit.

Erste Erwähnung des Grundstücks 1302 (bebaut). 1534 wird ein „hus by der wusten stede“ erwähnt. 1595 neuerbaut unter einem Dach mit Nr. 60, vermutlich im Auftrag Gert Ruters d. J., dem Eigentümer der kurz zuvor erbauten Nachbarhäuser Nr. 64-70. Älteste nachgewiesene Bebauung 1250-1302, prägend 1595-1824 (Renaissance/Klassizismus).
(Dms. seit 1982: Äußeres sowie erhaltenswerte Teile im Innern (Treppenanlage)

68 Renaissance-Haus mit gestuftem Zwerchgiebel. Reste von roter Tünche auf der backstensichtigen Fassade, im EG nachträglich verputzt. Stichbogiges Portal mit abgeschrägter Laibung, breites Dornsenfenster, Fenster im OG in stichbogigen Blendnischen mit Fasenkanten. Breite Durchfahrt zum Gang Torweg. Das zweite OG reichte vermutlich über die benachbarten Traufenhäuser und wurde als durchgehendes Lagergeschoß genutzt. Treppengiebel über dem Zwerchhaus im 18. Jh. erhöht. Ehemals Wohnsaal im OG. Ehemals Bestandteil des Eckgrundstücks

Dankwartsgrube/An der Obertrave. 1553 als wüste Stätte vom Rat eingezogen. 1572 als Renditeobjekt neu erbaut durch den Kaufmann Gert Ruters d. J. (drei Traufenhäuser unter einem Dach und rückwärtiger Salzspeicher). Im 18. Jh. erstmals als Traufenhaus erwähnt. 1991 saniert. Prägende Bebauung 1572 (Renaissance).
(Dms.: Äußeres, seit 1967)

70, Torweg, Haus 5 Renaissance-Ganghaus mit schlichter Schleppgaube (um 1800), Fachwerk-Seitengiebel, breites Dornsenfenster. In der Substanz aus dem 17. Jh., Fassadenausbildung Anfang des 19. Jh. Einziges Gebäude des Ganges, das noch sein ursprüngliches Aussehen bewahrt hat.

Ehemals Bestandteil des Eckgrundstücks Dankwartsgrube/An der Obertrave. 1553 als wüste Stätte vom Rat eingezogen. 1572 als Renditeobjekt neuerbaut durch den Kaufmann Gert Ruters d. J. (mit drei Vorderhäusern und rückwärtigen Salzspeichern, die 1576 zu Wohnungen umgebaut wurden). Prägende Bebauung 1550-1599 (Renaissance).
(Dms. seit 1977: Äußeres)

72-74 Mittelalterliche Speicher- und Wohngebäude mit Dreieckgiebel. Geschlämmte Backstein-Fassade mit rund- und stichbogigen Hochblenden über OG und DG. Spitzbogiges Portal mit zweifach gestufter Laibung mit Fasenkante; Firstzinne. Im 18./19. Jh. zu Einliegerwohnungen umgebaut und dafür die Fenstergliederung verändert, im EG verputzt.

Erste Erwähnung des Grundstücks 1285 (bebaut). 1458 zwei Kornhäuser. 1542 als zwei Häuser „up eyner want“ (gemeinsamer Brandmauer) umgebaut. 1982 ein Brand, anschließend 1984-1985 zu Wohn- und Geschäftshäusern umgebaut. Dafür wurden im EG neue Zugänge geschaffen, in Nr. 74 ein spitzbogiges Portal freigelegt. Älteste nachgewiesene Bebauung 1250-1285, prägend 1450-1984 (unter Beibehaltung der Stilelemente der Renaissance).
(Dms. seit 1967: Äußeres, insbesondere Straßenfassade)

Depenau

1289 wurde die Straße als „Depenowe“, 1330 als „Dipenowe“ bezeichnet. „Depenau“ seit 1695 gebräuchlich. Der Name leitet sich von „tiefe Au“ ab, mit der ein vom Klingenberg kommender Quell bezeichnet wurde, der zur Trave abfloss.

10-12, Zöllner Hof Vorderhaus zum „Zöllner Hof“: Renaissance-Haus mit Wappen und Inschriftentafel: „Insigne p.m. largitoris Dni. Danielis Zöllneri I.U.D. prinzip. Megapolens olim Cancellarii meritissimi AO. 1622“. Rundbogiger Durchgang zum Hof. Fassade 1885 verändert. Hofflügel bestehend aus vier traufenständigen Ganghäusern unter einem Dach; mit vier einheitlichen Bogentüren mit Eisenbeschlag und Türklopfern aus der Entstehungszeit.

Erste Erwähnung des Grundstücks 1290 (bebaut). Zum Grundstück Große Petersgrube Nr. 15 gehörend bis 1598. 1622 als Stiftungshof für unverheiratete Frauen gebaut nach testamentarischer Verfügung des am 20. Mai 1618 gestorbenen Dr. Daniel Zöllner (Mecklenburgischer Vizekanzler). Älteste nachgewiesene und prägende Bebauung 1616-1622 (Renaissance).
(Dms. seit 1967: Äußeres des Vorderhauses und Hofflügel einschließlich des Wappens und der Haustüren)

18 Speicher aus der zweiten Hälfte 18. Jh. mit einem vom einem flachen Dreiecksgiebel abgeschlossenem Mittelrisalit. Rückwärtig begrenzt durch die Flügel von Gr. Petersgrube Nr. 21, zu dessen Baukomplex das Gebäude als Abschluß des Innenhofes gehörte.

Erste Erwähnung des Grundstücks 1292 (bebaut). 1975-1985 Neubau und Umbauten der Musikhochschule. Älteste nachgewiesene Bebauung 1776, prägend 1850.
(Dms. seit 1966: Gesamtes Gebäude)

31 Wohnhaus der Renaissance mit Treppengiebel des 16. Jh. Terrakotten aus der Werkstatt des Statius van Düren (Porträtmedaillons, Relief „Gesetz und Gnade“, aus drei Teilen bestehend: Sündenfall, Kreuzigung, Auferstehung). Rückwärtige Fassade mit hohem Dielenfenster, Fachwerk in OG und DG. Seitenflügel mit Fachwerk OG, sichtbare Balkenköpfe. Im Inneren Raumstruktur des 16. Jh. unter barocker, biedermeierlicher und aus der Zeit nach 1945 stammender Überformung. Deckenbalken im Dielengeschoß vermutlich bemalt, Deckenbretter zum Teil bemalt. Deckenbalken zum Dach ornamental bemalt.
Erste Erwähnung des Grundstücks 1295 (bebaut). Nach 1600 im Besitz eines Na-

gelschmiedes, Gewürzhändlers, Färbers und Glätters, Brettsägers, Zimmermanns, Bürstenmachers, Kupferschmiedes. 1829 eine Färberei, Höckereigerechtigkeit. Älteste nachgewiesene Bebauung 1295-1319, prägend 1550-1599 (Renaissance).
(Dms. seit 1967/1995: Gesamtes Gebäude, Vorderhaus und Seitenflügel)

33 Gotisches Dielenhaus mit spitzbogigen Hochblenden über dem Dielengeschoß, ehemalige Lukengliederung durch Fenstereinbrüche beseitigt (stichbogige Doppelluken mit Fasenkanten und Rundstäben).
Erste Erwähnung des Grundstücks 1295 (bebaut). 1986-1991 saniert. Älteste nachgewiesene Bebauung 1300-1350, prägend 1472 (Gotik/Renaissance).
(Dms. seit 1967: Äußeres, insbesondere Straßenfassade)

35 Mietshaus des frühen 17. Jh. Fassade mit schlichtem klassizistischen Dreiecksgiebel aus der Zeit um 1800, ehemals ein

1612 neu erbautes Dielenhaus, bei dem rechts vermutlich ein Durchgang zu Buden im Hof bestand. Ehemalige Luken durch Fenster ersetzt.
Erste Erwähnung des Grundstücks 1292 (bebaut). Vermietet mit Wohnsaal. Älteste nachgewiesene Bebauung 1250-1292, prägend 1612-1810 (Renaissance/Klassizismus). 1988-1990 saniert, dabei Putz von der Fassade entfernt und ein stichbogiges Portal rekonstruiert.
(Dms. seit 1967/1988: Gesamtes Gebäude sowie Hinterhaus)

37 Dielenhaus des 15. Jh. mit geschweiftem Giebel des Barock. Hinter dem halbrunden Giebelkopf Torso einer antikisierten weiblichen Statue mit Füllhorn. Rundbogiges Portal aus dem 16. Jh., Haustür von 1810 mit Oberlicht im Zopfstil. Diele mit Einbauten vom Anfang 19. Jh. Rückwärtig Fachwerkgiebel.

Erste Erwähnung des Grundstücks 1289 (bebaut). Älteste nachgewiesene Bebauung 1250-1289, prägend im Kern 1400-1799 (Gotik/Barock), prägend Fassade 1500-1799 (Renaissance/Barock). 1986-1987 saniert.
(Dms. seit 1967: Äußeres, insbesondere Straßenfassade und Diele)

Domkirchhof

1671 Thumskirchhof, seit 1852 Domkirchhof.

10 Zeughaus Bau der niederländischen Renaissance, 1594 errichtet als städtisches Zeughaus mit fünfzehnachsiger Trauffassade zum Großen Bauhof. Vordergiebel Backstein mit großem korbbogigen Mittelportal aus Sandstein, darüber die Kopie eine Marsfigur; betonte waagerechte Gliederung durch Brüstungsgesimse und

Sandsteinbänder; Sandstein-Fensterkreuze; Schlußsteine der Entlastungsbögen mit Löwenmasken. Giebel 1822 umgebaut in die jetzige dreieckige Form. Trauffassade zum Großen Bauhof mit Mittelportal, darüber ein 1921-1922 gebauter Erker mit Dreiecksgiebel; Steinkreuze der Fenster erneuert. Südgiebel mit eingebautem Treppenturm und 1844 erneuerten Staffeln. Zweigeschossiges Nebengebäude auf dem Domkirchhof von 1921-1922. Am Verbindungsgang Gedenkstätte für die Opfer des Nationalsozialismus in Lübeck. Keine frühe eigenständige Erwähnung des Grundstücks. In den Senatsakten zur Artillerie 1572 aufgeführt „... in dem olden tuchuse by dem buwhave." Rehbeins Chronik 1594: „Anno (15)94 in der woche für pfingsten ist beim thume des neuwe zeughauß vom erb. rhat zu Lübeck zu bawen angefangen." 1804 als Zeughaus ausgeräumt. 1826 Wollmagazin. 1852 Einsturz des Zwerchhauses am Großen Bauhof, 1858 ganz beseitigt. 1878 Wache abgebrochen. 1921-1922 Umbau des Hauptgebäudes für die Polizei einschließlich einer „Funkstelle" am Platz der ehemaligen Wache. 1942 Wiederaufbau der zerstörten Funkstelle. 1981-88 Umbau und Nutzung als Museum für Völkerkunde und Behördenhaus. Prägende Bebauung 1594 (Renaissance).
(Dms. seit 1967: Gesamtes Gebäude)

Dr.-Julius-Leber-Straße

Benannt nach dem 1945 in Berlin hingerichteten Reichstagsabgeordneten Dr. Julius Leber. Zuvor Johannisstraße. 1262 als Platea sancti Johannis nach dem 1147 gegründeten Benediktiner-Kloster benannt, 1577 Johannesstrate, 1666 Johannesgasse. Verlängerung der Straße bis zur Kanalstraße nach dem Abbruch des Klosterbaues 1903.

13, Löwen-Apotheke Gotisches Backsteingiebelhaus mit zwei Giebeln zur Straßenfront und spätromanischem rückwärti-

gen Giebel (um 1230). Der gotische Hauptgiebel entstand 1358, der Nebengiebel 1403. Das ehemalige romanische Dielenhaus wurde im frühen 14. Jh. zum gotischen Dielenhaus umgebaut. Die Giebel zählen zu den ältesten in Lübeck. 1942 brannte das Gebäude aus und wurde 1943/1944 wieder aufgebaut. Als Kaiser Karl IV. 1375 Lübeck besuchte, wurde seine Gemahlin in dem Haus einquartiert, das dem Ratsherrn und späteren Mitbegründer der Zirkelbruderschaft, Gerhard Darsow, gehörte. Von 1416 bis zu seinem Tod wohnte der Ratsherr Tidemann Steen dort, 1512-1527 Bürgermeister Thomas von Wickede, später der Ratsherr Gotthard von Höveln. 1812 richtete Ad. Christ. Sage eine Apotheke ein.
(Dms. seit 1967: Äußeres, insbesondere Straßenfassade)

21 Mittelalterliches Bürgerhaus, im 18. Jh. im Zopfstil überformt. Zur Straßenseite nahezu vollständig erhalten. Herausragen-

de Fassade, Fenster durch Segmentbögen überdacht, ausgeprägte ornamentale Verzierung. Die ursprüngliche Farbgestaltung betonte den schmückenden Charakter der Fassade zusätzlich: rote Wandfelder, graue Einfassungen, weiße Ornamentik.
Erste Erwähnung des Grundstücks 1313. Älteste nachgewiesene Bebauung 1300-1400 (Gotik), prägend 1775-1799 (Rokoko/Zopfstil). Im Kern noch gotisch, mehrfach überformt.
(Dms. seit 1967: Äußeres, insbesondere Fassade zur Straße)

22 Spätgotisches Wohnhaus mit überbauter Fassade aus dem 16./17. Jh. Rokoko-Portal. Im Inneren Treppen und Galerie des Rokoko. Das Haus gehörte ursprünglich als rückwärtiger Teil zum Komplex Königstraße 43, wurde vor 600 Jahren davon getrennt. 1546 kaufte es das Heiligen-Geist-Hospital und veräußerte es 1574 weiter an die Stadt. Wohnsitz des Rathsphysikus.
Erste Erwähnung des Grundstücks 1321 (bebaut). Zwischen 1432 und 1469 gehörte das Gebäude Ludeke Stenhorst (vermutlich Kaufmann).
(Dms. seit 1967: Äußeres, insbesondere Straßenfassade mit Rokokoportal)

23 Neubau von 1910 im „Heimatstil“ oder der „Neuen Architektur“ in Lübeck durch die Architekten Hahn & Runge erbaut für die Druckerei P. W. Hermberg. Vorbild für die Fassadengestaltung war der Haustypus des Stadtpalais.
Erste Erwähnung des Grundstücks 1315 (bebaut). 1763 war auf dem Grundstück ein hochherrschaftliches Haus errichtet worden mit 11 beheizbaren Zimmern, einem Saal, 10 Kammern, einem Stall für 10 Pferde. Der Kaufmann Karl August Jack, erster preußischer Konsul in Lübeck, brachte den friederizianischen Adler an der Fassade an (heute über dem Eingang). Älteste nachgewiesene Bebauung 1400-1500 (Gotik), prägend 1910 (Heimatstil).

(Dms. seit 1968: Äußeres, einschließlich des Adlers über dem Portal und des Terakotta-Reliefs)

25 Zwei Renaissance-Häuser hinter einer klassizistischen Putzfassade zusammengefaßt. Die beiden Häuser lassen sich auch hinter der neuen Fassade noch am unterschiedlichen Stand der Fenster erkennen. Rückwärtige Fassaden und Dächer getrennt. Klassizistische Haustür. Rechts angrenzend Pforte zum ehemaligen „Kindlers Gang", der entgegen der Regel nicht durch ein Vorderhaus zugänglich war, sondern hinter einer Mauer zwischen den Häusern lag.
Erste Erwähnung des Grundstücks 1315 (bebaut). Wandmalereien um 1600. Bis 1590 im Besitz des Bürgermeisters Gothardt von Höveln. 1894 Sitz der Lübecker Aktienbrauerei, anschließend Gesellschaftshaus Monopol, ehemals Posthalterei der schwedischen Post, ab 1919 Kino „Zentral". Älteste nachgewiesene Bebauung 1322/1323 im Dachstuhl (im östlichen Haus einer der ältesten Dachstühle der Stadt), 1487 als Geschoßdecke des westlichen Hauses und 1590-1610 (Renaissance), prägend 1790 -1810 (Klassizismus).
(Dms. seit 1979: Äußeres)

27 Mittelalterliches Traufenhaus mit klassizistisch veränderter Fassade und hohem Satteldach, in seiner Bauweise einzigartig für Lübeck. Vom ursprünglichen Bau aus dem 13. Jh. ist noch der östliche Giebel mit Doppellukengliederung erhalten. Die westliche Giebelwand ist freistehend, mit zwei kräftigen Schwibbögen abgestützt, einzelnen Terrakotten aus der Werkstatt des Statius von Düren. Im Inneren des Obergeschosses durchgehende Paneele und Türen des Rokoko (teilweise verändert).
Erste Erwähnung des Grundstücks 1319 (bebaut), seit 1353 mit einem Querhaus. Das Haus wurde „die Sengerie" genannt. 1498 hatte es Hans Castorp gekauft, um dort die an der Sängerkapelle von St. Marien ange-

stellten Musiker wohnen zu lassen. 1549 wurde das Haus auf die Vorsteherschaft von St. Marien überschrieben, von dieser 1575 verkauft. Ein vermutlich seit dem Mittelalter bestehender Gang bei dem ehemaligen Haus Nr. 12 wird erst 1795 erwähnt, ab 1812 Kindlers Gang genannt. Unter dem Haus war ein Krugkeller eingerichtet (seit 1655 belegt), der im 18. Jh. zum Wohnkeller wurde. Älteste nachgewiesene Bebauung des Vorderhauses 1300-1400 (Gotik), prägend 1800-1832 (Klassizismus).
(Dms.: Gesamtes Vorderhaus, seit 1988)

31 Kleines Bürgerhaus mit Renaissance-Treppengiebel, beschnitzte Haustür 18. Jh. Das im Kern gotische Haus wurde mehrfach verändert, aus den einzelnen Umbauphasen sind Originalteile erhalten. Erste Erwähnung des Grundstücks 1300 (bebaut). Das ursprüngliche Gebäude aus dem 14. Jh. ist noch erhalten, erkennbar an den spitzbogigen Fasensteinblenden der Rückseite. Die bestimmenden Teile der Vorderfront aus dem 16. Jh., Überbauung des OG 1800. 1835-1873 Büro der Kirchhofs- und Begräbnisdeputation. Älteste nachgewiesene Bebauung 1300-1400 (Gotik), prägend 1590-1610/1800 (Renaissance/Klassizismus).
(Dms. seit 1979: Äußeres und erhaltenswerte Teile im Inneren)

32 Klassizistisches Giebelhaus mit Zopfstilfassade aus dem 18. Jh. Reich ausgestattete Rokoko-Haustür mit Oberlicht. Portal 17. Jh. Diele aus dem 18. Jh., Hausbaum von 1735, Wandmalereien aus 1. Hälfte 15. Jh.
Gehörte 1366 zum Haus Königstr. 47. 1602 erwarb der Konsulent der lübeckischen Bürgerschaft, Dr. jur. Heinrich Reiser, das Haus. 1735 ging das Haus an den späteren Bürgermeister Dr. jur. Daniel Haecks über, der die heute prägenden Veränderungen vornehmen ließ. In seinem Auftrag entstand die barock geprägte Diele. Die weiteren Ausbauten stammen von 1780

(Küche, Treppenaufgang mit Ovalen im Geländer). Nutzung des Hauses 1827-1872 als Privatschule für Knaben, später Schrödersche Freischule, ab 1900 Mädchenhort, heute Teil der König-Passage.
(Dms. seit 1967: Äußeres und Diele mit Ausstattung)

33 Bürgerhaus des 18. Jh. mit barock gestaltetem Dachausbau und Rokoko-Haustür. Traufenständig, gemeinsam mit Nr. 35 unter hohem Satteldach seit dem Mittelalter. Zeitgleich im 18. Jh. überbaut mit Putzfassaden und barocken Zwerchgiebeln. Im Inneren Dielentreppe des 18. Jh. mit reich gestalteten Treppenpfosten.
Erste Erwähnung des Groß-Grundstücks Nr. 33-39 1321 (bebaut mit zwei Häusern, 1390 erste Erwähnung eines eigenständigen Doppelhauses). Älteste nachgewiesene Bebauung 1300-1400 (Gotik), prägend 1725-1774 (Barock).
(Dms. seit 1967: Äußeres, insbesondere Straßenfassade mit Haustür, alte Treppenanlage im Inneren)

34-38 Giebelhaus mit Backsteinfassade von 1882, 1869 größerer Umbau. Wandmalerei.

Erste Erwähnung des Grundstücks Nr. 34 1305 (bebaut), Nr. 36 und 38 1289 (bebaut mit steinernem Haus). 1839 von der Deutschen Lebensversicherungsgesellschaft gekauft. 1882 Kauf durch Ch. Erasmi, 1914 Zusammenlegung mit Nr. 36 (und 38) nach deren vorherigem Abbruch und Wiederaufbau. Seit 1992 Teil der König-Passage.
(Dms. seit 1992: Fassade zur Straße, westl. Brandwand mit darauf befindlichen Malereien, Seitenflügel, mittelalterlicher Keller (Nr. 34); Straßenfassade, östl. u. südl. Brandmauer (Nr. 36, 38))

35 Bürgerhaus, 18. Jh., mit holzverkleidetem Dacherker, Putzfasade mit korinthisierenden Pilastern. Klassizistische Haustür.

Erste Erwähnung des Grundstücks 1321 (bebaut, siehe Nr. 33). Älteste nachgewiesene Bebauung 1300-1400 (Gotik), prägend 1775-1799 (Rokoko). Bei Gründung des Haasenhofes 1729 wurde die Budenreihe 1-6 an die rückwärtige Fassade gesetzt.
(Dms. seit 1967: Äußeres, insbesondere Straßenfassade mit Haustür)

37-39, Hasen-Hof Stiftungshof, durchgehend barock, im ursprünglichen Zustand erhalten. Alle dazugehörigen Bauten 1726-1729 errichtet. Durchgang zum Hof von der Straße durch das linke von zwei gepaarten, geschlämmten Schweifgiebelhäuser, in der Mitte die Stiftungstafel. Großes schmiedeeisernes Tor. Ehemaliger Zugang zum rechten Haus zugemauert. Im Hof zwei lange, zweigeschossige Häuserreihen, die auf einen Garten zuführen. Der hintere Teil des Grundstückes erweitert sich in der gesamten Breite des ehemaligen Großgrundstücks Nr. 33-39, dort steht das Vorsteherhaus.

Erste Erwähnung des Grundstücks 1321 (bebaut, siehe Nr. 33, ab 1340 eigenständig). Gestiftet wurde der Hof von der Witwe des Kaufmanns Johannes Hase für Kaufmannswitwen. In den Erdgeschoßwohnungen der Flügel befanden sich ursprünglich großflächige Landschaftsdarstellungen (heute überwiegend mit Tapeten überspannt). Im Vorsteherzimmer Holzverkleidung mit großformatigen Darstellungen aus dem Alten und Neuen Testament, Balkendecke, Stifterporträts, Stühle und Hocker mit gedrehten Beinen. (Dms. seit 1967: Gesamte Anlage, einschließlich Vorsteherzimmer mit Ausstattung)

40 Klassizistisches Wohnhaus mit schlichter Putzfassade und einem Attikageschoß aus der 1. Hälfte 19. Jh. Chinoiserisch ornamentierter Friesabschnitt zwischen 1. und 2. OG.

Erste Erwähnung des Grundstücks 1289 (bebaut mit steinernem Haus). Größere Umbauten 1897-1898. 1896-1902 Sitz der Allgemeinen Ortskrankenkasse, ab 1913 CVJM (geschenkt durch H. Gaedertz).
(Dms. seit 1977: Äußeres, insbesondere Fassade)

41 Bürgerhaus mit Renaissance-Treppengiebel aus dem 17. Jh.

Erste Erwähnung des Grundstücks 1302 (bebaut mit Nr. 43 mit einem Haus, ab 1320 zwei Häuser). Erhebliche Veränderungen durch einen Generalumbau um 1900, mit Überformung des Vorder- und des rückwärtigen Giebels. Im 19. Jh. Wohnhaus des Majors von Bültzingslöwen, 1922 im Hinterhaus Gemeinde und Vortragssaal der „Adventisten des siebenten Tages". Älteste nachgewiesene und prägende Bebauung 1590-1610 (Renaissance).
(Dms. seit 1967: Äußeres, insbesondere Straßenfassade)

42 Backsteinhaus mit Renaissance-Treppengiebel, 2. Hälfte 16. Jh., Erdgeschoß und 1. OG verputzt und neuzeitlich verändert. Rückwärtig Flügelanbau aus der ersten Hälfte 18. Jh.
Erste Erwähnung des Grundstücks 1298 (bebaut, ein Besitzer mit Nr. 44). 1781-1899 Giebelhaus, Wohnsitz des Bürgermeisters J. M. Lütkens.
(Dms. seit 1968: Äußeres, insbesondere Straßenfassade, Räume im Flügelanbau)

48 Expressionistisches Verwaltungsgebäude aus der ersten Hälfte 20. Jh. Kontrastreiche Gliederung der dunklen Klinkerfassade.
Erste Erwähnung des Grundstücks 1317 (bebaut). 1795-1850 mit Giebelhaus bebaut. Neubau 1930 durch W. Lenschow und A. Runge. Ehemaliges Gewerkschaftshaus.
(Dms. seit 1988: Äußeres, insbesondere Straßenfassade)

49 Bürgerhaus mit Renaissance-Treppengiebel des 16. Jh., im Untergeschoß neuzeitlich verändert, im Flügelanbau ein Rokoko-Saal. Das ehemalige Dielenhaus charakterisiert der geschlämmte Vordergiebel mit stark profilierten Hochblenden und Blindluken. An der rückwärtigen Fassade Original-Fenster des Rokoko.
Erste Erwähnung des Grundstücks 1299 (als Groß-Grundstück Nr. 49-53), ab 1336 eigenständige Liegenschaft, bebaut mit einem Querhaus. Älteste nachgewiesene und prägende Bebauung 1550-1599 (Renaissance), Veränderungen in der zweiten

Hälfte 19. Jh. im Stil des Historismus. (Dms. seit 1967: Gesamtes Gebäude)

51 Bürgerhaus mit einfachem Renaissance-Treppengiebel. Eines der höchsten Traufenhäuser in Lübeck. Nr. 51 erscheint zwar wie ein Giebelhaus, ist aber traufenständig.

Erste Erwähnung des Grundstücks 1299 (bebautes Groß-Grundstück Nr. 49-51). 1317 sind zwei Häuser belegt, 1344 Abtrennung als eigenständige Liegenschaft, bebaut mit einem Querhaus. 1578 als „bei Elsaben Haus" bezeichnet, ein dreigeschossiges Renaissance-Dielenhaus. Das traufenständige Haus erhielt ein Zwerchhaus über die gesamte Breite und einen Staffelgiebel. So entstand der Eindruck eines Giebelhauses. Diele 1954 zur Durchfahrt verändert. Älteste nachgewiesene und prägende Bebauung 1600-1632 (Renaissance), Veränderungen zum Klassizismus.
(Dms. seit 1967: Äußeres, insbesondere Straßenfassade)

53 Spätklassizistisches Wohnhaus. Erste Erwähnung des Grundstücks 1299 (bebautes Groß-Grundstück mit Nr. 49-53), seit 1336 eigenständige Liegenschaft. 1395 von Hinrich Brandenburg als Armenhaus gestiftet, seit 1413 als „Elsaben Haus" nach den dort ansässigen Beghinen bezeichnet. Das Mitte 15. Jh. neu errichtete Nachbarhaus kam als Schenkung zum Armenhaus. Im 17. Jh. lebten 42 Frauen in den Armenhäusern. 1789 veräußerte die Vorsteherschaft des St.-Annen-Klosters

beide Häuser an den Kaufmann Hans Wilhelm Albrecht. Älteste nachgewiesene Bebauung 1300-1400 (Gotik), prägend 1868 (Spätklassizismus).
(Dms. seit 1965: Äußeres)

55 Klassizistisches Wohnhaus mit Putzfassade, durch flache Lisenen gegliedert; rückwärtige Fassade mit Backsteingiebel aus dem 15. Jh., gegliedert durch spitzbogige Blenden und flachbogige Luken. Im Inneren alter Treppenlauf aus der Zeit

nach 1800 mit schlichter ausgesägter Brüstung.
Erste Erwähnung des Grundstücks 1299 (bebaut mit zwei Häusern auf dem Groß-Grundstück Nr. 55-59). 1325 Abtrennung des Grundstücks. Erster ausgewiesener Besitzer des Grundstücks Johann Vronold. Seit 1452 Teil des St.-Elsaben-Armenhauses (siehe Nr. 53). Nach 1789 wurde an der rechten Seite ein kleiner Durchgang zum neu gebauten „Neuen Gang" angelegt, seit 1812 Albrechts Gang. Der Gang wurde wegen Baufälligkeit 1953 abgerissen. 1802 kaufte der Maler Dietrich Wilhelm Bleiel das Haus. Älteste nachgewiesene Bebauung 1454 (Gotik), prägend 1790-1810 (Klassizismus).
(Dms. seit 1973: Äußeres, einschließlich des spätgotischen Hofgiebels)

58 Barockes Giebelhaus mit Vasen am geschweiften Giebel, rückwärtig Flügelanbau der Renaissance. Klassizistische Haustür. Im hinteren Teil des Vorderhauses befinden sich Deckenmalereien, um 1600. Im EG des Seitenflügels Stuckdecke, 17. Jh.
Erste Erwähnung des Grundstücks 1289 (bebaut, gemeinsam mit Grundstücken 56/58 mit zwei Häusern). Ab 1461 wird nur noch ein Haus erwähnt. Ausbau des Giebelhauses 1797-1873.
(Dms. seit 1968: Äußeres, insbesondere Straßenfassade einschl. Haustür)

64 Rokoko-Haus mit feingegliederter Putzfassade, Segmentbogenfenster und Giebelaufsatz aus dem 18. Jh.
Erste Erwähnung des Grundstücks 1296. Ein Haus wird 1309-1319 erwähnt, aufgeteilt zwischen zwei Besitzern. Giebelhaus und Seitengebäude von 1794-1858. Bis 1818 als „Krahmhaus" geführt. Saal im Zopfstil ausgestattet. 1900 von der Gesellschaft zur Beförderung gemeinnütziger Tätigkeit gekauft zur Unterbringung einer Frauengewerbe- und einer Kochschule. Seit 1921 auch Kindergarten.

(Dms. seit 1967: Straßenfassade, Reste der erhaltenen Diele sowie Saal im OG des Flügelanbaues)

65 Gotisches ehemaliges Dielenhaus mit Stufengiebel, verziert durch spitzbogige Hochblenden, Veränderungen um 1800 durch Dreiecksabschluß und Verputzung. Erste Erwähnung des Grundstücks 1294 (bebaut). Zwischen 1303-1410 als Backhaus belegt. Rückwärtige Fassade vermutlich ursprünglich Fachwerk. Älteste nachgewiesene Bebauung 1300-1400 (Gotik), prägend verändert zum Klassizismus. (Dms. seit 1979: Äußeres, erhaltenswerte Teile im Inneren)

67 Ehemaliges Segeberger Elendhaus, Renaissance-Schildfassade mit horizontalem Abschlußgesims, hinter der sich zwei Giebelhäuser verbergen. Rokoko-Haustür mit Oberlicht, Portal mit Bogengesims. Erste Erwähnung des Grundstücks 1294 (bebautes Doppelgrundstück). Zwischen 1438 und 1465 wurde das als „Convent“ bezeichnete Gebäude von dem ursprünglichen Doppelhaus abgetrennt, später wieder zum „Segeberger Convent“ vereinigt.

1568 brannten die Häuser ab, 1570 wurden sie durch die Stifter-Familie H. J. Segeberg neu errichtet: zwei Giebelhäuser hinter einer gemeinsamen Fassade boten 18 Frauen Wohnung. Der horizontale Abschluß entstand durch das Abtragen der Doppelgiebel. 1856 in ein „Männer-Armenhaus" umgewandelt, als „allgemeine Armenanstalt" geführt. Älteste nachgewiesene und prägende Bebauung 1570 (Renaissance).
(Dms. seit 1967: Straßenfassade, einschließlich Haustür)

68 Backsteinbau mit Renaissance-Treppengiebel und Lukengeschossen aus dem 17. Jh.

Erste Erwähnung des Grundstücks 1308 (bebaut, zusammen mit Nr. 70, zwei Häuser unter einem Dach). Seit 1791 als Stolterfoths Mädchenschule geführt. Umbau 1877. Prägende Bebauung 1600 (Renaissance), Veränderung durch Überformung 1900.
(Dms. seit 1967: Äußeres, insbesondere Straßenfassade)

69 Bürgerliches Wohnhaus mit aufwendiger Historismusfassade, stark profilierte Attika im Sinn der Neurenaissance.
Erste Erwähnung des Grundstücks 1360 (bebaut). Ab 1536 als Brauhaus, später als Weißbrauhaus bis 1870 genutzt, anschließend Ausbau zum Wohnhaus. Älteste nachgewiesene Bebauung 1300-1400 (Gotik), prägend 1874 (Historismus).

(Dms. seit 1995: Gesamtes Gebäude, einschließlich Seitenflügel)

71 Spätklassizistisches Wohnhaus mit Elementen der Neurenaissance, 1869 von Th. Satori gebaut.
Erste Erwähnung des Grundstücks 1286 (bebaut). Liegenschaft des bereits in der zweiten Hälfte des 13. Jh. gegründeten Johannis-Convents der Beghinen. Mit ihm wurden im 15. Jh. drei kleine Häuser vereinigt. Nach der Reformation Wohnung für verarmte Frauen. Im 17. Jh. fanden 64

Frauen gemeinsam Aufnahme, im 18. Jh. nur noch 17. Am Tag hielten sie sich im verfallenen Refektorium auf. 1816 wurde die Armenanstalt verkauft und abgerissen.
(Dms. seit 1979: Äußeres und erhaltenswerte Teile im Inneren)

76 Gotisches Haus mit Treppengiebel, um 1500. Rückwärtig ein Flügelanbau der Renaissance mit Fachwerkobergeschoß. Barocke Haustür um 1760, im Stil der Renaissance gerahmt.

Erste Erwähnung des Grundstücks 1305 (bebaut, bis 1412 zusammen mit Nr. 78 geführt, dann wurden die Häuser einzeln verkauft). Älteste nachgewiesene und prägende Bebauung 1500 (Gotik).
(Dms. seit 1958: Äußeres)

78 Klassizistisches Backsteinhaus mit Flügelanbau, im vorderen Teil um 1600.

Erste Erwähnung des Grundstücks 1305 (bebaut, siehe Nr. 76). 1465-1478 Einrichtung als Armenhaus durch Til Gercken. Armenhaus nach dem Gründer benannt, ..."vormals der kleine oder schwarze Convent genannt" (wahrscheinlich, weil die dort untergebrachten Frauen schwarze Kleidung trugen. 1630 befanden sich auf dem Hof fünf „Gottesbuden". 1827 Zusammenlegung mit dem Agneten-Armenhaus (gegründet 1335, zuvor Hundestr. 78). Prägende Bebauung 1825 (Klassizismus).
(Dms. seit 1976: Äußeres)

Düstere Querstraße

1333 Dwerstrate inter fossas Marlewi et Danquardi, 1458 Düstere Dwerstrate/Düstere Dwas, seit 1852 Düstere Querstraße.

8 Kleines Querhaus der Renaissance mit barockem Dacherker. Verputzte Fassade mit Dielen- und Dornsenfester; rundbogiges Portal mit profiliertem Gewände aus dem 16. Jh.

Ehemals zum Eckhaus Marlesgrube 61 gehörende Bude, 1561 selbständige Eintragung. Prägende Bebauung 1550-1599 (Renaissance), Gaube Barock.
(Dms. seit 1968: Äußeres, insbesondere Straßenfassade)

12 Querhaus der Renaissance, rundbogiges Portal mit Fasenkante; Dielen- und Dornsenfenster (Dielenfenster in schmaler stichbogiger Blendnische); oberer Abschluß mit profilierter Mauerlatte mit karniesprofilierten Balkenköpfen.

Erste Erwähnung des Grundstücks 1298 (bebaut). Fassade im 19. Jh. verändert, nach Freilegung 1992 in ursprünglicher Gestaltung rekonstruiert, Renaissance-Fassade wiederhergestellt. Älteste nachgewiesene Bebauung 1250-1289, prägend 1550-1599 (Renaissance).
(Dms. seit 1990: Straßenfassade mit ihrem ursprünglichen Mauerwerksverband, Dachstuhl, Brandmauern aus der Bauzeit, profiliertes Rähm im OG)

Düvekenstraße

1293 platea diaboli, 1310 Düvelstrate, 1614 Lütke St. Annenstrate, 1768 Taubenstraße, seit 1852 Düvekenstraße.

1-3 Gotisches Traufenhaus mit vorkragendem Fachwerk-OG und Dacherker, leicht stichbogiges Portal, ehemals Teil eines mittelalterlichen Ackerhofes. Unter einem Dach mit Nr. 5-9 und St.-Annen-Straße 17 erbaut.

Erste Erwähnung des Grundstücks 1354 (bebaut mit Buden). 1494 wurden sieben Buden erwähnt, die Elers Hattorp in seinem Testament zu Freibuden für arme Leute bestimmte. Im 17. Jh. dem 1502 gegründeten St.-Annen-Kloster zugeschlagen. Prägende Bebauung 1491 (Gotik). (Dms. seit 1967: Äußeres)

5 Gotisches Traufenhaus mit vorkragendem Fachwerk-OG und Dacherker, leicht stichbogiges Portal, ehemals Teil eines mittelalterlichen Ackerhofes. Unter einem Dach mit Nr. 1-3, 9 und St.-Annen-Straße 17 erbaut. (Weiteres siehe Nr. 1-3) (Dms. seit 1967: Äußeres)

6 Speicher des 18. Jh. mit geschlämmter Fassade und Mansarddach. Durchfahrt zum Brandeshof. Einer der wenigen erhaltenen Speicher des 18. Jh.
Erste Erwähnung des Grundstücks 1347 (bebaut). Älteste nachgewiesene Bebauung 1325-1349, prägend 1700-1799. (Dms. seit 1978: Äußeres)

7 Gotisches Traufenhaus mit vorkragendem Fachwerk-OG und Dacherker, leicht stichbogiges Portal, ehemals Teil eines mittelalterlichen Ackerhofes. Unter einem Dach mit Nr. 1-3, 5 und 9 sowie St.-Annen-Straße 17 erbaut. Dielenfenster in

stichbogiger Blendnische. Dornsenfenster im 18. Jh. als Kreuzstockfenster erneuert. (Weiteres siehe Nr. 1-3).
(Dms. seit 1967: Äußeres)

9 Gotisches Traufenhaus mit vorkragendem Fachwerk-OG und Dacherker, leicht stichbogiges Portal, ehemals Teil eines mittelalterlichen Ackerhofes. Unter einem Dach mit Nr. 1-7 und St.-Annen-Straße 17 erbaut. Dielenfenster in stichbogiger Blendnische. (Weiteres siehe Nr. 1-3).
(Dms. seit 1967: Äußeres)

11 Eingeschossiges Backsteintraufenhaus mit dreiecksübergiebeltem Dacherker in Fachwerk; rundbogiges Portal. Tür mit mittiger Säule; gesproßtes Oberlicht.

Erste Erwähnung des Grundstücks 1354 (bebaut). Ehemals Bestandteil eines mittelalterlichen Ackerhofes. Drei Buden an der Düvekenstraße schon 1358 erwähnt. Nr. 11 und 13 bildeten möglicherweise das im 16. Jh. eingerichtete Von-Stite-Armenhaus. Unter einem Dach mit Nr. 13 und dem 1643 neuerbauten Krankenhaus des St.-Annen-Armen- und Werkhauses. Ende des 18. Jh. als vierachsige eingeschossige Bude neuerbaut, die Gauben wurden Anfang des 19. Jh. aufgesetzt. Im 18. Jh. als „Die Fledermaus" bezeichnet. 1992 im Inneren saniert. Prägende Bebauung 1775-1799.
(Dms. seit 1967: Äußeres einschließlich Haustür)

13 Eingeschossiges Backsteintraufenhaus mit dreiecksübergiebeltem Dacherker in Fachwerk; rundbogiges Portal. Tür mit mittiger Säule; gesproßtes Oberlicht.
Erste Erwähnung des Grundstücks 1354 (bebaut). Ehemals Bestandteil eines mittelalterlichen Ackerhofes. Drei Buden an der Düvekenstraße schon 1358 erwähnt. Nr. 11 und 13 bildeten möglicherweise das im 16. Jh. eingerichtete Von-Stite-Armenhaus. Unter einem Dach mit Nr. 11 und dem 1643 neuerbauten Krankenhaus des St.-Annen-Armen- und Werkhauses. Im 15./16. Jh. als vierachsige eingeschossige Bude neu erbaut, die Gauben wurden Anfang des 19. Jh. aufgesetzt. Im 18. Jh. als „Die Ente" bezeichnet. Prägende Bebauung 1500-1599 (Renaissance).
(Dms. seit 1967: Äußeres einschließlich Haustür)

15 Neu erbautes Traufenhaus (1973/1974) unter Verwendung von Fassadenteilen aus dem 15./16. Jh. EG durch Backsteingesims vom OG abgetrennt. An der rechten Seite kleiner Dacherker. Unter einem Dach mit Nr. 17-19.
Erste Erwähnung des Grundstücks 1358 (bebaut). Ehemals Teil eines mittelalterlichen Ackerhofes. Drei Buden in der Düvekenstraße erwähnt, gehörten zum Besitz des St.-Annen-Klosters. Verschiedene

Bezeichnungen im 18. Jh.: „Die Krähe", der/die „Haster", „die Gans". 1972 Abbruch des Gebäudes, anschließend Wiederaufbau. Prägende Bebauung 1500-1973.
(Dms. seit 1967: Äußeres)

17-19 Neu erbautes Traufenhaus (1973/4) unter Verwendung von Fassadenteilen aus dem 15./16. Jh. EG durch Backsteingesims vom OG abgetrennt. An der rechten Seite kleiner Dacherker. Unter einem Dach mit Nr. 15. (Weiteres siehe Nr. 15)
(Dms. seit 1967: Äußeres)

21 Eckhaus aus dem 18. Jh., im 19. umgebaut. Heute einbezogen in den Komplex

des St.-Annen-Museums, Archiv des Museums für Kunst und Kultur (MKK). Im Innern noch alter Treppenlauf.
(Dms. seit 1968: Gesamtes Gebäude)

Effengrube

2 Um 1500 erbautes Giebelhaus mit Nebenhaus. Rundbogiger Hauseingang, teilweise mit Fasenkanten, Archivolte mit einfacher Welle. Rechts zwei Fenster unter Entlastungsbögen, darüber ältere Entlastungsbögen. Im zweiten und dritten OG Lukenöffnungen. Dreiecksgiebel, Firstzinne mit Dreiecksgiebel. Drei Terrakottareliefs im Bereich des Türsturzes: 1. Figur mit Tira, Buch, Schwert und zweiter Krone, in Wellen versinkend, hinter ihm eine Mönchsgestalt mit Widderkopf; 2. ritterlich gekleidete Figur mit Schwert („Wort Got.") und Schild, bezeichnet als „Wahrheit", bekämpft Fabelwesen, be-

zeichnet „Epheser 6"; 3. Löwe mit Pfeil und Bogen.
Erste Erwähnung des Grundstücks 1322 (bebaut). 1533 von den Vorstehern der Domkirche gekauft. 1567 wieder veräußert, im gleichen Jahr wiedergekauft. Diente als Amtswohnung eines Pastors. 1800 umgebaut, das Nebenhaus weitgehend erneuert. Bis 1903 Dompastorat. 1969 umgebaut zum Einfamilienhaus. Älteste nachgewiesene Bebauung 1300-1322, prägend 1490-1810.
(Dms. seit 1967: Äußeres)

10 Traufenhaus aus vermutlich 17./18. Jh. Im EG Mauerreste einer Budenreihe des 15. Jh. Hauseingang mit seitlichen Fasenkanten. EG-Fenster mit Läden. Brü-

stungsgesims, profiliertes Traufgesims, Zwerchhaus mit Dreiecksgiebel.
Erste Erwähnung des Grundstücks 1322 (bebaut). 1413 zwei Buden unter einem Dach. Im 17. oder 18. Jh. zum Traufenhaus umgebaut. 1868 im EG Öffnungsgliederung verändert, Zwerchhaus. 1981/1982 saniert, rückwärtiger Anbau, Hofgebäude erneuert. Älteste nachgewiesene Bebauung 1600-1799, prägend 1868.
(Dms. seit 1982: Äußeres)

12 Klassizistische Putzfassade vor einen Traufenhaus des 16. Jh. Dielen-/Dornsen-Gliederung. Brüstungsgesims, profiliertes Traufgesims, unterbrochen durch ein mittiges Zwerchhaus mit profiliertem Kranzgesims und Attikaabschluß, flankiert von zwei Schleppgauben. Rahmenfüllungstür mit gesproßtem Oberlicht aus der zweiten Hälfte 19. Jh.
Erste Erwähnung des Grundstücks 1306; ehemals Teil des Großgrundstücks Effengrube 12-26, 1306 abgetrennt. 1455 zwei kleine Wohnungen vor einem Gang. Im 16. Jh. unter Wiederverwendung älterer Dachbalken neu erbaut. 1873 Umbau, ebenso 1902. 1989 zweitverwendete Dachbalken von 1338 gefunden. 1991 saniert. Älteste nachgewiesene Bebauung 1300-1316, prägend 1500-1849 (Klassizismus).
(Dms. seit 1983: Äußeres sowie erhaltenwerte ältere Teile im Inneren)

16 Traufenhaus aus dem 15. Jh. mit verputzter Fassade, Durchgang zum Grützmacher-Hof, teilweise mit Fasenkante. Fenster- und Türöffnungen leicht stichbogig. Zwerchhaus mit Dreiecksgiebel. Barockpaneele, klassizistische Treppe.
Erste Erwähnung des Grundstücks 1306; ehemals Teil des Großgrundstücks Effengrube 12- 26, 1306 abgetrennt. 1455 zwei kleine Wohnungen vor einem Gang. 1822 Holzverkauf. Anfang 19. Jh. zweigeschossiger Bau, 1865 dreigeschossig ausgebaut

mit geradem Fassadenabschluß. 1983 saniert, dabei zum zweigeschossigen Haus mit übergiebeltem Zwerchhaus umgebaut. Älteste nachgewiesene Bebauung 1300-1316, prägend 1400-1983.
(Dms. seit 1983: Äußeres sowie erhaltenwerte ältere Teile im Inneren)

18 Wohnhaus der Renaissance mit Durchgang zu Blohms-Gang in stichbogiger Nische mit Fasenkante, darin kleines Fenster eines Zwischengeschosses mit Bleifalz. Fassade Backstein geschlämmt, Dielen-/Dornsen-Gliederung, Hauseingang in stichbogiger Nische mit Fasenkante. Dornsenfenster unter Entlastungsbogen. OG-Fenster unter profilierter Mauerlatte. Profilierte Traufbohle des 18. Jh., unterbrochen durch ein Fachwerk-Zwerchhaus mit Doppelständern und flachem Dreiecksgiebel vom Anfang 19. Jh. Neben dem Portal Wappentafel. Rahmenfüllungstür mit gesproßtem Oberlicht.

Erste Erwähnung des Grundstücks 1304 (bebaut). Teil einer 1454 erbauten Traufenhausreihe (Nr. 18-24). 1816 Grundstück noch in einem Besitz, Häuser voneinander getrennt. 1820 Verkauf eines Hauses mit Krug- und Hökerei-Gerechtigkeit, Eigentum des Waisenhauses. 1981 Umbau zum Einfamilienhaus, dabei vom Zwerchhaus flankierende Gauben entfernt, Giebel steiler geformt. Älteste nachgewiesene Bebauung 1290-1304, prägend 1454-1599 (Renaissance).
(Dms. seit 1979: Äußeres sowie erhaltenswerte ältere Teile im Inneren)

22 Traufenhaus, Teil einer 1454 erbauten Hausreihe (Nr. 18-24). Von dem ehemaligen Fenstern in Hochblenden mit Fasenkanten nur noch Teile im oberen Abschnitt erhalten. Anfang 19. Jh. verputzt, mittiges Fachwerk-Zwerchhaus mit Dreiecksgiebel aufgesetzt. Unter einem Dach mit Nr. 18.

Erste Erwähnung des Grundstücks 1304 (bebaut). Umbau 19. Jh. 1955 und 1986 saniert. Älteste nachgewiesene Bebauung 1290-1304, prägend 1454-1820.
(Dms. seit 1967: Äußeres)

24 Traufenhaus, Teil einer 1454 erbauten Hausreihe (Nr. 18-24). Von dem ehemaligen Fenstern in Hochblenden mit Fasenkanten nur noch Teile im oberen Abschnitt erhalten. Anfang 19. Jh. verputzt, mittiges Fachwerk-Zwerchhaus mit Dreiecksgiebel aufgesetzt.
Erste Erwähnung des Grundstücks 1304 (bebaut). Fassade 1920/30er Jahre verändert, 1958 Hochblende des Eingangs verblendet. 1995 saniert. Älteste nachgewiesene Bebauung 1290-1304, prägend 1454-1820.
(Dms. seit 1967: Äußeres)

Engelsgrube

1259 Platea anglica (nach einem Bürgermeister)/Fossa angelica, 1369 Engelschegrove, 1601 Engelische Growe, seit 1852 Engelsgrube.

6 Klassizistische Putzfassade mit Attika, abschließendes Gesims, vor ein Haus der Renaissance gesetzt. Front ehemals vorkragend (wie bei Nr. 8). Rückwärtig Backsteinmauerwerk mit alten Fenstern.

Keine frühe Erwähnung des Grundstücks, Nr. 6-16 gehörten in den Besitz Koberg 6 (bis 1595). Ende 18. Jh. neu gebaut. 1981 saniert. Älteste nachgewiesene Bebauung 1500-1599 (Renaissance), prägend 1800-1875 (Klassizismus).
(Dms. seit 1981: Gesamtes Gebäude)

8 Barocke geschlämmte Fassade mit vorkragendem zweiten OG, überformt durch

Laden. Klassizistische Haustür, im 19. Jh. überformt. Im Inneren im zweiten OG Reste eines Saales mit Paneele und Stuckgliederung, 18. Jh.
Keine frühe Erwähnung des Grundstücks, Nr. 6-16 gehörten in den Besitz Koberg 6 (bis 1595). Zu Beginn 17. Jh. zweites OG erneuert, dabei Fachwerkkonstruktion durch Backstein ersetzt. Im 19. Jh. meist von Seefahrern bewohnt. Überformungen im 18./19, Jh. 1981 saniert. Älteste nachgewiesene Bebauung 1500-1599 (Renaissance), prägend 1600-1649 (Barock).
(Dms. seit 1967: Äußeres, insbesondere Straßenfassade)

10 Traufenständiges backsteinsichtiges Wohnhaus der Renaissance, Rundbogenportal, Dielenfenster mit abgefastem Segmentbogen, Fenster im EG und erstem OG mit bündig mit der Fassade abschließendem Segmentbogen.
Keine frühe Erwähnung des Grundstücks, Nr. 6-16 gehörten in den Besitz Koberg 6 (bis 1595). Unter einem Dach mit Nr. 12. Im 17. Jh. Geschoßeinteilung verändert, weitere Überformungen um 1800 (Fenster). 1979 saniert. Älteste nachgewiesene und prägende Bebauung 1500-1599 (Renaissance).
(Dms. seit 1967: Äußeres, insbesondere Straßenfassade)

11-17 Schifferhof Gebäudekomplex von 1908-1909, errichtet an der Stelle des seit 1601 bestehenden Schifferganges mit ehemals drei Giebelhäusern. Vorderhaus wurde mit Renaissance-Treppengiebeln und Blendnischen neu gebaut. Mittelportal mit nachempfundener Profilierung in Backstein.
Keine eigenständige Erwähnung des Grundstücks vor 1538: Drei Giebelhäuser samt Gang. Zur Schiffergesellschaft gehörig, als Freiwohnungen für Schiffer-Witwen genutzt. 1982 Beginn der Sanierung, Abschluß 1986, mit Stoltefohthaus (Spinnrademachergang Nr. 6), der Spinn-

rademachergang zählt seitdem nicht mehr zur Engelsgrube 21, sondern zu 11-17. Älteste nachgewiesene Bebauung der Seitenflügel 1530-1580. (Renaissance), prägend 1860-1880 (Klassizismus), des Vorderhauses 1908 (Historismus)
(Dms. seit 1982: Gesamte Anlage)

12 Traufenständiges, backsteinsichtiges Wohnhaus der Renaissance, Rundbogenportal, Dielenfenster mit abgefastem Segmentbogen, Fenster im EG und erstem OG mit bündig mit der Fassade abschließendem Segmentbogen. Barocke Innenausstattung zum Teil erhalten.
Keine frühe Erwähnung des Grundstücks, Nr. 6-16 gehörten in den Besitz Koberg 6 (bis 1595). Unter einem Dach mit Nr. 10. im 17. Jh. Geschosseinteilung verändert. Weitere Überformung um 1800. 1979 saniert. Älteste nachgewiesene und prägende Bebauung 1500-1599 (Renaissance).
(Dms. seit 1967: Äußeres)

14 Renaissance-Haus mit klassizistischer Fassade, über EG-Fenster Segmentbogen. Keine frühe Erwähnung des Grundstücks, Nr. 6-16 gehörten in den Besitz Koberg 6 (bis 1595). Unter einem Dach mit Nr. 16, nach 1840 auch mit Nr. 18. 1985 saniert. Älteste nachgewiesene Bebauung 1500-1599 (Renaissance), prägend 1750-1849 (Klassizismus).

(Dms. seit 1967: Äußeres, insbesondere Straßenfassade)

16 Renaissance-Haus mit verputzter klassizistischer Fassade.
Keine frühe Erwähnung des Grundstücks, Nr. 6-16 gehörten in den Besitz Koberg 6 (bis 1595). Unter einem Dach mit Nr. 14 und 18. 1979 saniert. Älteste nachgewiesene Bebauung 1500-99 (Renaissance), prägend 1750-1849 (Klassizismus).

(Dms. seit 1967: Äußeres, insbesondere Straßenfassade)

18 Klassizistische Fassade vor Gebäude der Renaissance. Backsteinsichtige Fassade, Schaufenster im EG mit segmentbogigem Sturz.
Keine frühe Erwähnung des Grundstücks, Nr. 6-16 gehörten in den Besitz Koberg 6 (bis 1574). 1796 erstmals erwähnt als ehemaliger Pferdestall und Wagenremise. Erst 1884 eine eigenständige Hausnummer. Auf dem Grundstück befand sich eine erstmals 1574 genannte und nachweislich bis 1840 vorhandene Pforte, die das Grundstück Koberg 6 rückwärtig er-

schloß. 1840 entstand das heutige Wohn- und Geschäftshaus, unter einem Dach mit Nr. 14 und 16. 1981 saniert. Älteste nachgewiesene Bebauung 1500-1574 (Renaissance), prägend 1850-1874 (Klassizismus). (Dms. seit 1967: Äußeres, insbesondere Straßenfassade)

21 Spinnrademachergang, Haus 6 (Stolterfohthaus) Renaissance-Ganghaus des 16. Jh. mit zwei Wappen in Nischen und barockem Dachausbau des 18. Jh. Am Ende des Spinnrademacherganges gelegen, aus der allgemeinen Gangbebauung durch Größe und Gestaltung herausgehoben.
Keine eigenständige Erwähnung des Grundstücks. Gehörte zum Haus Breite Straße 8, das über einen direkten Weg verbunden war. Als Kutscherhaus verwendet. Getrennte Versicherung 1857. Nach 1945 langer Leerstand, 1982 Wiederaufbau, seither postalisch zum Schifferhof gehörig. Älteste nachgewiesene Bebauung 1540-1560 (Renaissance), prägend 1750-1850 (Barock).

(Dms. seit 1968: Äußeres, insbesondere Fassade zum Gang)

23 Klassizistisch überformte, geschlämmte Backstein-Fassade mit sparsam gegliedertem Dreiecksgiebel. Im Kern älter. Dielenraum mit alter Treppenanlage und Galerie im Zwischengeschoß.
Erste Erwähnung des Grundstücks 1293 (bebaut 1307 mit zwei Häusern). Gehört zum Besitz Engelsgrube 21 und 19. 1457 Brauerei. 1530 von Ratsherrn Joh. Stoltervot mit Nr. 19 zusammengelegt. 1795 im

Besitz eines Spinnrademachers. Zeitweilig gehörten die Buden des Spinnrademachersganges zu dem Haus. 1852 Krug- und Hökergerechtigkeit. Älteste nachgewiesene Bebauung 1350-1450 (Gotik), prägend 1825-1850 (Klassizismus).
(Dms. seit 1981: Gesamtes Gebäude)

24 Gotisches ehemaliges Dielenhaus mit Treppengiebel, bis zum zweiten OG verputzt, backsteinsichtiger Giebel mit rundbogigen Hochblenden, in den Blendnischen teilweise geschlämmt, im oberen Abschnitt mit rundbogigen Zwillingsbögen, alle Blendnischen mit umlaufender Fasenkante.

Erste Erwähnung des Grundstücks 1299. 1350 in einem Besitz mit Engelsgrube 22 und 26 (späterer Krusenhof). 1451 Engelsgrube 22 abgetrennt. 1807 Gewürzkrämerhaus. Umbauten 18./19. Jh. Älteste nachgewiesene und prägende Bebauung 1300-1349 (Gotik).
(Dms. seit 1967: Äußeres, insbesondere Vordergiebel der Straßenfassade)

26, Krusenhof, Häuser 1-5 Renaissance-Gebäude, im OG mit Backsteinausmauerung in Fachwerk, auf profilierten Balkenköpfen vorkragend.

Erste Erwähnung des Grundstücks 1350 (zu Engelsgrube 2 und 24 gehörend). 1540 Albert Klevers Gang, 1545 von Albert Kruse als Armengang gestiftet mit neuer Bebauung. Die über dem Eingang befindliche Inschrift bezieht sich möglicherweise auf das Todesjahr des Stifters 1597. 1995 saniert. Älteste nachgewiesene und prägende Bebauung 1545 (Renaissance). (Dms. seit 1967: Äußeres)

27 Wohnhaus mit Renaissance-Treppengiebel, im Kern mittelalterliche Substanz. Hohe, abgefaste Blendnischen; bis zur Traufenhöhe mehrfach überformt. Ehemaliges Mittelportal durch Fenster ersetzt, schmale und breites Dielenfenster durch neuzeitliche Fenster ersetzt (zwischenzeitlich Schaufenster).

Erste Erwähnung des Grundstücks 1308 (bebaut, Keller stammt noch aus dieser Zeit). Giebelhaus mit Wohnkeller. 1530 umgebaut, im 18. und 19. Jh. überformt. Älteste nachgewiesene Bebauung 1308 (Gotik), prägend 1530 (Renaissance). (Dms. seit 1967: Äußeres, insbesondere Straßenfassade)

28 Klassizistische Fassade, bis zum zweiten OG verputzt, darüber backsteinsichtig; Schweifgiebel mit abschließendem Dreiecksgiebel über Gesims; schlichte Fensterverdachung. Spätbarocke Haustür, Renaissanceportal bis in Höhe des barokken Kämpfers erhalten; rechts Durchgang zum Krusen Hof. Im Inneren alte Treppenanlage des 18./19. Jh.
Erste Erwähnung des Grundstücks 1306 (bebaut). Gehörte in den Besitz eines Hauses am Koberg, im ausgehenden 15. Jh. zu Koberg 2. 1596 als Potterhus erwähnt. Im frühen 17. Jh. neu erbaut, im

18./19. Jh. überformt. Älteste nachgewiesene Bebauung 1600-1649 (Renaissance), prägend 1780-1824 (Klassizismus).
(Dms. seit 1979: Äußeres sowie erhaltenswerte Teile im Inneren)

31 Sievers Torweg, Haus 13 Renaissance-Fachwerkbude von 1544, in Serie mit den Häusern Engelsgrube 12-20 an die durchlaufende ältere Glindmauer zum Grundstück Engelsgrube 35 angebaut, unter einem Dach mit Nr. 12-10. Schleppgaube in Fachwerk im 19. Jh. neu eingebracht. Satteldach mit Kehlbalken weitgehend original. Im Inneren Treppenanlage aus der Umbauzeit des 19. Jh.
Erste Erwähnung des Grundstücks 1529, als Nikolaus Bardewik ein „Vespernhagen" genanntes Haus kaufte. 1791 befanden sich im Torweg 21 Wohnungen. 1862 wurde das Haus Engelsgrube 33 abgetrennt, die einzelnen Buden separat versichert. 1964 bei Zimmerbrand Dach beschädigt, 1991 saniert. Älteste nachgewiesene und prägende Bebauung 1553-1862 (Renaissance).
(Dms. seit 1992: Äußeres des Gebäudes mit Dachkonstruktion und die Treppenanlage aus dem 19. Jh.)

31 Sievers Torweg, Haus 19 Renaissance-Fachwerkbude von 1543, in Serie mit den Häusern Engelsgrube 12-20 an die durchlaufende ältere Glindmauer zum Grundstück Engelsgrube 35 angebaut, unter einem Dach mit Nr. 12-10. Vollständig erhaltene Dachkonstruktion mit Schleppgaube der Entstehungszeit. Im Inneren konstruktive Hölzer der Bebauungszeit erhalten, außerdem Raumstruktur und Treppenanlage aus dem 19. Jh. in Teilen.
Erste Erwähnung des Grundstücks 1529, als Nikolaus Bardewik ein „Vespernhagen" genanntes Haus kaufte. 1791 befanden sich im Torweg 21 Wohnungen. 1862 wurde das Haus Engelsgrube 33 abge-

trennt, die einzelnen Buden separat versichert. 1993 saniert. Älteste nachgewiesene Bebauung 1543, prägend 1862-1885 (unter Beibehaltung der Stilmittel der Renaissance).
(Dms. seit 1994: Äußeres und konstruktive Teile)

31 Sievers Torweg, Haus 20 Renaissance-Fachwerkbude von 1544, in Serie mit den Häusern Engelsgrube 12-20 an die durchlaufende ältere Glintmauer zum Grundstück Engelsgrube 35 angebaut, unter einem Dach mit Nr. 12-10. Fassade im OG weitgehend, im EG teilweise erhalten (damit vermutlich das einzige erhaltene Beispiel eines EG-Fachwerks aus dieser Zeit in Lübeck. Im Inneren konstruktive Hölzer der Bebauungszeit erhalten.
Erste Erwähnung des Grundstücks 1529, als Nikolaus Bardewik ein „Vespernhagen" genanntes Haus kaufte. 1791 befanden sich im Torweg 21 Wohnungen. 1862 wurde das Haus Engelsgrube 33 abgetrennt, die einzelnen Buden separat versichert. 1987-1994 saniert. Älteste nachgewiesene Bebauung 1543, prägend 1882 (unter Bebehaltung der Stilmittel der Renaissance).
(Dms. seit 1987: Gesamtes Gebäude)

32, Qualmannsgang, Haus 5 Traufenständiges Renaissance-Haus, Front gegliedert durch hohe, rundbogige Blenden, in denen schmale Fenster und Türen liegen (im EG verändert), zusätzliches Fenster neben der Tür.
Erste Erwähnung des Grundstücks 1306 (bebaut). Im 14. und 15. Jh. bildeten Engelsgrube 28-32 ein gemeinsames Grundstück, gehörig zu Koberg 2. Im 17. Jh. zum Speicher umgewidmet. Qualmanns Gang bestand zunächst nur aus der rechten Budenreihe, im 19. Jh. mit dem ehemaligen Grützmacher Gang vereinigt. Seit 1981 Schulungsräume der IHK. 1986-1987 sa-

niert. Älteste nachgewiesene und prägende Bebauung 1606 (Renaissance).
(Dms. seit 1980: Gesamtes Gebäude)

32, Qualmannsgang, Haus 7 Traufenständiges Renaissance-Haus, Front gegliedert durch hohe, rundbogige Blenden, in denen schmale Fenster und Türen liegen (im EG verändert).

Erste Erwähnung des Grundstücks 1306 (bebaut). Im 14. und 15. Jh. bildeten Engelsgrube 28-32 ein gemeinsames Grundstück, gehörig zu Koberg 2. Im 17. Jh. zum Speicher umgewidmet. Qualmanns Gang bestand zunächst nur aus der rechten Budenreihe, im 19. Jh. mit dem ehemaligen Grützmacher Gang vereinigt. Seit 1981 Schulungsräume der IHK. 1986-1987 saniert. Älteste nachgewiesene und prägende Bebauung 1606 (Renaissance).
(Dms. seit 1980: Gesamtes Gebäude)

32, Qualmannsgang, Haus 8 Traufenständiges Renaissance-Haus, Front gegliedert durch hohe, rundbogige Blenden, in denen schmale Fenster und Türen liegen (im EG verändert), zusätzliches Fenster neben der Tür. Links verblendete, abgefaste Rundbogennische, möglicherweise der alte Eingang.

Erste Erwähnung des Grundstücks 1306 (bebaut). Im 14. und 15. Jh. bildeten Engelsgrube 28-32 ein gemeinsames Grundstück, gehörig zu Koberg 2. Im 17. Jh. zum Speicher umgewidmet. Qualmanns Gang bestand zunächst nur aus der rechten Budenreihe, im 19. Jh. mit dem ehemaligen Grützmacher Gang vereinigt. Seit 1981 Schulungsräume der IHK. 1986-1987 saniert. Älteste nachgewiesene und prägende Bebauung 1606 (Renaissance).
(Dms. seit 1980: Gesamtes Gebäude)

32, Qualmannsgang, Haus 9 Traufenständiges Renaissance-Haus, Front gegliedert durch hohe, rundbogige Blenden, in denen schmale Fenster und Türen liegen (im EG verändert), zusätzliches Fenster neben der Tür.
Erste Erwähnung des Grundstücks 1306 (bebaut). Im 14. und 15. Jh. bildeten Engelsgrube 28-32 ein gemeinsames Grundstück, gehörig zu Koberg 2. Im 17. Jh. zum Speicher umgewidmet. Qualmanns Gang bestand zunächst nur aus der rechten Budenreihe, im 19. Jh. mit dem ehemaligen Grützmacher Gang vereinigt. Seit 1981 Schulungsräume der IHK. 1986-1987 saniert. Älteste nachgewiesene und prägende Bebauung 1606 (Renaissance).
(Dms. seit 1980: Gesamtes Gebäude)

38-42 Breiter Backstein-Doppelgiebel, erbaut von Schöß und Redelstorff 1911 im Stil der Heimatschutzarchitektur. Treppengiebel mit breiten, flachbogigen Fenstern, breite Durchfahrt. Auf der Hofseite erhaltener Renaissance-Giebel in den Neubau mit einbezogen.

Erste Erwähnung des Grundstücks 1302 (bebaut). Gehörte bis 1563 mit Nr. 40 zusammen. 1477 ein Haus unter einem Dach mit seinen Buden. Genutzt als Brau- und Wohnhaus. Im 20. Jh. Drogen-Großhandlung Max Jenne. 1982 Einbau einer Ladenpassage. 1993 Ganghäuser 2 und 3 saniert. Älteste nachgewiesene Bebauung 1500-1599 (Renaissance), prägend 1911 (Historismus).
(Dms. seit 1982: Äußeres)

41 Klassizistische Putzfassade mit Dreiecksgiebel vor flacher Attika, Fenster im Hauptgeschoß gerahmt, Geschosse durch Gesimse betont. Klassizistische Haustür.
Erste Erwähnung des Grundstücks 1303 (bebaut). Gemeinsame Liegenschaft mit Engelsgrube 43 und 45, geteilt 1322. 1572 ein Haus mit acht Buden und einem halben Speicher. 1556 Backhaus im Besitz der Schiffergesellschaft, 1572 wieder verkauft mit der Verpflichtung, den Bewohnern der Schiffer-Buden und des Schifferganges Armenbrot in ansehnlicher Menge zu liefern. 1596 wieder mit Engelsgrube 43 und 45 vereinigt, ein Haus mit einem Backhaus und 16 Buden (Bäcker Gang). Bäckerei bis 1805, Verkauf an Brauerzunft 1811, Böttcherhaus 1816. Älteste nachgewiesene Bebauung 1551 (Renaissance), prägend 1857-1876 (Spätklassizismus).

(Dms. seit 1981: Äußeres und erhaltenswerte Teile im Inneren)

43, Bäcker Gang, Haus 12 Renaissance-Bude mit vorkragendem Fachwerk-OG und Dacherker aus dem 16. Jh., Mitte 19. Jh. überformt.
Erste Erwähnung des Grundstücks 1306 (bebaut). Nach dem Käufer Joh. Rovere bis ins 15. Jh. „Rovereshagen" genannt. 1558 war der Gang baufällig und ging in den Besitz der Stadt. 1560 vererbte Bürgermeister Claus Bardewig zwei Häuser und einen Gang mit zwölf Buden an Christoffer Toden. 1572 geteilt, 1596 wieder vereinigt durch Jost Capelen, bis ins 17. Jh. „Capellen Gang." 1956 ein Gang mit zwölf bewohnbaren Häusern, bei sechs

bestand Einsturzgefahr, auch Nr. 12. Sanierung 1983-86. Älteste nachgewiesene und prägende Bebauung 1551 (Renaissance).
(Dms. seit 1982: Gesamtes Gebäude)

43, Bäcker Gang, Haus 13 Renaissance-Bude mit vorkragendem Fachwerk-OG und Dacherker aus dem 16. Jh., Mitte 19. Jh. überformt.

Erste Erwähnung des Grundstücks 1306 (bebaut). Nach dem Käufer Joh. Rovere bis ins 15. Jh. „Rovereshagen“ genannt. 1558 war der Gang baufällig und ging in den Besitz der Stadt. 1560 vererbte Bürgermeister Claus Bardewig zwei Häuser und einen Gang mit zwölf Buden an Christoffer Toden. 1572 geteilt, 1596 wieder vereinigt durch Jost Capelen, bis ins 17. Jh. „Capellen Gang.“ 1956 ein Gang mit zwölf bewohnbaren Häusern, bei sechs

bestand Einsturzgefahr, auch Nr. 13. Sanierung 1983-86. Älteste nachgewiesene und prägende Bebauung 1551 (Renaissance).
(Dms. seit 1982: Gesamtes Gebäude)

43, Bäcker Gang, Haus 14 Renaissance-Bude mit vorkragendem Fachwerk-OG und Dacherker aus dem 16. Jh., Mitte 19. Jh. überformt.
Erste Erwähnung des Grundstücks 1306 (bebaut). Nach dem Käufer Joh. Rovere bis ins 15. Jh. „Rovereshagen“ genannt. 1558 war der Gang baufällig und ging in den Besitz der Stadt. 1560 vererbte Bürgermeister Claus Bardewig zwei Häuser und einen Gang mit zwölf Buden an Christoffer Toden. 1572 geteilt, 1596 wieder vereinigt durch Jost Capelen, bis ins 17. Jh. „Capellen Gang.“ 1956 ein Gang mit zwölf bewohnbaren Häusern, bei sechs bestand Einsturzgefahr, auch Nr. 14.

Sanierung 1983-86. Älteste nachgewiesene und prägende Bebauung 1551 (Renaissance).
(Dms. seit 1982: Gesamtes Gebäude)

43, Bäcker Gang, Haus 15 Renaissance-Bude mit vorkragendem Fachwerk-OG und Dacherker aus dem 16. Jh., Mitte 19. Jh. überformt.
Erste Erwähnung des Grundstücks 1306 (bebaut). Nach dem Käufer Joh. Rovere bis ins 15. Jh. „Rovereshagen“ genannt. 1558 war der Gang baufällig und ging in den Besitz der Stadt. 1560 vererbte Bürgermeister Claus Bardewig zwei Häuser und einen Gang mit zwölf Buden an Christoffer Toden. 1572 geteilt, 1596 wieder

vereinigt durch Jost Capelen, bis ins 17. Jh. „Capellen Gang." 1956 ein Gang mit zwölf bewohnbaren Häusern, bei sechs bestand Einsturzgefahr, auch Nr. 15. Sanierung 1983-86. Älteste nachgewiesene und prägende Bebauung 1551 (Renaissance).
(Dms. seit 1982: Gesamtes Gebäude)

43, Bäcker Gang, Haus 16 Renaissance-Bude mit vorkragendem Fachwerk-OG und Dacherker aus dem 16. Jh., Mitte 19. Jh. überformt.
Erste Erwähnung des Grundstücks 1306 (bebaut). Nach dem Käufer Joh. Rovere bis ins 15. Jh. „Rovereshagen" genannt. 1558 war der Gang baufällig und ging in den Besitz der Stadt. 1560 vererbte Bürgermeister Claus Bardewig zwei Häuser und einen Gang mit zwölf Buden an Christoffer Toden. 1572 geteilt, 1596 wieder vereinigt durch Jost Capelen, bis ins 17. Jh. „Capellen Gang." 1956 ein Gang mit zwölf bewohnbaren Häusern, bei sechs bestand Einsturzgefahr, auch Nr. 16. Sanierung 1983-86. Älteste nachgewiesene und prägende Bebauung 1551 (Renaissance).
(Dms. seit 1982: Gesamtes Gebäude)

45 Wohnhaus mit Renaissance-Treppengiebel, Vorderhaus des Bäcker Ganges. Fassade vertikal durch rundbogige Hochblenden gegliedert. An der linken Seite rundbogiges, profiliertes Portal als Durchgang zum Bäcker Gang. Rückwärtig Dreiecksgiebel. Diele mit Balkendecke und Treppenanlage aus der zweiten Hälfte 18. Jh.
Erste Erwähnung des Grundstücks 1307 (bebaut). 1426-1805 ein Backhaus. 1310 im gemeinsamen Eigentum mit Engelsgrube 14 und 43, 1322 wieder geteilt. 1560 bei der Erneuerung des Ganges erbaut. 1596 wieder vereinigt von Jost Capelle, ein Haus mit einem Backhaus und 16 Buden. 1980-1981 saniert. Älteste nachgewiesene und prägende Bebauung 1551 (Renaissance).

(Dms. seit 1974: Gesamtes Gebäude)

47 Renaissance-Haus mit einem durch Firstzinne betonten Dreiecksgiebel. Front gegliedert durch breite Flachbogenblenden mit rechteckigen Fenstern. Hohes Dielengeschoß und ehemaliges Mittelportal durch späteren Umbau verändert. Seitenflügel. Im Inneren alte Balkendecke des Dielengeschosses mit Stützen sowie Windenaufzugsrad im Spitzboden.
Erste Erwähnung des Grundstücks 1318 (bebaut). 1599 als Rotbrauhaus geführt. 1815 im Besitz von Brauern, aber nicht bewohnt. Auch als Speicher und Lagerhaus genutzt. Langer Leerstand. 1983-1984 saniert. Therapiezentrum für psychisch Kranke. Älteste nachgewiesene und prägende Bebauung 1580-1610 (Renaissance).
(Dms. seit 1976: Äußeres, insbesondere Straßenfassade)

53 Wohn- und Geschäftshaus im Stil des Historismus aus dem ausgehenden 19. Jh. Betonung des EG durch Bänderputz. Fenster gerahmt und überdacht. Bauplastische Hervorhebung der mittleren Fensterachse. Profiliertes Kranzgesims. Mansard-

dach mit fünf kleinen Gauben (Ochsenaugen). Rückwärtige Fassade mit Maueranken in Form der Jahreszahl 1624 angebracht. Im Inneren Stuckdecken in den Repräsentationsräumen zur Straße, Originalkachelöfen aus der Bauzeit.
Erste Erwähnung des Grundstücks 1319 (bebaut 1353). 1591 als Weißbrauhaus geführt (mit Essigbrauhaus). 1799 Lebensmittelverkauf, 1802 Lager von englischem Steinzeug, 1806 Weinverkauf, 1821 ein Speicher. 1884 Stammhaus des Möbelhauses Mohr. 1994 saniert. Älteste nachgewiesene und prägende Bebauung 1885-1899 (Historismus).
(Dms. seit 1991: Gesamtes äußeres und inneres Gebäude (Vorderhaus und Flügel), einschließlich Binnenhof)

55 Eckhaus mit spätklassizistischer Putzfassade, vor dem Umbau giebelständig zur Schwönekenquerstraße. Umlaufende Gurt-, Sohlbank- und Attikagesimse, durchgehende Fensterverdachung im 1. OG, schmale Putzkartuschen oberhalb der Fenster im zweiten OG. Künstlerisch wertvolles Oberlicht aus der Zeit um 1720 am Eingangsportal.
Erste Erwähnung des Grundstücks 1297 (bebaut). Nr. 55 und 57 bildeten ein Grundstück. 1334 Bäckerei. 1568 an Stelle des Hauses drei Buden und ein Gang (ehem. Beyers Gang). 1586 Trennung der Grundstücke. Bewohner im 19. Jh.: Schuster, Gewürzkrämer. 1840 grundlegender Umbau. 1842 Verkauf des Kramhauses. 1875 Aufstockung, Satteldach zur Schwönekenquerstraße abgewalmt. Älteste nachgewiesene Bebauung 1700-1724 (Barock), prägend 1874-1876 (Neoklassizismus).
(Dms. seit 1994: Äußeres einschließlich Kämpfer und Oberlicht des Eingangsportals)

56 Gotisches Dielenhaus, backsteinsichtig mit verputztem Dielengeschoss. Eingang in der Mitte mit spitzbogigem Oberlicht, segmentbogige Fenster mit umlaufender Fasenkante, in den Giebelgeschossen außen jeweils Blendnischen, Treppengiebel mit fünf spitzbogigen Blendnischen, von vorkragender Fasenkante abgeschlossen.
Erste Erwähnung des Grundstücks 1297 (bebaut). Im 13. Jh. im Besitz des Klosters Dünamünde bei Riga (1297 verkauft). 1306 ein Backhaus (bis 1568). Heutige Fassade um 1500. 1774 Kerzengießer-Haus. 1797 und 1863 Umbauten. Im 19. Jh.

Seifen- und Lichtfabrik. 1970 Gaststätte. 1977 saniert. Älteste nachgewiesene und prägende Bebauung 1475-1524 (Renaissance).
(Dms. seit 1966: Äußeres)

58 Renaissance-Haus mit klassizistisch veränderter Fassade, Schweifgiebel mit profiliertem Dreieck überkrönt. Profiliertes Gurtgesims über dem EG.

Erste Erwähnung des Grundstücks 1297 (bebaut 1306), im gleichen Besitz wie Nr. 56 und 60. 1306 ein Backhaus. Im 19. Jh. mit Braugerechtigkeit ausgestattet. Bewohner im 19. Jh.: Brauer, Kaufmann. 1977 saniert. Älteste nachgewiesene Bebauung 1525-1599 (Renaissance), prägend 1818-1830 (Klassizismus).
(Dms. seit 1967: Äußeres)

60 Renaissance-Haus mit klassizistischer Putzfassade, profiliertes Gurtgesims über dem EG, hohes Attikageschoss mit Dreiecksgiebel in profilierter Rahmung (halbrundes Fenster). Dreieckiger Hofgiebel verputzt. Im Inneren Dielenraum mit alten Bodenplatten und Treppenlauf aus

dem frühen 19. Jh. Beschnitzte Haustür aus der Bauzeit der Fassade.
Erste Erwähnung des Grundstücks 1306 (bebaut). 1408 im Besitz eines Brauers, die Braugerechtigkeit wurde noch im 19. Jh. erwähnt. 1817 Bau der jetzigen Fassade. Bewohner im 19. Jh.: Brauer, Wirt, Schiffer. 1975 saniert. Älteste nachgewiesene Bebauung 1525-1599 (Renaissance), prägend 1817 (Klassizismus).
(Dms. seit 1975: Gesamtes Gebäude einschließlich der schutzwürdigen Teile im Inneren)

62 Klassizistische Putzfassade mit profiliertem Sohlbankgesims über dem EG, seitlich eingezogenes Attikageschoss über profiliertem Gesims mit Dreiecksgiebel (profiliert gerahmt).
Erste Erwähnung des Grundstücks 1290 (bebaut 1317). Im 14. Jh. Backhaus. 1487 Haus mit Braupfannen, 1595 Weißbrauhaus. Jetzige Fassade 1848 und 1857 vorgesetzt, 1873 nach Brand erneuert. Seit 1922 im Besitz der Heilsarmee. 1977 saniert. Älteste nachgewiesene Bebauung 1550-1624 (Renaissance), prägend 1848-1857 (Klassizismus).

(Dms. seit 1977: Äußeres, insbesondere Straßenfassade)

64 Renaissance-Treppengiebel, backsteinsichtiges Haus, im EG verputzt, rund- und

segmentbogige Fensterlaibungen mit umlaufenden Fasenkanten in den OG.
Erste Erwähnung des Grundstücks 1302 (bebaut). 1593 Rotbrauhaus. Letzte Brauerei 1917 „Phönix" (Porterbier und Malzfabrik). Seit 1922 im Besitz der Heilsarmee. 1977 saniert. Älteste nachgewiesene und prägende Bebauung 1525-1599 (Renaissance).
(Dms. seit 1967: Äußeres, insbesondere Straßenfassade)

65 Klassizistische Putzfassade mit Attika vor einem Renaissance-Bau. Gemeinsame Fassade mit Nr. 69. Fenster im 1. OG verdacht. Durchgang zum Glockengießerhof (Nr. 67). Im Inneren Türen des 18. Jh.

Erste Erwähnung des Grundstücks 1304 (bebaut 1307). 1309 Haus mit Tor und Weg, 1486 Haus mit Hagen. 1876 mit Nr. 69 vereinigt, mit diesem 1877 klassizistisch überformt und aufgestockt. Bewohner im 19. Jh.: Seefahrer, Altschuhmacher, Schuster, Schiffszimmermann, Ballastböter. 1982 saniert mit Nr. 69. Älteste nachgewiesene Bebauung 1596 (Renaissance), prägend 1876-1877 (Klassizismus).
(Dms. seit 1982: Äußeres sowie erhaltenswerte ältere Teile im Inneren)

66 Speicher der Renaissance mit Fassadenabschluß um 1800. Backsteinsichtige Fassade mit hohem Dielengeschoss, Eingang mit umlaufender Fasenkante und halbrundem Oberlicht, segmentbogige

Fenster mit umlaufenden Fasenkanten, Attika mit profiliertem Gesims. Rückwärtig Dreiecksgiebel.
Erste Erwähnung des Grundstücks 1328 (bebaut). Seit erster Erwähnung ein Brauhaus. Bierkeller unter dem Seitenflügel. Jetziges Gebäude von 1599, um 1800 und 1926 überformt. 1945 „Lichtspielhaus Rialto", 1951 Brand im Kino. 1964 Tanz-Gaststätte. 1980 „Haus der Stadt Danzig", saniert, Sondernutzung als Museum. Älteste nachgewiesene und prägende Bebauung 1550-1599 (Renaissance).
(Dms. seit 1967: Äußeres, insbesondere Straßenfassade)

68 Wohnhaus mit Renaissance-Treppengiebel mit Fasenkante, Fassade teilweise verputzt, teilweise geschlämmt, segmentbogige Fenster mit Taustabgewänden in den Giebelgeschossen; über EG und 1. OG durchgehendes Sohlbankgesims. EG überformt.
Erste Erwähnung des Grundstücks 1342 (bebaut). Bis ins 19. Jh. als Brauhaus genutzt. 1857 und 1861 klassizistische Verkleidung der Fassade der beiden unteren Geschosse (Seitengebäude mit Balkenkeller blieb unverändert). 1900 Schlachterei- und Wurstfabrik. 1979 saniert. Älteste nachgewiesene und prägende Bebauung 1525-1599 (Renaissance).
(Dms. seit 1967: Äußeres, insbesondere Straßenfassade)

69 Klassizistische Putzfassade mit Attika vor einem Renaissance-Bau. Gemeinsame Fassade mit Nr. 65. Fenster im 1. OG verdacht. Durchgang zum Glockengießerhof (Nr. 67). Im Inneren Treppe mit verstäbter Brüstung des 18. Jh.
Erste Erwähnung des Grundstücks 1304 (bebaut 1307). 1309 Haus mit Tor und Weg, 1486 Haus mit Hagen. 1876 mit Nr. 65 vereinigt, mit diesem 1877 klassizistisch überformt und aufgestockt. Bewohner im

19. Jh.: Schiffszimmermann. 1982 saniert mit Nr. 65. Älteste nachgewiesene Bebauung 1596 (Renaissance), prägend 1876-1877 (Klassizismus).
(Dms. seit 1982: Äußeres sowie erhaltenswerte ältere Teile im Inneren)

71 Vorderhaus zum Zerrahnsgang. Traufenhaus der Renaissance mit vorkragendem Fachwerk-OG und Dacherker. EG verputzt. An der rechten Seite das rundbogige, mit Kämpfersteinen und Schlußstein verzierte Portal.
Erste Erwähnung des Grundstücks 1304 (bebaut 1307). Ursprünglich mit Nr. 65 und 69 unter einem Dach. Bewohner im 19. Jh.: Schiffer, Schiffszimmermann, Seefahrer. 1984-1987 Dächer neu gedeckt. Älteste nachgewiesene und prägende Bebauung 1596 (Renaissance).
(Dms. seit 1977: Äußeres, insbesondere Straßenfassade)

74 Mehrfach überformtes Haus der Renaissance mit barocker Fassade: doppelt abgeschweifter Volutengiebel mit profiliertem Gesims als Abschluß. Im Inneren einheitliche Ausstattung des 18. Jh. und teilweise ursprüngliche Ausstattung des 16. Jh. erhalten. Fachwerk-Seitenflügel (Feuerstelle mit vollständig erhaltenem Schornsteinabzug, Treppenanlage, bemalte Decke, Stuckdecken, Peneele).

Erste Erwähnung des Grundstücks 1321 (bebaut). 1339 verkauft an den Ratsherren Gottschalk van Warendorp. Bis ins 15. Jh. mit Nr. 76 unter einem Dach. Bewohner im 19. Jh.: Schiffer, Putzhändler, Schneider. 1996 saniert. Älteste nachgewiesene Bebauung 1550-1624 (Renaissance), prägend 1650-1699 (Barock).

(Dms. seit 1967: Äußeres, insbesondere Straßenfassade und Giebel)

76 Klassizistisches Haus, Fassade gegliedert durch Kolossalpilaster, vorgeblendetes Attikageschoss unter einem mit profilierten Gesimsen gerahmten Dreiecksgiebel, EG genutet, OG mit Balustraden als Fensterbrüstungen.

Erste Erwähnung des Grundstücks 1310 (bebaut 1321). 1822 Neubau. Bewohner im 19. Jh.: Schiffer, Kaufmann. 1975 saniert. Älteste nachgewiesene und prägende Bebauung 1785-1822 (Klassizismus). (Dms. seit 1967: Äußeres, insbesondere Straßenfassade)

81 Wohnhaus mit Renaissance-Treppengiebel, Taustabprofilierung der Blenden, Fassade geputzt und geschlämmt, Portal von der Mittelachse leicht verschoben, klassizistische Überformungen. Ein von zwei Figuren gehaltenes Wappenschild mit den Initialen des Bauherren „WM" (Wilhelm Meding) und Jahreszahl „1566".

Erste Erwähnung des Grundstücks 1308 (bebaut). Gehörte zu dem Besitz Engelsgrube 85 (Seit dem 14. Jh. waren die Grundstücke Engelsgrube 75-85 und Große Kiesau 1-17 bebaut und in einem Besitz. 1348 wurden Engelsgrube 75-79, 1329 Große Kiesau 9-17 abgetrennt.). 1388 vierzehn Buden als Geschenk bei einer Hochzeit. 1566 kompletter Neubau der Liegenschaften Engelsgrube 81-85 und Große Kiesau 1-7. Bewohner im 19. Jh.: Altbinder, Böttcher, Aalräucher. 1987 saniert. Älteste nachgewiesene und prägende Bebauung 1566 (Renaissance). (Dms. seit 1967: Äußeres)

83 Wohnhaus mit Renaissance-Treppengiebel, Taustabprofilierung der Blenden, Fassade verputzt bis zur Giebelschwelle, Überformungen in EG und OG, veränderte Fensterformen.

Erste Erwähnung des Grundstücks 1308 (bebaut). Gehörte zu dem Besitz Engelsgrube 85 (Seit dem 14. Jh. waren die

Grundstücke Engelsgrube 75-85 und Große Kiesau 1-17 bebaut und in einem Besitz. 1348 wurden Engelsgrube 75-79, 1329 Große Kiesau 9-17 abgetrennt.). 1388 vierzehn Buden als Geschenk bei einer Hochzeit. 1566 kompletter Neubau der Liegenschaften Engelsgrube 81-85 und Große Kiesau 1-7. Bewohner im 19. Jh.: Schuster, Seefahrer, Holzsetzer. Veränderung der Straßenfassade 1868 und 1876. Älteste nachgewiesene und prägende Bebauung 1566 (Renaissance).
(Dms. seit 1967: Äußeres)

85 Eckhaus mit verputzter klassizistischer Fassade. Abgefaste Kanten bis zur ursprünglichen Kämpferhöhe des ehemaligen Portals erhalten, profilierte Sohlbänke in beiden OG, leicht geschweifter Blendgiebel mit Dreiecksbekrönung in profilierter Rahmung. Rückwärtig Dreiecksgiebel des ehemaligen Renaissance-Backsteinhauses.
Erste Erwähnung des Grundstücks 1308 (bebaut). Seit dem 14. Jh. waren die Grundstücke Engelsgrube 75-85 und Große Kiesau 1-17 bebaut und in einem Besitz. 1348 wurden Engelsgrube 75-79, 1329 Große Kiesau 9-17 abgetrennt. 1388 vierzehn Buden als Geschenk bei einer Hochzeit. 1566 kompletter Neubau der Liegenschaften Engelsgrube 81-85 und Große Kiesau 1-7. Bewohner im 19. Jh.: Gewürzkrämer, Höker, Seefahrer. Der Komplex aus drei Giebelhäusern an der Engelsgrube und drei traufenständigen Gebäuden an der Großen Kiesau sowie den sechs dazu gehörigen Buden des Kreuzganges sind in wesentlichen Teilen unverändert (abgesehen von klassizistischen Überformungen). Älteste nachgewiesene Bebauung 1566 (Renaissance), prägend 1775-1799 (Klassizismus).
(Dms. seit 1975: Äußeres)

Engelswisch

1294 Goldoghenstrate (nach der dort ansässigen Goldoge), 1321 Platea Goldoghen, 1366 Goldowenstrate, 1513 Goldingerstate, 1574 Goldemanstrate, 1364 Platea dicta Wisch (nach der Niederung, die sich bis zur Trave zog), 1398 Englische Wisch, seit 1852 Engelswisch.

1 Kleinhaus mit klassizistischer Fassade, unter einem Dach mit Nr. 3, beide Gebäude 1976 zusammengelegt. Zwerchhaus, Dreiecksgiebel mit profilierter Rahmung. Keine eigenständige frühe Erwähnung, das Grundstück gehörte zu Große Altefähre 27. 1838 klassizistische Fassade. 1984 saniert. Älteste nachgewiesene Bebauung 1300-1599, prägend 1838 (Klassizismus).

(Dms. seit 1967: Äußeres)

3 Kleinhaus mit klassizistischer Fassade, unter einem Dach mit Nr. 1, beide Gebäude 1976 zusammengelegt. Breites Zwerchhaus, Dreiecksgiebel mit profilierter Rahmung mit Zahnschnittfries; Gaube im Satteldach.
Keine eigenständige frühe Erwähnung, das Grundstück gehörte zu Große Altefähre 27. 1795 separat versichert, klassizistische Fassade errichtet. Im Kern vermutlich noch Bausubstanz aus der Zeit der Ersterwähnung im 14. Jh. 1984 saniert. Älteste nachgewiesene Bebauung 1300-1599, prägend 1795-1799 (Klassizismus).

(Dms. seit 1967: Äußeres)

9 Klassizistische traufenständige Putzfassade mit Attika; klassizistische Haustür. Unter einem Dach mit Nr. 11.

Keine frühe eigenständige Erwähnung des Grundstücks, gehörte zum Besitz Große Altefähre 27. Zwischen 1809-1868 aufgestockt. 1980 saniert. Älteste nachgewiesene Bebauung 1400-1599, prägend 1800-1868 (Klassizismus).
(Dms.: Äußeres und erhaltenswerte Teile im Inneren, seit 1980)

10 Klassizistische Putzfassade mit Attika, Kranzgesims Attika mit erhöhtem Mittelteil, EG und OG durch flaches Gesimsband getrennt. Beschnitzte Haustür mit Rahmenwerk aus aufgelegten, miteinander verbundenen und sich kreuzenden Stäben und runden Knöpfen aus der Entstehungszeit. Im Inneren klassizistische Flügeltüren, Treppe aus der Erbauungszeit.
Erste Erwähnung des Grundstücks 1311 (bebaut). 1596 ein Haus mit zwei Buden. Bewohner im 19. Jh.: Schiffer, Jägermeister, Lootsencommandant. 1820 klassizistisch umgestaltet, weitere Überformungen 1900 und 1950. Älteste nachgewiesene Bebauung 1550-1599 (Renaissance), prägend 1800-1824 (Klassizismus).
(Dms. seit 1978: Äußeres und erhaltenswerte ältere Teile im Inneren)

11 Klassizistisch überformte Renaissance-Fassade, verputzt, mit mittigem Zwerchhaus, Dreiecksgiebel mit profilierter Rahmung. Im Inneren alter Treppenlauf mit oval ausgesägten Brüstungsöffnungen zwischen OG und Dach.

Keine frühe eigenständige Erwähnung, das Grundstück gehörte zu Große Altefähre 27. Seit 1784 separat versichert. 1825-1833 klassizistische Fassade hochgezogen und aufgestockt. 1989 saniert. Älteste nachgewiesene Bebauung 1550-1599 (Renaissance), prägend 1825-1833 (Klassizismus).
(Dms. seit 1978: Äußeres, insbesondere Straßenfassade sowie auf den alten Treppenlauf)

12 Abgeschrägter Renaissancegiebel mit Firstzinne, EG und OG verputzt, Bänderputz als Sockelgeschoß, flachbogige Lukenöffnungen.

Erste Erwähnung des Grundstücks 1311 (bebaut). 1396 ein Haus mit zwei Buden. Bewohner im 19. Jh.: Goldschmied, Schiffszimmermann, Schneider, Seefahrer, Zimmermann. 1985 saniert. Älteste nachgewiesene Bebauung 1500-1599 (Renaissance), prägend 1785-1825 (Klassizismus). (Dms. seit 1967: Äußeres)

13a Ehemaliges Hofgebäude auf dem Grundstück Große Altefähre 25, erbaut als Speicher. Backsteinfassade der Renaissance, links Schleppgaube. Giebelseite mit schmaler Firstzinne. Im Inneren Windenaufzugsrad im Spitzboden erhalten.
Keine frühe eigenständige Erwähnung, das Grundstück war Teil des Besitzes Große Altefähre 25. Wechselte 1830 in den Besitz Große Altefähre 23. 1984-1987 saniert und entkernt. Älteste nachgewiesene und prägende Bebauung 1500-1599 (Renaissance).

(Dms. seit 1983: Äußeres sowie das Windenrad im Spitzboden)

14 Renaissance-Haus mit klassizistischer verputzter Fassade, segmentbogige Fensterfaschen im EG, zwischen EG und erstem OG Gurtgesims, Zwerchhaus. Wappen mit Hausmarke und Jahreszahl 1585 an der Trauffront zur Engelswisch.
Erste Erwähnung des Grundstücks 1304 (bebaut mit zwei Häusern). 1585 wurden beide Häuser zusammengefaßt. Im 18./19.

Jh. Branntweinbrenner-Gerechtigkeit. Dazugehörige Buden in der Petersilienstraße (Nr. 3 und 5) 1884 mit dem Haupthaus zusammengebaut. Giebelseite 1877-1878 verändert. Älteste nachgewiesene Bebauung 1585 (Renaissance), prägend 1775-1824 (Klassizismus).
(Dms. seit 1973: Gesamtes Gebäude)

16 Klassizistisches traufenständiges Haus mit Putzfassade, gestufter Attika; profilierte Gesimse zur Gliederung der Geschosse, unter einem Dach mit Nr. 18. Beschnitzte klassizistische Haustür mit Oberlicht.

Erste Erwähnung des Grundstücks 1310 (bebaut 1406). Im 15. Jh. mit Nr. 18 vereinigt. 1543 eine wüste Stätte. Neubau zwischen 1789 und 1802. 1971 DG für unbewohnbar erklärt, 1977 saniert. Älteste nachgewiesene und prägende Bebauung 1789 (Klassizismus).
(Dms. seit 1977: Gesamtes Gebäude)

17 Ehemaliges Dielenhaus mit Renaissance-Treppengiebel, in der zweiten Hälfte des 18. Jh. durch Abschweifung und Aufsetzen eines dreieckigen Giebelkopfes barock verändert. Über dem Eingang in segmentbogiger Nische Wappen mit der Jahreszahl 1570. Dreifach abgefastes Rundbogenportal, rechtes Dielenfenster in segmentbogiger, abgefaster Nische, flankiert von runden Blendfenstern. EG verändert. Fassade spiegelbildlich zu Nr. 19 gestaltet (den Giebelabschluß ausgenommen).

Erste Erwähnung des Grundstücks 1313 (bebaut). 1555 als Brauhaus geführt (bis 1972). Jetziges Gebäude 1570 oder 1590 errichtet, Veränderung des Giebels 1802-1803. 1981 saniert, seither Nutzung als Turnhalle. Älteste nachgewiesene und prägende Bebauung 1570-1590 (Renaissance).
(Dms. seit 1967: Äußeres, insbesondere Straßenfassade)

18 Traufenständiges Haus mit klassizistischer Putzfassade, EG sockelartig genutet, oberer Abschluß durch hohe Attika und auf die Mitte gesetztes Zwerchhaus mit Dreiecksgiebel. Unter einem Dach mit Nr. 16. Beschnitzte klassizistische Haustür. Im Inneren veränderter ehemaliger Kücheneinbau, alter Treppenlauf.

Erste Erwähnung des Grundstücks 1310 (bebaut 1364). 1481 mit Nr. 22 zusammengelegt. 1543 Neubau, das relativ kleine Gebäude stand bis 1796. Nach Abriß wurde 1802 ein Neubau errichtet. Bewohner im 19. Jh.: Krüger, Schiffer, Weinschreiber. 1884 saniert. Älteste nachgewiesene und prägende Bebauung 1796-1802 (Klassizismus).
(Dms. seit 1983: Gesamtes Gebäude)

19 Ehemaliges Dielenhaus mit Renaissance-Treppengiebel. Über dem Eingang in segmentbogiger Nische verwittertes Wappen mit Jahreszahl 1570. Dreifach abgefastes Rundbogenportal, rechtes Die-

lenfenster in segmentbogiger, abgefaster Nische, flankiert von runden Blendfenstern. EG verändert. Fassade spiegelbildlich zu Nr. 17 gestaltet (Giebelabschluß ausgenommen).
Erste Erwähnung des Grundstücks 1313 (bebaut mit dem Haus eines Kerzenmachers). 1533-1570 befanden sich Nr. 19 und 21 in einem Besitz. 1581 als Weißbrauhaus geführt. Gegenwärtiges Gebäude 1570 zeitgleich mit Nr. 17 errichtet. 1981 saniert und Umbau zur Turnhalle. Älteste nachgewiesene und prägende Bebauung 1570-1590 (Renaissance).
(Dms. seit 1967: Äußeres, insbesondere Straßenfassade)

20, Dunkelgrüner Gang, Haus 1 Gangbude des späten 15. Jh., zusammen mit Seitenflügel von Engelswisch 22 errichtet. Fasenkante im Bereich der Eingangstür, hohes Dielengeschoß. Aus der ersten Bauzeit Teil einer hölzernen Wendeltreppe erhalten. Aus der Umbauphase im 18. Jh. Fenster und oberer Treppenlauf mit

oval ausgeschnittenen Brettdocken erhalten.
Erste Erwähnung des Grundstücks 1316 (bebaut). 1543 Vorderhaus errichtet, wahrscheinlich mit Gangbude. 1800 dreigeschossig umgebaut. Älteste nachgewiesene Bebauung 1543 (Renaissance), prägend 1775-1824 (Klassizismus).
(Dms. seit 1991: Gesamtes Gebäude mit Hausvorfeld und rückwärtiger Grundstücksfläche)

21 Ehemaliges Dielenhaus mit Renaissance-Treppengiebel, dreifach abgefastes Rundbogenportal, rechtes Dielenfenster in Nische, beide OG und DG durch Hochblenden, Nische und Blendfenster gegliedert; im Giebelfeld Hochblenden mit Segmentbogen und umlaufender Fase.
Erste Erwähnung des Grundstücks 1301 (bebaut). 1533 als Brauhaus geführt (bis ins 20. Jh.). 1573 Bau des gegenwärtigen Gebäudes, 1881-1882 baulich verändert. 1981 saniert und Umbau zur Turnhalle. Älteste nachgewiesene Bebauung 1573 (Renaissance).
(Dms. seit 1967: Äußeres, insbesondere Straßenfassade)

22 Renaissance-Haus mit geschlämmter Fassade des Barock, Zwerchhaus über Voluten, von einem geschwungenen Giebel mit profilierter Rahmung und Ochsenauge bekrönt. Barocke Füllungstür mit festem Oberlicht über einem aus Voluten entspringenden, geschwungenen, gesprengten, profilierten Kämpfer. An der rechten Seite Eingang zum Dunkelgrünen Gang.
Erste Erwähnung des Grundstücks 1316 (bebaut). 1481 vereinigt mit Nr. 18. 1583 heutiges Gebäude eingeschossig errichtet, noch im gleichen Jh. aufgestockt. Im 17. Jh. barock überformt. Bewohner im 19. Jh.: Schiffer, Altbinder. 1867 Schankwirtschaft. 1984 saniert. Älteste nachgewiesene Bebauung 1543 (Renaissance), prägend 1650-1699 (Barock).

(Dms. seit 1967: Äußeres, insbesondere Straßenfassade sowie die Haustür)

24 Renaissance-Haus mit klassizistischer Putzfassade, Attikageschoß, flacher Blendgiebel über profiliertem Gesims, EG durch Putzbänder gegliedert. Klassizistische Füllungstür mit Stabwerkoberlicht. Im Inneren kleiner Dielenraum mit Balkendecke. Flügel 17. Jh. mit bemalter Holzbalkendecke, Querhaus 18. Jh.
Erste Erwähnung des Grundstücks 1308 (bebaut). 1309 verkauft an Marquard von Bardowik. 1518 ein Giebelhaus. Bewohner im 19. Jh.: Schiffer, Schneidermeister, Trödler, Spiegelmacher, Steuermann, Seefahrer. 1971 verwahrlost, 1977 saniert. Älteste nachgewiesene Bebauung 1600-1649 (Renaissance), prägend 1775-1824 (Klassizismus).
(Dms. seit 1976: Gesamtes Gebäude)

26 Renaissance-Haus, barock umgebaut, Segmentbögen im EG; Zwerchhaus mit Rundbogen, abgeschlossen von gekröpftem, profilierten Gesims. Fenster und Haustür im Original. Im Inneren barocke Raumaufteilung und Ausstattung (Bohlenwände, Paneele, Treppe, Fenster- und Türzargen, umfangreiche Bemalung in Form von farbigen Ranken; ungewöhnli-

che Fachwerkkonstruktion (Deckenbalken mit profilierten, bemalten Sparrenfüßen). Barocker Flügelanbau.
Erste Erwähnung des Grundstücks 1327 (bebaut). 1441 neu gebaut, 1458 an Bürgermeister Gert van Mynden verkauft. 1785-1788 Umbau. Bewohner im 19. Jh.: Schiffer, Zimmermeister. Älteste nachgewiesene Bebauung 1524-1600 (Renaissance), prägend 1785-1788 (Barock).
(Dms. seit 1967/93: Gesamtes Gebäude einschließlich Flügelanbau)

30 Renaissance-Haus, im Stil des Historismus überformt. Zwerchhaus von Dreiecksgiebel überkrönt.
Erste Erwähnung des Grundstücks 1348 (bebaut). Buden in einem Besitz mit Nr. 32 und 34. 1504 erstmals ein Haus erwähnt. Umbauten zwischen 1850 und 1857. 1982 saniert. Bewohner im 19. Jh.: Stangenträger, Schiffer, Schiffsteller, Steuermann. Älteste nachgewiesene Bebauung 1574 (Renaissance), prägend 1850-1857 (Historismus)
(Dms. seit 1982: Äußeres sowie erhaltenswerte Teile im Inneren)

31 Barockes traufenständiges Wohnhaus mit geschlämmter Fassade, Zwerchhaus in Fachwerk mit Backstein, breites, profiliertes geschwungenes Gesims, rundbogiger Durchgang zum Torweg, Hauseingang flankiert von Dielenfenstern, profiliertes Traufgesims von Zwerchhaus unterbrochen, alle Fenster und Türen in flachen Segmentbögen. Im Inneren zweiläufige Treppenanlage im Vorderhaus. Im Flügel Einbauteile eines spätbarocken Alkovens und Deckenbalken mit ornamentaler Fassung aus der gleichen Zeit.
Keine frühe eigenständige Erwähnung, das Grundstück zählte zum Besitz des Hoghe Huses (Koberg 2). Seit 1768 eigenständiges Grundstück. 1985 saniert, dabei Zwerchhaus und Segmentbögen der Fenster rekonstruiert. Älteste nachgewiesene und prägende Bebauung 1650-1749 (Barock).

(Dms. seit 1992: Gesamtes Gebäude mit Flügel, Durchfahrt und kleinem Hof sowie den erhaltenen Resten der Innenausstattung)

47 Barockes Wohnhaus mit mittigem Zwerchhaus, halbrunder Abschluß in profilierter Rahmung mit Oculus; Fenster und Türen in flachen Stichbögen, profilierte Gurtgesimse. Haustür mit gesproßtem Oberlicht über profiliertem Kämpfer (Arkantusblatt und Voluten) aus der Entstehungszeit.

Keine frühe eigenständige Erwähnung, das Grundstück befand sich im Besitz Hoghe Hus (Koberg 2). Seit 1784 eigenständiger Besitz. 1979-1981 umgebaut und saniert. Älteste nachgewiesene Bebauung 1625-1674, prägend 1675-1749 (Barock).
(Dms. seit 1967: Äußeres, insbesondere Straßenfassade sowie auf die Haustür)

48 Wohnhaus mit verputztem Renaissance-Treppengiebel, segmentbogig abge-

schlossene Fenster mit umlaufenden Fasenkanten in den DGen, von profilierten Gesimsen getrennte Vollgeschosse.
Erste Erwähnung des Grundstücks 1310 (bebaut). Die Häuser 44-48 in einem Besitz. Im 18. Jh. Rotbrauhaus mit Essigbrauerei. Umbauten 1855, 1877. Bewohner im 19. Jh.: Brauer, Tabakfabrikant, Schiffer. 1972 Abriß mit Ausnahme des Giebels. Älteste nachgewiesene Bebauung 1550-1599 (Renaissance), prägend 1975 (unter Beibehaltung der äußeren Form der Renaissance).
(Dms. seit 1967: Äußeres, insbesondere Straßenfassade)

50 Backsteinsichtiger Speicher mit Renaissance-Treppengiebel, über zwei Geschosse reichendes Dielengeschoß, geschoßübergreifende Blendnischen mit umlaufenden Fasenkanten, vier Geschosse segmentbogige Luken zu Blendluken vermauert. Untere Geschosse durch profilierte Gesimse gegliedert, rundbogige Tür mit mehrfach gestufter Laibung.

Erste Erwähnung des Grundstücks 1325 (bebaut). Seit 1379 als Haus bezeichnet. Ehemals als Brauhaus genutzt, dann als Speicher. Wurde als „Schwan“ bezeichnet. Umbau 1750 sowie zwischen 1894 und 1904. 1975 saniert, dabei vollständig entkernt, Nutzung als Wohnhaus. Älteste nachgewiesene und prägende äußere Bebauung 1550-1599 (Renaissance).
(Dms. seit 1967: Äußeres)

59 Wohnhaus mit Renaissance-Treppengiebel, geschlämmte Backstein-Fassade, Segmentbögen der ehemaligen Fenster vorhanden, überformtes Rundbogenportal (Fase bzw. Taustab in Ansätzen erhalten). Haustür mit Oberlicht (geschwungene Sprossen, im Kämpfer aufwendig gestaltete Kartusche) aus der Entstehungszeit. Bemalte Holzbalkendecke.
Erste Erwähnung des Grundstücks 1309 (bebaut). 1980-1981 Umbau vom 6-Parteien-Haus zum Einfamilienhaus, saniert.

Älteste nachgewiesene und prägende Bebauung 1600-1649 (Renaissance).
(Dms. seit 1967: Äußeres, insbesondere Straßenfassade sowie auf die Haustür mit Oberlicht)

65 Ehemaliges Lagerhaus mit Stilelementen der Gotik und der Renaissance. Kleiner Fachwerk-Dacherker, niedriges, rundbogiges Portal.
Erste Erwähnung des Grundstücks 1298 (bebaut). Seit 1350 Backhaus, bis 1964 Bäckerei. 1980-1983 saniert, dabei 1982 alten Backofen gefunden (das Bodenniveau im 14. Jh. lag drei Meter tiefer als gegenwärtig). Seit der Sanierung als Künstlerzentrum genutzt. Älteste nachgewiesene Bebauung 1350 (Gotik), prägend 1500-1549 (Renaissance).

(Dms. seit 1976: Äußeres, insbesondere Straßenfassade mit dem Satteldach)

Fegefeuer

1296 Platea parva, quae ducir ad sanctum Nicolaum de platea molendinorum, 1324 platea Veghevur (die Straße fahrt zu dem als „Paradies" bezeichneten Vorbau des Domes), seit 1852 Fegefeuer.

4 Klassizistisches Bürgerhaus mit traufenständiger Fassade, dreiecksbekrönter Dacherker, im Kern älter. Original-Fenster mit teilweise nachgebauten Flügeln im EG. Barocke Hautür aus der Entstehungszeit mit pfeilerartigem Anschläger und barokkem Türklopfer, klassizistischer Türdrükker. Unter einem Dach mit Nr. 6-10.
Erste Erwähnung des Grundstücks 1296 (bebaut). Die Häuser gehörten bis in das 18. Jh. zum Eckgrundstück Fegefeuer Nr. 2, der ehemaligen Lüneburger Herberge, in der bei den Hansetagen die Lüneburger Ratsherren Quatier nahmen. Belegt ist die Reihe von „quatuor bodas adjaccutis" seit 1390. Gehört zur einheitlichen Straßenrandbebauung oder Überformung vom Beginn des 19. Jh. in der Straße Fegefeuer (ausgenommen die Nr. 3-5 und 19). Bewohner 1879: Uhrmacher, Schuhmachermeister. Im Besitz des Marienkrankenhauses als Wohnung für Schwestern und Angestellte. Älteste nachgewiesene Bebauung 1375-1449 (Gotik), prägend 1875-99 (Stilelemente des Klassizismus)
(Dms. seit 1936: Äußeres, insbesondere Straßenfassade sowie erhaltenswerte Teile im Innern)

6 Klassizistisches Bürgerhaus mit traufenständiger Fassade, rundbogigbekrönter Dacherker, im Kern älter (in der gesamten Reihe das am ursprünglichsten erhaltene Gebäude). Original-Fenster; klassizistische Hautür mit geometrischen Mustern. Unter einem Dach mit Nr. 4-10.
Erste Erwähnung des Grundstücks 1296 (bebaut). Die Häuser gehörten bis in das 18. Jh. zum Eckgrundstück Fegefeuer Nr.

2, der ehemaligen Lüneburger Herberge. Belegt ist die Reihe von „quatuor bodas adjacentis“ seit 1390. Gehört zur einheitlichen Straßenrandbebauung oder Überformung vom Beginn des 19. Jh. in der Straße Fegefeuer (ausgenommen die Nr. 3-5 und 19). Bewohner 1879: Assistent bei der Eisenbahn, Witwe. Im Besitz des Marienkrankenhauses als Wohnung für Schwestern und Angestellte. Älteste nachgewiesene Bebauung 1375-1449 (Gotik), prägend 1790-1810 (Klassizismus)
(Dms. seit 1986: Äußeres, insbesondere Straßenfassade sowie erhaltenswerte Teile im Inneren)

8 Klassizistisches Bürgerhaus mit traufenständiger Fassade, dreiecksbekrönter Dacherker, im Kern. Originale dreiflüglige Fenster im OG, altes Dornsenfenster; seitlicher Eingang aus der zweiten Hälfte 19. Jh. Unter einem Dach mit Nr. 4-10.
Erste Erwähnung des Grundstücks 1296 (bebaut). Die Häuser gehörten bis in das 18. Jh. zum Eckgrundstück Fegefeuer Nr.

2, der ehemaligen Lüneburger Herberge. Belegt ist die Reihe von „quatuor bodas adjacentis“ seit 1390. Gehört zur einheitlichen Straßenrandbebauung oder Überformung vom Beginn des 19. Jh. in der Straße Fegefeuer (ausgenommen die Nr. 3-5 und 19). Bewohner 1879: Kaufmann. Im Besitz des Marienkrankenhauses als Wohnung für Schwestern und Angestellte. Älteste nachgewiesene Bebauung 1375-1449 (Gotik), prägend 1790-1810 (Klassizismus)
(Dms. seit 1986: Äußeres, insbesondere Straßenfassade sowie erhaltenswerte Teile im Inneren)

10 Im Stil des Historismus überformtes Bürgerhaus, Putzfassade mit schwerer Rustika, mit Voluten verzierter rundbogigbekrönter Dacherker über vorkragendem Traufgesims, im Kern älter. Originale Fenster und Eingangstür. Unter einem Dach mit Nr. 4-8.
Erste Erwähnung des Grundstücks 1296 (bebaut). Die Häuser gehörten bis in das 18. Jh. zum Eckgrundstück Fegefeuer Nr.

2, der ehemaligen Lüneburger Herberge. Belegt ist die Reihe von „quatuor bodas adjacentis“ seit 1390. Gehört zur einheitlichen Straßenrandbebauung oder Überformung vom Beginn des 19. Jh. in der Straße Fegefeuer (ausgenommen die Nr. 3-5 und 19). Im Besitz des Marienkrankenhauses als Wohnung für Schwestern und Angestellte. Älteste nachgewiesene Bebauung 1375-1449 (Gotik), prägend 1850-1874 (im Stil des Klassizismus)
(Dms. seit 1986: Äußeres, insbesondere Straßenfassade sowie erhaltenswerte Teile im Innern)

21 Klassizistisches Bürgerhaus mit traufenständiger Fassade, Holzsprossen-Fenster mit zweiteiligem Oberlicht.
Keine Erwähnung des Grundstücks vor 1600 in den oberen Stadtbüchern, gleichbleibend Besitz der Domkurie. 1804 abseits der Straße auf dem Areal der ehemaligen Domkurien erbaut. Älteste nachgewiesene und prägende Bebauung 1804 (Klassizismus).

(Dms. seit 1965: Äußeres)

23 Klassizistisches Wohnhaus, schmale Gurtgesimse über dem EG, rundbogig

übergiebeltes Zwerchhaus, dreiecksüberkröntes Zwerchhaus.
Keine Erwähnung des Grundstücks vor 1600 in den oberen Stadtbüchern, gleichbleibend Besitz der Domkurie. 1804 abseits der Straße auf dem Areal der ehemaligen Domkurien erbaut. Älteste nachgewiesene und prägende Bebauung 1804 (Klassizismus).
(Dms. seit 1966: Äußeres)

25 Klassizistisches Wohnhaus, schmale Gurtgesimse über dem EG, dreiecksüberkröntes Zwerchhaus. Haustür aus der Entstehungszeit.
Keine Erwähnung des Grundstücks vor 1600 in den oberen Stadtbüchern, gleichbleibend Besitz der Domkurie. 1804 abseits der Straße auf dem Areal der ehemaligen Domkurien erbaut. Bewohner des Hauses zwischen 1817 und 1847: Polizeidiener, Händler, Wagenmeister, Oberwächter. Älteste nachgewiesene und prägende Bebauung 1804 (Klassizismus). 1990 Fassadenrenovierung.

(Dms. seit 1965/90: Äußeres mit Befensterung, Haustür und Dach)

27 Klassizistisches Wohnhaus, schmale Gurtgesimse über dem EG, rundbogig übergiebeltes Zwerchhaus. Haustür aus der Entstehungszeit.
Keine Erwähnung des Grundstücks vor 1600 in den oberen Stadtbüchern, gleichbleibend Besitz der Domkurie. 1804 ab-

seits der Straße auf dem Areal der ehemaligen Domkurien erbaut. Bewohner des Hauses zwischen 1817 und 1847: Waarenmakler, Lieutnant, Polizeidiener, Holzsetzer, Maler. Älteste nachgewiesene und prägende Bebauung 1804 (Klassizismus). 1988 saniert.

29 Klassizistisches Wohnhaus, schmale Gurtgesimse über dem EG, dreiecksüberkröntes Zwerchhaus. Haustür aus der Entstehungszeit.
Keine Erwähnung des Grundstücks vor 1600 in den oberen Stadtbüchern, gleichbleibend Besitz der Domkurie. 1804 abseits der Straße auf dem Areal der ehemaligen Domkurien erbaut. Bewohner des Hauses

1817: ein Lehrer. 1963 Resozialisierungsstelle Straffälliger. Seit 1988 in Privatbesitz. Älteste nachgewiesene und prägende Bebauung 1804 (Klassizismus). 1988 Fassadenrenovierung. (Dms. seit 1967: Äußeres)

Fischergrube

1259 platea piscatorum (nach einem Bürgermeister), 1362 Vischergrowe, 1373 Vyschergrove, 1380 Vischergrove, seit 1852 Fischergrube

10 Klassizistische Putzfassade mit Attika, auskragendem profiliertem Gesims. Im Kern älter (16. Jh.). Beschnitzte klassizistische Haustür mit Oberlicht. Alter Dielenraum mit Kücheneinbau, Treppenanlage aus dem späten 18. Jh.
Erste Erwähnung des Grundstücks 1300 (bebaut). Liegenschaften Nr. 10-16 zusammengehörig. 1408 wurde Nr. 10 abgetrennt, als drei Buden (Nr. 12,14,16) zusammen vererbt wurden. 1468 Neubau. 1953 Roßschlachterei. 1984 Umbau durch Handwerkskammer, Einbau der klassizistischen Haustür und alter Teile im Inne-

ren wie Treppe und Herd. Prägende Bebauung 1790-1809 (Klassizismus).
(Dms. seit 1985: Gesamtes Gebäude)

14 Ehemaliger Speicher mit schlichtem Spitzgiebel, vermutlich 17. Jh. Durchfahrt im EG mit Kreuzgewölbe überspannt.

Erste Erwähnung des Grundstücks 1300 (bebaut). Zusammengehörig mit den Häusern Fischstraße 10-16, Nr. 10 1408 abgeteilt, 1435 Nr. 12. Gehörte als Speicher zum Haus Breite Straße 12 (Handwerkskammer). Älteste nachgewiesene Bebauung 1590-1624 (Renaissance), prägend 1827.
(Dms. seit 1967: Äußeres, insbesondere Straßenfassade sowie auf die überwölbte Durchfahrt)

16 Gotisches Bürgerhaus mit Treppengiebel, Blenden vermauert (durch Verputzung nicht sichtbar). EG und OG klassizistisch überformt. Klassizistische Haustür (1800), das ursprünglich rundbogige Oberlicht ist vermauert. Seitenflügel der Renaissance, bemalte Seitendecke.
Erste Erwähnung des Grundstücks 1300 (bebaut). Eine Liegenschaft mit den Häusern Fischstraße 10-16, Abtrennung Nr. 10 1408, Nr. 12 1435, Nr. 14 1440. Älteste nachgewiesene und prägende Bebauung 1400-1499 (Gotik). 1985 saniert.

(Dms. seit 1968: Äußeres, insbesondere Straßenfassade einschließlich der Haustür)

18 Wohnhaus mit Renaissance-Treppengiebel, außen segmentbogige Blendfenster, im ersten OG Rundbogenabschluß; segmentbogige und abgefaste Fensternischen. Rückwärtig Dreiecksgiebel. Barokke Wandmalerei, barocke Treppe.
Erste Erwähnung des Grundstücks 1305 (bebaut 1326). 1365 im Eigentum Johann und Eberhard Clingenberg (Söhne des Heiligen-Geist-Vorstandes und Lübecker Gesandten Johannes Clingenberg). 1418 im Besitz des Ratsherrn Tidemann Tzerntien, Gesandter Lübecks im Frieden von Oldenburg, Mitglied der Schonenfahrerkompagnie und der Zirkelbruderschaft. Im 19. Jh. Giebelhaus mit sechs Wohnungen und einem Durchgang zum Kruppengang oder Dunklen Gang mit sechs Buden, so genannt entweder nach dem 1774 gestorbenen Ratsherrn Wilhelm Carl Krupp oder „Krupgang", das bedeutet

„Kriechgang" wegen des niedrigen Einganges. Zugang durch Nr. 18. 1826 war der Gang nicht mehr bewohnt, da sich die Wohnungen in schlechtem Zustand befanden. 1827 im Besitz von Simon Hasse. Seitenflügel 1941 abgebrochen. Älteste nachgewiesene Bebauung 1326 (Gotik), prägend 1590-1624 (Renaissance) 1985 saniert.
(Dms. seit 1967: Äußeres, insbesondere Straßenfassade)

20 Barockes Wohnhaus mit dreiecksbekröntem Schweifgiebel, rechtes Dielenfenster in abgefaster, segmentbogiger Blendnische. Stilelemente von Renaissance, Spätbarock und Klassizismus. Rückwärtig älterer Backsteingiebel. (17. Jh.). Im Inneren erhaltener rückwärtiger Dielenteil mit spätbarocker Treppe, Pfosten balusterförmig ausgebildet, Brüstung oval ausgeschnitten. Flügelanbau mit gotischer Nordwand wiederhergestellt. Wappenfries mit darunter befindlicher figürlicher Malerei aus der Mitte des 14. Jh. Darstellung des Gleichnisses vom verlorenen Sohn in mehreren Szenen: 1. Festmahl mit Dirnen; 2. der verlorene Sohn spielt mit zwei Männern an einem Spieltisch; 3. der verlorene Sohn verspielt sein Gewand; 4. Vertreibung durch die Dirnen.
Erste Erwähnung des Grundstücks 1320 (bebaut 1330). Umbau 16./17. Jh. 1827 im Besitz des Simon Hasse. 1841 Seitengebäude demoliert. Älteste nachgewiesene Bebauung 1330 (Gotik), prägend 1580-1824 (Barock). 1985 saniert
(Dms. seit 1979: Äußeres sowie Dielenteil mit der alten Treppe)

22 Bürgerhaus mit hohem Treppengiebel des 17. Jh., stark überformt. Rückwärtig dreieckiger Renaissancegiebel mit alter Luken- und Fenstergliederung.
Erste Erwähnung des Grundstücks 1305 (bebaut). 1756 Giebelhaus mit neun Wohnungen, Gang erhielt seinen Namen nach den jeweiligen Besitzern: Schreibermeistergang, Harmannsgang. Gramckausgang. 1942 ausgebrannt. 1976 Neuformung

Fassade. Älteste nachgewiesene Bebauung 1550-1599 (Renaissance), prägend 1960-1990.
(Dms. seit 1979: Äußeres und erhaltenswerte ältere Teile im Inneren)

27 Renaissance-Haus mit barocker Fassade (Volutengiebel) und klassizistisch verputztem EG. Stichbogige Stürze nachträglich begradigt, Giebel mit runder Kappe und Schweifen versehen. Im Inneren mittelalterliche Holzkonstruktion (16. Jh.), zahlreiche Ausstattungsstücke aus der Umbauphase in der ersten Hälfte 19. Jh. (Zimmertüren, sprossenverglaste Abgrenzung zur Treppe).
Erste Erwähnung des Grundstücks 1306 (bebaut). Zusammengehörig mit Nr. 25, geteilt 1439. Vom 14. bis 17. Jh. von Grapengießern bewohnt. 1817 Bäckerei. Älteste nachgewiesene Bebauung 1550-1650 (Renaissance/Barock), prägend 1700-1750 (Barock). 1993 saniert.

(Dms. seit 1966/94: Gesamtes Gebäude, ohne Seitenflügel)

29 Renaissance-Haus, mit klassizistischer Putzfassade überformt. Großer Zwerchgiebel, geschlämmte Backstein-Fassade, EG bis zum Sohlbankgesims im ersten OG verputzt. Klassizistische Haustür mit Oberlicht. Blendbögen der Renaissance mit abgefasten Kanten.
Erste Erwähnung des Grundstücks 1309 (bebaut). Zusammengehörig mit Nr. 31 und 33, 1576 geteilt. 1548 zwei Buden mit einem Gang erwähnt, 1797 als ein Haus mit vier Buden beschrieben, unter dem sich der Eingang zu Hacks Gang befindet. In der ersten Hälfte 16. Jh. im Besitz der

Leichnamsbrüderschaft der Burg. Älteste nachgewiesene und prägende Bebauung 1550-1649 (Renaissance). 1987 saniert.
(Dms. seit 1989: Äußeres)

37 Traufenhaus der Renaissance, Giebel barock mit Zwerchhaus überformt, Putzfassade klassizistisch. Im Inneren gut erhaltene barocke Deckenmalerei (Musikanten).
Erste Erwähnung des Grundstücks 1294 (bebaut 1322). Zum Eckhaus Nr. 45 gehörig, bis 1822 als Bude bezeichnet. Älteste

nachgewiesene Bebauung 1600-1699 (Renaissance), prägend 1830-1850 (Klassizismus). Saniert.
(Dms. seit 1989: Alle aus der Bauzeit erhaltenen Teile und die bemalte Decke im Flügelbau)

38, Lüngreens Gang, Haus 5 Ganghaus der Renaissance mit profiliertem rundbogigen Portal.
Erste Erwähnung des Grundstücks 1286 (bebaut 1306). 1389 ein Kornspeicher. 1415 wurde ein Haus mit Gelände, das sich zwischen dem Kornspeicher in der Engelsgrube (heute Nr. 41, 43 und 45) und dem zu dem Haus gehörigen Kornspeicher erstreckte, gekauft. Das Gelände war bereits 1465 mit Buden bebaut. Erste Erwähnung des Ganges 1599. Der Gang erhielt seinen Namen von den Besitzern des Vorderhauses: Ahrensgang, Lüneburggang, Lüngreensgang. Bis 1783 gehörten Gang und Haus zusammen. Älteste nachgewiesene und prägende Bebauung 1600-1675 (Renaissance).

(Dms. seit 1968: Äußeres)

38, Lüngreens Gang, Haus 6 Ganghaus der Renaissance mit profiliertem rundbogigen Portal.

Erste Erwähnung des Grundstücks 1286 (bebaut 1306). 1389 ein Kornspeicher. 1415 wurde ein Haus mit Gelände, das sich zwischen dem Kornspeicher in der Engelsgrube (heute Nr. 41, 43 und 45) und dem zu dem Haus gehörigen Kornspeicher erstreckte, gekauft. Das Gelände war bereits 1465 mit Buden bebaut. Erste Erwähnung des Ganges 1599. Der Gang erhielt seinen Namen nach den Besitzern des Vorderhauses: Ahrensgang, Lüneburggang, Lüngreensgang. Bis 1783 gehörten Haus und Gang zusammen. Älteste nachgewiesene und prägende Bebauung 1600-1675 (Renaissance).
(Dms. seit 1968: Äußeres)

38, Lüngreens Gang, Haus 7 Ganghaus der Renaissance mit profiliertem rundbogigen Portal. Hohe Diele, vermutlich noch aus 17. Jh.
Erste Erwähnung des Grundstücks 1286 (bebaut 1306). 1389 ein Kornspeicher. 1415 wurde ein Haus mit Gelände, das sich zwischen dem Kornspeicher in der Engelsgrube (heute Nr. 41, 43 und 45) und dem zu dem Haus gehörigen Kornspeicher erstreckte, gekauft. Das Gelände war bereits 1465 mit Buden bebaut. Erste Erwähnung des Ganges 1599. Der Gang erhielt seinen Namen nach den Besitzern des Vorderhauses: Ahrensgang, Lüneburggang, Lüngreensgang. Bis 1783 gehörten Haus und Gang zusammen. Älteste nachgewiesene und prägende Bebauung 1600-1675 (Renaissance).
(Dms. seit 1968: Äußeres)

38, Lüngreens Gang, Haus 8 Ganghaus der Renaissance mit profiliertem rundbogigen Portal. Hohe Diele, vermutlich noch aus 17. Jh.
Erste Erwähnung des Grundstücks 1286 (bebaut 1306). 1389 ein Kornspeicher. 1415 wurde ein Haus mit Gelände, das sich zwischen dem Kornspeicher in der Engelsgrube (heute Nr. 41, 43 und 45) und dem zu dem Haus gehörigen Kornspeicher erstreckte, gekauft. Das Gelände war bereits 1465 mit Buden bebaut. Erste Er-

wähnung des Ganges 1599. Der Gang erhielt seinen Namen nach den Besitzern des Vorderhauses: Ahrensgang, Lüneburggang, Lüngreensgang. Bis 1783 gehörten Haus und Gang zusammen. Älteste nachgewiesene und prägende Bebauung 1600-1675 (Renaissance).
(Dms. seit 1968: Äußeres, seit 1968)

38, Lüngreens Gang, Haus 9 Ganghaus der Renaissance mit profiliertem rundbogigen Portal. Hohe Diele, vermutlich noch aus 17. Jh.
Erste Erwähnung des Grundstücks 1286 (bebaut 1306). 1389 ein Kornspeicher. 1415 wurde ein Haus mit Gelände, das sich zwischen dem Kornspeicher in der Engelsgrube (heute Nr. 41, 43 und 45) und dem zu dem Haus gehörigen Kornspeicher erstreckte, gekauft. Das Gelände war bereits 1465 mit Buden bebaut. Erste Erwähnung des Ganges 1599. Der Gang erhielt seinen Namen nach den Besitzern des Vorderhauses: Ahrensgang, Lüneburggang, Lüngreensgang. Bis 1783 gehörten Haus und Gang zusammen. Älteste nachgewiesene und prägende Bebauung 1600-1675 (Renaissance).
(Dms.: Äußeres, seit 1968)

40 Frühklassizistische Putzfassade mit stark geschweiftem, dreiecksbekrönten Giebel. Haustür Empire. Rückwärtig Dreiecksgiebel. Flügelanbau aus dem 17.

Jh., im EG ehemaliger Saal mit barocker Stuckdecke.
Erste Erwähnung des Grundstücks 1309 (bebaut 1317). 1592 als Rotbrauhaus geführt, bis ins 19. Jh. Brauhaus („doppeltes Bitter und Schiffsbier, 1835 Märzbier). Ehemaliges Stallgebäude im 19. Jh. zu Wohnungen umgebaut. Älteste nachgewiesene und prägende Bebauung 1600-1650 (Renaissance).
(Dms. seit 1972: Gesamtes Gebäude, einschließlich des Flügelbaues, in dessen EG sich der Saal befindet)

42 Barocker Volutengiebel, Fensteröffnungen mit gemauerten Segmentbögen. Links schmaler, niedriger Durchgang zum Grünen Gang, leicht klassizistisch überformt.

Erste Erwähnung des Grundstücks 1300 (bebaut). 1457 ein Haus mit Hagen, 1546 Teilung in Hagen mit neun Buden und Haus. 1797 Verkauf „englisches Porter Bier auf Bouteillen" 1804 Wirtshaus „Englisches Beafsteakhouse", auch „englisches Beef-Stake-Haus". 1988 ausgebrannt, grundlegend saniert. Älteste nachgewiesene und prägende Bebauung 1795-1805 (Barock).
(Dms. seit 1967: Äußeres, insbesondere Straßenfassade)

46 Bürgerhaus, auch als Speicher und Lager genutzt, mit verputztem Schweifgiebel, von kleinem Dreiecksgiebel bekrönt. Klassizistische Überformung eines ehemaligen Treppen-Giebels des späten 16.

Jh. Aus dieser Zeit blieb die Hoffront mit Dreiecksgiebel erhalten. Flügelanbau.
Erste Erwähnung des Grundstücks 1286 (bebaut). 1305 „Ad angulum" (auch „Tom Engel"), 1446 „Ad agnum" genannt, 1460 dann „tom Lamme". Gießhaus, 1334 Johan Apengeter, dann G. Cranemann, Timmo Jeger, H. Gerwigs, C. Grude. Bis 1555 im Besitz der Petrikirche. 1564 Brauhaus. Nacheinander Nutzungen als Gasthaus, Wohnhaus, Brauhaus, Gießerhaus, Speicher, Wagenremise eines Mietkutschers, Wohn- und Geschäftshaus. 1984 Fassade saniert. Älteste nachgewiesene Bebauung 1550-1599 (Renaissance), prägend 1775-1799 (Klassizismus).
(Dms. seit 1982: Gesamtes Gebäude)

47 Eckhaus mit barockem Dreiecksgiebel, Fassade verputzt, mittiges Barock-Portal mit Oberlicht.
Erste Erwähnung des Grundstücks 1288 (bebaut). Bereits bei der ersten Erwähnung Hinweis auf eine Bäckerei. 1487 Backhaus und Schmiede. Der mittelalter-

liche Backofen blieb auch weiter in Betrieb, als das Haus im 18. Jh. durch einen barocken Bau ersetzt wurde. Bis 1984 Bäckerei. 1989 Brand des Dachstuhls. Prägende Bebauung 1700 (Barock).
(Dms. seit 1967: Äußeres)

49 Frühklassizistische Fassade aus dem späten 18. Jh., geschweifter Giebel mit dreieckigem Giebelkopf, vermutlich entstanden aus der Überformung eines älteren Treppengiebels. Im EG überformt. Gotischer Kern (vermutlich 16./17. Jh.).

Erste Erwähnung des Grundstücks 1312 (bebaut). Bis 1322 zur Liegenschaft Fischergrube 51 gehörend. Als Badestube von 1312 bis 1576 erwähnt. Seit 1769 zahlreiche bauliche Veränderungen. Prägende Bebauung 1750 (Frühklassizismus).
(Dms. seit 1976: Äußeres, insbesondere Straßenfassade)

51 Renaissance-Haus mit klassizistischem Mittelgiebel. Symmetrisch gegliederte verputzte Fassade mit Zwercherker (durch Brand 1991 beschädigt). Von der Doppelflügelanlage auf dem Hof (18. Jh.) westliche Seite erhalten. Im Inneren große ehemalige Mitteldiele mit originaler Balkenlage. Dornse mit barocker Ausmalung im Bereich der Decke. Treppenanlage, Haustür und Fenster aus der Zeit des Umbaus im 18. Jh.

Erste Erwähnung des Grundstücks 1312 (bebaut). Gehörte bis 1322 zu Fischergrube 49, dann halbiert. War zeitweilig Töpferei. 1942 beschädigt, 1991 Dachbrand. Älteste nachgewiesene Bebauung 1599 (Renaissance), prägend 1600-1800 (Renaissance/Klassizismus).
(Dms. seit 1991: Gesamtes Gebäude mit erhaltenswerten Bauteilen des Ursprungsbaus sowie der Überformungen des 16. - 19. Jh. im Inneren)

79 **Drei-Giebel-Haus** Backsteinfassade mit barockem Voluten-Zwillingsgiebel (1730). Mittelachse über zwei Geschosse geputzt, bekrönt mit Teilen des ehemali-

gen Portals. Fenster der Giebel mit Sohlbänken und Bekrönung. Zur Böttcherstraße schmuckloser Treppengiebel um 1600.
Erste Erwähnung des Grundstücks 1299 (bebaut 1315). Bei erster Erwähnung gemeinsames Grundstück mit Fischergrube 79 und Böttcherstraße 8. Vermutlich ehemals zwei Häuser. 1879 Destillation und Weinhandlung, seit 1890 Gast- und Schankwirtschaft („Zur goldenen Krone“, „West-Nord-West“). Prägende Bebauung 1700-1800 (Barock).
(Dms. seit 1966: Äußeres)

82 Zum Hof Seitenflügel der Renaissance mit steil geneigtem Kehlbalkendach, Fassade im 18. Jh. umgestaltet. Im Inneren Reste der Rokoko-Ausstattung (Stukkatur 18. Jh.). Anschließend ein Quergebäude aus dem 16. Jh. mit steil geneigtem Kehlbalkendach, westliche Giebelseite aus Fachwerk. Im Inneren im 1. OG ältere Raumaufteilung erhalten, Lagervorrichtung und Windenrad im DG.
Erste Erwähnung des Grundstücks 1308 (bebaut). Wohn- und Kramhaus mit Hökerei- und Mülzgerechtigkeit. Zugang zur Trave durch das Haus An der Untertrave 62. Lager mit Packräumen. 1794 Seifensiederei, Speicher mit erhaltenem Durchgangsrecht durch Untertrave 62, um Salz und Korn zu lagern. Bewohner im 19. Jh.: Schiffer, Navigationslehrer, Gewürzkrämer. 1959 Tischlerei. Älteste nachgewiesene und prägende Bebauung 1563-1573 (Renaissance).
(Dms. seit 1993: Äußeres des Seitenflügels und Dachwerkkonstruktion, im Inneren Rokoko-Ausstattung (Stukkatur); gesamtes Quergebäude)

83 Speicher von 1754, geputzte Backsteinfassade, dreiecksbektröntes dreiachsiges Zwerch-Haus. Über dem Portal Wappen mit Jahreszahl.
Keine eigenständige Erwähnung des Grundstücks, gehörte zu Untertrave 70, vermutlich als Getreidespeicher genutzt. 1952 Veränderung der Straßenansicht.

Prägende Bebauung 1700-1800 (im Stil der Renaissance).
(Dms. seit 1967: Äußeres, insbesondere Straßenfassade)

84 Klassizistische Putzfassade mit Attikageschoß. EG mit Quader- bzw. Bänderputz über profiliertem Sockelgesims, Fenster gerahmt von kannelierten Pilastern mit korinthischen Kapitellen, darüber profiliertes Gesims, Fenster im 2. OG gerahmt, abschließend weit vorkragendes Attikagesims. Im Inneren Raumausstattung und Aufteilung aus der Erbauungszeit (Wohnungstüren gerahmt durch eine von kannellierten Pilastern gegliederte Glasfront). Im Seitenflügel aus dem 19. Jh. Teile älterer Bauphasen. Im Quergebäude stichbogig überwölbte, von Fasensteinen gefaßte Fensteröffnungen der Renaissance.
Erste Erwähnung des Grundstücks 1292 (bebaut 1335). 1819 Wollgarnfabrikation, 1840 Drahtgießerei. Neu erbaut 1868-1875. Älteste nachgewiesene Bebauung

1651 (Barock), prägend 1868-1875 (mit Stilmitteln des Klassizismus).
(Dms. seit 1993: Gesamtes Vorderhaus, Äußeres des Seitenflügels, Äußeres des Quergebäudes mit Dachwerk)

Fleischhauerstraße

1268 platea carnificium, 1355 Vleschowerstrate, 1459 Vleschhouwerstrate, 1534 Fleskhouwerstrate, seit 1852 Fleischhauerstraße.

14 Renaissance-Portal von 1591, integriert in ein Gebäude der Neorenaissance. Das Portal ist gerahmt von zwei Halbsäulen auf Postamenten. Über der Tür Hauszeichen mit der Jahreszahl 1591 und den Initialen RA.
Erste Erwähnung des Grundstücks 1303 (bebaut, gekauft von Georgius prolocutor (Fürsprecher). 1391 als „milite domum" bezeichnet, möglicherweise ein Ritterhaus. 1439 wurde die Liegenschaft mit benachbarten Häusern als „Tom Hanen" be-

zeichnet, 1534-1569 „Tom rothen Hanen", 1595 „itzo der Gulden Hane". 1439-1536 Krughaus. 1860 Buchdruckerei Bock, Verlag des „Volksboten". Kauf des Hauses durch Ch. Coleman, der 1882 dort den „Generalanzeiger" herausbrachte. 1886 brannte das Haus nieder.
(Dms. seit 1966: Portal und Wappentafel)

16 Klassizistisches Wohn- und Geschäftshaus, EG stark überformt.
Erste Erwähnung des Grundstücks 1290 (bebaut, im Besitz von Reynfridus de Warendorpe). 1360 mit Kornspeicher. 1443-1483 als „Tom Garbrader" bezeichnet, in dem Haus befand sich eine Garküche. 1559 kauft der Apotheker Gregor Schellenberch das Haus mit rückwärtigem Haus. 1894 Kulmbacher Bierhaus. Ältere abgebrochene Bebauung Renaissancehof, prägend 1799 (Klassizismus).
(Dms. seit 1978: Äußeres, insbesondere Straßenfassade)

18 Palazzoartiger Verwaltungsbau von 1891/92 im Stil des Historismus, an der Stelle, an der sich die städtische Münze (ursprünglich aus vier Gebäuden bestehend) 1367 -1823 befand.
Erste Erwähnung des Grundstücks 1290 (bebaut). 1359 kaufte die Kreditgesellschaft „Communium Creditorum Ghisonuis de Monasterio" einen Gebäudekomplex von dem Goldschmied Johann Edeler. 1367 Erwerb durch die Stadt Lübeck, ab 1471 Ortsangabe „bei der Münze". 1552 Klage der Nachbarn gegen „ein ungewonlich geferlich schmeltz und huttenwerk achter der munthe", angeblich sei der Schmelzofen zuvor außerhalb der Stadt gewesen. 1553 Abbruch der alten Gebäude. 1823 Münze eingestellt, Gebäude und Gerätschaften verkauft. 1853 Ab-

bruch. Prägende Bebauung 1891/92 (Historismus).
(Dms. seit 1995: Gesamtes Gebäude)

20 Neuzeitlicher Bau (ehemaliges Finanzamt) von 1908 mit geputzter Fassade zur Königsstraße, Veränderungen 1986 durch Einbau von Läden. Zur Fleischhauerstraße Portal mit beschnitzter Rokokotür mit Oberlicht. Rokoko-Saal von 1762, ursprünglich im EG des Flügelgebäudes des Hauses Breite Straße 12 (einer der schönsten Rokokoräume der Stadt). Stuckdecke mit Rocaillen und Blumenranken, Wände vertäfelt mit dunklem Eichenholz, mit reichgeschnitzten Füllunggsumrahmungen, Schnitzereien vergoldet. In die Täfelung eingelassener Wandschrank mit Konsolen. Zwei Wandspiegel mit reichem Ornamentschmuck, Rokoko-Kachelofen Stockelsdorfer Bauart mit blauweißen, goldverzierten Kacheln, Standuhr.
Erste Erwähnung des Grundstücks 1293 (bebaut). 1331 Fleischhauer. Grundstück 1899 von der Stadt gekauft, vor dem Einzug der Finanzbehörde Militär-Casino.
(Dms. seit 1967: Rokoko-Saal)

22 Putzbau mit klassizistischer Fassade, Überformung eines im Kern mittelalterlichen Hauses (13. Jh.). Reste gotischer Wandmalerei des 14. Jh. im OG des Flügelbaues (1907 entdeckt): 1. auf der Südwand Fragment einer Kreuzigungsszene, erhaltene Johannes-Figur; 2. Westwand Fragment zwei stehender Männer und einer Frau mit Spruchbändern, Köpfe stehender Figuren mit Spruchbändern. Der Maler wird dem Kreis um Conrad von Soest zugerechnet.
Erste Erwähnung des Grundstücks 1299 (bebaut). Ein Fleischhauer wird als Erstbesitzer genannt. Als Auftraggeber für die Wandmalerei gilt der Gerichtsschreiber Tidericus Georgii. 1478 wurde das Haus

von Heinrich Castorp für die Marienkirche erworben. Bis 1530 Wohnhaus der Vikare und bis 1830 der Prediger von St. Marien. Ab 1792 zahlreiche Umbauten.
(Dms. seit 1967/96: Gesamtes Gebäude)

24 Gebäude mit schlichter Putzfassade und Treppengiebel aus der 1. Hälfte 19. Jh., im Kern mittelalterlich (Ende 13. Jh.). Im Inneren Teile barocker Wandmalerei mit gedrehten Säulen und Fruchtgehängen an der östlichen Brandwand, ornamentale Wandmalerei an Süd- und Westwand, Deckenbretter zwischen EG und 1. OG mit zahlreichen Befunden an Malerei (17. Jh.), auf zwischengespannten Leinwänden biblische Szenen: „Gang nach Emmaus", „Schlafender Elias in der Wüste", „Taufe Christi" und „Taufe des Äthiopiers durch Philippus". Erste Erwähnung des Grundstücks 1296 (bebaut). 1353 Fleischhauer Eigentümer. 1450 durch den Gerichtsschreiber Mag. Theodorius Georgii der Stadt vermacht, Dienstwohnung des Hausschließers des Rathauses (mit Kruggerechtigkeit). 1661 von der Stadt verkauft.

(Dms. seit 1996: Gesamtes Gebäude)

25 Renaissance-Portal mit Taustabprofil und Terrakottenfries blieben von dem

Vorgängerbau erhalten. Der jetzige expressionistische Klinkerbau stammt von 1924.
Erste Erwähnung des Grundstücks 1293 (bebaut). Terrakotten von „St. von Düren“, sog. Triptychon „Gesetz und Gnade” mit Sündenfall, Kreuzigung und Auferstehung, Prophetenbildnisse, 16. Jh. Einst als Brauhaus genutzt.
(Dms. seit 1967: Portal und Terrakotten)

26 Bürgerhaus mit klassizistischer Fassade mit Attika, rückwärtig backsteinsichtiger Dreiecksgiebel, Stichbögen, Reste ehemaliger Fensteröffnungen. Im Kern vermutlich spätes 16. Jh. Im Innern zahlreiche Befunde von Wand- und Deckenmalerei der Renaissance und des Barocks.
Erste Erwähnung des Grundstücks 1334 (bebaut). 1499 Braugerechtigkeit, Brauhaus bis 1846. Älteste nachgewiesene Bebauung 1500 (Gotik), prägend 1842 (Klassizismus).

(Dms. seit 1977/95: Gesamtes Gebäude, einschließlich Seitenflügel)

27 Klassizistisches Wohnhaus mit Attikageschoß, durch Einbau eines Ladens überformt.

Erste Erwähnung des Grundstücks 1291 (bebaut). 1551 bis 1838 als Brauhaus genutzt. Mit gewölbtem Bierkeller. Prägende Bebauung 1830 (Klassizismus).
(Dms. seit 1976: Äußeres, insbesondere Straßenfassade)

28 Klassizistische Putzfassade mit Attika und Kranzgesims, überformter Backsteingiebel. Rückfront backsteinsichtig mit Dreiecksgiebel, gotischen Spitzbögen und gefasten Maueröffnungen. Beschnitzte Rokokotür. Im Inneren Reste der ehemaligen Diele. Hofflügel aus dem 17. Jh. Reste von Deckenmalerei von 1758 im Seitenflügel („Auferstehung Christi“).
Erste Erwähnung des Grundstücks 1319 (bebaut). 1439 ein Goldschmied als Be-

wohner. 1535 von der Stadt Rostock gekauft, um es mit dem von hinten anstoßenden Haus Königstraße 69 als Herberge für ihre bei den Hansetagen anwesenden Gesandten zu nutzen; 1536 aber bereits wieder verkauft. Älteste nachgewiesene Bebauung 1270-1290 (Dachstuhl aus der Gotik), prägend 1860 (mit Stilelementen des Klassizismus).
(Dms. seit 1977: Gesamtes Gebäude)

29 Klassizistisches Wohnhaus, rückwärtig Dreiecksgiebel (Backstein).
Erste Erwähnung des Grundstücks 1291 (bebaut mit einem Steinhaus). Ab 1566 Brauhaus. Ältere nachgewiesene Bebauung Renaissance, prägend 1880 (mit Stilelementen des Klassizismus).
(Dms. seit 1976: Äußeres)

30 Klassizistische Putzfassade mit Attika und schwerem Kranzgesims, verdachter mittlerer Achse, alle Fenster gerahmt. Überformtes EG.
Erste Erwähnung des Grundstücks 1297 (bebaut). Seit 1492 mit Braugerechtigkeit

ausgestattet, 1593 Weißbrauhaus, bis in die 80er Jahre des 19. Jh. als Brauhaus genutzt. Eine der beiden letzten Brauereien in der Straße. Umbau 1895 und 1967 (zur Weingaststätte). Prägende Bebauung 1850 (Klassizismus).
(Dms. seit 1976: Äußeres, insbesondere Straßenfassade)

31 Klassizistisches Wohnhaus.
Erste Erwähnung des Grundstücks 1330 (bebaut). Ab 1598 als Rotbrauhaus genutzt. Seit 1992 Teil der König-Passage. Prägende Bebauung Klassizismus.
(Dms. seit 1977: Straßenfassade und Dachlandschaft, seit 1977)

32 Klassizistische Putzfassade mit Attika, vor eine Backsteinfassade gesetzt. Im EG überformt. Rückwärtig backsteinsichtige Fassade mit Blendbögen.
Erste Erwähnung des Grundstücks 1301 (bebaut). Goldschmied als Eigentümer, Rotbrauhaus. 1592 „dat Klein" genannt. Brauhaus bis Mitte 19. Jh. 1804 - 1843 mit Krug- und Hökereifreiheit. Ältere nachgewiesene Bebauung 1700, prägend 1850 (Klassizismus).
(Dms. seit 1976: Äußeres, insbesondere Straßenfassade)

33 Klassizistisches Wohnhaus.

Erste Erwähnung des Grundstücks 1307 (bebaut, „ein älteres Steinhaus). Ab 1565 als Weißbrauhaus genutzt, mit großem Bierkeller. Verkauf 1836 an Franz Runau und Rewoldt, die das Haus „neu bauten". 1912 Kauf durch Ch. Coleman. Seit 1992 Teil der König-Passage.
(Dms. seit 1977: Straßenfassade und Dachlandschaft)

34 Klassizistische Putzfassade, Segmentbogenfenster, Brüstungsreliefs, Fassade vor eine ältere gesetzt. EG überformt.

Erste Erwähnung des Grundstücks 1306 (1324 bebaut). 1764 als Rotbrauhaus erwähnt (bis 1821). 1872 an den Maurermeister Carl Friedrich Wilhelm Niether verkauft, der die neue Fassade aufrichtete. Ältere nachgewiesene Bebauung 1700, prägend 1872 (mit Stilelementen des Klassizismus).
(Dms. seit 1976: Äußeres, insbesondere Straßenfassade)

35 Klassizistisches Wohnhaus.
Erste Erwähnung des Grundstücks 1292 (bebaut). Nutzung als Färberhaus. 1911

Kauf durch Ch. Coleman. Seit 1992 Teil der Königs-Passage. Ältere nachgewiesene Bebauung 1754, prägender Umbau 1852-1873 (Klassizismus).
(Dms. seit 1977: Straßenfassade und Dachlandschaft)

36 Dreiecksbekrönte klassizistische Putzfassade, EG überformt.

Erste Erwähnung des Grundstücks 1326 (bebaut), 1374 Brauer als Eigentümer. 1800-1831 als Packhaus genutzt. 1861 Umbau. Ältere nachgewiesene Bebauung 1800, prägend 1850 (Klassizismus), im Seitenflügel 1700 (Barock).
(Dms. seit 1976: Gesamtes Gebäude)

37 Ehemaliges Giebelhaus mit vorgesetzter Fassade.
Erste Erwähnung des Grundstücks 1294 (bebaut 1328). Seit 1992 Teil der König-

Passage. Ältere nachgewiesene Bebauung 1797, prägend 1876-1898.
(Dms. seit 1992: Äußeres, Windenanlage (um 1800), östl. und westl. Brandwände mit Malereibefunden)

40 Viergeschossiger Neubau von 1976 unter Erhalt der klassizistischen Putzfassade, EG überformt.
Erste Erwähnung des Grundstücks 1289 (bebaut 1320). 1586 als Weißbrauhaus geführt. Prägende Bebauung 1976 (unter

Beibehaltung der Stilelemente des Klassizismus).
(Dms. seit 1976: Straßenfassade)

41 Neuzeitlich überformtes ehemaliges Lagerhaus, rückwärtig Dreiecksgiebel und Flügel aus 17. Jh.

Erste Erwähnung des Grundstücks 1294 (bebaut, unter einem Dach mit Nr. 39, ab 1307 Steinhaus). Ab 1526 Brauhaus. 1803 als Speicher des Hauses Johannisstraße 17 genutzt, 1854 Speicher mit Winde zur Straße. Lagerhaus der Firma Ferd. Kayser. Ältere nachgewiesene Bebauung 1700 (Renaissance), prägend 1950.
(Dms. seit 1976: Äußeres, insbesondere Straßenfassade)

42 Klassizistische Putzfassade mit Attikageschoß, schwerem Kranzgesims, Rahmung um die Fenster. Im EG überformt.
Erste Erwähnung des Grundstücks 1286 (bebaut). 1298 und 1302 Fleischhauer als Bewohner angegeben, 1487 Brauhaus, bis 1881 Rotbrauhaus, 1888 neu oder vollständig umgebaut. Ältere nachgewiesene Bebauung 1700, prägend 1888 (im Stil des Klassizismus).

(Dms. seit 1976: Äußeres, insbesondere Straßenfassade)

43 Wohnhaus mit Renaissance-Treppengiebel, unteres Geschoß verputzt und klassizistisch überformt, rückwärtig gotischer Dreiecksgiebel. In den Obergeschossen aufstrebende mit Halbstab gemauerte Lisenen, endend in halbbogenförmigen Blendnischen. Klassizistische Tür.
Erste Erwähnung des Grundstücks 1285 (bebaut). In der 2. Hälfte 14. Jh. vermachte der Ratsherr Johann Klingenberg die eine Hälfte des Hauses dem St.-Jürgen-Hospital. Größere bauliche Veränderungen 1884 und 1907. Ältere nachgewiesene und prägende Bebauung 1500 (Renaissance).

(Dms. seit 1967: Äußeres, insbesondere Straßenfassade)

44 Barockes Wohnhaus mit dreiecksbekröntem Schweifgiebel. Rückwärtig Dreiecksgiebel. Beschnitzte Eingangstür im Zopfstil mit Oberlicht, 18. Jh. Innen: Diele mit alter Treppenanlage, Treppe aus dem Haus Mühlenstraße 8 zusätzlich eingebaut.

Erste Erwähnung des Grundstücks 1290 (bebaut mit drei aneinandergrenzenden Holzhäusern). Bis 1298 ein Grundstück mit Nr. 46. 1322 nur noch ein Haus erwähnt. 1797 Haus eines Goldschmiedes. 1886 Neubau. Älteste nachgewiesene Bebauung 1600, prägend 1700 (Rokoko). (Dms. seit 1967/80: Gesamtes Gebäude)

45 Spätklassizistisches Wohnhaus mit hoher Attika, aufwendige Verdachung der Fenster im 1. OG. Die runden Fenster im Original erhalten.
Erste Erwähnung des Grundstücks 1293 (bebaut 1308). Von 1517-1534 gehörte das Haus den Vorstehern „der Lichte, so in dem Messingluchter in unser lewen Frowen Kerken-Chore vor dem hilligen Lychname brennen". Ältere nachgewiesene Bebauung 1600, prägender Umbau der Fassade 1880 (mit Stilelementen des Klassizismus).
(Dms.: Äußeres, insbesondere Straßenfassade, seit 1976)

47 Klassizistischer Backsteinbau aus der 1. Hälfte 19. Jh. mit Giebelaufsatz über dem Attikagesims, Veränderungen durch Schaufenster.
Erste Erwähnung des Grundstücks 1293 (bebaut). 1581 als Brauhaus genutzt. 1842

Abriß. Prägende Bebauung 1850-1860 (Klassizismus).
(Dms. seit 1976: Äußeres, insbesondere Straßenfassade)

48 Klassizistische Putzfassade mit flachem dreieckigen Attikaabschluß. Im EG überformt. Rückwärtig geputzter Dreiecksgiebel.
Erste Erwähnung des Grundstücks 1295 (bebaut). 1295 kauft ein Faßbinder das Haus von einem Fleischhauer. Prägende Bebauung 1860 (Klassizismus).

(Dms. seit 1976: Äußeres, insbesondere Straßenfassade)

50 Klassizistische Putzfassade mit Brüstungsreliefs, Segmentbogenfenster und Akroteriengebälk, im EG überformt.
Erste Erwähnung des Grundstücks 1301 (bebaut). 1797 eine Likörfabrik. Älteste nachgewiesene Bebauung 1700 (Seitenflügel), prägend 1874 (mit Stilelementen des Klassizismus).
(Dms. seit 1976: Äußeres, insbesondere Straßenfassade)

52 Traufenständiges Haus mit schlichter Putzfassade, Dacherker durch flachen Dreiecksgiebel gekrönt, EG überformt.

Erste Erwähnung des Grundstücks 1292 (bebaut 1301). 1546-1599 als „wüste Stelle“ bezeichnet. Neubau 1841, ein Krughaus mit Durchfahrt zum Hof. Ältere nachgewiesene Bebauung 1800 (Seitenflügel), prägende Bebauung Haupthaus 1841 (Klassizismus).
(Dms. seit 1976: Äußeres, insbesondere Straßenfassade)

54 Klassizistische Putzfassade mit Attika, Kranzgesims, Fenster überdacht gerahmt, im EG überformt.

Erste Erwähnung des Grundstücks 1312 (bebaut). 1797 Haus eines Knochenhauers. 1812-1855 Brauhaus. Ältere nachgewiesene Bebauung 1700 (Seitenflügel), prägend 1870 (mit Stilelementen des Klassizismus).
(Dms. seit 1976: Äußeres, insbesondere Straßenfassade)

56 Bürgerhaus mit gotischem Treppengiebel, Spitzbögen, Blendfenster und kreisrunden Nischen, im EG überformt.

Erste Erwähnung des Grundstücks 1301 (bebaut). 1363 Haus eines Fleischhauers, 1797 als Haus eines Knochenhauers angegeben. Größerer Umbau 1878 und 1962. Älteste nachgewiesene und prägende Bebauung 1500 (Gotik).
(Dms. seit 1967: Äußeres, insbesondere Giebel zur Straße)

58 Klassizistisches Wohnhaus mit Attika, Kranzgesims, Fenster überdacht und gerahmt, klassizistische Haustür.
Erste Erwähnung des Grundstücks 1300 (bebaut). 1801-56 als Dielenhaus angegeben, „hinten“ ein großer Tanzsalon. Prägende Bebauung 1867 (mit Stilelementen des Klassizismus).
(Dms. seit 1976: Äußeres, insbesondere Straßenfassade)

60 Barocke Fassade mit segmentbogenbekröntem Schweifgiebel, Umgestaltung eines älteren Giebels. Im EG überformt.

Erste Erwähnung des Grundstücks 1300 (bebaut 1311). 1349 Haus eines Fleischhauers. 1785 Knochenhauer angegeben. Ochsenstall. Älteste nachgewiesene Bebauung 1450 (Gotik), prägend 1500 (Gotik), Fassade 2. Hälfte 18. Jh. (Barock) (Dms. seit 1976: Äußeres, insbesondere Straßenfassade)

61 Klassizistisches Wohnhaus mit Putzfassade und abgewalmtem Satteldach aus der 1. Hälfte des 19. Jh., Giebelaufsatz über dem Attikagesims.

Erste Erwähnung des Grundstücks 1319 (bebaut mit hölzernem Haus, ein Besitz mit Nr. 61-65). 1804 Teil der Kaland-Stiftung, 1936 der Henning-Parchim-Stiftung. Prägende Bebauung 1830-1860 (Klassizismus).
(Dms. seit 1976/94: Gesamtes Gebäude, innen und außen)

62 Barockes Wohnhaus mit dreiecksbekröntem Schweifgiebel, überformt durch Laden.

Erste Erwähnung des Grundstücks 1298 (1398 bebaut). Haus eines Knochenhauers. 1827 brannte ein Teil des Hauses (Quergebäude?). Größere Umbauten 1950. Prägende Bebauung 1700, Fassade 2. Hälfte 18. Jh. (Barock).
(Dms. seit 1976: Äußeres, insbesondere Straßenfassade)

63 Barockes Haus mit klassizistisch überformter Fassade mit Schweifgiebel, gekrönt durch Dreiecksgiebel, verputzt.
Erste Erwähnung des Grundstücks 1319 (bebaut mit hölzernem Haus). Im Seitenflügel befand sich 1805-1819 ein Tanzsaal. Ältere nachgewiesene Bebauung 1600 (Dachstuhl), prägend 1874 (Barock). Östliche Brandmauer mittelalterlich. Letzter Verputz des Vorderhauses 1870, Fassade dahinter 16./17. Jh.
(Dms. seit 1976: Äußeres, insbesondere Straßenfassade)

65 Spätklassizistisches Wohnhaus mit aufwendiger Fassade und Attikageschoß,

schweres Gebälk mit Dreiecksbekrönung über den Fenstern des 1. OG, reichverziertes Kranzgesims.
Erste Erwähnung des Grundstücks 1319 (bebaut mit hölzernem Haus). Ein Giebelhaus 1875 zum großen Teil abgerissen. 1877 Kauf durch F. Runau, 1877-1878 sehr große Um- und Neubauten. 1907 Kauf durch Generalkonsul Petit. Prägende Bebauung 1870-1880 (mit Stilelementen des Klassizismus).
(Dms. seit 1976/96: Gesamtes Gebäude)

67 Klassizistisches Wohnhaus mit verputzter Fassade, dreiecksbekröntem Giebelaufsatz.

Erste Erwähnung des Grundstücks 1305 (bebaut). Nebenhaus von Nr. 69, unter einem Dach, mit diesem 1821 vereinigt. 1807 Amt der Knochenhauer. Rückwärtiger Hof mit ehemaliger Schule und Turnhalle aus dem 19. Jh. Progymnasium seit 1872, Zweigschule des Realgymnasiums und des Johanneums 1905-1912. Lübecker Konservatorium der Musik 1913-1916. Prägende Bebauung 1870-1900 (Neoklassizismus).
(Dms. seit 1978: Äußeres, insbesondere Straßenfassade)

71 Klassizistisches Wohnhaus mit verputzter Fassade und schwerem Kranzgesims; zum Hof Dreiecksgiebel mit gotischen Spitzbögen, Flügelanbau aus dem 17. Jh. Tür von 1800.

Erste Erwähnung des Grundstücks 1310 (zwei Buden, ab 1334 ein Haus). 1800-1834 rückwärtig Pferde- und Viehstall. 1834-1869 als Marienkirchspielsschule für Knaben genutzt, später Sitz der Kirchhofs- und Begräbnisdeputation. Ältere nachgewiesene Bebauung 1700, prägend 1870 (mit Stilelementen des Klassizismus).
(Dms. seit 1976: Gesamtes Gebäude)

73 Klassizistisch überformtes Gebäude, rückwärtig abgeflachter Dreiecksgiebel mit verputzten Blendbögen.

Erste Erwähnung des Grundstücks 1299 (bebaut). 1537 ein Haus mit fünf Buden). 1776-1868 ein Giebelhaus mit 60 Fuß langer und 29 Fuß breiter Diele. 1868 Nutzung als Marien-Knabenschule, ab 1881 Mittelschule, ab 1909 Mädchen-Mittelschule, 1921 Knaben-Mittelschule. Prägende Bebauung 1880-1890 (mit Stilelementen des Klassizismus).

(Dms. seit 1976: Gesamtes Gebäude)

74 Gotischer Treppengiebel, gegliedert durch steigende Spitzbogenblenden, gesamte Fassade verputzt, im EG überformt.
Erste Erwähnung des Grundstücks 1302 (bebaut 1306). 1352 Haus eines Fleischhauers. 1797 Knochenhauer angegeben. 1975 Neubau des Komplexes von Wohn- und Geschäfteshäusern Fleischhauerstraße 64-74 unter Erhaltung der Giebelfront des Hauses Nr. 74. Älteste nachgewiesene und prägende Bebauung 1500 (Gotik).
(Dms. seit 1976: Straßenfassade)

75 Klassizistisches Wohnhaus mit verputzter Fassade und hohem Attikageschoß, rückwärtig Backstein-Dreicksgiebel.

Erste Erwähnung des Grundstücks 1291 (bebaut). 1292 zwei Häuser, 1293 zwei steinerne Häuser, ab 1440 mit einem Haus). 1800-1872 Giebelhaus, mit Nr. 77 „Maschinenbau-Anstalt". Großer Um- und Neubau 1872. Ältere nachgewiesene Bebauung Renaissance, prägend 1870 (mit Stilelementen des Klassizismus). (Dms. seit 1976: Gesamtes Gebäude)

76 Klassizistische Putzfassade mit Attikageschoß, schwerem Kranzgesims, Fenster überdacht und gerahmt.

Erste Erwähnung des Grundstücks 1302 (bebaut). Haus eines Knochenhauers. 1868/69 großer Umbau, 1873 von Senator Eschenburg gekauft. Prägende Bebauung 1868/69 (Klassizismus).
(Dms. seit 1977: Äußeres, insbesondere Straßenfassade)

77 Klassizistisches Wohnhaus, rückwärtig Dreiecksgiebel und älterer Flügelanbau.

Erste Erwähnung des Grundstücks 1291 (bebaut). 1292 zwei Häuser, 1293 zwei steinerne Häuser, bis 1440 ein Grundstück mit Nr. 75, 1440 mit je einem Haus verkauft. Großer Um- und Neubau 1873. Prägende Bebauung 1860 -1873 (mit Stilelementen des Klassizismus).
(Dms. seit 1976: Äußeres, insbesondere Straßenfassade)

78 Wohn- und Wirtshaus mit weißglasierter Klinkerfassade von 1902. Auffällig gestaltetes EG und Fassade, durch Lisenen und Stuckrelief gegliedert. Im EG Rundbögen mit großem Mittelfenster. Tür- und Fensterlaibungen säulenartig ausgebildet. Im Innern Raumstruktur von 1902, Kachelofen.
Erste Erwähnung des Grundstücks 1293 (1301 bebaut). Haus eines Fleischhauers. Mitte 18. Jh. Gasthaus „Die Weintraube" oder „In der Traube", Branntwein-Brennerei, 1814-1848 als Brauhaus geführt, ein Tanzsalon „zwei Treppen hoch". Seiten-

flügel mit Lager und Speisekeller. Prägende Bebauung 1902 (Jugendstil).
(Dms. seit 1990: Gesamtes Gebäude)

79 Renaissance-Treppengiebel mit Lukengeschossen, Erdgeschoß klassizistisch überformt, gotische Dielenhalle, rückwärtig gotischer Flügelanbau aus dem 15. Jh. mit bleiverglasten Saal-Fenstern im OG. Wandmalereien an der Ostwand.
Erste Erwähnung des Grundstücks 1293 (bebaut). Erste Eigentümer wahrscheinlich Fleischhauer. Früher großer Umbau 1630-1650. 1706 galten Teile des Hauses als eingefallen. Größere Umbauten 1877. Älteste nachgewiesene Bebauung 15. Jh. (Gotik), prägende Bebauung 1550-1600 (Renaissance).
(Dms. seit 1968: Äußeres, insbesondere Straßenfassade, das gesamte Vorhaus einschließlich des Seitenflügels)

80 Barockes Wohnhaus mit halbrundbekröntem Schweifgiebel, EG überformt durch Laden.

Erste Erwähnung des Grundstücks 1293 (bebaut). 1297 ein Backhaus erwähnt. 1345 zu dem Großgrundstück Nr. 82-88 gehörend mit Eckgebäude und drei Buden sowie Schlumacherstraße 4 mit vier Buden; 1478 Teilung, mit drei Buden zum Grundstück Nr. 82-86 gehörend. Kramhaus bis 1826. Hof mit Stall. Ältere nachgewiesene Bebauung 1700, prägend 1828 (mit Stilelementen des Barock).
(Dms. seit 1976: Äußeres, insbesondere Straßenfassade)

81 Renaissance-Treppengiebel mit Lukengeschossen, tiefe Lukenöffnungen, halbbogenförmig mit gefastem Stein ummauert, rückwärtig Flügelanbau um 1700. Fugenmalerei.

Erste Erwähnung des Grundstücks 1298 (bebaut). Älteste nachgewiesene Bebauung 1400 (Gotik), prägende Bebauung 1500 (Renaissance).
(Dms. seit 1968: Äußeres, insbesondere Straßenfassade)

83 Klassizistisch überformter Backsteinbau mit Treppengiebel und ehemaligen Lukengeschossen, um 1700; rückwärtig älterer Fügelanbau und Quergebäude mit Fachwerk. Haustür im Zopfstil des Rokoko.

Erste Erwähnung des Grundstücks 1305 (bis 1369 zusammen mit Nr. 85 mit zwei Häusern auf einem Grundstück bebaut, 1369 getrennt verkauft). 1796 mit dem Haus Nr. 81 vereinigt. Prägende Bebauung 1600 (Renaissance).
(Dms. seit 1968: Äußeres, insbesondere Straßenfassade sowie die Haustür)

85 Mit barockem Schweifgiebel überformter Renaissancebau, rückwärtig Dreiecksgiebel mit gotischen Spitzbögen (Backstein)
Erste Erwähnung des Grundstücks 1305 (bis 1369 zusammen mit Nr. 83 mit zwei Häusern auf einem Grundstück bebaut). Größere bauliche Veränderungen wurden erst Mitte des 20. Jh. vorgenommen. Älte-

ste nachgewiesene und prägende Bebauung 1500 (Gotik/Renaissance).
(Dms. seit 1976: Äußeres)

87 Renaissance-Wohnhaus, aus der Zeit um 1600, im 19. Jh. mit Attika überformt, 1974 frei rekonstruiert. Rückwärtig Dreiecksgiebel (Backstein) und älterer Flügelanbau. Drei Blendrahmen über zwei Geschosse vertikal durch Lisenen gegliedert, links und rechts davon zwei spitzbogige Blendnischen, taustabprofiliertes Portal. Erste Erwähnung des Grundstücks 1301 (bebaut). Prägende Bebauung 1500 (Renaissance).
(Dms. seit 1976: Äußeres)

89 Klassizistisches Wohnhaus mit Putzfassade und Attikageschoß, erbaut unter einem Dach mit den Häusern „Bei St. Johannis" Nr. 38, 36 und 34.
Erste Erwähnung des Grundstücks 1298 (bebaut mit einem Eckhaus „in angulo"). 1323 Kornspeicher, ab 1447 Nutzung als

Brauhaus. 1489 gehörten zwei Buden zu dem Haus, 1587 Verkauf der Bude, 1591 wiederum Erwähnung des Hauses mit Bude auf dem Hof. 1893 Umbau, 1904 Zusammenlegung mit „Bei St. Johannis“ Nr. 38. Prägende Bebauung 1870-1890 (mit Stilelementen des Klassizismus).
(Dms. seit 1968: Äußeres)

100-102 Kleinhaus einer ehemaligen Renaissance-Anlage, im frühen 19. Jh. umgebaut. Vorderhaus klassizistische Putzfassade mit Dachgaube und Zwerchgiebel, abschließendes, mehrfach profiliertes Gesims. Im Inneren vollständig erhaltene klassizistische Treppenanlage mit profilierten Füllungen unter den Treppenwangen, Küche im EG mit Rauchfang, Wohnraum im ersten OG mit Stuckleisten und Wandtäfelung. Flügel und Querhaus.
Erste Erwähnung des Grundstücks 1305 (bebaut 1315). Gehörte 1411 bis 1494 zu Schlumacherstraße 3-7. 1797-1872 gehörte zu dem Haus der Willraths Gang. Älteste nachgewiesene Bebauung 1600-1650 (Renaissance), prägend 1750-1800 (Klassizismus).
(Dms. seit 1990: Äußeres der Hausanlage (Vorderhaus, Flügel, Quergebäude) einschließlich Fenster und Rahmungen, Dachstuhl des 15./16. Jh. einschließlich handgestrichener Ziegel des Vorderhauses sowie die Dachkonstruktion des Seitenflügels und des Querhauses. Im Inneren des Vorderhauses sämtliche Türen und Türrahmungen, Küche mit Rauchfang im EG, Wohnraum mit Stuck und Täfelung im ersten OG, klassizistische Treppenanlage vom EG bis zweiten OG. Im Seitenflügel Raumstruktur und Ausstattung. Im Quergebäude Tür-Fenster-Element im EG.)

Glockengießerstraße

1258 platea campanariorum, 1294 Klokkengeterstrate, 1410 Platea Campanistarum, 1413 Clokgelstrate, 1629 Klockengiser Straße, seit 1852 Glockengießerstraße bezeichnet.

1 Eckhaus mit halbem barockem Schweifgiebel. Einzigartiges Beispiel einer im Kern mittelalterlichen Eckbebauung.

Schlichte Putzfassade des 18. Jh., neuzeitlich überformt. Im Inneren Reste einer Bemalung an der Brandmauer, in die Brandmauer eingelassene Stiege im OG (Einstieg über eine Klappe in halber Wandhöhe).
Erste Erwähnung des Grundstücks (1303 bebaut). Teil einer Budenreihe, ehemals bestehend aus Glockengießerstraße 1-11, rückwärtige Bebauung des Hauses Königstraße 25; mit dem Haupthaus unter einem Dach. Veränderungen im 16. Jh., in der zweiten Hälfte 18. Jh. verputzt und mit Schweifgiebel versehen. Erst im 19. Jh. eigenständig erwähnt. In den 1970/80er Jahren EG-Fenster und Ladenfenster verändert. Älteste nachgewiesene Bebauung 1250-1275 (Gotik), prägend 1750-1799 (Renaissance/Barock).
(Dms. seit 1996: Gesamtes Gebäude)

2 Gotisches Traufenhaus mit Fassade aus dem 18. Jh., unmittelbar an den Nordchor der St. Katharinen-Kirche grenzend. Äußeres im ursprünglichen Zustand, vor allem das Rokokoportal und die Fenster im Zwerchhaus. Stichbogige Kreuzstockfenster im Erdgeschoß, noch mit vorindustriellem Glas ausgestattet. Im Inneren Diele mit Rokokostukkaturen und altem Treppenlauf.

Ehemals Dienstwohnung des Werkmeisters der Katharinen-Kirche. Älteste nachgewiesene Bebauung 1400-1500 (Gotik), prägend 1750-1774 (Barock)
(Dms. seit 1967/96: Gesamtes Gebäude)

4 Ehemaliges Attendorn- oder Katharinen-Konvent. Die Straßenfront wird bestimmt durch einen breiten, der Renaissance nachempfundenen Staffelgiebel von 1718 mit barocker Fensterrahmung aus Sandstein. Die rückwärtige Fassade bestimmt ein gotischer Dreiecksgiebel.

Älteste Erwähnung des Hauses 1300. Der Ratsherr Vollmer von Attendorn stiftete 1301 das Attendorn- oder Beginenkonvent (Elendshaus) bei St. Katharien. Nach der Reformation Wohnstift für Frauen, später für Witwen von Lehrern. Der vordere Giebel stürzte 1717 bei einem Sturm ein. Wiederaufbau als Staffelgiebel. Durchfahrt von 1978. Älteste Teile der Bebauung 1300-1400 (Gotik), prägend 1718 (Barock).
(Dms. seit 1967: Gesamtes Äußeres)

6 Im Kern gotisches Dielenhaus, an der Straßenfassade mit barock zum Volutenschweigiebel umgebauter Staffelgiebelfassade. An der rückwärtigen Fassade ist der gotische Dreiecksgiebel erhalten.
Erste Erwähnung des Grundstücks 1290. Von der mittelalterlichen Bebauung sind noch die Brandwände und der Rückgiebel mit Spitzbogenhochblenden erhalten. Veränderungen an der Vorderfront zwischen 1700 bis 1749. Dabei wurde das taustabumzogene Rundbogenportal freigelegt und mit einer Rokokotür versehen. 1864 Pensionat und höhere Töchterschule der Geschwister Plessing. Ein barocker Flügelanbau wurde 1911 beim Bau der Turnhalle des Katharineums abgerissen. Älteste nachgewiesene Bebauung 1400-1500 (Gotik), prägend 1700-1749 (Barock).
(Dms. seit 1967: Gesamtes Äußeres)

8 Frühklassizistisches Giebelhaus, Fassade ehemals geschlämmt, seit Umbau 1973 backsteinsichtig. Über dem Portal befindet sich das Wappen der Stifterfamilie, zwischen den Fenstern im zweiten OG eine Inschriftentafel mit umlaufenden Girlanden.
Erste Erwähnung des bebauten Grundstücks 1285. Gert von Oldesloe stiftete 1397 das Haus als Armenhaus. Die Familie seines Enkels Johann von Wicke (gestorben 1471) verwaltete die Stiftung als Wickedes Armenhaus seit 1471. Zwölf Frauen fanden Unterkunft. Seit 1973 Studentenwohnheim. Älteste nachgewiesene Bebauung 1300-1400 (Gotik), prägend 1783 (Frühklassizismus).
(Dms. seit 1967: Gesamtes Äußeres)

10 Spätbarockes Gartenhaus; von dieser Art sind nur wenige in der Lübecker Innenstadt als Beispiel für gehobenen bürgerlichen Baustil im 18. Jh. erhalten. Die das Grundstück abschließende mittelalterliche Glintmauer wurde in das Gartenhaus miteinbezogen. Älteste nachgewiesene Bebauung 1300-1400 (Gotik), prägend 1750-1799 (Barock).
(Dms. seit 1996: Gesamtes Gebäude)

12 Renaissance-Haus mit auffallend großem gestaffelten Zwerchhaus. Als Dielenhaus gebaut und äußerlich noch weitgehend im Zustand von 1555. Im rundbogigen Portal befindet sich eine Rokokotür, flankiert von Dornsen- und Dielenfenstern.
Erste Erwähnung des Grundstücks 1304 (bebaut). Langer Leerstand, in den Regesten wird das Haus erwähnt als „eyn hus und is nu eyne wüste stede in der Klockengeterstrate". Neubau 1555. Älteste nachweisbare Bebauung Gotik, prägend 1555 (Renaissance).
(Dms. seit 1967: Gesamtes Äußeres, besonders Fassade zur Glockengießerstraße)

18 Bürgerhaus mit schlichter klassizistischer Putzfassade (19. Jh.), Backstein-Flügelanbau (17. Jh.).
Erste Erwähnung des bebauten Grundstücks 1297. Testamentarisch an die Marienkirche, das Heiligen-Geist-Hospital, das Burgkloster und das St.-Katharinenkloster vermacht. 1353 an einen Brauer verkauft. 1512 als Rotbrauhaus genutzt.

Aus dieser Zeit stammt der Renaissance-Seitenflügel, dessen prägende Bauteile mit Hochblend-Fassaden 1525-1574 datieren. Das Vorderhaus wurde seit 1850 als 1. Kleinkinderschule der Gemeinnützigen Gesellschaft genutzt und ist seit 1922 städtischer Kindergarten. Die prägende Bebauung datiert 1800-1824 (Klassizismus). (Dms. seit 1980: Gesamtes Äußeres und gesamter Flügelanbau)

20 Ehemaliges Renaissance-Dielenhaus, dessen Fassade im 18. Jh. überformt wurde zur heutigen schlichten abgeschweiften Putzfassade.

Erste Erwähnung des bebauten Grundstücks 1290. Seit 1553 wurde das Gebäude als Brauhaus genutzt. In dem Haus stand die berühmte „Strucksche Diele" von 1736, die sich heute im St.-Annen-Museum befindet. Älteste nachgewiesene Bebauung 1590-1610, prägend 1700-1749 (Barock).
(Dms. seit 1967: Gesamtes Äußeres, insbesondere Fassade)

22 Im Kern gotisches Dielenhaus mit Renaissanceflügel, Straßenfassade Renaissance (EG und 1. OG im 19. Jh. verändert), rückwärtiger Giebel gotisch mit aufsteigenden Spitzbogenblenden. Die vorindustrielle Verglasung ist zum größten Teil noch erhalten. Seitenflügel aus der Umbauzeit.
Erste Erwähnung des bebauten Grundstücks 1290. Seit 1553 als Brauhaus genutzt. Älteste nachgewiesene Bebauung 1300-1400 (Gotik), prägende Bebauung der rückwärtigen Fassade mit Dreiecksgiebel im Stil der Gotik 1300-1400, der Straßenfassade mit steigenden rundbogigen Blendbögen im Stil der Renaissance 1550-1599.

(Dms. seit 1967: Gesamtes Äußeres, insbesondere Fassade zur Glockengießerstraße).

23-27, Füchtingshof Stiftungshof mit Wohnungen für Witwen, errichtet 1639. Geschlämmte Backsteinfassade des Frühbarock, dominiert durch ein reich verziertes Sandsteinportal mit Supraporte, Knorpelwerkornamentik über dem mittleren Torbogen, zudem mit einer Messing-Inschriftentafel von 1645, eine Kartusche mit Allegorie „Caritas“ sowie dem Wappen des Stifters Füchting. Zwei Zwerchhäuser mit Staffelgiebel. Kreuzstock-Blockzargenfenster aus der Erbauungszeit.
Im Hof Wohngebäude 2-9 ebenfalls mit geschlämmter Backsteinfassade, jeweils spiegelbildlich in Grundriß und Fassade gestaltet. Neben rundbogigem Fasensteinportal jeweils ein schmales Dielenfenster, daneben ein breites Dornsenfenster (mit Läden). Fenster im EG unter rundbogigem Sturzbogen, im ersten OG unter Traufbohle. Kreuzstock-Blockzargenfenster aus der Erbauungszeit. Formsteingesims als Trennung der Geschosse.

Vorsteherhaus mit geschlämmter Backsteinfassade, im EG Arkadendurchgang zum Hof. Geschosse von Formsteingesimsen getrennt, ein hölzernes, profiliertes Traufgesims schließt die Fassade ab. Im OG ursprüngliche Kreuzstock-Blockzargenfenster aus dem 17. Jh. erhalten, sie sind bleiverglast und gehören zu den ältesten Fenstern aus vorindustrieller Zeit in Lübeck. Hölzerne Türen aus dem 19. Jh. Rechts überdachter Treppenaufgang. Im Inneren Vorsteherzimmer von 1653 mit einer der wertvollsten Ausstattungen des 17. Jh. in Lübeck: Fliesenboden, wechselnd in Rot und Grün, Vertäfelung, Lüneburger Fayence-Ofen, Sitzbank unter den Fenstern, Tische und Stühle, eisenbeschlagene Truhe, Porträts des Stifters und seiner Ehefrau, Wappen der Vorsteher.
Klassizistisches Hintergebäude, Kreuzstock-Blockzargenfenster, Haustür aus dem 19. Jh. mit Oberlicht.
Erste Erwähnung des Grundstücks 1320 (bebaut). Nr. 19-23 zusammengehörig, ab 1449 eigenständige Erwähnung des Grundstücks Nr. 23. Nr. 25-27 erstmals 1318 zusammen erwähnt, ab 1363 bebaut mit einem Doppelhaus, ab 1541 beide Häuser eigenständige Liegenschaften. Zu Beginn des 17. Jh. kaufte der Ratsherr Johann Füchting diese Liegenschaften zusammen mit den rückwärtigen Grundstükken Glockengießerstraße 29 und 31. In seinem Testament verfügte er den Bau einer Stiftungsanlage mit Wohnungen für die Witwen von Kaufleuten und Schiffern. Bau der Anlage 1637-1639 nach Plänen des Baumeisters Andreas Jeger. Zwei Wohnungen hinter dem Vorsteherhaus 1797 geräumt, 1897 verkauft. Hintergebäude 11-16 1797-1798 neu errichtet, Nr. 17/18 wegen Baufälligkeit 1743 ebenfalls umgebaut. Giebel des Vorderhauses 1839 abgetragen, seitdem glatter Gesimsabschluß. Fassade 1897 abgestemmt und neu verblendet (maschinengefertigte Ziegel).

1975 saniert, Nutzung als Altenwohnungen. Älteste nachgewiesene und prägende Bebauung 1639 (Barock).
(Dms. seit 1967: Gesamte Anlage des Stiftungshofes sowie auf das Vorsteherzimmer mit seiner Ausstattung)

24 Im 18. Jh. klassizistisch verändertes ehemaliges Renaissance-Dielenhaus. Unverändert blieb an der Straßenseite ein Zwischengeschoß, die Diele samt Einbauten und die hohen Fenster der Rückfront. Breite, zweiflügelige Tür im Zopfstil. In der rückwärtigen Fassade sind noch die originalen Fensterbänder und Beschläge erhalten.

Erste Erwähnung des bebauten Grundstücks 1304. Älteste nachweisbare Bebauung 1550-1600 (Renaissance), prägend 1790-1810 (Klassizismus). In dieser Zeit wurde der Giebel verändert und mit dreieckigem Giebelkopf versehen.
(Dms. seit 1965: Fassade und Haustür)

26 Renaissance-Dielenhaus mit Seitenflügel. Fassade auch im unteren Teil noch mit rundbogigem profilierten Portal erhalten. Über dem Portal Wappen mit Hausmarke und Jahreszahl 1572 (in jenem Jahr war der Brauer Detlef Oldemann Eigentümer). Backsteinfassade mit eingezogenem Zwischengeschoß, Rundbogenblenden und stichbogige Luken, Dornsen- und Dielenfenster erhalten.
Erste Erwähnung des bebauten Grundstücks 1307, seit 1484 als Brauhaus belegt. Älteste nachweisbare Bebauung 1300-1400 (Gotik), prägend 1572 (Renaissance).

(Dms. seit 1967: Gesamtes Äußeres, insbesondere Fassade)

28 Renaissance-Bürgerhaus mit Backsteinfassade (Staffelgiebel) zur Straße, Fachwerk als rückwärtige Fassade (Drei-

ecksgiebel, Flügelanbau mit einstmals schmuckreicher Fassade zum Hof hin – in dieser Kombination ist das Haus einzigartig in Lübeck.
Erste Erwähnung des Grundstücks 1304. Erdgeschoß im 19. Jh. verändert. Ein Anbau an den hofseitigen Flügel datiert von 1700-1750. Hervorzuheben ist der einzige erhaltene barocke Schmuckgiebel an einem Seitenflügel in Lübeck (mit Blockzargenfenster des 18. Jh.). Seit dem 16. Jh. bis 1879 als Branntweinbrennerhaus genutzt, dann als Schankwirtschaft. Älteste nach-

gewiesene Bauteile und prägende Bebauung von 1600-1649 (Renaissance/Barock). (Dms. seit 1967: Gesamtes Äußeres, insbesondere Fassade)

29 Wohnhaus mit Renaissance-Treppengiebel, backsteinsichtig. Giebel durch flachbogige Fasenstein-Luken und Blendenreihen gegliedert. Fenster im zweiten OG in hohen Fasensteinblenden, Rundbogen über den tiefergelegten Fenstern verputzt. EG und erstes OG verputzt, das Renaissanceportal aus Fasensteinen blieb teilweise sichtbar. Im EG neuzeitlich verändert.
Erste Erwähnung des Grundstücks 1293 (bebaut). Neu errichtetes Dielenhaus im 16. Jh. 1639 mit dem Bau des Füchtingshofes wurde der Seitenflügel abgerissen, der hintere Teil des Grundstücks kam an den Füchtingshof. 1814 Brenn- und Brauhaus, Wirtshaus. Erste Hälfte 19. Jh. EG und erstes OG verändert. 1895 Einbau eines Ladens. Älteste nachgewiesene Bebauung 1300-1400 (Gotik), prägend 1590-1610 (Renaissance/Klassizismus).

(Dms. seit 1967: Äußeres, insbesondere Straßenfassade)

31 Wohnhaus mit Renaissance-Treppengiebel, backsteinsichtig. Giebel durch flachbogige Fasenstein-Luken- und Blendenreihen gegliedert. Hohes, teilweise zweigeteiltes Dielengeschoß. Hohes, gestuftes Fasensteinportal mit Rokoko-Haustür mit Oberlicht, darüber ein gesproßtes neues Oberlicht. Fenster im EG und erstem OG in Fasensteinblendbögen, Luken im ersten und zweiten DG in Viertelstabsteinblenden.

Erste Erwähnung des Grundstücks 1293 (bebaut). 1768 Haus eines Schreiblehrers. Im 19. Jh. in beiden unteren Geschossen umgebaut. 1980 saniert und altes Erscheinungsbild wiederhergestellt. Älteste nachgewiesene Bebauung 1300-1400 (Gotik), prägend 1590-1610 (Renaissance).
(Dms. seit 1967: Äußeres, insbesondere Straßenfassade)

33 Klassizistische Putzfassade vor einem Renaissance-Giebelhaus mit Seitenflügel. Große Durchfahrt. EG mit Putzquadern, erstes und zweites OG mit Putznutung. Fenster im ersten OG in Putzfaschen mit Verdachung über einem Brüstungsfeld, von einem Mäanderband abgeschlossen. Kräftiges Dachgesims. Blockzargenfenster um 1850. Rückwärtige Fassade und Giebel des Seitenflügels 16. Jh. Im EG des Seitenflügels Wandmalerei des 14. Jh.: Oberhalb eines Schriftbandes drei Szenen aus der Passionsgeschichte (Judaskuß, Geißelung Christi, Dornenkrönung).
Erste Erwähnung des Grundstücks 1293 (bebaut 1304). 1544 Nutzung als Brauhaus (1801 Verkauf des Brauhauses). 1843 klassizistischer Umbau. 1897 kaufte die Stadt die Grundstücke Glockengießerstraße 33-37, riß Teile der Bauten ab und errichtete auf dem hinteren Teil der Liegenschaft eine Knaben-Mittelschule (Berend-Schrödersche Schule, später Emanuel-Geibel-Schule). In diesem Zusammenhang entstand die Durchfahrt durch Nr. 33. Älteste nachgewiesene Bebauung 1300-1400 (Gotik), prägend 1843 (Klassizismus).
(Dms. seit 1967: Straßenfassade und auf das gotische Wandgemälde im EG des Flügelbaus)

35 Dielenhaus mit Renaissance-Treppengiebel, backsteinsichtig, durch Fasensteinhochblenden und Luken gegliedert. Tür in einem abgestuften Portal durch Taustabprofilierung (im oberen Teil erhalten) und ein Bogengesims auf Kopfkonsolen betont.
Erste Erwähnung des Grundstücks 1294 (bebaut 1354). 1543 ein Brauhaus (bis zum Ende 19. Jh.). 1898 von der Stadt gekauft

und mit den Grundstücken Nr. 33 und 37 zusammengelegt, Errichtung einer Knaben-Mittelschule (Berend-Schrödersche Schule, später Emanuel-Geibel-Schule). Nutzung als Turnhalle. Älteste nachgewiesene Bebauung 1300-1400 (Gotik), prägend 1550-1599 (Renaissance).
(Dms. seit 1967: Straßenfassade)

36 Wohnhaus mit spätklassizistischer Putzfassade, durch Gesimse klar gegliedert; vollständig erhalten, einschließlich der Fenster.
Erste Erwähnung des Grundstücks 1294 (bebaut 1310). Im Kern stammt das Gebäude aus der Zeit 1600-1650. Ab 1544 als Brauhaus genutzt, später Zuckersiederei. Ab 1846 Betrieb einer Öldampf. Sie brannte am 29. August 1853 nieder, als im Nachbarhaus ein Feuer ausbrach. Wiederaufbau (unter Verwendung erhaltener Teile) mit klassizistischer Fassade 1854. Rückwärtige Fassade blieb mit schlichtem Dreiecksgiebel unverputzt.
(Dms. seit 1986: Gesamtes Gebäude)

39, Illhorns Armenhaus Vorderhaus mit spätgotischem Dreiecksgiebel, ehemalige Lukenanordnung durch Fenster zerstört. OG und DG durch spitzbogige Hochblenden gegliedert, die mittlere durch Voll-, die anderen aus Fasensteinen. EG verputzt. Rückwärtiger Giebel entspricht

dem vorderen. Fenster und Haustür 19. Jh. Hintergebäude als langgestrecktes Fachwerkhaus mit vorkragendem OG.
Erste Erwähnung des Grundstücks 1304 (bebaut). Durch den Nowgorodfahrer Johann Illhorn 1449 als Armen- und Elendshaus eingerichtet mit Wohnungen für mittellose Frauen. Später unter dem Patronat der Familie Castorp. EG 1850 verändert. 1975 saniert, dabei die Wohnungen vergrößert. Älteste nachgewiesene Bebauung 1300-1400 (Gotik), prägend 1450-1475 (Gotik).
(Dms. seit 1967: Äußeres von Vorder- und Hinterhaus)

40 Bürgerhaus mit klassizistischer Putzfassade, seit dem 16. Jh. Vorderhaus des Bäckerganges. Erste Erwähnung des Grundstücks 1294, mit Haus 1311, erste Erwähnung eines Hauses mit Gang 1531. Im Kern Renaissance-Dielenhaus mit ältester nachgewiesener Bebauung 1550-1599. Prägende Bebauung 1800 - 1832. Die schlichte klassizistische Fassade mit Zwerchhaus stammt von 1800, ebenfalls die Aufteilung der hohen Diele und Dornse. Rückwärtig unverputzte schlichte Dreiecksfassade.
(Dms. seit 1978: Gesamtes Äußeres und erhaltenswerte Teile im Innern)

41-43, Glandorps Gang Aus einer eingeschossigen Budenreihe unter einem Dach bestehender Armengang, teilweise an die Gebäude Glandorps Hof anlehnend. Vorderhaus im Stil des Historismus mit geschlämmter Backsteinfassade, mittiges Zwerchhaus mit Treppengiebel und stichbogigen Kreuzstock-Blockzargenfenstern. Über dem linken Eingangstor Wappen des Stifters in Knorpelwerksrahmung von 1640. Fassade mit Zahnschnittfries abschließend. Budenreihe mit teilweise rechteckigen, teilweise rundbogigen Eingangstüren, Türen und Dornsenfenster in spiegelbildlicher Anordnung.
Erste Erwähnung des Grundstücks 1304 (bebaut). 1531 erstmals als Gang benannt:

Traufenhaus an der Straße, Budenreihe auf dem Hof. 1612 gleichzeitige Errichtung des Glandorps Ganges und des Glandorps Hofes (Glockengießerstraße 45-53) durch eine Stiftung des Kaufmanns und Ratsherren Johann Glandorp; Wohnstift für Witwen. Vorderhaus mit Durchgang zum Gang wegen Baufälligkeit 1887 neu errichtet, zwei Wohnungen an die Budenreihe angefügt. 1975-77 saniert, dabei wurden die Häuser der westlichen Hofbebauung mit denen des Glandorps Ganges zusammengefaßt. Es entstanden 30 Wohnungen (22 Alten-, sieben Sozial-, und eine Behindertenwohnung). Älteste nachgewiesene Bebauung 1300-1400 (Gotik), Vorderhaus prägend 1887 (Historismus); Budenreihe prägend 1612 (Renaissance). (Dms. seit 1967: Äußeres der Budenreihe sowie auf das Stifterwappen über dem Zugang zum Vorderhaus)

42 Barockes Dielenhaus mit abgeschweifter Putzfassade des 18. Jh. Gemeinsam mit dem Eckhaus Tünkenhagen als seitlichem Ableger zum Haupthaus bilden die beiden Häuser, die sich im gleichen Besitz befanden, eine in Lübeck seltene Ecksituation. In der Fassade sind noch die ursprünglichen Rokokoelemente mit mittigem Portal erkennbar. Rokoko-Haustür mit Oberlicht. Barocker Seitenflügel aus der Zeit 1775-1799.
Erste Erwähnung des Grundstücks 1294. Seit 1313 bis in die Gegenwart Backhaus, die Diele wird als Backstube genutzt. Die Aufzugsanlage mit Windenrad und durchgehenden Luken ist wieder in Betrieb genommen, im Dachraum wird Getreide gelagert. Älteste nachweisbare Bebauung des im Kern gotischen Hauses 1300-1400, prägend 1725-1775 (Barock).
(Dms. seit 1967: Gesamtes Äußeres, insbesondere Fassade und Haustür)

44 Wohnhaus der Renaissance (ehemals Dielenhaus mit hohem OG und hohem Speicherboden, im 18. Jh. mit barockem abgeschweiften Volutengiebel verändert. Mit Flügel und Querhaus, von der Querstraße durch eine Mauer getrennt. Die Gebäude gruppieren sich um einen offenen Hof. Rückwärtig verputzte Dreiecksgiebelfassade mit zwei Fasensteinlukenreihen. In den OG Kreuzstock-Blockzargenfenster zum Teil noch mit original erhaltenen Beschlägen, teilweise vorindustrielles Glas. Im EG verändert, der ehe-

mals mittige Eingang wurde dabei zugemauert, Schaufenster eingesetzt.
Erste Erwähnung des Grundstücks 1301 (bebaut). Ab 16. Jh. als Brauhaus genutzt. Letzter Eintrag als Brauer 1841. 1960 Erteilung der Schankerlaubnis. Älteste nachgewiesene Bebauung 1290-1310 (Gotik), prägend 1700-1775 (Barock)
(Dms. seit 1967: Äußeres)

45-53, Glandorps Hof Stiftungshof für Kaufmannswitwen. Vorderhaus der Renaissance mit zwei großen Zwerchhäusern (Staffelgiebel). In der Mitte ein korbbogiges Eingangstor zum Hof. Links und rechts davon jeweils eine Eingangstür im Rundportal, zwei weitere Türen in runden Fasensteinportalen an der linken und rechten Außenfassade. Über dem Tor ein Sandsteinbogen auf Konsolen, darüber eine Inschriftentafel und ein Wappen des Stifters in epitaphförmiger Umrahmung aus Sandstein (Übersetzung des in Lateinisch verfaßten Textes: Zu Ehrn Gott, merckt lieber Christ/Dis Werk nützlich gestiftet is./Aus milter Hand, darin gewonen/Ehrlichen standts, Arme Matronen/ Zwar ohne Gunst geschenct, und gaben/ Nur das sie guten Nemen haben/Und ist das Stifftes will hieneben/Das kunfftig die

Verwalter eben/Den Zorn und ungnadt Gottes zumeidten/ Hierüber halten zu Ewigen Zeiten). EG und erstes OG durch Formsteingesims vom zweiten OG getrennt. Fenster im zweiten OG in Fasensteinblenden, im Giebel Holzluken in Fasensteinöffnungen. Im Hof einheitliche zweigeschossige Bebauung unter einem Dach mit Zwerchgiebeln. Über den Türen zum Teil Wappen des Stifters und seiner Frau mit Jahreszahl 1609.
Erste Erwähnung des Grundstücks 1298 (bebaut, ein Haus auf dem Grundstück 45-49 seit 1299). Gesamte Liegenschaft 1612 aus dem Mitteln der Stiftung des Kaufmanns und Ratsherren Johann Glandorp gekauft, um den Glandorps Hof zu bauen. Im Vorderhaus mußte Miete gezahlt werden, die beiden Hofgebäude waren mietfrei. 1625 mit dem Glandorps Gang verbunden. Häuserreihe des Hofes 1872-1873 im Inneren erneuert. 1975-1977 saniert, dabei Budenreihe des Glandorps Ganges mit der westlichen Hofbebauung zusammengelegt, es entstanden 30 Wohnungen (22 Alten-, sieben Sozial- und eine Behindertenwohnung). Älteste nachgewiesene Bebauung 1300-1400 (Gotik), prägend 1612 (Renaissance).
(Dms. seit 1967: Gesamte Anlage des Hofes und das Vorderhaus)

46 Wohnhaus mit Renaissance-Treppengiebel, Fasenstein-Hochblendengliederung. Über dem zweiten OG über einem Gurtgesims ansetzend. In den Putz geritzte Fensterrahmungen und Verdachungen sowie Putznutungen des EG, original Hauseingangstür des 19. Jh. Mit Flügelbau.
Erste Erwähnung des Grundstücks 1299 (bebaut). Seit dem 16. Jh. als Brauhaus genutzt. Errichtet als Dielenhaus mit OG und dreibödigem Speicherdach. 1867 dreigeschossig umgebaut und neu ausgestattet: Fassade verputzt und mit unversproßten Kreuzstock-Blockzargenfenstern versehen, EG genutet, Einbau der schmiedeeisernen Haustür. 1996 saniert. Älteste

nachgewiesene Bebauung 1290-1310 (Gotik), prägend 1550 (Renaissance)
(Dms. seit 1966: Äußeres)

48 Spätgotisches Giebelhaus mit Seitenflügel, Vordergiebel neugotisch überformt. Treppengiebel mit spitzbogigen Hochblenden, im 19. Jh. versehen mit Maßwerkschmuck in Rundpässen in den Hochblenden, abgetreppte Blendluken, Weinlaub-Ornamentik als Fries über dem EG sowie Weinlaub-Lisenenkapitelle.
Erste Erwähnung des Grundstücks 1305, zugehörig zum Grundstück Nr. 48-45. 1332

Teilung des Großgrundstücks. Bau des Hauses um 1500. Von 15. bis ins 19. Jh. als Brauhaus genutzt, der Bierkeller lag im Flügel. Dreigeschossiger Umbau in der zweiten Hälfte 19. Jh. 1996-1997 Umbau zu einer Mietwohnanlage der „Gemeinnützigen". Älteste nachgewiesene Bebauung 1500-1524 (Spätgotik), prägend 1850-1875 (Neugotik).
(Dms. seit 1989: Gesamtes Gebäude)

50 Neoklassizistisch überformtes Haus der Renaissance mit Attika-Fassade. Gegliedert durch genutetes EG, profilierte Brüstungs- und Geschoßgesims, profiliertes Fensterfaschen und -verdachungen, als Abschluß ein vorkragendes, profiliertes Konsolgesims. Niedriger Durchgang zum Torweg mit einem Kriechgang darüber. Blockzargenfenster des 19. Jh. original mit ungesproßten Flügeln auf Stützkloben. Im Inneren Brandwände der Renaissance mit Nischen; Raumstruktur und Bauausstat-

tung des 19. Jh. weitgehend erhalten (Treppenhaus, Türen, teilweise Deckenstuck, Wandpaneele); Wandbespannung im Flügelbau; im Raum über dem Durchgang zu Schwolls Torweg bemalte Paneele (figürliche Darstellungen) aus dem 17. Jh.

und teilweise Raumausstattung aus dem der Jh.
1996 saniert. Älteste nachgewiesene Bebauung 1300-1400 (Gotik), prägend 1870-1899 (Spätklassizismus).
(Dms. seit 1993: Gesamtes Gebäude)

55 Klassizistisch überformtes Dielenhaus. Putzfassade, im EG hohes zweigeteiltes Dielengeschoß; Fenster im OG über einem Gesims; Abschluß der Fassade durch ein breites Frontispiz. Klassizistische Haustür mit Oberlicht (Verglasung original aus vorindustrieller Zeit) über einem Kämpfer mit Zahnschnittfries. Im Inneren Diele mit barocker Dielensäule, klassizistische Treppe und Galerie mit verstäbter Brüstung.
Erste Erwähnung des Grundstücks 1298 (bebaut). Seit dem 16. Jh. Braugerechtigkeit (ebenso Nr. 57-63) bis ins 19. Jh. Durchgreifender Umbau des Renaissance-Hauses um 1800 mit Errichtung der Fassade und Überformung des vorderen Teiles des Seitenflügels. Zweiter Seitenflügel 1850-1875 gebaut. 1983 saniert. Älteste nachgewiesene Bebauung 1300-1400 (Gotik), prägend 1790-1810 (Klassizismus).
(Dms. seit 1977: Gesamtes Gebäude)

57 Klassizistische Putzfassade mit Attika, vor ein Renaissance-Haus gesetzt. Fenster im ersten OG in Putzfaschen, verdacht. Im Inneren alter Treppenteil mit Stabwerksbrüstung.

Erste Erwähnung des Grundstücks 1310 (bebaut). Seit 1495 Brauerei belegt (bis ins 19. Jh.). Brand des Nachbarhauses 1853, dabei wurde auch Nr. 57 beschädigt, anschließend klassizistisch umgebaut. 1866-1891 Sitz des Spar- und Vorschußvereins. 1983 saniert. Älteste nachgewiesene Bebauung 1300-1400 (Gotik), prägend 1853 (Klassizismus).
(Dms. seit 1984: Äußeres und erhaltenswerte ältere Teile im Inneren (Treppe, Türen))

62 Klassizistische Putzfassade mit Mezzanin, 1874 durch den Architekten Satori überformt. Verzierung der Fassade durch

Fensterrahmungen und Verdachungen sowie Gurtgesimse und Attikaabschluß. Originale kassettierte Tür mit Oberlicht von 1874. Blockzargenfenster original erhalten.
Erste Erwähnung des Grundstücks 1306 (bebaut). 1541 im Besitz der Marienkirche, Abriß der verfallenen Vorgängerbauten, 1543 Neubau zweier Traufenhäuser und des nicht mehr erhaltenen Nötings Gang (letzte Bude 1976 abgerissen); 1583 Verkauf. 1813 Verkauf „Im Namen S. M. des Kaisers und Königs Napoleon". Umbau des Vorderhauses im späten 19. Jh. 1990 zweiter Flügel angerissen, 1991 erster Flügel saniert. Älteste nachgewiesene Bebauung 1550-1599 (Renaissance), prägend 1874 (Spätklassizismus).
(Dms. seit 1992: Gesamtes Vorderhaus mit Flügel)

69-71 Doppelhaus mit klassizistischer Putzfassade, in zwei selbständige Einheiten geteilt. Mittiges Zwerchhaus mit dreiecksbekröntem Giebel, Gebäude im Kern älter. Im Inneren von Nr. 69 Dielenrest mit geputzter, schlicht stuckierter Decke, alter Treppenlauf mit beschnitzten Pfosten und Rest eines kleinen Saales im EG des Flügels.

Erste Erwähnung des Grundstücks 1297 (bebaut). Jetzige Bebauung bis ins 14. Jh. reichend. 1402 in zwei selbständige Hälften geteilt. Im 18. Jh. überformt. Älteste nachgewiesene Bebauung 1375 (Gotik), prägend 1790-1810 (Klassizismus).
(Dms. seit 1977: Gesamtes Gebäude)

72 Teil eines Renaissance-Doppelhauses (Nr. 68/72), um 1600 als Gangvorderhaus

gebaut (der mittig zum ehemaligen Graths-Gang führende Fasenstein-Zugang ist heute geschlossen). Vorderfassade mit kleinem, gestaffelten Zwerchhaus, Fasenstein-Fensterblenden und Fasenstein-Portal gegliedert.
Erste Erwähnung des (Doppel-)Grundstücks 1293 (bebaut). Bis ins 18. Jh. im gemeinsamen Eigentum. Im 19. Jh. mehrere Jahre unbewohnt. 1972 Abbruch der Ganghäuser. 1982 Brand, 1991 Wiederaufbau mit Renaissance-Fassade und moderner Rückfassade. Älteste nachgewiesene Bebauung 1300-1349 (Gotik), prägend 1575-1600 (Renaissance).
(Dms. seit 1967: Äußeres, insbesondere Fassade zur Glockengießerstraße)

73 Klassizistische Putzfassade mit rechteckigem Giebelaufsatz über breitem Abschlußgesims. Rückwärtige Fassade in Backstein mit dreieckigem Giebel, durch Luken gegliedert. Beschnitzte klassizistische Haustür, Oberlicht mit vorindustriellem Glas.
Erste Erwähnung des Grundstücks 1323 (bebaut). 1446 ein Haus mit 13 Buden, 1561 neun Buden. Der lange Flügelbau ist vermutlich Rest der ehemaligen Budenbebauung. 1855 Haus eines Grütz- und Mehlhändlers. 1952 Verleih von Kinderrollern. Älteste nachgewiesene Bebauung 1300-1324 (Gotik), prägend 1775-1799 (Klassizismus).
(Dms. seit 1978: Gesamtes Gebäude)

74 Klassizistisches Traufenhaus mit hohem EG (dreigeteilt in Dornsenfenster, Portal und Dielenfenster). Breites Zwerchhaus mit flachem Frontispitz. Vorderfassade im frühen 19. Jh. überformt. Original Blockzargenfenster im Zwerchhaus mit breitem Mittelpfosten und klassizistischen Beschlägen. Tür original frühes 19. Jh. mit Rautenversprossung, teilweise vorindustrielles Glas.
Erste Erwähnung des Grundstücks 1284 (bebaut). Gehörte bis ins 18. Jh. zum großen Eckgrundstück Glockengießerstraße 74-78/Wakenitzmauer 156-162, bebaut mit einer Badestube und zwei Buden an der Glockengießerstraße sowie mehreren Buden an der Wakenitzmauer. 1971 Hinterhaus abgebrochen. 1978 einsturzgefährdetes Haus saniert, Flügel neu erbaut. Alteste nachgewiesene Bebauung 1550-1550 (Gotik), prägend 1800-1825 (Klassizismus).
(Dms. seit 1979: Äußeres)

75 Teil eines spätmittelalterlichen Doppelhauses mit klassizistischer Vorderfassade samt Zwerchhaus (Im EG Fenster und Haustür aus der Zeit des Umbaues). Rückwärtig noch ursprüngliche Fachwerkkonstruktion, Fußbretter mit Ornamentschnitzereien. Im 16. Jh. angesetzter Flügel mit Kriechkeller und Wohnsaal. Im Inneren Esse aus dem 16. Jh. in der Diele. Einbauten aus der Umbauzeit um 1800: Vorderdornse mit verglastem Kücheneinbau; Treppenanlage mit kleiner Galerie mit ovalen Brüstungsöffnungen, Türblätter und -rahmungen. Im Saal des Flügels Reste von Wandmalerei, 16. Jh.

Erste Erwähnung des Grundstücks 1322 (bebaut). Ursprünglich Großgrundstück Glockengießerstraße 75-81. 1542 „wüste stede", anschließend neu bebaut. In dieser Zeit entstand das Doppelhaus 75/79. Dazu gehörte ein großer Gang mit 17 Buden. Überförmung der vorderen Front nach 1800, Trennung des Besitzes 1862. Älteste nachgewiesene Bebauung 1300-1324 (Gotik), prägend 1790-1810 (Klassizismus/Gotik).
(Dms. seit 1992: Gesamtes Gebäude, mit seiner Bauausstattung um 1800, den Resten der Wandmalerei und der Esse einschließlich des Durchgangs)

87 Verputzte Renaissance-Fassade, darüber backsteinsichtiger Dreiecksgiebel mit Staffelschultern und getreppter Firstzinne, Fenster in flachbogigen Fasensteinöffnungen.

Erste Erwähnung des Grundstücks 1302 (bebaut). 1571 bis 1913 Brauhaus. 1937 Umbau zum Mietshaus, dabei Verputzung der Fassade. Älteste nachgewiesene Bebauung 1300-1349 (Gotik), prägend 1550-1599 (Renaissance).
(Dms. seit 1976: Äußeres, insbesondere Straßenfassade)

91-95 Doppelhaus der Renaissance mit getrepptem Zwerchgiebel. In der Mitte Durchgang zum ehemaligen Warncke Gang. Dornsenfenster verkleinert. Nr. 95 mit klassizistischer Haustür.
Erste Erwähnung des Grundstücks 1302 (bebaut). 1460 erstmals ein Gang erwähnt, Riesebergs Gang, später Warnckes Gang. Ganghäuser 1955-1956 abgerissen, im Hof

blieb der klassizistische Flügel von Nr. 95 erhalten. 1976 saniert. Älteste nachgewiesene Bebauung 1300-1349 (Gotik), prägend 1700-1749 (Renaissance).
(Dms. seit 1967: Äußeres)

Große Altefähre

1283 Antiquum Vere (nach einer über die Trave führenden Fähre, die eingestellt wurde, als die Burg zerstört wurde), 1289 Oldenvere, 1306 Apud Oldenvere, 1372 Oldenvere major, 1478 Grote Oldenvere, 1608 Grote olde Fähr, 1791 Große Altenfährde, seit 1852 Große Altefähre.

6 Klassizistische Putzfassade, Zwerchhaus mit flachem Giebel, EG mit Bänderputz; profilierte Gurt- und Sohlbankgesimse, Fenster und Türfaschen, unterhalb der OG-Fenster schlichte kassetierte Brüstungsfelder. Klassizistische Haustür mit senkrecht geproßtem Oberlicht.
Keine frühe eigenständige Erwähnung des Grundstücks, es gehörte mit Nr. 8 zum Crusen-Convent (Kleine Burgstraße 8), gestiftet von Johann Cruse (1260), Stiftung für alleinstehende Frauen. Im 18. Jh. mit dem Krahnen-Convent vereinigt. 1797 neu erbaut. Bewohner im 19. Jh.: Schiffer, Steuermann, Krämer, Maschinist, Zollcasirer. 1980 saniert. Älteste nachgewiesene und prägende Bebauung 1797 (Klassizismus).
(Dms. seit 1967: Äußeres, insbesondere Straßenfassade)

8 Klassizistische Putzfassade mit hohem getrepptem Attikagesims, in dem sich eine Putzkartusche befindet; Gurt- und Traufgesimse, Sohlbänke sowie Fensterfaschen, durchgehend überdacht, in den Brüstungsfeldern Putzkartuschen mit Kreisemblemen; im EG Bänderputz.
Keine frühe eigenständige Erwähnung des Grundstücks, es gehörte mit Nr. 6 zum Crusen-Convent (Kleine Burgstraße 8), gestiftet von Johann Cruse (1260), Stiftung für alleinstehende Frauen. Im 18. Jh. mit dem Krahnen-Convent vereinigt. 1797 neu erbaut. Bewohner im 19. Jh.: Schiffer.

1992 saniert. Älteste nachgewiesene und prägende Bebauung 1797 (Klassizismus). (Dms. seit 1967: Äußeres, insbesondere Straßenfassade)

31 Dielenhaus mit ehemaligem Renaissance-Treppengiebel, im Spätbarock durch Schweifgiebel mit Dreiecksbekrönung ersetzt; fünf rundbogige Hochblenden mit gefaster Laibung, gestufte Portalrahmung mit Taustab der Renaissance. Reich beschnitzte klassizistische Haustür (Blumenrosetten) mit Oberlicht (seltene Anordnung des Sprossenwerks, zusammengesetzt aus aneinandergereihten Kreisen). Im Inneren Diele mit Rokoko-Treppenlauf.
Erste Erwähnung des Grundstücks 1318 (bebaut). Bewohner im 19. Jh.: Schiffer, Schiffsclarirer, Mithkutscher. 1975 Vorderhaus vollkommen entkernt, Einbau von 14 Studentenappartements. Älteste nachgewiesene Bebauung 1300-1399 (Gotik), prägend 1500-1549 (Renaissance). (Dms. seit 1967: Äußeres, ferner auf die Diele und ihre Ausstattung)

33 Wohnhaus mit Renaissance-Treppengiebel, EG im Spätbarock überformt,

reich mit Rocaillebekrönung verziertes rundbogiges Rokoko-Portal, konische glattgeputzte Laibung, altes Oberlicht mit Rokoko-Sprossenwerk.
Erste Erwähnung des Grundstücks 1315 (bebaut). Bewohner im 19. Jh.: Gewürzkrämer, Kaufmann. 1921 wurde über der Haustür ein Schild mit der Abbildung eines weißen Pferdes mit langem Horn auf der Stirn (Einhorn) erwähnt. In den 1930er Jahren saniert. Älteste nachgewiesene Bebauung 1300-1399 (Gotik), prägend 1550-1599 (Renaissance).
(Dms. seit 1967: Äußeres, insbesondere Straßenfassade)

Große Burgstraße

1262 Borchstrate, 1285 platea castri, 1298 platea urbis, 1463 in der Borchstraten, seit 1852 Große Burgstraße.

2 Ehemaliger Marstall an der nördlichen Stadtmauer zwischen Burgtor und Hang zur Trave. Klassizistischer Bau von 1803

und ein unregelmäßig um einen kleinen Hof gruppierter Gebäudekomplex. Die nördliche Außenseite der gesamten Anlage bildet die Stadtmauer mit zwei Türmen, die in den Neubau einbezogen wurden. Zugehörige Gebäude der Renaissance mit großem Tor unter Segmentbogensturz; Fachwerk-OG auf geschnitzten Balkenköpfen, die von figürlichen Knaggen (Dudelsackbläser, Beckenschläger, Bürger und Bettler) getragen werden. Anschließend gotischer Bau mit Treppengiebel mit Wechsel zwischen glasierten und unglasierten Backsteinen und je einer spitzbogigen Hochblende, darin Zwillingsblenden unter Segmentbogenstürzen und Kreisblenden (in der Firststaffel durch glasierte Formsteine als Rosette gefüllt); EG durch Arkadengang 1928 verändert. Anschließend Bau der Renaissance mit zur Hälfte sichtbarem Treppengiebel; ehemaliges hohes EG durch rundbogigen Tordurchbruch verändert.
Nach Rehbein befand sich an diesen Platz 1104 die Burg des Fürsten Cruto, 1219-1227 Platz der dänischen Burg. Erste Erwähnung des Grundstücks 1289 (bebaut). 1320 erneuert bei Arbeiten an einem der vorgelagerten Türme der Stadtbefestigung. 1397 abgebrannt, neu aufgebaut. 1799 durch Feuer teilweise zerstört. 1803 durch Neubau ersetzt. Bis 1811 Stall für die Pferde des Rates. 1856 Umbau zu Gefängniszellen. 1850 Durchbruch einer weiteren Durchfahrt im Burgtor. 1882 Anbau eines Leichenhauses, wurde 1928 abgerissen beim Durchbruch neben dem Burgtor, Gestaltung eines Arkadenganges für Fußgänger. Die an der Burgstraße stehenden Gebäude waren ursprünglich Wohnung des Marschalls und des Artilleriemeisters. Nach dem Tod des letzten Marschalls ging die Wohnung an den Reitlehrer und Inspektor des Gefängnisses. Heute Jugendzentrum. Älteste nachgewiesene Bebauung 1225-1299 (Gotik), prägend 1255-1928 (Gotik/Renaissance/Klassizismus).
(Dms. seit 1967: Gesamter Gebäudekomplex)

4 Monumentaler Bau im Stil des Historismus, ehemaliges Gerichtsgebäude, erbaut 1893-1896 nach den Entwürfen des Architekten Adolf Schwiening. Langgestreckte Hauptfassade, gegliedert durch Mittel- und Eckrisalite mit Treppengiebel und flankierenden Seitentürmchen. Aufwendig gestaltete Backsteinfront, in der dunkelgrün und rot glasierte Ziegelschichten wechseln. Geschosse durch horizontale Gesimse abgesetzt. Den Eingang markiert ein dreiteiliges Portal. Im Giebel des Mittelresalits Sandsteinfigur der Justitia. Im Inneren großes Haupttreppenhaus sowie mit Kreuzrippengewölben ausgestattete Flure. Eines der wenigen unversehrt erhaltenen öffentlichen Gebäude, das in repräsentativer Weise das neugotische Formgut des ausgehenden 19. Jh. zum Ausdruck bringt.
Erste Erwähnung des Grundstücks 1289 (bebaut). Ehemals Areal des Burgklosters. Seit der ersten Hälfte 15. Jh. mit dem Brauhaus, dem Pförtnerhaus und der Küche des Klosters bebaut (ehemals Nr. 6-12). 1353-1661 ehemalige Schmiede des Marstalls (ehemals Nr. 4). 1805 Abbruch. 1894-1896 Neubau des Gerichtsgebäudes unter Einbeziehung der übrigen Klosteranlagen, Abbruch und Umbau der OG der Kreuzgangflügel zu Gefängniszellen. 1962 Auszug der Justizbehörde, anschließend

Nutzung als Sozialamt. Älteste nachgewiesene und prägende Bebauung 1894-1896 (Historismus).
(Dms. seit 1989: Äußeres, insbesondere Straßenfassade, sowie auf das Haupttreppenhaus und die anschließenden Flure des EG und ersten OG)

5 Ehemaliges Zöllnerhaus von 1571. Terakottenfries mit lübischem Adler und Wap-

penschild sowie mecklenburgischen Greifen in wechselnder Folge. Diele in jetziger Ausstattung etwa Ende 18. Jh.
(Dms. seit 1967: Äußeres sowie Diele)

7 Wohn- und Geschäftshaus im Stil des Neuklassizismus (im Kern mittelalterlich). An der Traufseite befindet sich ein Sandsteinportal aus dem vorhergehenden Bau mit reichem Ornamentschmuck und der Jahreszahl 1647.
Erste Erwähnung des Grundstücks 1308 (bebaut mit Steinhaus und einer Bude). Kellerwohnung ab 1531 als Freiwohnungen (Gotteskeller). 1814-1822 unbewohnt. Im 17. Jh. Umbau des mittelalterlichen Vorgängerbaues zum zweigeschossigen Dielenhaus. Aus dieser Zeit stammt das Sandsteinportal. 1827-1873 Gewürzkrä-

merei. 1919 umgebaut, neuklassizistische Fassade zur Straße. 1993 saniert. Älteste nachgewiesene Bebauung 1300-1324 (Gotik), prägend 1919 (Neuklassizismus). (Dms. seit 1967: Sandsteinportal an der Kaiserstraße)

11 Klassizistisch überformtes Haus der Renaissance. Fassade verputzt, Geschosse durch profiliertes Putzgesims getrennt. Mittiges Zwerchhaus mit Dreiecksgiebel aus dem 19. Jh. EG als hohes Dielengeschoß mit großer Durchfahrt. Zieranker in Form des Buchstaben A mit Jahreszahl 1588. Schaufenster aus dem frühen 20. Jh. Teil des Vorderhauses mit Keller mit segmentbogiger Gewölbedeckung. Zweigeschossige Doppelflügelanlage und eingeschossiges Querhaus. Unter dem Seitenflügel Balkenkeller des 16. Jh. Im Inneren des Vorderhauses teilweise barocke Raumausstattung. Im ersten OG Raumstruktur des frühen 19. Jh., Eckraum mit der Ausstattung aus dieser Umbauzeit. Im zweiten OG Raumstruktur aus dem späten 19. Jh. Im EG der Flügelanbauten Raumstruktur des 16. Jh., nördlicher Flügel in die Gaststätte einbezogen mit Raumausstattung des späten 19. Jh. Im ersten OG des südlichen Flügels Raumstruktur des 16. Jh. mit Ausstattung des 19. Jh.
Erste Erwähnung des Grundstücks 1289 (bebaut 1324). Ab 1351 zwei Häuser und ein Kornspeicher auf dem Grundstück, das bis zur Wakenitzmauer reichte. 1429 Teilung des Grundstücks. Mitte 16. Jh. Abtrennung der Nebengrundstücke an der Wakenitzmauer. Die Jahreszahl 1588 datiert die Umbauzeit, als das Haus zur Herberge des Bischofs von Ratzeburg ausgebaut wurde, es trug die Bezeichnung „die Bischofsherberge". 1720 Gastwirtschaft, ab 1841 unter dem Namen „Zum Großherzog von Mecklenburg". Zahlreiche Umbauten im 18. und 19. Jh. Das Querhaus wurde als Stall genutzt. Älteste nachgewiesene Bebauung 1300-1349 (Gotik), prägend im Inneren 1599 (Renaissance), Straßenfassade 1800-1824 (Klassizismus).
(Dms. seit 1967/92 Gesamte Grundstücksbebauung (Vorderhaus, Doppelflügelanlage; Quergebäude))

17 Klassizistische Putzfassade mit Attika. Dachstuhl aus dem 16. Jh. mit Aufzugswinde. EG überformt. Klassizistischer Treppenaufgang sowie Raumaufteilung und -ausstattung im ersten OG. Zu dem Kom-

plex gehören Seitenflügel und Quergebäude um einen allseits geschlossenen Hof. Seitenflügel mit Raumausstattung des frühen 19. Jh. Quergebäude mit Ladeluken und Aufzugswinde.
Erste Erwähnung des Grundstücks 1294 (bebaut). Bis ins 16. Jh. reichte das Grundstück bis an die Wakenitzmauer (Ausgang zur Wakenitzmauer besteht noch). Im 18. Jh. ein Wirtshaus, „Der Ochsenkopf". 1797 Branntweinbrenner- und Kerzengießergerechtigkeit. 1839 eine Färberei. 1993 saniert. Umbau im frühen 19. Jh. 1989 Einbau neuer Schaufenster. Älteste nachgewiesene Bebauung 1290-1310 (Gotik), prägend 1800-1849 (Klassizismus).
(Dms. seit 1993: Gesamtes Äußeres und Das Innere des Gebäudekomplexes, bestehend aus Vorderhaus, Seitenflügel und Quergebäude)

22 Klassizistische Putzfassade mit Attikageschoß, OG als Bel-étage; flacher Giebel in profilierter Rahmung, um Giebelfeld halbrundes Fenster, profilierte Gurtggesimse und Sohlbankgesims; in den Brüstungsfeldern Putzkassetten, Fenster übergiebelt und gerahmt (auf den Außenachsen Dreiecksgiebel, auf der Mittelachse halbrunde Verdachung), auf Konsolen

lagernder Balkon mit schmiedeeiserner Brüstung, darunter der Hauseingang mit Freitreppe und schmiedeisernem Geländer. Schaufenster erneuert. Im Kern Renaissance-Haus.
Erste Erwähnung des Grundstücks 1286 (bebaut). Haus eines Bäckers. Neubau 1564. Ausbau und klassizistische Überformung 1818. Älteste nachgewiesene Bebauung 1564 (Renaissance), prägend 1818 (Klassizismus).
(Dms. seit 1967: Äußeres, insbesondere Straßenfassade)

24 Wohnhaus mit Renaissance-Treppengiebel, segmentbogige Fensteröffnungen bzw. Blendnischen im umlaufenden Viertelstab. Blendnischen auf den Außenachsen mit eingestellter, segmentbogiger Nische, Blendnische in der letzten Staffel mit umlaufender Fase, schlichte Sohlbankgesimse. Weintraube als Zeichen einer ehemaligen Weinhandlung. EG vollkommen überformt.

Erste Erwähnung des Grundstücks 1300 (bebaut 1319). Im 17. Jh. Renaissance-Haus errichtet, 1864 und 1898 großer Umbau. Im 18. Jh. Weinhandlung mit großer Diele. Älteste nachgewiesene und prägende Bebauung 1575-1624 (Renaissance). (Dms. seit 1967: Äußeres, insbesondere Straßenfassade mit Giebel)

26 Klassizistisch überformter ehemaliger Stufengiebel der Spätgotik mit vier spitzbogigen Hochblenden von 1571, 1635 überformt und um 1800 mit einem klassizistischen Dreiecksaufsatz bekrönt. Gotische Lukenöffnungen durch Fenster ersetzt. Frühbarockes Sandsteinrelief mit kleiner Justitia-Figur mit Schwert und Waage, umgeben von Knorpelwerksrahmung in gerahmter Nische (wird angegeben als vom Bauerrecht vom Koberg stammend, datiert von 1696). Jahreszahl 1636 unter dem Gesims des ehemaligen Dielengeschosses. Rückwärtige Fassade mit hohem Dreiecksgiebel, durch gotische Hochblenden gegliedert, großes Dielenfenster. Gotisches Dachwerk und Dielenraum. Seitenflügel mit Sandsteintafel mit Jahreszahl 1636 und Schriftzug „SP" sowie „Sacrias Pape". Treppe und Küche des 18. Jh. Barocke Kassettendecke in der ehemaligen Oberdornse. EG des Haupthauses überformt.
Erste Erwähnung des Grundstücks 1304 (bebaut). 1417 Haus eines Kerzengießers. Im 19. Jh. das „Papen Kramhaus" genannt. Bis 1576 keine Änderungen, Neu- und Umbauten 1571 und 1635. 1991 saniert. Älteste nachgewiesene und prägende Bebauung 1450-1499 (Gotik).
(Dms. seit 1967: Äußeres, insbesondere Straßenfassade einschließlich des Justitia-Figürchens)

35 Klassizistische geschlämmte Fassade mit flachem Putzgesims über dem EG, stark vorstehendes Hauptgesims mit dreieckigem Attikagiebel (kleines Halbrundfenster). Im ersten OG originale Kreuz-

stock-Blockzargeufenster, im zweiten OG originale quergesproßte Blockzargenfenster. Klassizistische Haustür mit Oberlicht über profiliertem Kämpfer.
Erste Erwähnung des Grundstücks 1238 (bebaut mit zwei Häusern). 1315 zusätzliche Buden. Ende 16. Jh. Wirtshaus „Tom Witten Pferde", im 18. Jh. „Der goldene Hirsch". 1824 kam beim Einsturz des Gebäudes ein Junge ums Leben. Wiederaufbau 1824-1827 mit Haus Kleine Gröpelgrube 2 als Nebengebäude. 1975 saniert. Älteste nachgewiesene Bebauung 1298 (Gotik), prägend 1824-27 (Klassizismus).
(Dms. seit 1976: Äußeres)

38 Wohnhaus mit Renaissance-Treppengiebel, EG verputzt, OG und erste Dachebene mit segmentbogigen Hochblenden und umlaufender Fase, Fenster der Mittelachse mit zusätzlicher umlaufender Fase, auf den Außenachsen Zwillingsnischen, Fenster auf der zweiten und dritten Dachebene mit doppelter umlaufender Fase, Kreisembleme, ehemaliger Wohnkeller.
Erste Erwähnung des Grundstücks 1292 (bebaut). Haus eines Kupferschmiedes. Später Wirtshaus, im 15. Jh. „Denerkrog", im 18. Jh. als „Reitdienerhaus" und „Im Ritter St. Jürgen" bezeichnet. 1531 kaufte die Korporation der reitenden Diener das Haus, 1786 veräußerte sie es wieder. Später Wild- und Geflügelhandlung. Älteste nachgewiesene und prägende Bebauung 1525-1549 (Renaissance).
(Dms. seit 1966: Äußeres)

42 Klassizistische Putzfassade mit leicht geschweiftem Giebel (Dreiecksbekrönung in profilierter Rahmung), profilierte Gesimse im den OG. EG überformt. Im Kern von 1326.
Erste Erwähnung des Grundstücks 1326 (bebaut). 1352 Haus eines Schusters, ab 1371 als Bäckerei bis ins 19. Jh. genutzt (das Branden Backhaus). Im 18. Jh. neuer Giebel. 1953 Eingang seitlich verlegt. 1994

saniert. Älteste nachgewiesene Bebauung 1326 (Gotik), prägend 1750-1799 (Klassizismus).
(Dms. seit 1978: Äußeres)

53 Klassizistische Putzfassade (mit Ausnahme der Schaufenster im EG noch einschließlich Fenster original erhalten) mit hohem Attika-Abschlußgesims, Fenster überdacht, im ersten OG weit vorkragend auf Konsolen.
Erste Erwähnung des Grundstücks 1289 (bebaut mit zwei Häusern). Nr. 53 und 55 bildeten ein Grundstück, 1308 geteilt. Vorderhaus und Flügel vermutlich 16./17. Jh. umgebaut. Im 18. Jh. erneuter Umbau. Gastwirtschaft im 18. Jh., im 19. Jh. Conditorei. Prägende Bebauung 1824 (Klassizismus).
(Dms. seit 1978: Gesamtes Gebäude)

Große Gröpelgrube

1262 fossa figulorum, 1289 Fossa Lutifigulorum, 1310 Major fossa lutifigulorum, 1297 Gropegrove superior, 1307 Gropengrove, 1394 Grote Gropergrove, 1614 Grote Gröpergrove, seit 1859 Große Gröpelgrube.

4 Renaissancehaus des 17. Jh. mit Treppengiebel; Dornsen- und Dielenfenster; Eingang in einem halbrunden, dreifach gefastem Portal.
Keine frühe eigenständige Erwähnung des Grundstücks, es gehörte in den Besitz

des Heilig-Geist-Hospitals. 1787 als „Drechsler Haus“ mit einem „Studentensahl im Hofe“ angeführt. Im 19. Jh. Erwähnung eines Giebelhauses. 1897 Dampfdrechslerei. 1977-1978 saniert, dabei vollständig entkernt. Älteste nachgewiesene Bebauung 1575-1624 (Renaissance), prägend 1977 (unter Verwendung von Stilelementen der Renaissance).
(Dms. seit 1968: Äußeres)

14 Klassizistische Putzfassade mit dreiecksübergiebeltem Zwerchhaus, Geschosse durch flaches Gesimsband getrennt, Fensteraufteilung im EG im 19. Jh. verändert.
Erste Erwähnung des Grundstücks 1400 (bebaut, ein Haus mit Werkstatt). 1795 ein Haus mit Fachwerk-OG, danach klassizistisch umgebaut. Älteste nachgewiesene

Bebauung 1450-1499 (Gotik), prägend 1790-1810 (Klassizismus).
(Dms. seit 1995: Gesamtes Gebäude)

16 Ehemals Gloxin Armenhaus. Renaissance-Traufenhaus mit geschlämmter Backsteinfassade, Fenster und Türen im 19. Jh. erneuert. Fachwerk-Zwerchhaus. Oberhalb des Portals Sandsteinwappen mit Knorpelornamentik und zwei stehenden Putten, Jahreszahl 1659 und Namen des Stifters D. Gloxin. Bohlentür im Zopfstil mit Oberlicht aus vorindustriellem Glas. Original Blockzargenfenster mit vorindustriellem Glas.

Erste Erwähnung des Grundstücks 1372 (bebaut) Auf der mittelalterlichen Brandmauern wurde das Haus mit Fachwerk-Zwerchhaus errichtet, um 1800 umgebaut. 1819 Unterbringung von fünf Witwen aus dem Gloxinschen Armenhaus, das sich bis dahin in der Schildstraße befand; Anbringung des Sandstein-Wappens. 1972 saniert. Älteste nachgewiesene Bebauung 1350-1399 (Gotik), prägend 1600-1649 (Renaissance).
(Dms. seit 1967: Äußeres einschließlich Haustür und Wappen)

18 Bürgerhaus der Renaissance mit Seitenflügel, um 1800 mit dem Nachbargebäude Nr. 20 mit einer schlichten Attika-Fassade versehen. Original Blockzargenfenster des 19. Jh. Im Inneren Treppenan-

lage und Raumausstattung aus der Umbauphase um 1800.
Erste Erwähnung des Grundstücks 1360 (bebaut). Im frühen 16. Jh. umgebaut, an Hoffassade und Seitenflügel ist die alte Gliederung noch erkennbar. Umgestaltung der Fassade um 1800. Älteste nachgewiesene Bebauung 1400-1424 (Gotik), prägend 1790-1810 (Klassizismus).
(Dms. seit 1991: Gesamtes Gebäude mit Flügelbau und Hofanlage)

31 Klassizistische Putzfassade mit massivem EG und vorkragendem OG. Mittiges Zwerchhaus mit Dreiecksgiebel. Blockzargenfenster des frühen 19. Jh. mit Holzflügeln.
Keine frühe eigenständige Erwähnung des Grundstücks, es gehörte bis 1451 zum Großgrundstück Rosenstraße 29-33. Ab 1500 eigenständig, bebaut mit Buden. Durchgreifender Umbau Mitte 18. Jh. 1984 saniert. Älteste nachgewiesene Bebauung 1400-1500 (Gotik), prägend 1750-1799 (Klassizismus).
(Dms. seit 1967: Äußeres, insbesondere Straßenfassade)

33-35 Klassizistische Fachwerkfassade, neuzeitlich verändert. Vorkragendes Fachwerk-OG aus dem 18. Jh. EG und Ausfachungen geschlämmt. Unter einem Dach mit Nr. 31. Linker Hausteil mit zweiflügeliger Haustür (Türgriff des Klassizismus), rechter Hausteil stichbogige Blindtür. Im OG zweiflügelige Blockzargenfenster.
Keine frühe eigenständige Erwähnung des Grundstücks, es gehörte bis 1451 zum Großgrundstück Rosenstraße 29-33. Ab 1500 eigenständig, bebaut mit Buden. Durchgreifender Umbau Mitte 18. Jh. Wiederaufbau der zerstörten Häuser 1947 (Nr. 33) und 1955 (Nr. 35). 1975 saniert, dabei wurden beide Häuser zu einem Wohnhaus zusammengelegt. Älteste nachgewiesene Bebauung 1400-1500 (Gotik), prägend 1750-99 (Klassizismus).

(Dms. seit 1967: Äußeres, insbesondere Straßenfassade)

36 Renaissance-Dielenhaus, mit klassizistisch abgestuftem Giebel überformt; Fassade verputzt, Trennung der Geschosse durch Putzgesimse. Rokokoportal aus der Zeit um 1750, Oberlicht mit vorindustriellem Glas.

Erste Erwähnung des Grundstücks 1310 (bebaut 1326). Im 15. Jh. ein Haus mit Querhaus und zwei Buden. In der zweiten Hälfte 16. Jh. Bau des Dielenhauses mit großem Portal. 1804 Haus eines Heringsräucheres und Apfelhökers. 1843 nach einem Brand klassizistisch umgebaut. 1988 saniert. Älteste nachgewiesene Bebauung 1440-1460 (Gotik), prägend 1550-1843 (Renaissance/Klassizismus).
(Dms. seit 1967: Portal mit Haustür)

39 Klassizistische Putzfassade mit Fachwerk-Zwerchgiebel (Dreiecksgiebel). Unter einem Dach mit Nr. 41 und 43. Links Zugang zum Gemeinschafts Gang. Original Blockzargenfenster des frühen 19. Jh. mit Läden.

Erste Erwähnung des Grundstücks 1302 (bebaut). Bis ins 17. gehörten die Grundstücke 35-41 zusammen. 1472 „St. Just hagen", wahrscheinlich bis ins 16. Jh. milde Stiftung, die der Vorsteherschaft der Jacobikirche zustand. 1985-1987 saniert. Älteste nachgewiesene Bebauung 1550-1600 (Renaissance), prägend 1790-1810 (Klassizismus).
(Dms. seit 1986: Gesamtes Gebäude)

43 Klassizistische Putzfassade mit breitem Hauptgesims. Unter einem Dach mit Nr. 39 und 41. Durchgang zum ehemaligen Adler Gang. Im Inneren alte Treppenanlage des später 18. Jh. mit oval ausgeschnittenen Brüstungsöffnungen.
Erste Erwähnung des Grundstücks 1302 (bebaut). Vom 15. Jh. bis zum Verkauf 1868 Wirtshaus „Der Adler", ausgestattet mit Krug- und Hökereigerechtigkeit. Um 1800 klassizistisch überformt. 1980 saniert. Älteste nachgewiesene Bebauung 1550-1574 (Renaissance), prägend 1800-1824 (Klassizismus).
(Dms. seit 1980: Gesamtes Gebäude, seit 1980)

49 Klassizistische Putzfassade mit Fachwerk-Zwerchhaus. Rückwärtige Fassade Renaissance. Zweigeschossiger Flügel mit vorkragendem Fachwerk-OG (16. Jh.). Ehemaliger Wohngang im Hof seit 1978 abgängig (Gemeinschafts Gang, früher teilweise selbständiges Ganghaus). Im Inneren alte Treppenanlage zwischen EG und erstem OG sowie Reste älterer Raumausmalung des frühen 17. Jh. (Medaillons mit den vier Elementen) im ersten OG. Teil einer der ältesten Traufenhausreihen in Lübeck, Nr. 49-53, belegt seit 1349. Im Kern mittelalterlich.
Erste Erwähnung des Grundstücks 1302 (bebaut). Das Großgrundstück umfaßte die Liegenschaften 43-55. 1349 erste Erwähnung eines Hauses mit drei Wohnungen unter einem Dach. 1379 Grundstück geteilt, Nr. 49-53 alleine geführt. Umbau im 16. Jh., Seitenflügel ebenfalls aus dieser Zeit. Überformung um 1800. 1981 saniert. Älteste nachgewiesene Bebauung 1300-1400 (Gotik), prägend 1790-1810 (Klassizismus). (Dms. seit 1981: Gesamtes Gebäude)

55 Klassizistische Putzfassade, von schwerem Dachgesims abgeschlossen. Sockelbereich und Eingang verklinkert, ansonsten Putzritzung bis zu den Fensterstürzen. OG-Fenster in einfach profilierten Putzfaschen auf Gesimsband. Flügelanbau. Dachstuhl des Vorderhauses 14. Jh. Im Inneren Ausstattung des 19. Jh. mit Teilen einer klassizistischen Treppenanlage. Erste Erwähnung des Grundstücks 1302 (bebaut). Das Großgrundstück umfaßte um 1300 die Liegenschaften Nr. 43-55. Nr. 55 seit Mitte 14. Jh. selbständig geführt. 1792

Branntweinbrennerhaus. Spätklassizistische Fassade in der Mitte 19. Jh. Älteste nachgewiesene Bebauung 1300-1400 (Gotik), prägend 1800-1849 (Klassizismus).
(Dms. seit 1991: Gesamtes Gebäude mit Ausstattungsteilen und Resten der klassizistischen Treppenanlage)

Große Kiesau

1317 Kysow, 1347 Kysowerstrate, 1447 Antqua Kysow, 1463 Olde Kiesouwe, 1852 Kiesau.

1 Klassizistische Putzfassade mit Dacherker unter Dreiecksgiebel, profiliert gerahmt; querliegendes Oculus im Giebelfeld. Beschnitzte Haustür in Zopfstilformen. Rückseite zum „Kreuz Gang" gerichtet. Im Inneren Treppe des frühen 19. Jh.
Gehörte zu dem Besitz Engelsgrube 85 (seit dem 14. Jh. waren die bebauten Grundstücke Engelsgrube 75-85 und Große Kiesau 1-17 bebaut in einem Besitz. 1348 wurden Engelsgrube 75-79, 1392 Große Kiesau 9-17 abgetrennt.) 1566 kompletter Neubau der Liegenschaften Engelsgrube 81-85 und Große Kiesau 1-7. Bewohner im 19. Jh.: Schiffstischler, Schiffsmakler, Ratsdiener, Schiffer, Schiffszimmermann 1971 Gefährdung der Sicherheit durch bauliche Mängel, 1976 EG und OG ausgebrannt. 1977 Wiederaufbau und Instandsetzung. Älteste nachgewiesene Bebauung 1566 (Renaissance), prägend 1800-1805 (Klassizismus).
(Dms. seit 1977: Gesamtes Gebäude)

3 Renaissance-Haus mit traufenständiger geschlämmter Fassade, Sementbögen ehemaliger Fensteröffnungen. Emblem des Bauherrn in einer Wappenkartusche, die von zwei Figuren gehalten wird. Darin die Initialen „WM" (Wilhelm Meding) und die Jahreszahl „1566". Rechts niedriger Durchgang zum Kreuz-Gang.
Gehörte zu dem Besitz Engelsgrube 85 (seit dem 14. Jh. waren die bebauten Grundstücke Engelsgrube 75-85 und Gro-

ße Kiesau 117 bebaut in einem Besitz. 1348 wurden Engelsgrube 75-79, 1392 Große Kiesau 9-17 abgetrennt.) 1566 kompletter Neubau der Liegenschaften Engelsgrube 81-85 und Große Kiesau 1-7. Bewohner im 19. Jh.: Zimmermann, Seefahrer, Schiffszimmermann, Schiffstischler. 1972 im Inneren vollständig ausgebaut, ehemalige Mitteltür an die Seite verlegt, Fensteröffnungen verändert. 1987 saniert. Älteste nachgewiesene und prägende Bebauung 1566 (Renaissance).
(Dms. seit 1967: Wappen an der Fassade)

5 Kreuz-Gang, Haus 1 Renaissance-Backsteinhaus mit Dacherker in Fachwerk. Segmentbogiger Sturzbogen über EG-Fenster. Rundbogenportal. Spiegelbildliche Fassadengestaltung zu Nr. 4.
Gehörte zu dem Besitz Engelsgrube 85 (seit dem 14. Jh. waren die bebauten Grundstücke Engelsgrube 75-85 und Große Kiesau 117 bebaut in einem Besitz. 1348 wurden Engelsgrube 75-79, 1392 Große Kiesau 9-17 abgetrennt.) 1566 kompletter Neubau der Liegenschaften Engelsgrube 81-85 und Große Kiesau 1-7. 1978 Reihenhaus 1-3 zu zwei Häusern umgebaut. 1983 Sanierung und Umbau zu Studentenwohnungen. Älteste nachgewiesene und prägende Bebauung 1566 (Renaissance).
(Dms. seit 1980: Äußeres)

5 Kreuz-Gang, Haus 2 Renaissance-Backsteinhaus mit Dacherker in Fachwerk. Segmentbogiger Sturzbogen über EG Fenster. Rundbogenportal. Zwischen Haus 2 und 3 eine von zwei Figuren gehaltene Wappenkartusche mit Initialen „WM“ (Wilhelm Meding) und Jahreszahl „1566“. Spiegelbildliche Fassadengestaltung zu Nr. 3.
Gehörte zu dem Besitz Engelsgrube 85 (seit dem 14. Jh. waren die bebauten Grundstücke Engelsgrube 75-85 und Große Kiesau 1-17 bebaut in einem Besitz. 1348 wurden Engelsgrube 75-79, 1392

Große Kiesau 9-17 abgetrennt.) 1566 kompletter Neubau der Liegenschaften Engelsgrube 81-85 und Große Kiesau 1-7. 1955 sehr schadhafter baulicher Zustand. 1978 Reihenhäuser 1-3 zu zwei Häusern umgebaut. 1982 Sanierung und Umbau zu Studentenwohnungen. Älteste nachgewiesene und prägende Bebauung 1566 (Renaissance).
(Dms. seit 1980: Äußeres)

5 Kreuz-Gang, Haus 3 Renaissance-Backsteinhaus mit Dacherker in Fachwerk. Segmentbogiger Sturzbogen über EG-Fenster. Rundbogenportal. Zwischen Haus 2 und 3 eine von zwei Figuren gehaltene Wappenkartusche mit Initialen „WM“ (Wilhelm Meding) und Jahreszahl „1566“. Spiegelbildliche Fassadengestaltung zu Nr. 2.
Gehörte zu dem Besitz Engelsgrube 85 (seit dem 14. Jh. waren die bebauten Grundstücke Engelsgrube 75-85 und Große Kiesau 1-17 bebaut in einem Besitz. 1348 wurden Engelsgrube 75-79, 1392 Große Kiesau 9-17 abgetrennt.) 1566 kompletter Neubau der Liegenschaften Engelsgrube 81-85 und Große Kiesau 1-7. 1978 Reihenhäuser 1-3 zu zwei Häusern umgebaut. 1982 Sanierung und Umbau zu Studentenwohnungen. Älteste nachgewiesene und prägende Bebauung 1566 (Renaissance).
(Dms. seit 1980: Äußeres)

5 Kreuz-Gang, Haus 4 Renaissance-Backsteinhaus mit Dacherker in Fachwerk. Segmentbogiger Sturzbogen über EG Fenster. Rundbogenportal. Spiegelbildliche Fassadengestaltung zu Nr. 1.
Gehörte zu dem Besitz Engelsgrube 85 (seit dem 14. Jh. waren die bebauten Grundstücke Engelsgrube 75-85 und Große Kiesau 117 bebaut in einem Besitz. 1348 wurden Engelsgrube 75-79, 1392 Große Kiesau 9-17 abgetrennt.) 1566 kompletter Neubau der Liegenschaften Engelsgrube 81-85 und Große Kiesau 1-7.

1988 nicht bewohnt. 1989 Sanierung. Älteste nachgewiesene und prägende Bebauung 1566 (Renaissance).
(Dms. seit 1981: Äußeres)

5 Kreuz-Gang, Haus 5 Renaissance-Backsteinhaus mit Dacherker in Fachwerk. Rundbogenportal.
Gehörte zu dem Besitz Engelsgrube 85 (seit dem 14. Jh. waren die bebauten Grundstücke Engelsgrube 75-85 und Große Kiesau 117 bebaut in einem Besitz. 1348 wurden Engelsgrube 75-79, 1392 Große Kiesau 9-17 abgetrennt.) 1566 kompletter Neubau der Liegenschaften

Engelsgrube 81-85 und Große Kiesau 1-7. 1983-1984 Sanierung und Umbau zu Studentenwohnungen. Älteste nachgewiesene und prägende Bebauung 1566 (Renaissance).
(Dms. seit 1980: Äußeres)

5 Kreuz-Gang, Haus 6 Verputzte Renaissance-Fassade. Rundbogenportal. Von

zwei Figuren gehaltene Wappenkartusche mit Initialen „WM" (Wilhelm Meding) und Jahreszahl „1566".
Gehörte zu dem Besitz Engelsgrube 85 (seit dem 14. Jh. waren die bebauten Grundstücke Engelsgrube 75-85 und Große Kiesau 117 bebaut in einem Besitz. 1348 wurden Engelsgrube 75-79, 1392 Große Kiesau 9-17 abgetrennt.) 1566 kompletter Neubau der Liegenschaften Engelsgrube 81-85 und Große Kiesau 1-7. 1983 Sanierung. Älteste nachgewiesene und prägende Bebauung 1566 (Renaissance).
(Dms. seit 1968: Wappen)

8 Weimanns Hof, Haus 1 und 2 Hofartig angelegter Gang mit nur zwei Häusern unter einem Dach. OG in Fachwerk, vermutlich im 17. Jh. erbaut. Schlichte klassizistische Haustür mit Oberlicht.
Die Grundstücke Große Kiesau 8-24 gehörten im 13. Jh. zu den Grundstücken An der Untertrave 54-56. Für Trennung der Grundstücke gibt es keine Quelle. 1785

Weimanns Hof und Große Kiesau in einem Besitz. Bis 1850 auch Falcks Gang, dann Möllers Hof bis 1870. 1907 von der Stadt erworben. 1979 saniert, Häuser 1 und 2 zusammengelegt. Älteste nachgewiesene Bebauung 1463 (Gotik), prägend 1800-24 (Klassizismus).
(Dms. seit 1977: Gesamte Anlage)

9 Klassizistisch überformtes Wohnhaus von 1594. Fassade verputzt, einfach profiliertes Traufgesims. Steiles Satteldach des 16. Jh. Klassizistische Haustür mit Oberlicht. Flügelanbau. Im Inneren barocke Wandmalerei, bemalte Deckenbretter, sichtbare Deckenbalken im Obergeschoß; Blockzargenfenster des Barock. Raumstruktur des 19. Jh.
Gehörte zu dem Besitz Engelsgrube 85, seit dem 14. Jh. waren die bebauten Grundstücke Engelsgrube 75-35 und Große Kiesau 117 bebaut in einem Besitz. 1348 wurden Engelsgrube 75-79, 1392 Große Kiesau 9-17 nach Erbschaft abgetrennt. 1396 Kauf von sechs Buden. 1547 erneute Teilung des Besitzes, Nr. 9 und 11 bleiben zusammen. Bewohner im 19. Jh.: Schullehrer, Schuster, Instrumentenmacher, Schiffer. 1972 baulicher Zustand für den Aufenthalt ungeeignet, 1989 unbewohnt. 1990 saniert. Älteste nachgewiesene Bebauung 1594 (Renaissance), prägend 1874-1876 (mit Stilelementen des Klassizismus).
(Dms. seit 1991: Gesamtes Gebäude)

10 Renaissancehaus, baugleich mit Nr. 12. Vorkragendes Fachwerk-OG auf profilier-

ten Balkenköpfen, geschlämmte Fassade, ehemaliges Rundbogenportal klassizistisch verändert; Durchgang zu Weimanns Hof mit umlaufender Fasenkante. Haustür mit Oberlicht.
Im 13. Jh. gehörten Große Kiesau 8-24 zum Besitz An der Untertrave 54-56. Für die Trennung der Grundstücke gibt es keine Quelle. Bis 1785 befanden sich Weimanns Hof und Große Kiesau 10 in einem Besitz, Teilung spätestens 1768. Bewohner im 19. Jh.: Bildhauer, Handschuhmacher, Schoppenhauer, Krüger; Höker. 1979 saniert. Älteste nachgewiesene und prägende Bebauung 1600 (Renaissance)
(Dms. seit 1977: Gesamtes Gebäude)

11 Bürgerhaus der Renaissance, barock und klassizistisch überformt. Fassade im EG verputzt, im OG geschlämmt. Holzverkleidetes Zwerchhaus in barocken Formen, geschwungene Wangen und Blendgiebel in profilierter Rahmung. Rundbogenportal der Renaissance mit Rokoko-Haustür. Im Inneren teilweise alte Raumaufteilung: Diele, Treppenanlage und Galerie. Im Flügelbau bemalte Balkendecke im EG, kleiner Rokoko-Saal im OG.
Gehörte zu dem Besitz Engelsgrube 85. Seit dem 14. Jh. waren die bebauten Grundstücke Engelsgrube 75-85 und Große Kiesau 117 bebaut in einem Besitz. 1348 wurden Engelsgrube 75--79, 1392 Große Kiesau 9-17 abgetrennt. Nr. 11 und 9 blieben zusammen. Bewohner im 19. Jh.: Schiffer, Träger, Bildhauer. 1979 Instandsetzung. 1981 Umbau zum Einfamilienhaus. Älteste nachgewiesene Bebauung 1632-1662 (Renaissance), prägend 1700-1749 (Klassizismus).
(Dms. seit 1967/1982: Gesamtes Gebäude)

12 Renaissancehaus, baugleich mit Nr. 10. Vorkragendes Fachwerk-OG auf profilierten Balkenköpfen, geschlämmte Fassade, mit Schiefer verkleidete Schleppgaube, Rundbogenportal mit umlaufender Fasenkante. Haustür mit Oberlicht.

Im 13. Jh. gehörten Großes Kiesau 8-24 zum Besitz An der Untertrave 54-56. Für die Trennung der Grundstücke gibt es keine Quelle. Bis 1785 befanden sich Weimanns Hof und Große Kiesaus 10 in einem Besitz, Teilung spätestens 1768. Bewohner im 19. Jh.: Steuermann, Schiffszimmermann. 1979 saniert. Älteste nachgewiesene und prägende Bebauung 1600-1649 (Renaissance) (Dms. seit 1977: Gesamtes Gebäude)

14 Traufenständiges Haus der Renaissance mit klassizistischer Putzfassade, dreiecksübergiebeltes Zwerchhaus.
Keine eigenständige Erwähnung, die Grundstücke 8-24 waren in einem Besitz, im 18. Jh. gehörten noch 14-18 zusammen. Nachweislich bis 1768 im Besitz der Zuksiederei An der Untertrave 56, die 1811 in Konkurs ging. 1979 saniert, dabei das Zwerchhaus in ursprünglicher Form wiederhergestellt. Älteste nachgewiesene Bebauung 1550-1649 (Renaissance), prägend 1800-1824 (Klassizismus).
(Dms. seit 1977: Gesamtes Gebäude)

15 Klassizistisch überformtes Haus von 1600 mit rückwärtigem Seitenflügel. Fassade verputzt, mittiges Zwerchhaus mit kleinem Treppengiebel Klassizistische Haustür mit Oberlicht. Im Aufgang zum Seitenflügel spätbarockes Treppengeländer.
Gehörte zu dem Besitz Engelsgrube 85. Seit dem 14. Jh. waren die bebauten Grundstücke Engelsgrube 75-85 und Große Kiesau 117 bebaut und in einem Besitz. 1348 wurden Engelsgrube 75-79, 1392 Große Kiesau 9-17 abgetrennt. Nr. 15 und 17 blieben zunächst zusammen, 1554 Trennung. Bewohner im 19. Jh.: Schiffer. 1935 Giebelwohnung wegen Baufälligkeit nicht mehr bewohnbar. 1980 Einsturz eines Teiles des Hinterhaus-Giebels (Fachwerk vermodert). 1981 saniert. Älteste nachgewiesene Bebauung 1600-1624 (Renaissance), prägend 1800-1824 (Klassizismus).
(Dms. seit 1981: Gesamtes Gebäude)

18 Traufenständiges Haus der Renaissance mit Putzfassade, segmentbogiger Durchgang zum Grubes Hof, holzverkleidete Schleppgaube in Fachwerk mit Backsteinmauerung. Dachstuhl aus der Erbauungszeit.

Keine eigenständige Erwähnung, die Grundstücke 8-24 waren in einem Besitz, im 18. Jh. gehörten noch 14-18 zusammen. Bis 1768 nachweislich im Besitz der Zukkersiederei An der Untertrave 56, die 1811 in Konkurs ging. 1992-1995 saniert. Älteste nachgewiesene und prägende Bebauung 1550-1649 (Renaissance).
(Dms. seit 1992: Äußeres und Dachstuhl)

28 Wohnhaus mit Renaissance-Treppengiebel mit segmentbogigen, umlaufend gefasten Fenstern und Blendnischen. Im EG und erstem OG im 19. Jh. überformt.
Erste Erwähnung des Grundstücks 1317 (bebaut). 1545 übertragen an den Vorsteher von St. Jacob und St. Clemens, 1556 wieder verkauft. 1585 Buden durch Gie-

belhaus ersetzt. Bewohner im 19. Jh.: Schiffer. Älteste nachgewiesene und prägende Bebauung 1585 (Renaissance).
(Dms. seit 1967: Äußeres, insbesondere Straßenfassade)

40 Wohnhaus mit Renaissance-Treppengiebel vor Zwerchdach, segmentbogige Fenster und Blendnischen; EG (Bänderputz) und erstes OG verputzt.
Erste Erwähnung des Grundstücks 1391 (bebaut). Die Grundstücke Nr. 30-40 gehörten zusammen und befanden sich im Besitz von Fischergrube 76. Ursprünglich mit fünf, später sechs Buden bebaut. Seit 1450 ist Nr. 40 abgetrennt. 1847 neu errichtet unter Wiederverwendung des Backsteingiebels des Vorgängerbaues, seither dient der Treppengiebel als Zwerchgiebel. Bewohner im 19. Jh: Schneider, Schiffstischler. Älteste nachgewiesene Bebauung 1590-1624 (Renaissance), prägend 1847 (Klassizismus).
(Dms. seit 1967: Äußeres, insbesondere Straßenfassade)

42 Wohnhaus mit Renaissance-Treppengiebel, EG im 19. Jh. überformt, Gliederung der Renaissance noch ablesbar, segmentbogige Stürze der vormaligen Fensteröffnungen, in OG und Giebel segmentbogige Fensteröffnungen mit umlaufender Fase, im Giebel Blendnischen.
Keine frühe eigenständige Erwähnung des Grundstücks, gehörte in den Besitz Fischergrube 76. Bebaut mit Buden, 1594 durch Häuser ersetzt. 1982 saniert. Bewohner im 19. Jh.: Träger, Schneider, Tabakhändler. Älteste nachgewiesene Bebauung 1336 (Gotik), prägend 1583 (Renaissance).
(Dms. seit 1967: Äußeres, insbesondere Straßenfassade)

44 Traufenständiges Kleinhaus, im EG verputzt, OG backsteinsichtig. Erneuertes Zwerchhaus in Fachwerk, profilierte Balkenköpfe.
Keine frühe eigenständige Erwähnung des Grundstücks. Es gehörte in den Besitz Fischergrube 76. Buden 1853 durch Haus ersetzt. Bewohner im 19. Jh.: Träger. 1979-1985 saniert. Älteste nachgewiesene und prägende Bebauung 1583 (Renaissance).

(Dms. seit 1967: Äußeres, insbesondere Straßenfassade)

46 Kleinhaus der Renaissance mit geschlämmter Fassade, Zwerchhaus, Fenster im EG mit segmentbogigen Stürzen, Fenster im OG gefast.
Keine eigenständige frühe Erwähnung des Grundstücks, gehörte in den Besitz Fischergrube 76. Mit Buden bebaut, 1583 durch Häuser ersetzt. Hauseingang im 19. Jh. überformt. Bewohner im 19. Jh.: Steuermann, Zimmermann. 1989-1990 saniert. Älteste nachgewiesene und prägende Bebauung 1583 (Renaissance).
(Dms. seit 1967: Äußeres, insbesondere Straßenfassade)

48 Kleinhaus der Renaissance mit geschlämmter Fassade, Fenster im OG mit umlaufender Fase, erneuertes Zwerchhaus.
Keine frühe eigenständige Erwähnung des Grundstücks, gehörte in den Besitz Fischergrube 76 (bis 1765). Mit Buden bebaut, 1583 durch Häuser ersetzt. EG im 19. Jh. überformt. Bewohner im 19. Jh.: Träger. Älteste nachgewiesene und prägende Bebauung 1583 (Renaissance).
(Dms. seit 1967: Äußeres)

Große Petersgrube

1285 Fossa sancti Petri, 1356 Peternkenscrachen, 1382 Petersgrove, 1550 Grote Petersgrove, seit 1852 Große Petersgrube.

4 Wohnhaus mit Renaissance-Treppengiebel, Fassade auch im unteren Teil erhalten; Portal mit Taustabrahmung und Bogengesims aus Sandstein mit Löwenkopf. Haustür erste Hälfte 19. Jh. mit gesprosstem Oberlicht. Drei Lukengeschosse. Rückwärtig Dreiecksgiebel um 1500. Flügelanbau aus dem 18. Jh., evtl. etwas früher. Im Innern Ausstattung aus dem 18. Jh. mit Stuckaturen.
Erste Erwähnung des Grundstücks 1287 (bebaut). Ein Wohnkeller wurde 1566 als Gotteskeller ausgewiesen. 18./19. Jh.

Amtshaus von St. Petri (anfangs Pastor, ab 1814 ein Sargträger). Älteste nachgewiesene Bebauung 1500-1550 (Gotik), prägend 1700 (mit Stilelementen der Renaissance).
(Dms. seit 1967: Gesamtes Gebäude einschließlich der im Inneren noch erhaltenen historischen Substanz)

7 Gotisches Dielenhaus, spitzbogiges Portal mit gestuftem Gewände; Dornsenfenster unter Entlastungsbogen, Dielenfenster und Fenster im OG in stichbogigen Blendnischen. Im EG durch Beseitigung des Portals (Zugang nur noch über Petersgrube Nr. 9) verändert, Mittelportal bei Freilegung des EG 1980-1982 wiederhergestellt.
Erste Erwähnung des Grundstücks 1289 (bebaut). 1482 ein Schmiedehaus. Älteste nachgewiesene Bebauung 1250-1289, prägend 1400-1982 (Gotik). 1980-1982 saniert und zum Studentenwohnheim umgebaut.
(Dms.: Äußeres, insbesondere Straßenfassade, seit 1967)

9 Barockes Wohnhaus mit Schweifgiebel (Abschluß als Segmentbogen), rundbogi-

ges Sandsteinportal, beschnitzte klassizistische Haustür mit Oberlicht (Blumenkelch und geraffte Schleifen, in dieser Art einmalig in Lübeck).
Erste Erwähnung des Grundstücks 1308 (bebaut). 1337-1563 ein Backhaus. 1565 Vorderhaus von zehn Wohnungen in der Kleinen Kiesau. 1830 mit Nachbarhaus Nr. 7 verbunden. Nach 1945 das unter einem gemeinsamen Dach stehende Hinterhaus Kleine Kiesau abgebrochen. Älteste nachgewiesene Bebauung 1250-1308, prägend 1590-1799 (Barock). 1981-1982 saniert und Umbau zum Studentenwohnheim.
(Dms. seit 1967: Äußeres, insbesondere Straßenfassade einschließlich Haustür mit Oberlicht)

10 Wohnhaus mit Renaissance-Treppengiebel. Gliederung der beiden unteren verputzten Geschosse aus dem 18. Jh. Klassizistische Haustür. Reste frühbarokker Malerei im Treppenhaus. Kleine Diele. Rückwärtig gotischer Dreiecksgiebel, Flügelanbau aus dem 18. Jh.
Erste Erwähnung des Grundstücks 1317 (bebaut). 1889 Hermbergsche lithographische Anstalt und Steindruckerei (ebenfalls An der Obertrave 13). 1976 Umbau des Lagerhauses zu Wohnungen und Gaststätte. Älteste nachgewiesene Bebauung 1500-1600 (Gotik), prägend 1732 (Gotik/Klassizismus).
(Dms. seit 1967: Äußeres, insbesondere Straßenfassade)

11 Gotisches ehemaliges Dielenhaus mit Treppengiebel, Spitzbögen (mit gefastem Stein) und Doppelluken. Rückwärtig Dreiecksgiebel.
Erste Erwähnung des Grundstücks 1287 (bebaut). 1433 als Backhaus mit Buden erwähnt, bis ins 19. Jh. in der Funktion als Backhaus. (1663/1857 Bäckerei nebst Schweinekoben). 1855 Bäcker Schabbel. 1860/1916 (mit Nr. 15) Zigarren- und Tabakfabrik. 1873 und 1925 Umbauten. Älteste nachgewiesene Bebauung 1400-1600

(Gotik), prägend 1870-1925 (unter Beibehaltung der Stilelemente der Gotik).
(Dms. seit 1967: Äußeres, insbesondere Straßenfassade)

12 Klassizistische Putzfassade, Attika mit Halbbogenfenster, schweres Abschlußgesims auf Blattkonsolen, Eingang gerahmt; Haustür aus der Entstehungszeit. Rückwärtig gotischer Dreiecksgiebel (nicht vollständig erhalten) aus der Zeit um 1500, Flügelanbau aus dem 18. Jh.

Erste Erwähnung des Grundstücks 1296 (bebaut 1316). Im 18./19. Jh. ein Speisekeller. 1806 nach Abbruch neuerbaut. Älteste nachgewiesene Bebauung 1500-1600 (Gotik), prägend 1800-1830 (Klassizismus).
(Dms. seit 1967: Äußeres einschließlich Haustür)

13 Klassizistische Fassade mit hoher Attika vor abgewalmtem Satteldach. Klassizistische Haustür mit Oberlicht. Rückwärtig

Backstein-Dreiecksgiebel mit vier Lukengeschossen und gotischen Spitzbögen.
Erste Erwähnung des Grundstücks 1235 (1294 bebaut mit einem Steinhaus). 1603 von der Kirche gekauft, als Pastorenhaus für St. Petri genutzt (bis 1921). Fassade 1882 neu gebaut. Älteste nachgewiesene Bebauung 1590 (Gotik), prägend 1590-1882 (Gotik/Klassizismus)
(Dms. seit 1967: Äußeres, insbesondere Straßenfassade einschließlich Haustür)

15 Gotisches Haus mit Treppengiebel. Im EG Fassade neuzeitlich verändert (einschließlich 1. OG verputzt). Im backsteinsichtigen Teil jede zweite Reihe dunkelglasierter Stein. Pfeiler der Doppelluken mit Rundstab. Klassizistische Haustür im Zopfstil mit Zinnenmotiv. Rückwärtig Dreiecksgiebel mit gotischen Spitzbögen, ehemalige Luken durch Fenstereinbrüche beseitigt. Hausbaum im Lichtschacht erhalten.
Erste Erwähnung des Grundstücks 1290 (bebaut). 1340 mit fünf dazugehörigen

Buden. 1860-1916 (mit Nr. 11) Zigarren- und Tabakfabrik. Im Inneren nach Brand 1925 neugebaut. Älteste nachgewiesene Bebauung 1500 (Gotik), prägend 1500-1862 (unter Beibehaltung der Stilelemente der Gotik).
(Dms. seit 1967: Äußeres, insbesondere Straßenfassade)

17 Bürgerhaus mit klassizistischer Putzfassade, hohe Attika vor Satteldach. Mit den beiden Gebäuden der Nr. 19 im 19. Jh. zu einer einheitlichen Front vereinigt.
Erste Erwähnung des Grundstücks 1293 (bebaut mit einem Steinhaus). 1725-1849 Wohnung des Küsters von St. Petri. 1824 Abbruch und Neubau eines Speichers. 1975-1985 Neubau und Umbauten der Musikhochschule. Älteste und prägende Bebauung 1824-33 (Klassizismus).
(Dms. seit 1966: Gesamtes Gebäude, insbesondere Straßenfassade)

19 Zwei klassizistische Häuser unter einer Nummer. Linkes Haus mit dreiecksbekrönter Attika (darin ein segmentbogenförmiges Fenster), Fenster gerahmt. Rechte Fassade schlichter gehalten, der Fassade Nr. 17 entsprechend. Mit dem Gebäude der Nr. 17 im 19. Jh. zu einer einheitlichen Front vereinigt. Im EG des mittleren Hauses schlichte Diele des frühen 19. Jh. Rückwärtig geschlossener Innenhof und Flügelanbau bis zur Depenau 14/16.
Erste Erwähnung des Grundstücks 1292 (bebaut). 1352 ein Haus mit Getreidespeichern in der Depenau. 1801 zwei Wohnsäle im Quergebäude, Eingang von der Depenau. 1825 Abbruch und Neubau. Der Besitzer, Johann Daniel Jakobi, ließ 1840 vor dem Haus die beiden bronzenen Löwen des Bildhauers von Rauch aufstellen, die später vor dem Eingang des Hotels „Stadt Hamburg“ lagen, ehe sie am Holstentor ihren endgültigen Platz fanden.

1975-1985 Neubau und Umbauten der Musikhochschule. Älteste und prägende Bebauung 1805-1833 (Klassizismus).
(Dms. seit 1966: Gesamtes Gebäude, insbesondere Straßenfassade)

21 Haus des späten Rokoko mit zwei Wohn- und vier Bodengeschossen. Leicht ausschwingende Fassade mit zweiteiligem, doppelt geschweiftem Volutengiebel. Schmückende Girlanden und Kartuschen im OG. Haustür mit Oberlicht im Zopfstil. Geschlossener Innenhof durch Anlage von zwei Flügeln (bis zur Depenau). Alte Raumstruktur im Inneren im wesentlichen erhalten: Diele, Kücheneinbau, Haupttreppe, Galerie im OG. In den Zimmern teilweise stuckverzierte Decken, auch im Rokoko-Saal im EG des Seitenflügels (Leinwandmalereien).
Erste Erwähnung des Grundstücks 1292 (bebaut). Ein Pfeilerspiegel und ein Ofen aus dem Rokoko-Saal des Seitenflügels kamen 1908 ins Schabbelhaus. 1975-1985 Neubau und Umbauten der Musikhochschule. Älteste und prägende Bebauung 1776-1833 (Barock/Rokoko).
(Dms. seit 1966: Gesamte Anlage einschließlich der Flügel und des geschlossenen Innenhofes)

23 Kaufmannshaus von 1730 mit Rokokofassade (dreiecksbekrönter Giebel); reich ausgebildetes Portal. Aufwendig beschnitzte Haustür, Oberlicht mit zart beschnitzten Sprossen. Erhaltene Diele mit Rokokotreppe. Aus der gleichen Zeit Stuckdecken im EG und im Flügelbau. Gut erhaltener Saal mit Ofennische und Stuckdecke im 1. OG.
Erste Erwähnung des Grundstücks 1301 (bebaut), 1307 zwei Häuser unter einem Dach. 1301-1307 eine Bäckerei. 2.8.1727 „ward es von dem Volke zerstört, als Dr.

Joachim Röder in ihm wohnte, dem Münzbetrug zum Schaden Lübecks vorgeworfen wurde." 1729-1876 als Packhaus genutzt. Umbau zum Wohnhaus. 1975-1985 Neubau und Umbauten der Musikhochschule. Älteste nachgewiesene Bebauung 1544, prägend 1730-1872 (Rokoko).
(Dms. seit 1967: Gesamtes Gebäude einschließlich des Flügels)

25 Gotisches ehemaliges Dielenhaus mit Treppengiebel, Jede zweite Schicht glasierter Stein; runde Blendnischen; EG neuzeitlich verändert mit Durchfahrt zum Hof, dabei auch unterer Giebelteil tiefer herabgezogen, Rückwärtig Dreiecksgiebel mit Doppelluke und gotischen Spitzbögen. Im rückwärtigen Saal Reste von Wandbemalung.
Erste Erwähnung des Grundstücks 1297 (Haus mit drei Buden), 1975-1985 Neubau und Umbauten der Musikhochschule. Älteste nachgewiesene Bebauung 1434, prägend 1500-1800 (unter Beibehaltung der Stilelemente der Gotik).
(Dms. seit 1967: Äußeres mit Vorder- und Hofgiebel)

27 Klassizistische Putzfassade mit Attika und Kranzgesims. Klassizistische Haustür,

verglast, mit Ziergitter. Rückwärtig verputzter Dreiecksgiebel. Bemalte Balkendecke von 1760.
Erste Erwähnung des Grundstücks 1294 (bebaut). 1783-1912 als Wohnhaus für den zweiten Pastor von St. Petri genutzt. 1975-85 Neubau und Umbauten der Musikhochschule. Älteste nachgewiesene Bebauung 1550-1600 , prägend 1850-1880 (Klassizismus).
(Dms. seit 1967: Straßenfassade)

29 Klassizistische Putzfassade mit Vasen und Balustren als Dachabschluß. Oberhalb des Kranzgesimses Attika. An der Seite zur Obertrave ein Erker. Innen: Bemalte Holzbalkendecke (paradiesische Landschaft). Im ersten OG Vestibül, Hauptzimmer mit ionischen Säulen, anschließend Zimmer mit Stuckdecke und seitlicher Nische; Treppe mit verstäbter Brüstung. Im hinteren Teil des Gebäudes großer Saal mit Stuckdecke und Ofennischen des späten 18. Jh. Im Seitenflügel bemalte Deckenbalken von etwa 1571. Innenhof, ein Stockwerk hoch, begrenzt älteren Renaissance-Flügelanbau und Küchenpavillon mit klassizistischer Holzfassade.
Erste Erwähnung des Grundstücks 1301 (bebaut). Als Salzhaus (Ende 13. Jh.) und Weingroßhandlung (bis 1865) genutzt. Kernbau des Hauses von 1526. 1803 Abbruch und Neubau. Bis 1865 Sitz der Eisenbahn-Zeitung. Ida Boy-Ed verlebte bis 1870 ihre Jugendjahre in dem Haus. Älteste nachgewiesene Bebauung 1526, prägend 1800 (Klassizismus).
(Dms. seit 1967: Äußeres)

Hartengrube

1287 Fossata ducis, 1379 Hartogengrove, 1402 Hartigengrove, 1460 Hertegengrove, 1569 Harkengrove, 1768 Herzogengrube, 1852 Herzengrube, seit 1884 Hartengrube.

5 Wohnhaus mit Stilelementen der Renaissance und des Spätklassizismus, Fassade verputzt. Profilierte Sohlbänke im ersten und zweiten OG. DG mit mittiger und seitlichen Zinnen. DG-Fenster in stichbogigen gefasten Blendnischen, die mittlere geschoßübergreifend.
Erste Erwähnung des Grundstücks 1305 (bebaut 1336, Nr 3 und 5 geteilt). 1796 ein zweigeschossiges Giebelhaus. 1811-1831 Vermietung einzelner Zimmer. 1891 Umbau zum dreigeschossigen Mehrfamilienhaus durch zweigeschossigen Ausbau der Diele, dabei Dielen-/Dornsen-Gliederung umgestaltet und Hauseingang verlegt. 1981/83 saniert, im Giebelbereich und Hoffassade Entfernung des Putzes, geschlämmt, Seitenflügel wieder backstein-

sichtig hergestellt. Älteste nachgewiesene Bebauung 1550-1599 (Renaissance), prägend 1550-1891 (Renaissance/Spätklassizismus).
(Dms. seit 1982: Gesamtes Gebäude)

6-8 Wohnhaus mit Renaissance-Treppengiebel, symmetrisch aufgebautes Doppelhaus; im EG Dornsenfenster und (ehemals) zwei Hauseingänge unter stichbogigen Entlastungsbögen. OG-Fenster in stichbogigen Blendnischen mit Fasenkante. Im Giebel Lukenöffnungen in drei Dachebenen, z. T. als stichbogige Blendnischen. Im EG weitgehend erhaltene Kreuzstockfenster des 18. Jh., Haustür und OG-Fenster 19. Jh. In der Mitte des Vordergiebels zwei Wappen und Jahreszahl 1579. Im Inneren Längsaufteilung in zwei Wohneinheiten; Nr. 6 reiche Ausstattung mehrerer Epochen (Renaissance, Barock, Klassizismus) an Decken und Wänden beider Geschosse (Malerei, Paneele).

Erste Erwähnung des Grundstücks 1316 (bebaut). 1579 neu erbaut. Ehemals im Eigentum des Domkapitels, 1812-1860 Dienstwohnung des Küsters, später des Kirchenvogts (Nr. 6) und des Organisten (Nr. 8, 1820 bis 1909). 1949 rechter Eingang zum Fenster umgebaut, Dornsenwände für Gemeinschaftssaal beseitigt. 1989 Instandsetzung. Älteste nachgewiesene Bebauung 1290-1316, prägend 1579 (Renaissance).
(Dms. seit 1968/1993: Äußeres, insbesondere Straßenfront, das Innere der östlichen Haushälfte [Nr. 6])

9 Rademacher-Gang, Haus 10/11 Fachwerk-Ganghaus einer Reihe von 1660-1668, Ausfachungen Backstein, Schwellbalken, profilierte Balkenköpfe, Dachgaube.
Erste Erwähnung des Grundstücks 1305 (bebaut). 1339 als „Ulebroke" bezeichnet, nach dem Goldschmied Godeke Ulebroke, der sich 1313 hier ein Haus baute. 1370 „Uhlenbroke haghen" mit mehreren Buden. Mitte 17. Jh. 18 Buden. 1982 Abbruch bis auf die massive Rückwand und Wiederaufbau, Nr. 10 und 11 zusammengelegt.

Älteste nachgewiesene Bebauung 1312-1370, prägend 1982.
(Dms. seit 1982: Gesamtes Gebäude)

9 Rademacher-Gang, Haus 12/13 Fachwerk-Ganghaus einer Reihe von 1660-1668, Ausfachungen Backstein, Schwellbalken, profilierte Balkenköpfe, Dachgaube.

Erste Erwähnung des Grundstücks 1305 (bebaut). 1339 als „Ulebroke" bezeichnet, nach dem Goldschmied Godeke Ulebroke, der sich 1313 hier ein Haus baute. 1370 „Uhlenbroke haghen" mit mehreren Buden. Mitte 17. Jh. 18 Buden. 1982 Abbruch bis auf die massive Rückwand und Wiederaufbau, Nr. 12 und 13 zusammengelegt. Prägende Bebauung 1982.
(Dms. seit 1982: Gesamtes Gebäude)

9 Rademacher-Gang, Haus 14/15 Fachwerk-Ganghaus der Renaissance, Teil einer Reihe von 1660-1668, Aus fachungen Backstein (im OG mit Ziermauerwerk), Schwellbalken, profilierte Balkenköpfe.
Erste Erwähnung des Grundstücks 1305 (bebaut). 1339 als „Ulebroke" bezeichnet, nach dem Goldschmied Godeke Ulebro-

ke, der sich 1313 hier ein Haus baute. 1370 „Uhlenbroke haghen" mit mehreren Buden. Mitte 17. Jh. 18 Buden. 1982 Abbruch bis auf die massive Rückwand, bei Nr. 15 Fachwerkwand des 17. Jh. erhalten. Älteste nachgewiesene Bebauung 1312-1370, prägend 1660-1981 (Renaissance).
(Dms. seit 1982: Gesamtes Gebäude)

11 Rokoko-Fassade, Kern des Hauses von 1660. Verputzte Trauffassade. Zwischen erstem und zweitem OG schmales Geschoßgesims, profiliertes vorkragendes Kranzgesims. Rahmenfüllungstür des Rokoko mit geschweiften, mittig zusammenlaufenden Voluten, in Rocaille Jahreszahl 1765, Oberlicht mit S-förmigen Sprossen, Türblätter mit geschwungenem Blatt- und Blütenwerk, seitlich rustifizierendes Türfutter bis zur Höhe des Kämpfers.
Erste Erwähnung des Grundstücks 1305 (bebaut). 1506-1530 Erwähnung eines Ganges auf dem gleichen Grundstück. 1660 Umbau, 1765 neue Fassade, Rokokotür eingesetzt. 1896 Aufstockung um ein

zweites OG. 1981 Sanierung und Umbau, Seitengebäude um ein Geschoß abgetragen. Älteste nachgewiesene Bebauung 1660 (Renaissance), prägend 1765 (Rokoko).
(Dms. seit 1967/1982: Gesamtes Gebäude)

12 Wohnhaus der Renaissance mit geschlämmter Backsteinfassade und Dreiecksgiebel, durch Firstzinne abgeschlossen, im oberen Teil als Rest der ehemaligen Gestaltung zwei stichbogige Luken, stichbogige Blendnische und Blendoculus. Jetzige Fassade 18./19. Jh. Im EG links hohe stichbogige Blendnische mit Fasenkante. Portal ebenfalls in Blendnische, im oberen Bereich ältere Sturzbohle. Fenster rechts und OG-Fenster unter stichbogigen Entlastungsbögen. Von der Straßenflucht von einen Vorgarten abgesetzt.
Keine frühe Erwähnung des Grundstücks. 1463 im Besitz des Klosters Cismar (nicht eindeutig belegt), später im Besitz des Dom-Kapitels. Um 1500 neu erbaut. Nach Aufhebung des Dom-Kapitels kam das Haus an Senator Nicolaus von Evers als Canonicus Livonisti (1811-1816), 1863 an die Stadt, die es verkaufte. Prägende Bebauung 1490-1510 (Renaissance).
(Dms. seit 1979: Äußeres sowie erhaltenswerte Teile im Inneren)

18 Schwans Hof, Haus 2 Ganghaus mit Zwerchhaus, Teil einer zweigeschossigen Hausreihe von 1550 unter einem Dach. Fassade verputzt, Fachwerk-OG, ehemalige Dielen/Dornsen-Gliederung.

Erste Erwähnung des Grundstücks 1296 (bebaut). 1550 Schwans Hof mit elf Häusern unter einem Dach (Name erst spät urkundlich nachweisbar, dennoch darf angenommen werden, daß er von der Familie de Cigno stammt, in deren Besitz sich das Grundstück 1296-1321 und 1330-1363 befand). Älteste nachgewiesene Bebauung 1532, prägend 1550-1820.
(Dms. seit 1967: Äußeres)

18 Schwans Hof, Haus 3 Ganghaus mit vollständig verbretterter breiter Gaube, Teil einer zweigeschossigen Hausreihe von 1550 unter einem Dach. Fassade verputzt, ehemalige Dielen/Dornsen-Gliederung, Dornsenfenster mit Läden.
Erste Erwähnung des Grundstücks 1296 (bebaut). 1550 Schwans Hof mit elf Häusern unter einem Dach (Name erst spät urkundlich nachweisbar, dennoch darf angenommen werden, daß er von der Familie de Cigno stammt, in deren Besitz sich das Grundstück 1296-1321 und 1330-1363 befand). Älteste nachgewiesene Bebauung 1532, prägend 1550-1820.
(Dms. seit 1967: Äußeres)

18 Schwans Hof, Haus 4 Ganghaus mit schmalem Zwerchhaus, Sockel mit Riemchen, Fassade verblendet, Teil einer zweigeschossigen Hausreihe von 1550 unter einem Dach. Fassade verputzt.

Erste Erwähnung des Grundstücks 1296 (bebaut). 1550 Schwans Hof mit elf Häusern unter einen Dach (Name erst spät urkundlich nachweisbar, dennoch darf angenommen werden, daß er von der Familie de Cigno stammt, in deren Besitz sich das Grundstück 1296-1321 und 1330-1363 befand). Älteste nachgewiesene Bebauung 1532, prägend 1550-1979.
(Dms. seit 1967: Äußeres)

18 Schwans Hof, Haus 5 Ganghaus mit Zwerchhaus (im Mittelflügel des Zwerchhaus-Fensters Bohle mit Löchern für Wäschestange), Teil einer zweigeschossigen

Hausreihe von 1550 unter einem Dach. Fassade verputzt, Fachwerk-OG, ehemalige Dielen/Dornsen-Gliederung.
Erste Erwähnung des Grundstücks 1296 (bebaut). 1550 Schwans Hof mit elf Häusern unter einem Dach (Name erst spät urkundlich nachweisbar, dennoch darf angenommen werden, daß er von der Familie de Cigno stammt, in deren Besitz sich das Grundstück 1296-1321 und 1330-1363 befand). In den 1920er Jahren historisierend saniert. Älteste nachgewiesene Bebauung 1532 (Renaissance), prägend 1550-1929 (Renaissance/Heimatschutzstil).
(Dms. seit 1967: Äußeres)

18 Schwans Hof, Haus 6 Ganghaus mit Zwerchhaus (Attika-Abschluß), Teil einer zweigeschossigen Hausreihe von 1550 unter einem Dach. Fassade verputzt, Fachwerk-OG, ehemalige Dielen/Dornsen-Gliederung, Sockel und Sohlbänke am Ende des 19. Jh. mit stark profilierten Gesimsen versehen.
Erste Erwähnung des Grundstücks 1296 (bebaut). 1550 Schwans Hof mit elf Häusern unter einem Dach (Name erst spät urkundlich nachweisbar, dennoch darf angenommen werden, daß er von der Familie de Cigno stammt, in deren Besitz sich das Grundstück 1296-1321 und 1330-1363 befand). Älteste nachgewiesene Bebauung 1532, prägend 1550-1899.
(Dms. seit 1967: Äußeres)

18 Schwans Hof, Haus 7 Ganghaus mit Fachwerk-Zwerchhaus, Teil einer zweige-

schossigen Hausreihe von 1550 unter einem Dach. Fassade verputzt, Fachwerk-OG, ehemalige Dielen/Dornsen-Gliederung, Haustür 1950 versetzt.
Erste Erwähnung des Grundstücks 1296 (bebaut). 1550 Schwans Hof mit elf Häusern unter einem Dach (Name erst spät urkundlich nachweisbar, dennoch darf angenommen werden, daß er von der Familie de Cigno stammt, in deren Besitz sich das Grundstück 1296-1321 und 1330-1363 befand). 1983-1984 saniert. Älteste nachgewiesene Bebauung 1532, prägend 1550-1865.
(Dms. seit 1967: Äußeres)

18 Schwans Hof, Haus 8 Ganghaus mit Fachwerk-Zwerchhaus (mit Löchern für Wäschestangen in der Brüstungsbohle), Teil einer zweigeschossigen Hausreihe von 1550 unter einem Dach. Fassade verputzt, Fachwerk-OG, ehemalige Dielen/Dornsen-Gliederung.
Erste Erwähnung des Grundstücks 1296 (bebaut). 1550 Schwans Hof mit elf Häusern unter einem Dach (Name erst spät urkundlich nachweisbar, dennoch darf angenommen werden, daß er von der Familie de Cigno stammt, in deren Besitz sich das Grundstück 1296-1321 und 1330-1363 befand). Älteste nachgewiesene Bebauung 1532, prägend 1550-1820.
(Dms. seit 1967: Äußeres)

18 Schwans Hof, Haus 9 Ganghaus mit Zwerchhaus (stichbogige Fensteröffnung und profilierter Dreiecksgiebel), Teil einer zweigeschossigen Hausreihe von 1550 unter einem Dach. Fassade verputzt, Fachwerk-OG, ehemalige Dielen/Dornsen-Gliederung. Haustür mit Rauten und Kreisornament um 1800.
Erste Erwähnung des Grundstücks 1296 (bebaut). 1550 Schwans Hof mit elf Häusern unter einem Dach (Name erst spät urkundlich nachweisbar, dennoch darf an-

genommen werden, daß er von der Familie de Cigno stammt, in deren Besitz sich das Grundstück 1296-1321 und 1330-1363 befand). Um 1800 umgebaut, 1983 saniert. Älteste nachgewiesene Bebauung 1532, prägend 1550-1820.
(Dms. seit 1967: Äußeres)

18 Schwans Hof, Haus 10 Ganghaus mit Fachwerk-Zwerchhaus, Teil einer zweigeschossigen Hausreihe von 1550 unter einem Dach. EG verputzt, Fachwerk-OG, ehemalige Dielen/Dornsen-Gliederung.
Erste Erwähnung des Grundstücks 1296 (bebaut). 1550 Schwans Hof mit elf Häusern unter einem Dach (Name erst spät urkundlich nachweisbar, dennoch darf angenommen werden, daß er von der Familie de Cigno stammt, in deren Besitz sich das Grundstück 1296-1321 und 1330-1363 befand). 1988 saniert. Älteste nachgewiesene Bebauung 1532, prägend 1550-1820.
(Dms. seit 1967: Äußeres)

18 Schwans Hof, Haus 11 Ganghaus mit Fachwerk-Zwerchhaus, Teil einer zweigeschossigen Hausreihe von 1550 unter einem Dach. EG verputzt, Fachwerk-OG, ehemalige Dielen/Dornsen-Gliederung, teilweise erhaltene Blockzargenfenster mit Winkelbändern.
Erste Erwähnung des Grundstücks 1296 (bebaut). 1550 Schwans Hof mit elf Häusern unter einem Dach (Name erst spät urkundlich nachweisbar, dennoch darf angenommen werden, daß er von der Familie de Cigno stammt, in deren Besitz sich das Grundstück 1296-1321 und 1330-1363 befand). 1996 saniert. Älteste nachgewiesene Bebauung 1532, prägend 1550-1820.
(Dms. seit 1967: Äußeres)

18 Schwans Hof, Haus 12 Ganghaus mit Fachwerk-Zwerchhaus, Teil einer zweigeschossigen Hausreihe von 1550 unter einem Dach. EG verputzt, Fachwerk-OG, ehemalige Dielen/Dornsen-Gliederung.
Erste Erwähnung des Grundstücks 1296 (bebaut). 1550 Schwans Hof mit elf Häu-

sern unter einem Dach (Name erst spät urkundlich nachweisbar, dennoch darf angenommen werden, daß er von der Familie de Cigno stammt, in deren Besitz sich das Grundstück 1296-1321 und 1330-1363 befand). 1976 Reparatur am Fachwerk. Älteste nachgewiesene Bebauung 1532, prägend 1550-1820.
(Dms. seit 1967: Äußeres)

19 Barockes Haus mit Segmentbogengiebel. EG verputzt, OG und DG Backstein. Stichbogiges Portal mit Putzrahmung und Fasenkante. Fenster im EG rechts mit Stützkloben für Läden. OG Brüstungsgesims, die mittleren unter Entlastungsbögen. Zwerchhaus mit Kranzgesims, profiliertes Ortgesims. Gesproßte Blockzargenfenster, EG mit geteiltem Oberlicht. Rahmenfüllungstür mit gesproßtem Oberlicht um 1900.
Erste Erwähnung des Grundstücks 1312 (bebaut 1324). Vermutlich 16 . Jh. neu erbaut. Fassade Mitte 18. Jh. erneuert, mit Zwerchhaus umgebaut. 1942 beim Bombenangriff Dach ausgebrannt. 1945 Putz im OG und Zwerchhaus entfernt. Älteste nachgewiesene Bebauung 1300-1312, prägend 1740-1760 (Barock).
(Dms. seit 1979: Äußeres, insbesondere Straßenfassade)

20 Renaissance-Vorderhaus zu Schwans Hof (stichbogiger Durchgang), geschlämmte Fassade. EG mit Dielen/Dornsen-Gliederung, rundbogiges Portal mit gestuftem und abgefastem Gewände. Medaillons, ehemals für Terrakottareliefs. Auskragendes Fachwerk-OG, reich beschnitzte Schwelle, Sturzbohlen und Ständer sowie viertelkreisförmige Winkelhölzer, Rähm mit Zahnschnitt, karniesprofilierte Traufbohle (für Lübeck außerordentliche Fachwerkkonstruktion und -dekor mit pflanzlichem und figürlichem Schnitzwerk, Datumsinschriften auf der Schwelle in drei Medaillons Ad 15,51, am Mitelständer 1551). Fensteröffnungen un-

ter stichbogigen Entlastungsbögen, in den Zwickeln Blendoculi.
Erste Erwähnung des Grundstücks 1296 (bebaut). Domus des Johannes Swan. 1551 Neubau des Vorderhauses. Altes Krughaus: „Der Schwan", „Der weiße Schwan". 1985-1989 Freilegung der zwischenzeitlich verputzten Fassade, Sanierung des Hauses. Älteste nachgewiesene Bebauung 1290-1996, prägend 1551 (Renaissance).
(Dms. seit 1976: Gesamtes Gebäude)

23 Barockes Haus mit Trauffassade in Backstein, verputzt. EG korbbogiges Portal mit verputzter Leibung, profilierter Kämpfer um die Leibung verkröpfte. Mehrfach profiliertes Traufgesims. Hauptgebäude vermutlich mit Mauerresten des 15. Jh. Kleinteilig gesproßte Blockzargenfenster mit kleinteiligem gesproßten Oberlicht, größtenteils spitz zulaufende Winkelbänder auf Stützkloben. Zweiflügelige Rahmenfüllungstür mit rautenförmiger Lattung, profiliertem Kämpfer und

radial gesproßtem Oberlicht, Türschild Ende 18. Jh.
Erste Erwähnung des Grundstücks 1309 (bebaut). Seit dem 14. Jh. mit Nebenhaus. 1841 von der Gesellschaft für Beförderung gemeinnütziger Tätigkeit gekauft, zur zweiten Kleinkinderschule umgebaut. In der zweiten Hälfte 19. Jh. Seitenflügel mit Fachwerk-OG des 16. Jh. verlängert. 1955 Fassade durchgreifend umgebaut, 1989 Malerei des 18. Jh. auf Paneel freigelegt. 1998 erneuter Umbau. Älteste nachgewiesene Bebauung 1290-1309, prägend 1750-1799 (Barock).
(Dms. seit 1967/1990: Gesamtes Gebäude)

28 Eckhaus mit Renaissance-Treppengiebel (Taustabprofilierung). Bestandteil einer Mietshausanlage mit Doppelgiebel und sechs anschließenden Traufenhäusern unter einem Dach in der Lichten Querstraße. Öffnungsgliederung 1855 im EG verändert. OG-Fenster in stichbogigen Blendnischen mit Taustabkanten, stichbogige Lukenöffnungen – ebenfalls mit Taustabprofil.
Erste Erwähnung des Grundstücks 1304 (bebaut), dazugehörig Buden in der Querstraße. 1597/1598 jeweils vier Buden abgetrennt. In der zweiten Hälfte 16. Jh. neu erbaut. 1982 saniert, Fassade dabei wieder backsteinsichtig hergestellt. Prägende Bebauung 1550-1599 (Renaissance).
(Dms. seit 1967: Äußeres, gesamtes Gebäude, insbesondere Fassade mit dem Giebel zur Hartengrube)

30 Wohnhaus mit Renaissance-Treppengiebel. Bestandteil einer Mietshausanlage mit Doppelgiebel und sechs anschließenden Traufenhäusern unter einem Dach in der Lichten Querstraße. Öffnungsgliederung 1855 im EG verändert. OG-Fenster in stichbogigen Blendnischen mit Fasenkante. Über dem Hauseingang Wappen mit Hausmarke und Jahreszahl 1741. Fassade bis in Sohlbankhöhe des OG verputzt. Fenster teilweise erhalten mit Winkelbändern des 18. Jh., Haustür um 1800. Rückwärtig Fachwerkgiebel.
Erste Erwähnung des Grundstücks 1304 (bebaut). 1597/1598 jeweils vier Buden abgetrennt. Im 19. Jh. ein Kramhaus. Älteste nachgewiesene Bebauung 1290-1304, prägend 1550-1599 (Renaissance).
(Dms. seit 1967: Äußeres, insbesondere Straßenfassade mit dem Giebel einschließlich Haustür und Wappen)

39 Wohnhaus mit Renaissance-Treppengiebel. EG verputzt, OGs Backstein. Dielen-/Dornsen-Gliederung, rundbogiges (rekonstruiertes) Portal mit zwei Gewändestufen (Taustab und Fasenkante). Die-

lenfenster in stichbogiger Nische mit Fasenkante. Gurtgesims. Im ersten OG links ehemals breitere Entlastungsbögen, rechts zwei Fenster in stichbogigen Nischen mit Fasenkante. DGs Lukenöffnungen mit Fasenkanten. Wappen des Hauseigentümers Jacob Rijswigk mit Jahreszahl 1594.
Erste Erwähnung des Grundstücks 1292 (bebaut). Bestandteil einer mittelalterlichen area, 1541 als Haus mit Bude abgeteilt. 1590 neu zweigeschossig erbaut, vermutlich Stuben in einem Dielenzwischengeschoß eingebaut. Nebenhaus einer Seifensiederei. 1803 Seitenflügel umgebaut. 1834 dreigeschossig ausgebaut, dabei den Hauseingang verbreitert und die Fenster auf der linken Achse verkleinert. 1982 saniert, Portal rekonstruiert. Älteste nachgewiesene Bebauung 1350-1373, prägend 1590 (Renaissance).
(Dms. seit 1967: Äußeres, insbesondere Straßenfassade)

40 Wohnhaus mit Renaissance-Treppengiebel, EG verputzt. Staffeln mit korbbogigen Blendnischen im 18. Jh. erneuert.

Erste Erwähnung des Grundstücks 1300 (bebaut). Seit alter Zeit bis ins 19. Jh. Branntweinbrennerhaus („Der Adler"). Im 17. Jh. neu erbaut. 1935-1936 Geschoßhöhen und Fensteröffnungen unter Verwendung der alten Maueranker erneuert, rückwärtige Fassade mit ursprünglichem Dreiecksgiebel unter Verwendung von Zementsteinen mit Staffeln versehen. Älteste nachgewiesene Bebauung 1290-1300, prägend 1600-1624.
(Dms. seit 1967: Äußeres, insbesondere Straßenfassade)

44 Heynats Gang, Haus 1 Fachwerkhaus mit Backstein-Ausfachung, OG leicht auskragend. Ständerfußblätter mit Kerbschnitzerei. Teil einer einstigen Ganghausreihe mit elf Buden, vermutlich aus der zweiten Hälfte 16. Jh. Unter einem Dach mit Haus 2.
Erste Erwähnung des Grundstücks 1300 (bebaut). 1986-1988 saniert, dabei im Erdgeschoß Fachwerk neu hergestellt. Prägende Bebauung 1550-1599 (Renaissance).

(Dms. seit 1985: Äußeres)

44 Heynats Gang, Haus 2 Fachwerkhaus mit Backstein-Ausfachung, OG leicht auskragend. Ständerfußblätter mit Kerbschnitzerei. Teil einer einstigen Ganghausreihe mit elf Buden, vermutlich aus der zweiten Hälfte 16. Jh. Unter einem Dach mit Haus 1.
Erste Erwähnung des Grundstücks 1300 (bebaut). 1986-1988 saniert, dabei im Erd-

geschoß Fachwerk neu hergestellt. Prägende Bebauung 1550-1599 (Renaissance).
(Dms. seit 1985: Äußeres)

50 Klassizistisches Haus mit geschlämmter Backsteinfassade (ursprünglich wohl

verputzt). EG mit Dielen/Dornsen-Gliederung, Hauseingang und Dielenfenster unter gemeinsamem Entlastungsbogen, Zwerchhaus mit Dreiecksgiebel (profiliertes Basis- und Ortsgesims, Halbkreisfenster). Eckhaus am offenen Zugang zu Kalands Gang.
Erste Erwähnung des Grundstücks 1293 (bebaut 1320). Im 17. Jh. „Die Sniggenbude". Um 1820-1830 neu erbaut. Älteste nachgewiesene Bebauung 1290-1320, prägend 1820-1830 (Klassizismus).
(Dms. seit 1966: Äußeres)

52 Kalands Gang, Haus 2 Klassizistisches Ganghaus, vermutlich im 16. Jh. eingeschossig erbaut. In der ersten Hälfte 19. Jh. mit verputzter Attikafassade, veränderter Öffnungsgliederung und Zwerchhaus mit Attikabschluß versehen. Haustür zweite Hälfte 19. Jh.
Erste Erwähnung des Grundstücks 1292 (bebaut 1352). 1462-1489 „De wide Hagen". 1464 erstmals im Kalands Gang erwähnt. Im 16. Jh. neu erbaut, in der zwei-

ten Hälfte 19. Jh. umgebaut. 1990 saniert. Älteste nachgewiesene Bebauung 1450-1464, prägend 1500-1849 (Klassizismus). (Dms. seit 1967: Äußeres)

52 Kalands Gang, Haus 3 Ganghaus, vermutlich im 16. Jh. eingeschossig erbaut, in der ersten Hälfte 19. Jh. mit verputzter Attikafassade, veränderter Öffnungsgliederung und Zwerchhaus mit Attikaabschluß versehen. Vermutlich in 1950er/60er Jahren sämtliche Gliederungselemente abgeschlagen und Dachterasse auf dem Zwerchhaus aufgebaut.

Erste Erwähnung des Grundstücks 1292 (bebaut 1352). 1462-1489 „De wide Hagen". 1464 erstmals im Kalands Gang erwähnt. Im 16. Jh. neu erbaut, in der zweiten Hälfte 19. Jh. umgebaut. 1990 saniert. Älteste nachgewiesene Bebauung 1450-64, prägend 1849 (Klassizismus). (Dms. seit 1967: Äußeres)

52 Kalands Gang, Haus 4 Klassizistisches Ganghaus, vermutlich im 16. Jh. eingeschossig erbaut, in der ersten Hälfte 19. Jh. mit verputzter Attikafassade, gestuftes Kranzgesims, Zwerchhaus mit Attikaabschluß versehen, auf dem eine Dachterasse mit Stahl/Holz-Geländer errichtet wurde.
Erste Erwähnung des Grundstücks 1292 (bebaut 1352). 1462-1489 „De wide Hagen". 1464 erstmals im Kalands Gang er-

wähnt. Im 16. Jh. neu erbaut, 1820-1830 umgebaut. 1984-1985 saniert. Prägende Bebauung 1830 (Klassizismus). (Dms. seit 1967: Äußeres)

52 Kalands Gang, Haus 5 Ganghaus mit Trauffassade und Giebel des Flügels, Hauptgebäude seitlich mit Dreiecksgiebel und Firstzinne.
Erste Erwähnung des Grundstücks 1292 (bebaut 1352). 1462-1489 „De wide Hagen". 1464 erstmals im Kalands Gang erwähnt. Im 16. Jh. neu erbaut, 1935-1936 umgebaut. Älteste nachgewiesene Bebauung 1450-1464, prägende 1935-1936. (Dms. seit 1967: Äußeres)

52 **Kalands Gang, Haus 9** Renaissance-Ganghaus mit Trauffassade, Backstein verputzt. Hauseingang unter Sturzbohle, OG teilweise kannelierte Balkenköpfe, DG mit Fachwerkgaube, kleiner Dreiecksgiebel. Haustür mit gesproßtem Oberlicht um 1800.
Erste Erwähnung des Grundstücks 1292 (bebaut 1352). 1462-1489 „De wide Hagen". 1464 erstmals im Kalands Gang erwähnt. Im 16. Jh. neu erbaut, 1977-1978 saniert. Älteste nachgewiesene Bebauung 1450-1464, prägende 1550-1599.
(Dms. seit 1967: Äußeres einschließlich der Haustür)

52 **Kalands Gang, Haus 10** Renaissance-Ganghaus (unter einem Dach mit Haus 9 und 11) mit Trauffassade, verputzt. Hauseingang mit breit abgefaster Leibungskante. Kannelierte Balkenköpfe, DG mit Fachwerkgaube, kleiner Dreiecksgiebel. Haustür mit gesproßtem Oberlicht.
Erste Erwähnung des Grundstücks 1292 (bebaut 1352). 1462-1489 „De wide Ha-

gen". 1464 erstmals im Kalands Gang erwähnt. Im 16. Jh. neu erbaut. 1982-1994 saniert. Älteste nachgewiesene Bebauung 1450-1464, prägende 1550-1599 (Renaissance).
(Dms. seit 1967: Äußeres)

52 Kalands Gang, Haus 11 Renaissance-Ganghaus (unter einem Dach mit Haus 9 und 10) mit Trauffassade, geschlämmt und verputzt. Fenster links unter stichbogigem

Entlastungsbogen. Kannelierte Balkenköpfe, DG mit Fachwerkgaube, kleiner Dreiecksgiebel.
Erste Erwähnung des Grundstücks 1292 (bebaut 1352). 1462-89 „De wide Hagen". 1464 Erstmals im Kalands Gang erwähnt. Im 16. Jh. neu erbaut. Älteste nachgewiesene Bebauung 1450-1464, prägende 1550-1599 (Renaissance).
(Dms. seit 1967: Äußeres)

52 Kalands Gang, Haus 12 Ende 18. Jh./ Anfang 19. Jh. neu erbautes Ganghaus, im

rechten Winkel zur Traufenhausreihe. Fachwerk-Seitengiebel. Verbretterte Gaube.
Erste Erwähnung des Grundstücks 1292 (bebaut 1352). 1462-1489 „De wide Hagen". 1464 erstmals im Kalands Gang erwähnt. Im 16. Jh. neu erbaut, 1980-1982 saniert, dabei Hauseingang in die ehemalige Fensterachse verlegt. Älteste nachgewiesene Bebauung 1450-1464, prägende 1750-1849.
(Dms. seit 1967: Äußeres)

54 Eckhaus zu Kalands Gang mit Renaissance-Treppengiebel, geschlämmt und verputzt; stichbogige DG-Öffnungen mit Fasenkanten; Öffnungsgliederung im EG vermutlich 1937 spiegelbildlich verdreht, rundbogiges Portal von links nach rechts versetzt, Dornsenfenster nach rechts.
Erste Erwähnung des Grundstücks 1292 (bebaut 1352). 1462-1489 „De wide Hagen". 1464 erstmals im Kalands Gang erwähnt. Im 16. Jh. neu erbaut, 1990 saniert.

Älteste nachgewiesene Bebauung 1290-1352, prägende 1580-1620 (Renaissance). (Dms. seit 1967: Äußeres)

Hinter der Burg

1288 Juxta fratres predicatorum, 1299 Apud santam Mariam Magdalenam (in der Straße befand sich die Maria-Magdalenen-Kirche des Burgklosters), 1470 Tegen dem Prediger Closter, 1480 By de Borch, 1513 Achter der Borchkerken, seit 1852 Hinter der Burg.

2 Knaben- und Mädchen-Grundschule, neogotischer Bau, auf dem Gelände der ehemaligen Burgkirche errichtet. Einer der ersten neogotischen Bauten in Lübeck, gebaut nach Entwürfen der Architekten K. F. W. Henrici und J. A. Fischer. Über Deutschem Band vorspringendes Zahnfries, mehrfach profilierte Traufkante, durch flügelartige Eckrisalite geordnet, farbige Backsteinornamentik. An den Giebelseiten eigenständige, flügelartige Treppenhäuser mit hohen, getreppten Blendgiebeln und laubenartigen Eingängen. Zur Großen Burgstraße Torbogen mit eisernem Gitterwerkstor. Im Inneren erhalten: Windfänge mit bleiverglasten Drillingsfenstern und Fensterrosen.
Reste des ehemaligen Burgklosters: 1. Kreuzgang (etwa 1319-1350), 2. EG-Räume der den Kreuzgang auf drei Seiten umschließenden Klausurgebäude. Ostflügel: Sog. Herrenzimmer (Sakristei, 1. Hälfte 15. Jh.); Durchgang, Winterrefektorium (erste Hälfte 15. Jh.), zweischiffiger Keller (erste Hälfte 14. Jh. Nordflügel. Zweischiffige, zehnjochige Halle (im Kern Mitte 13 Jh.). Westflügel: Kapitelsaal (erste Hälfte 14. Jh.), zweischiffig, sechsjochig; sog. Leichenkammer (erste Hälfte 14. Jh.). 3. sog. Hospital, Klausurgebäude (erste Hälfte 14. Jh.).
Das jetzige Gebäude wurde an Stelle der Burg- oder Maria-Magdalenen-Kirche von 1227 errichtet (Einsturz eines Pfeilers

1589, wieder errichtet. 1818 erneuter Einsturz, anschließend Abbruch der Kirche). 1874 Bau der Schule auf dem wüst liegenden Grundstück. Im Westen nimmt das Schulgebäude zur Hälfte das Gelände eines 1805 erbauten, ehemals direkt an die Kirche anschließenden Gebäudes mit der Küsterwohnung ein.
(Dms. seit 1991: Gesamter erhaltener Klosterkomplex, seit 1967; gesamtes Gebäude mit Toranlage und unmittelbarem Gebäudeumfeld (Hof, Platzbereich zwischen Burgkloster und Schulgebäude)

6 Burgkloster-Museum, gotisches sog. Beichthaus, 1367 westlich der Klausur des Burgklosters und der Kleinen Altefähre errichtet, zur Anlage des Burgklosters gehörig. Langgestreckter Bau mit Giebel zur Kleinen Altefähre. Unter dem Westende zweischiffiger Keller mit Mittelstütze.
1227 nach dem Sieg über die Dänen bei Bornhöved als Maria-Magdalena-Kloster der Dominikaner nach Abriß der alten Burganlage errichtet. Nach dem Stadtbrand 1276 erneuert; Nordflügel in Teilen aus der Bauzeit um 1250 erhalten. Die übrigen Klosterteile aus dem 13.-15. Jh. wurden als Teile des neogotischen Gerichtsgebäudes von 1894-1896 umgebaut und überformt. Kirche mit Rest der nördlichen Wand mit Weihe von 1319; Klostergebäude bestehend aus vierflügeligem, fast quadratischen Kreuzgang aus dem 13. und 14. Jh.; Hospital: erste Hälfte 14. Jh.; Beichthaus: um 1367 mit Überformungen zweite Hälfte 17. Jh. Moderne Vorbauten im Eingangsbereich des Museums von 1989-1990. Beichthaus heute im westlichen Drittel als Wohnung, im übrigen Teil als Turnhalle eingerichtet. Älteste nachgewiesene und prägende Bebauung des Beichthauses 1350-1367 (Gotik).
(Dms. seit 1967: Gesamtes Gebäude)

Holstenstraße

1290 Platea Holsatorum/Holzstrate, 1382 Holstenstrate, 1695 Holstraße, seit 1852 Holstenstraße.

35 Mietshaus im Jugendstil, reich mit figuralen und floralen Motiven geschmückte Fassade, dreigeschossiger Erker mit kleinem Dreiecksgiebel, zurückgestuft geschweifter Blendgiebel. Im Inneren Raumstruktur aus der Bauzeit 1902, gewendelte Treppenanlage, Stuck in den Räumen zur Straße, Rippenheizkörper mit Reliefornamentik im Jugendstil.

Erste Erwähnung des Grundstücks 1293 (bebaut 1301). Älteste nachgewiesene und prägende Bebauung 1902 (Jugendstil). (Dms. seit 1990: Gesamtes Gebäude)

Hüxstraße

1259 Huestrate (nach einem Bürgermeister), 1289 platea hucorum, 1303 Platea Huconis, 1350 Platea Huxaria, 1351 Hyxerstrate, 1413 Huckkesstrate, 1455 Hüxstrate, im Volksmund auch Büdelmakerstrate, seit 1852 Hüxstraße.

18 Barockes Wohnhaus mit dreiecksbekröntem Schweifgiebel.
Erste Erwähnung des Grundstücks 1393 (bebaut). 1418 unter der Bezeichnung „Tor Lutken Heyden" als Krughaus geführt. Die Reihe der Häuser Nr. 10-18 bestand aus mittelalterlichen Dielenhäusern zwischen gemeinsamen Brandmauern. Umbau 1. Hälfte 18. Jh. (Barock). Von 1789 bis 1799 erste Versammlungsstätte

der „Gesellschaft zur Beförderung gemeinnütziger Tätigkeit.
(Dms. seit 1975: Äußeres, insbesondere Straßenfassade mit Steildach)

21 Barockes Bürgerhaus des 18. Jh. mit geschweiftem Valutengiebel; Balkenkeller.

Erste Erwähnung des Grundstücks 1289 (vorher im Besitz von Hinricus Kolnere, nachher Frederic de Wittenborch). 1303 ist an der Ecke eine Bäckerei angegeben, im Besitz von Hermann Mornewech. 1594 weiter als Bäckerei genutzt, mit Giebel zur Königstraße. 1790 Wismarsches Posthaus, von dem die Wismarsche Post expediert wurde. 1860 Sitz des Verlages für den kleinen Lübecker Kalender. 1959 Umbau im EG. Prägende Bebauung 1769 (Barock/ Rokoko).
(Dms. seit 1967: Äußeres)

23 Spätklassizistisches Wohnhaus mit Putzfassade, Attikageschoß. Überformung durch Einbau eines Ladens.
Erste Erwähnung des Grundstücks 1299 (Teilung des Großgrundstücks, das bis an die Königstraße reichte). 1544 Abtrennung des Grundstücks Hüxstraße 23-31. Prägende Bebauung 1840 (Klassizismus). (Dms. seit 1977: Äußeres, insbesondere Straßenfassade)

25 Barockes Wohnhaus mit dreiecksbekröntem Schweifgiebel, Überformung durch Laden.

Erste Erwähnung des Grundstücks 1299. 1299 Teilung des Großgrundstücks Königstraße/Hüxstraße. 1544 Abtrennung der Liegenschaften Hüxstraße 23-31. Ältere nachgewiesene Bebauung 1700, prägend 1880 (unter Verwendung von Stilelementen des Barock).
(Dms. seit 1977: Straßenfassade)

27 Barockes Wohnhaus mit bekröntem Schweifgiebel, EG überformt durch Laden.

Erste Erwähnung des Grundstücks 1299. 1299 Teilung des Großgrundstücks Königstraße/Hüxstraße. 1544 Abtrennung der Liegenschaften Hüxstraße 23-31. Ältere nachgewiesene Bebauung 1760 (Barock), prägend 1880 (unter Verwendung von Stilelementen des Barock).
(Dms.: Äußeres, insbesondere Straßenfassade, seit 1977)

29 Barockes Wohnhaus mit bekröntem Schweifgiebel, EG überformt durch La-

den. Barocke Haustür. Versetzter gotischer Anbau.
Erste Erwähnung des Grundstücks 1299. 1299 Teilung des Großgrundstücks Königstraße/Hüxstraße. 1544 Abtrennung der Liegenschaften Hüxstraße 23-31. Als Färberhaus genutzt. Ältere nachgewiesene Bebauung 1700, prägend 1880 (unter Verwendung von Stilmitteln des Barock).
(Dms. seit 1973: Äußeres, insbesondere Straßenfassade sowie auf das Fragment einer Inschrift mit Jahreszahl im Innern des Gebäudes)

31 Klassizistisches Wohnhaus mit Putzfront und Attika, überformt durch Laden. Erste Erwähnung des Grundstücks 1299. 1299 Teilung des Großgrundstücks Königstraße/Hüxstraße. 1544 Abtrennung der Liegenschaften Hüxstraße 23-31. Giebelhaus 1827 abgebrochen und neu gebaut. Älteste nachgewiesene Bebauung 1700, prägend 1880 (Klassizismus).
(Dms. seit 1977: Äußeres, insbesondere Straßenfassade)

32 Gotisches ehemaliges Dielenhaus mit Treppengiebel, darin spitzbogige Hochblenden. Beim Ausbau des 1. OG zur Beletage wurden die Hochblenden nach unten verlängert. In zwei äußeren Blendnischen Büsten von Goethe und Schiller aus dem 19. Jh. Über dem Portal gußeiserne Inschriftentafel von 1866. Im Inneren Treppe aus der Zeit um 1780. Zweiflügelige Haustür, Anfang 19. Jh. Im Seitenflügel profilierte Fensterbänke der Renaissance, bemalte Balkendecke (Barock, um 1730) und Quadermalerei.
Inschrift der Tafel über dem Portal: „Auf daß, wenn wie ein Glas/Zerfallen wird der Leib,/Mag doch dies Haus bestehn/In Zeit und Ewigkeit./Dem Eigentümer sei durch Fleiß/Auch der Verdienst gegönnet/Wodurch er sich mit Achtung/Zu Lübeck Bürger nennet./Und somit tret ein Jeder/

in diese Stätte ein/Und geh zufrieden aus/
In Seine wieder heim."
Erste Erwähnung des Grundstücks 1302 (bebaut). Älteste nachgewiesene Bebauung 1275-1324, prägend 1450-1500 (Gotik, teilweise bei Umbau 1867 klassizistisch überformt).
(Dms. seit 1967/1995: Gesamtes Gebäude)

33 Bürgerhaus mit Empire-Fassade, EG überformt. Treppe um 1790.
Erste Erwähnung des Grundstücks 1299 (unbebaut, 1307 bebaut). 1375 Goldschmiede. 1769 „ein Krahm-Haus", 1813 Gewürzhandlung. Prägende Bebauung 1816-1821 (Klassizismus) durch Lillie und Lundt.
(Dms. seit 1968: Äußeres, insbesondere Straßenfassade)

35 Wohnhaus mit Renaissance-Treppengiebel, Blendfenstern und kreisrunden Nischen. Rokoko-Oberlicht. Durch Laden überformt.

Erste Erwähnung des Grundstücks 1321 (bebaut). 1555-1850 als Brauhaus genutzt. 1959 Umbau des Pferdestalls im Hintergebäude zum Wohnraum. Prägende Bebauung 1600 (Renaissance).
(Dms. seit 1958: Äußeres)

37 Barockes Wohnhaus mit dreiecksbekröntem Schweifgiebel, zweiflügelige Rokoko-Haustür mit Oberlicht. Überformt durch Laden. Rokokosaal mit umlaufenden Paneelen, Stuckdecke mit Blumenrocaillen.

Erste Erwähnung des Grundstücks 1308 (bebaut). 1340 eine Goldschmiede. 1806-1837 wurde ein Speisesaal angegeben, Raumaufteilung erhalten. Prägende Bebauung 1850 (Barock).
(Dms. seit 1977: Gesamtes Gebäude)

38 Klassizistische Putzfassade, Rundreliefs über den Fenstern im ersten OG mit antikisierenden Darstellungen, im EG überformt.

Erste Erwähnung des Grundstücks 1289 (bebaut). Bis 1811 Haus eines Tischlers. Neubau 1827, Veränderungen 1866, 1899 und 1958. Älteste nachgewiesene Bebauung 1266-1299, prägend 1827-1899 (Klassizismus).
(Dms. seit 1967: Straßenfassade, insbesondere die Reliefs)

39 Wohnhaus mit spätklassizistischer Putzfassade, Gebälk über den Fenstern, Überformung durch Laden.
Erste Erwähnung des Grundstücks 1296 (bebaut). 1350 Buden angegeben. 1356 ein Goldschmied. Umbau des 1797 angegebenen Giebelhauses 1860. Prägende Bebauung 1860 (Klassizismus).
(Dms. seit 1977: Äußeres, insbesondere Straßenfassade)

41 Klassizistisches Wohnhaus mit Putzfassade, alle Fenster gerahmt und verdacht. Überformung durch Laden.

Erste Erwähnung des Grundstücks 1309 (bebaut 1318). 1353 ein Goldschmied. 1462 zwei Buden angegeben. 1808-1820 ein Brauhaus. Prägende Bebauung 1860-1876 (mit Stilelementen des Klassizismus).
(Dms. seit 1977: Äußeres, insbesondere Straßenfassade, sowie Fragment einer Inschrift mit Jahreszahl im Inneren des Gebäudes)

42 Barockes Wohnhaus mit Schweifgiebel, überformt durch Laden. Ehemals mittelalterliches Traufenhaus, zum Dielenhaus mit Seitenflügel Mitte 18. Jh. umgebaut. Im Inneren barocke Treppe, Flügeltür und Wandpaneele; Flügeltür mit Sprossenteilung von Anfang 19. Jh.

Erste Erwähnung des Grundstücks 1307 (bebaut). Im 19. Jh. Haus eines Branntweinbrenners (bis 1861). Älteste nachgewiesene Bebauung 1275-1324, prägend 1730-1765 (Barock).
(Dms. seit 1968/1995: Gesamtes Gebäude)

44 Klassizistische Putzfassade mit Dreiecksgiebel, vor ein Dielenhaus des 16. Jh. gesetzt.
Erste Erwähnung des Grundstücks 1289 (bebaut). Bis 1538 gemeinsame Bebauung mit Nr. 46. 1530-1533 im Besitz des Siechenhauses von Travemünde, das eine Forderung an den Ratsherrn Thomas von Wickede hatte. Älteste nachgewiesene Bebauung 1266-1299, prägend 1500-1549, Fassade 1800-1832 (Klassizismus).

(Dms. seit 1995: Konstruktion und Äußeres des gesamten Gebäudes [Vorderhaus und Seitenflügel])

45 Klassizistisches Bürgerhaus mit Putzfassade, Fenster im OG mit Gebälk, schweres Kranzgesims als Abschluß. Rückwärtig spätgotischer dreieckiger Backsteingiebel von 1500 mit steigenden Blenden und Resten der ehemaligen Lukenöffnungen. Zweigeschossiger Flügel aus dem 17. Jh.

Erste Erwähnung des Grundstücks 1290 (bebaut). 1292 Verkauf einer halben Mauer des Hauses an den Besitzer von Nr. 47 (Brandmauer und Dachaufsatzstelle). 1355 Knochenhauer angegeben. 1473: „...hat ein Querhaus gekauft, wo früher zwei Häuser waren." 1477 Querhaus angegeben, mit Wassergraben und Speicher. 1545 - 1855 ein Brauhaus, das abgebrochen wurde. Ältere nachgewiesene Bebauung 1500 (Gotik), prägend 1855 (Klassizismus).
(Dms. seit 1977: Äußeres)

46 Spätbarocke Fassade mit dreiecksbekröntem Schweifgiebel, liegender ovaler Oculus im Giebelfeld, vor ein Haus aus dem 16. Jh. gesetzt, überformt durch Laden. Rückwärtiger Giebel mit vermauerten segmentbogigen Blendnischen und stichbogigen gefasten Lukenöffnungen.
Erste Erwähnung des Grundstücks 1289 (bebaut, zusammen mit Nr. 44). 1530-1533 im Besitz des Siechenhauses von Trave-

münde, das eine Forderung an den Ratsherrn Thomas von Wickede hatte. Älteste nachgewiesene Bebauung 1266-1324, prägend 1500-49, Fassade 1766-1799 (Spätbarock).
(Dms. seit 1995: Äußeres und Konstruktion des Vorderhauses)

48 Barockes Wohnhaus mit Schweifgiebel, überformt Ende 19. Jh. durch Laden. Haustür mit gesproßtem Oberlicht aus der Entstehungszeit. Im Inneren Diele aus der Entstehungszeit.
Erste Erwähnung des Grundstücks 1288 (bebaut). Älteste nachgewiesene Bebauung 1266-1299, prägend 1750-1799 (Spätbarock/Rokoko).
(Dms. seit 1966: Äußeres einschließlich Straßenfassade)

50 Klassizistische Attikafassade mit Mezzanin und Bel-étage, vor ein im Kern mittelalterliches Haus gesetzt, im EG überformt. Rückwärtiger Giebel mit erhaltener Lukengliederung.

Erste Erwähnung des Grundstücks 1310 (bebaut). 1804 englische und französische Schule für junge Töchter; 1808 Joseph-Christian-Lillie-Schule zur Erlernung der Baukunst-Zeichnung, 1810 Zigarrenfabrik, 1824-1859 Petri-Knabenschule. Älteste nachgewiesene Bebauung 1275-1310 (Gotik), prägend 1600-1860, Fassade 1860 (Klassizismus).
(Dms. seit 1995: Äußeres und Konstruktion des Vorderhauses)

58 Wohnhaus mit Renaissance-Treppengiebel mit ehemals hoher Diele, in die 1806 ein Zwischengeschoß eingezogen wurde. Im EG durch Mamorverkleidung überformt. Im Inneren auf 1691 datierter reich beschnitzter Hausbaum mit farbigem Kapitell, Raumausstattung 18. Jh.
Erste Erwähnung des Grundstücks 1304 (bebaut). 1806 auf 3 Etagen aufgestockt, wurde als Speicher genutzt, ab 1834 gemeinsam mit Nr. 56. Als Laus Zuckerfabrik bis 1927 betrieben, dann Hansa-

Dampfbäckerei. Älteste nachgewiesene Bebauung 1275-1324, prägend 1550-1649 (Renaissance).
(Dms. seit 1967/1994: Gesamtes Gebäude)

60 Klassizistische Putzfassade mit Bel-étage, Mazzanin über Kranzgesims, Fenster gerahmt, flacher Dreiecksgiebel als Abschluß. Vor eine vorhandene Fassade gesetzt, im EG überformt.

Erste Erwähnung des Grundstücks 1306 (bebaut). Seit 1579 als Rotbrauhaus belegt. 1874/1875 Abbruch und Neubau. Älteste nachgewiesene Bebauung 1275-1324, prägend 1874 (mit Stilelementen des Klassizismus).
(Dms. seit 1996: Äußeres und Konstruktion des Vorderhauses)

66 Gotisches Dielenhaus ohne OG, Treppengiebel durch Spitzbogenblenden mit Fasenkanten gegliedert. Rundbogiges Portal, im 18. Jh. neu gefaßt, im 19. Jh. Luken durch Fenster ersetzt. Seitenflügel von 1550-1649 (Renaissance)

Erste Erwähnung des Grundstücks 1292 (bebaut). Älteste nachgewiesene Bebauung 1275-1299, prägend 1450-1499 (Gotik).
(Dms. seit 1977: Gesamtes Gebäude)

69 Klassizistisches Bürgerhaus mit schlichter Putzfassade, rückwärtig Backsteinfassade mit Dreiecksgiebel und Blendbögen, vermutlich 16./17. Jh. Haustür 1810/1820.
Erste Erwähnung des Grundstücks 1284 (bebaut). 1295 Haus eines Kürschners, 1526-1811 Brauhaus (1580 Rotbrauhaus). Der benachbarte Gang gehörte 1797-1873 mit zum Eigentum. 1853 Armenschule für Knaben. Älteste nachgewiesene Bebauung 1600, prägend 1810/1820 (Klassizismus).
(Dms. seit 1977: Gesamtes Gebäude)

73 Im Kern mittelalterliches Dielenhaus mit klassizistischer Putzfassade, Attikage-

schoß, spätklassizistische Elemente, Zierfriese, im EG stark überformt. Im Vorderhaus Wohnungs- und Treppenausstattung aus dem 19. Jh. weitgehend erhalten. Im Seitenflügel Balkendecke, Segmentbögen über den Fenstern, gotische Maueranker, Inschriftentafel „Johann Friedrich Schultz Anno 1751 den 9. Juli". Im Inneren Wandpaneele, Tür und Fensterbeschläge des Barock. Erste Erwähnung des Grundstücks 1305 (1310 bebaut). 1316 ein Goldschmied angegeben. 1548-1857 Brauhaus. Ältere nachgewiesene Bebauung gotisch, prägend 1876 (mit Stilelementen des Klassizismus), im Seitenflügel 1750.
(Dms. seit 1995: Gesamtes Gebäude [Vorderhaus und Seitenflügel)

75 Klassizistisch überformtes Wohnhaus, im Kern Ende 16./Anfang 17. Jh. mit Attikageschoß, Gesimsen, Fensterverdachungen. Rückwärtig backsteinsichtig mit Stichbögen und Resten ehemaliger Fenster. Im Inneren Hausbaum mit korinthischem Kapitell und beschnitztem Sattelholz, Flurbelag im EG Gotländer Platten. Raumstruktur im OG aus dem Umbauzeit 1870. Spätmittelalterlicher Dachstuhl. Im Seitenflügel klassizistische Wohnungseingangstüren, schlichter Stuckdeckenrand. Erste Erwähnung des Grundstücks 1310 (bebaut). 1501-1875 ein Brauhaus (1579-1600 Rotbrauhaus). Ältere nachgewiesene Bebauung 1700, prägend 1872 (Klassizismus).
(Dms. seit 1995: Gesamtes Gebäude [Vorderhaus und Seitenflügel])

77 Bürgerhaus mit klassizistischer Putzfassade mit Attikageschoß und Kranzgesims, Konsolen, Sohlbänken, Verdachungen, im Kern aus dem 16. Jh. Im EG stark überformt. Rückwärtig backsteinsichtiger Dreiecksgiebel, Stichbögen und Reste ehemaliger Fensteröffnungen. Vorderhaus im Inneren mit umfangreich erhaltener Ausstattung aus dem 19. Jh.: Mosaikfuß-

boden, Treppen, Wohnungseingangstüren, Deckenstuck, Kachelöfen.
Erste Erwähnung des Grundstücks 1305 (bebaut). 1524-1845 Brauhaus. 1976 Durchgang zur Fleischhauerstraße. Älteste nachgewiesene Bebauung 1600, prägend 1897 (mit Stilelementen des Klassizismus).
(Dms. seit 1995: Gesamtes Gebäude [Vorderhaus und Seitenflügel])

79 Wohnhaus mit historisierender Fassade von 1904, errichtet innerhalb der mittelalterlichen Brandmauern. Beim rückwärtigen Seitenflügel in der Fassade Reste gotischer Hochblenden, mit Fasen gegliedert.

Erste Erwähnung des Grundstücks 1310, Teil des Großgrundstücks Nr. 79-87. 1323 ein Haus erwähnt, 1376 ein Haus mit fünf „aneinanderliegenden Buden unter einem Dach...“. 1580-1873 Weißbrauhaus mit Essigbraugerechtigkeit).
(Dms. seit 1995: Gesamter Seitenflügel [Äußeres und Inneres] sowie auf Brandmauer des Vorderhauses)

96 Palaisartiges, klassizistisches Wohnhaus von 1825 mit niedriger Attika, mittiges Portal, Fassade ungegliedert, mit schmalen, horizontalen, flach vertieften Putzfeldern, im EG überformt. Ältere Rück- und Nebengebäude (Anfang 17. Jh.) mit Fachwerkkonstruktion.
Bis 1600 keine eigenständige Einträge des Grundstücks, es war bebaut mit einer Balauerfohr 1 (1313 erste Erwähnung, ab 1345 Backhaus, ab 1542 Brauhaus) gehörigen Bude. Der Entwurf des Haupthauses

wird Christian Joseph Lillie zugeschrieben. Der Bau schließt Hüxstraße 96 mit ein, die Hauptfassade wurde dabei zur Hüxstraße gedreht. Älteste nachgewiesene und prägende Bebauung des Hauptgebäudes 1825 (Klassizismus), rückwärtiges Hofgebäude 1600-1699 (Renaissance).
(Dms. seit 1977: Gesamtes Gebäude)

111 Barock abgeschweifter Giebel, EG durch Ladenfront überformt. Rückwärtig backsteinsichtiger Dreiecksgiebel. Klassizistische Haustür.
Erste Erwähnung des Grundstücks 1299 (bebaut mit Doppelhaus). Bauliche Veränderungen Ende 17. Jh. 1989 saniert. Älteste nachgewiesene Bebauung 1600-1700 (mit Stilelementen der Gotik), prägend 1889 (mit Stilelementen des Barock).
(Dms. seit 1967: Äußeres)

115 Klassizistische Putzfassade mit Attika, im EG Rustika, vor ein Haus aus dem 15. Jh. gesetzt. Bögen oberhalb der Fenster im EG erkennbar. Haustor aus dem frühen 19. Jh. In der Diele doppelflüglige Tür zum Treppenhaus. Renaissanceflügel mit Stufengiebel, historischer Dachstuhl und Dacheindeckung. Fensterzargen aus der Erbauungszeit.
Erste Erwähnung des Grundstücks 1299 (bebaut 1313). Vom 15. bis zum 19. Jh. als Brauhaus genutzt. Bauliche Veränderungen im 19. und 20. Jh. 1900 Gemeinschaftshaus. 1921 Verein für Innere Mission. 1993 Umbau und Instandsetzung. Älteste nachgewiesene Bebauung 1500-1600 (Gotik), prägend 1864-1900 (mit Stilelementen des Klassizismus).
(Dms. seit 1993: Vorderhaus: Vor- und Rückfassade sowie Brandmauern. Eingangsbereich [Haustor mit Doppelflügeltür, Treppenhaustür] Flügel: Äußeres einschließlich Dachstuhl und historische Dachdeckung)

119 Barockes Haus mit Schweifgiebel (dreiecksüberkrönt). Gesimsband über

dem EG, Sohlbänke, Fenster überdacht und gerahmt. Zum Hof dreieckiger Backsteingiebel.
Erste Erwähnung des Grundstücks 1300 (bebaut 1319). 1353 bis 1421 mit Nr. 121 verbunden. Zum Beginn 14. Jh. Kornspeicher. Vor dem 18. Jh. als Brauhaus genutzt. Durch Brand des Nachbarhauses 1784 stark beschädigt. Putzfassade 1785 errichtet. Bauliche Veränderung 1868. 1992 Instandsetzung. Älteste nachgewiesene Bebauung 1600-1700, prägend 1750-1785 (Barock).
(Dms. seit 1977: Gesamtes Gebäude)

121 Barockes Haus mit Schweifgiebel (dreiecksbekrönt). In den OG Fenster gerahmt und überdacht, Mittelachse im ersten OG durch Dreiecksbekrönung betont. Zum Hof dreieckiger Backsteingiebel. Flügel aus dem 17. Jh. Beschnitzte Eingangstür, verglaste Füllung mit Dreiecksverdachung.
Erste Erwähnung des Grundstücks 1300 (bebaut mit einem Steinhaus). 1320 bis 1421 mit An der Mauer 14-32 verbunden. Im 16. bis ins 19. Jh. als Brauhaus genutzt. 1784 abgebrannt. 1785 neu als Bier- und Essigbrauerei gebaut. Umbauten 1867 und 1874. Älteste nachgewiesene Bebauung 1500-1600, prägend 1785 (Barock).
(Dms. seit 1977: Gesamtes Gebäude)

128 Gotisches Bürgerhaus mit Treppengiebel, spitzbogige Blendfenster, in denen sich zweiteilige Zargenfenster befinden; in den drei mittleren Blenden doppelte zusätzliche Blendbögen. Portal mit alter Tür und gesproßtem Oberlicht.
Erste Erwähnung des Grundstücks 1287 (1292 bebaut). 1361 ein Haus mit vier Buden, 1439 mit sechs Buden, 1592 als Rotbrauhaus mit zwei Buden angegeben, bis 1973 Brauhaus der Brauerei Bade. 1979 saniert, Umbau zum Studentenwohnheim, Verlust originaler Substanz. Älteste nachgewiesene Bebauung 1480-1520 (Spätgotik), prägend 1480-1520 (Frührenaissance).
(Dms. seit 1967: Äußeres, insbesondere Straßenfassade)

Hundestraße

1263 Platea canum, 1289 Hundestrate, 1376 Hunnestrate, seit 1852 Hundestraße.

4 Renaissance-Haus mit klassizistischem Anteil, Teileinheit des spätmittelalterlichen zweigeschossigen Reihenhauses Hundestraße 4-8. Fassade mit Zwerchhaus um 1600, der Dreiecksgiebel ist eine Ergänzung des 18. Jh.

Das Großgrundstück Hundestr. 2-8 wurde 1306 erstmals erwähnt, bebaut mit drei Häusern unter einem Dach. 1449 Aufteilung in eigenständige Einheiten. Älteste nachgewiesene Bebauung 1300 -1400 (Gotik), prägend 1575 -1599 (Renaissance).
(Dms. seit 1980: Gesamtes Gebäude)

8 Klassizistisch überformtes Traufenhaus mit geschweiftem Fachwerk-Zwerchgiebel aus der zweiten Hälfte 18. Jh. Gehört in die Kleinhausgruppe Hundestraße 4-8. Seitenflügel von 1590 -1610.

Seit 1450 eigenständige Liegenschaft. In dem Haus wurde eine Lohgerberei, später Rothlöscherei betrieben. Älteste nachgewiesene Bebauung 1300-1400 (Gotik), prägend 1725-1775 (Barock).
(Dms. seit 1979: Äußeres)

10 Renaissance-Dielenhaus mit Treppengiebel (Backsteinfassade). Schlichtes Barockportal. Bildet mit der benachbarten Nr. 12 eine herausragende Häusergruppe. Vorderfront original erhalten, zweite Hälfte 16. Jh. Rundbogiges Fasensteinportal mit Fenstern zum Zwischengeschoß, Rundbogen mit Sandsteinband überformt. Dielen- und Dornsenfenster in ursprünglicher Form. Veränderungen nur durch ein Zwischengeschoß im ehemaligen Dielenbereich.
Erstmalige Erwähnung des Grundstücks 1301, im Besitz des Bernardo da Anglia. Ab 1318 Bebauung. Im 17. Jh. im Besitz des Malers Johann Willinges. Ehemals Amtshaus und Herberge der Maurer und Steinhauer, bis 1866. Noch bis in die 40er

Jahre des 19. Jh. lief am Fastnachtsmontag ein als Hanswurst verkeideter Maurergeselle von dem Haus unter großer Anteilnahme der Bevölkerung die Straße auf und ab. Prägende Bebauung 1575-1600 (Renaissance).
(Dms. seit 1967: Äußeres, insbesondere Straßenfassade)

12 Renaissance-Dielenhaus mit Treppengiebel und besonders reich gegliedertem Rokoko-Portal, Rokoko-Haustür mit Oberlicht. Rückwärtiger Dreiecksgiebel von einer Fasensteinkante gerahmt (in Lübeck selten). Das ehemalige hohe Dielengeschoß wurde durch ein Zwischengeschoß geteilt.
Erste Erwähnung des Grundstücks 1301 (Besitzer Bernardo da Anglia), erstmals bebaut 1309. Älteste nachweisbare und prägende Bebauung 1590-1610 (Renaissance/Rokoko).
(Dms. seit 1967: Äußeres, insbesondere Straßenfassade mit Portal und Haustür)

17 Klassizistisch verputzter Vordergiebel von 1850. Die viergeschossige Fassade ist

klar gegliedert mit Blockzargenfenstern und Gesimsen versehen. In der geraden Giebelkrönung sitzt ein Halbrundfenster. Hoffassade aus Backstein im Stil der Renaissance gemauert, gegliedert durch Fensterblenden in den ehemaligen Lukenöffnungen. Im Seitenflügel Fachwerkkonstruktion.
Erstmalig erwähnt wurde das Grundstück 1293, bebaut mit einem Haus. Älteste nachgewiesene Bebauung von 1590. Von 1545 bis zum Ende des 16. Jh. wohnten in dem Haus die Bildschnitzmeister Tönnies Evers der Ältere und der Jüngere. Aus dieser Zeit stammt die jetzige Struktur des Gebäudes. Mitte 19. Jh. Tischlerei. Bis zum Ende 19. Jh. gehörte ein „Ganghaus" mit vier Wohnungen zum dem Gebäude. Das Gebäude ist heute Teil der benachbarten Stadtbibliothek.
(Dms. seit 1970: Äußeres)

18 Klassizistisch überformtes ehemaliges Renaissance-Giebelhaus. Im Kern noch in der ursprünglichen Form (Rückfassade mit Fasensteinblenden). Im Kern frühes 17. Jh., Überformung um 1800. Nr. 18 wurde zeitgleich mit Nr. 20 mit einer klassizistischen Fassade versehen. Derartige gleichzeitige Veränderungen kamen in Lübeck selten vor. Bei Nr. 18 ist die klassizistische Putzfront in nahezu allen Teilen erhalten, Fenster mit vorindustriellem Glas. Größerer Dielenraum mit Plattenbelag aus Kalksandstein und Ziegel erhalten, mit Vorzimmer, Küchenwand mit aufwendiger barocker Tür zwischen zwei Fenstern zur Diele. Geteilte Treppenanlage, zum Flügel und zum OG, im gesamten Haus klassizistisch kannelierte Türrahmungen.
Erste Erwähnung des Grundstücks 1298 (bebaut). Älteste nachweisbare Bebauung 1590-1610 (rückwärtige Fassade und Anbau ausschließlich), die Fassade prägend 1800-1824 (Klassizismus).
(Dms. seit 1988: Gesamtes Gebäude)

19-23 Historisierender Neubau von 1899. Die zuvor vorhandenen Fachwerkbauten

wurden abgerissen, als die Stadt auf den Grundstücken Wohnungen für Feuerwehrleute baute. An der Vorderfront wurden die Backsteinreliefs von Statius von Düren aus dem 16. Jh. (wieder) angebracht, die sich vermutlich bereits auf den abgerissenen Gebäuden befunden hatten. Sie stellen den Sündenfall aus dem Triptychon „Mensch zwischen Gesetz und Gnade dar (vgl. Mengstr. 27), Brustbilder der Propheten Joel und Daniel, Porträtmedaillons in dicken Kränzen.
Erste Erwähnung des Grundstücks 1294. Der daneben befindliche „Balhorns Gang“ wurde 1618 genannt. In dem früheren Gebäude befanden sich von 1554 bis 1588 Druckerei und Wohnung des Drukkers Johann Balhorn, der es von Hartwich von Stiten gekauft hatte, „zwischen dem Kalande und tonnies Evers belegen“.
(Dms. seit 1967: Terrakottaschmuck an der Fassade)

22 Barockes Schweifgiebelhaus, entstanden in der 1. Hälfte 18. Jh. durch die Überformung eines Renaissance-Dielenhauses mit eingeschossigem Flügel. Weitere Veränderungen an Fenster und Tür um 1800. Bildet mit Nr. 24 und 26 historische Häusergruppe.
Erste Erwähnung des Grundstücks 1301 (bebaut). Älteste nachweisbare Bebauung 1600-1649 (Renaissance), prägend 1725-1749 (Barock).
(Dms. seit 1967: Äußeres, insbesondere Straßenfassade)

24 Renaissance-Dielenhaus mit Treppengiebel um 1600. Giebel im unteren Teil später verändert. EG verputzt, Eingang in einem mit Putzdekor gerahmten Portal. Im Inneren kleiner Dielenraum; im Flügelbau Holzbalkendecke mit Mauereskenbemalung auf beigem Grund (um 1600).
Erste Erwähnung des Grundstücks 1313 (bebaut). Der Renaissancebau wurde zwischen die Brandmauern eines ehemaligen gotischen Hauses gesetzt. 1984 saniert. Älteste nachweisbare und prägende Bebauung 1575-1600 (Renaissance).

(Dms. seit 1965: Straßenfassade)

26 Renaissance-Dielenhaus mit Staffelgiebel um 1600, Giebelschultern mit Taustabprofil. Symmetrische Aufteilung der Fassade, betont durch das mittig liegende Portal. Das Dielengeschoß war zeitweilig zugunsten einer Bel-étage verkleinert, dazu wurden die hochrechteckigen Fenster des OG tiefer über die Blenden hinaus angeordnet. Blockzargenfenster mit gewölbten Scheiben (um 1800) größtenteils erhalten.

Erste Erwähnung des Grundstücks 1306 (bebaut). Fassade im 19. Jh. verputzt. 1979 saniert. Älteste nachweisbare und prägende Bebauung 1590-1610 (Renaissance).
(Dms. seit 1967: Äußeres, insbesondere Straßenfassade)

33 Traufenhaus mit Seitenflügel, im Kern aus der 2. Hälfte des 16. Jh. Jetzige Fassade klassizistisch, gut erhalten in der ursprünglichen Form, lediglich der Haupt-

eingang wurde auf den rückwärtigen Teil des Gebäudes verlegt.
Erste Erwähnung des Grundstücks 1326. Seit 1432 ist das Gebäude nachweisbar, seine jetzige Form erhielt es 1775. Das Haus war Teil der seit 1386 anerkannten St.-Klemens-Kaland-Stiftung, die 1846 aufgelöst wurde. Der benachbarte Kalands-Gang gehörte seit 1560 dazu. Das Haus wurde zwischen 1598 und dem 17. Jh. als Backhaus, im 19. Jh. als Töpferhaus genutzt.
(Dms. seit 1977: Äußeres, insbesondere Fassade)

35 Barock überformtes Renaissance-Dielenhaus mit bemerkenswertem Garten. Das backsteinsichtige Gebäude wurde Mitte des 16. Jh. im Stil der Renaissance gebaut und zwischen 1700 und 1724 barock verändert. Der prägende Volutenschweifgiebel mit Ochsenauge über den Fenstern entstand 1699. Bei der Sanierung des im 19. Jh. stark veränderten Hauses wurde 1974 der Renaissance-Zustand mit

40 Mehrfamilienhaus im Stil des Historismus. Unter Denkmalsschutz steht ein Renaissance-Querhaus mit großem Fachwerkzwerchhaus am Ende des Grund-

großem Dornsen- und Dielenfenster wiederhergestellt. Die Haustür ist im Stil des Rokoko mit reich beschnitzten Türblättern versehen. Erste Erwähnung des Grundstücks 1319.
(Dms. seit 1966: Gesamtes Äußeres)

38 Traufenhaus aus dem 15. Jh., überformt im Stil der Renaissance mit auffallend großem, gestaffelten Zwerchhaus. Verputztes Erdgeschoß 19. Jh.
Erste Erwähnung des Grundstücks 1299 (bebaut mit einem Querhaus). 1441 eigenständige Liegenschaft. Seit Mitte 15. Jh. waren in dem Haus Vikare der St. Marienkirche untergebracht. 1556 wurde es verkauft. Im 19. Jh. ist eine Hökerei und eine Schiffbier-Gerechtigkeit nachgewiesen. Älteste nachweisbare Bebauung 1400-1499 (Spätgotik), prägend 1590-1610 (Renaissance).
(Dms. seit 1967: Äußeres, insbesondere Straßenfassade)

stücks. An der Vorderfront Wappen mit Hausmarke (Jahreszahl 1644), zwei Kinder tragen auf einem Sandsteinrelief die Wappentafel. Fasensteingliederung mit Fasensteinportal vollständig erhalten.
Erste Erwähnung des Grundstücks 1299 (bebaut 1316).
(Dms. seit 1967: Hofgebäude)

46 Bürgerhaus unter einem gemeinsamen Renaissance-Treppengiebel mit dem Haus Nr. 48. In seiner Art ist das Gebäude einmalig in Lübeck: Frühneuzeitliches Mietshaus mit sechs Wohneinheiten, die zu einem Giebelhaus zusammengefaßt sind, die Häuser 46 und 48 in der Hundestraße, vom Schornsteinfeger-Gang aus an der südlichen Giebelfront die Häuser Nr. 11 und 12, an der östlichen Trauffront die Häuser Nr. 13 und 14. Nur noch der Giebel an der Vorderfront ist in ursprünglicher Form erhalten. Die Gliederung der Häuser Nr. 11/12 wurde 1983 wiederhergestellt.
Erste Erwähnung des Grundstücks 1321 (bebaut mit einem Haus und etlichen Buden). 1483 erwähnt als „twe boden under eynem dake...“, 1541 als Gang mit Vorderhäusern beschrieben. Aufteilung in zwei Häuser 1812. Älteste nachgewiesene Bebauung 1550-1599 (Renaissance), prägend 1800-1832 (Klassizismus/Renaissance).
(Dms. seit 1967: Äußeres, insbesondere Straßenfassade)

47 Traufenhaus mit Erker aus dem 16. Jh., 1985 vollständig wiederhergestellt. Die Verwendung von Fasensteinen an Vorder- und Rückfront ist auffällig für die geringen Ausmaße des Hauses. Der Seitenflügel im Stil des Klassizismus stammt aus den Jahren 1790-1810.
Das Gebäude ist die rechte Hälfte eines ehemaligen Doppelhauses, das 1364 erstmals belegt ist. Von Mitte 15. Jh. bis 1538 im Besitz des Elshaben-Armenhauses. Die prägende Bebauung ist datiert zwischen 1590 und 1610.
(Dms: Äußeres, seit 1967)

48 Renaissance-Giebelhaus, frühneuzeitliches Mietshaus, unter einem Dach mit Nr. 46 (siehe Nr. 46).

(Dms. seit 1967: Äußeres, insbesondere Straßenfassade)

49 Backsteingiebelhaus mit breitem Renaissancegiebel. Das aus der Zeit 1590 - 1610 stammende Gebäude wurde im 19. Jh. im Erdgeschoß stark verändert. Die klassizistische Haustür mit verzierten Türblättern ist original erhalten.
Das Grundstück umfaßte bis 1393 die heutigen Hausnummern 45-51. Dann erfolgte Teilung des Grundstückes „to them Lamme" und „to dem Adelernesten". Die Vereinigung der Landeskirche legte die Grundstücke 49 und 51 1978 wieder zusammen und baute die Häuser 1981 im hinteren Teil nach Abbruch neu auf.
(Dms. seit 1967: Äußeres und klassizistische Haustür)

50 (Schornsteinfeger-Gang). Gang aus dem 16. Jh. hinter den Häusern Hundestr. 46 - 54). 13 Hauseinheiten, vereint zu drei Häusern. Hausreihe 1-4 liegt als Querhaus hinter den Grundstücken Nr. 52 und 54, die eingeschossige Budenreihe ist äußerlich ungestört, im Inneren zu zwei Wohneinheiten zusammengefaßt. Die Hausreihe mit sechs Wohneinheiten gehörte zum Mietshaus Hundestraße 46/48. Die Gangeinheiten 11-14 liegen unter dem Dach des Giebelhauses Nr. 46/48 (siehe Nr. 46). Erste Erwähnung von fünf Buden 1350, das Grundstück umfaßte Hundestraße 46, 42 und 52 samt Gang Nr. 50. Aufteilung 1541. Der Name Schornsteinfeger-Gang ist seit dem 18. Jh. belegt.
(Dms. seit 1984: Nur die Gangeinheiten 11,12 und 13, Äußeres; Nr. 2 einfaches Kulturdenkmal)

51 Renaissance-Giebelhaus mit breitem Staffelgiebel aus den Jahren 1600-1624. In der Backsteinfassade Fensteröffnungen in stichbogigen Fasensteinblenden. Verputz-

tes Erdgeschoß. Seit die Vereinigung der Landeskirche die Gebäude Nr. 49 und 51 zusammenlegte, besteht für 51 kein eigener Zugang mehr.
(Dms. seit 1967: Äußeres)

52 Kleinhaus, als Gangvorderhaus Mitte 16. Jh. errichtet. Um 1800 im Stil des Klassizismus verputzt, mit dreiecksübergiebeltem Zwerchhaus. Seitenflügel war ehemals Schornsteinfeger-Gang Nr. 1. Bildet mit Hundestr. 54-58 eine Gruppe von traufenständigen, gleichartigen Kleinhäusern.
Die Liegenschaft gehörte bis 1427 zum Großgrundstück Hundestr. 46-52. Ab 1437 eigenständig erwähnt, mit einigen Buden bebaut. Jetzige Bebauung 1561 erwähnt: „...ein hus und is nu ein gangk mit dren waningen“ (heute Schornsteinfeger Gang 2-4). 1988 saniert. Älteste nachweisbare Bebauung 1550-1599 (Renaissance), prägend 1790-1810 (Klassizismus).
(Dms. seit 1979: Äußeres, erhaltenswerte Teile im Innern, seit 1979)

53 Renaissance-Bürgerhaus mit geschweiftem Giebel. Die backsteinsichtige Front wurde 1725-1774 im Stil des Barock verändert, die ältesten Bauteile stammen aus der Zeit 1550-1599. Das ehemals hohe

Dielengeschoß wurde niedriger gelegt, um eine Bel-étage auszubauen. Blockzargenfenster um 1800, Flügel und Beschläge zum größten Teil noch original erhalten. Erdgeschoß im 19. Jh. verputzt. An der Rückfront sind noch die alten Fasenstein-Lukenöffnungen erhalten. Erste Erwähnung des Grundstücks 1323.
(Dms. seit 1967: Äußeres, insbesonders Fassade)

54 Klassizistisch umgebautes Kleinhaus aus dem 16. Jh. Sehr breites Traufenhaus, mit Nr. 52 unter einem Dach. Klar gegliederte Fassade, komplett mit originalen und rekonstruierten Blockzargenfenstern ausgestattet.

Grundstück erstmals 1321 erwähnt, bebaut mit einem Haus und Buden. Ehemals als Kerzengießerhaus genutzt. Älteste nachgewiesene Bebauung 1550-1599 (Renaissance), prägend 1790-1810 (Klassizismus).
(Dms. seit 1979: Äußeres und erhaltenswerte Teile im Inneren)

55-59 (von-Höveln-Gang) Zweigeschossiges Doppelhaus im Stil der Renaissance unter hohem Satteldach mit mittigem Durchgang zu dem dahinterliegenden Gang mit eingeschossiger Budenreihe und zweigeschossigem Querhaus im Stil des Barock. Das Vorderhaus stammt aus den Jahren 1600-1624. Das Erdgeschoß der Putzfassade dominieren drei große Portale, von denen zwei in das Haus führen, das mittlere den Durchgang zum Von-Höveln-Gang bildet. Über den rechten Eingang eine Wappentafel aus Sandstein. Die Seitengebäude stammen von 1693. Eine Inschrifttafel mit dem Text: „H GODTHARD VAN Hövelen B VORSTER ANNO 1693". Das Quergebäude wurde in den Jahren 1700-1724 gebaut.
Erste Erwähnung des Grundstücks 1316. Seit 1475 als Einrichtung für Arme belegt, gestiftet im Testament des Peter Groge. Der Gang wurde ursprünglich als Peter-Droghen-Armengang bezeichnet. Später wurde die Stiftung von verschiedenen Familien verwaltet, u. a. Bürgermeister Claus

Brömsen und von Höveln, nach der die gesamte Anlage heute noch bezeichnet wird. 1971 wurde der Gang saniert, die Altenwohnungen vergrößert, ihre Zahl von zwölf auf acht reduziert.
(Dms. seit 1967: Gesamte Anlage einschließlich Wappen und Inschriftentafel)

56 Traufenständiges Doppelhaus aus dem 14. Jh., klassizistisch überformt. Ehemals durchlaufender Zahnschnittfries zwischen den beiden Geschossen, ein einmaliger mittelalterlicher Baudekor an einem Kleinhaus in Lübeck. Umbau mit dreiecksübergiebeltem Zwerchhaus um 1800. Älteste nachweisbare Bebauung 1300-1400 (Gotik), prägend 1790-1810 (Klassizismus).

(Dms. seit 1979: Äußeres und erhaltenswerte Teile im Inneren)

58 Mittelalterliches Kleinhaus, klassizistisch überformt. Mit Nr. 56 (siehe dort) traufenständig unter einem Dach. Fenster und Zwerchhaus aus der Zeit des Umbaues original erhalten. Gehörte zu einer in Serie erstellter zweigeschossiger Kleinbehausungen des 14. Jh. Vollständig erhaltenes Dachwerk.

(Dms. seit 1993: Äußeres, Dachkonstruktion mit Zwerchhaus, Brandmauern, Treppenanlage und restliche Bauausstattung des 19. Jh. im Inneren)

60 Klassizistisch überformtes Eckhaus, Traufenseite des Giebelhauses Rosengarten Nr. 2. Auffällig ist die lange Reihe gleichhoher Geschosse mit den Blockzargenfensterbändern. Die Dachgauben wurden erst 1948 aufgesetzt. Älteste nachge-

wiesene Bebauung 1300-1400 (Gotik), prägend 1725-1824 (Klassizismus). (Dms. seit 1976: Äußeres)

61 Klassizistisches Kleinhaus mit Zwerchhaus. Das zwischen 1790 und 1810 gebaute Haus erfuhr um 1900 starke Veränderungen. Der ursprüngliche Putz wurde entfernt, das ehemalige Dornsenfenster zum Ladenfenster umgebaut (andere Fenster noch erhalten).

Eine Bebauung ist seit 1377 belegt, ursprünglich mit zwei Buden unter einem Dach. 1598 erfolgte die Teilung. (Dms. seit 1979: Äußeres und erhaltenswerte Teile des Innern)

62 Eckhaus mit Renaissance-Treppengiebel. An der Fassade in Eisenklammern die Jahreszahl 1659, ferner über dem Portal Hausmarke und Buchstaben H und Z. An der Traufseite zum Rosengarten Inschrift Hans Wilm Zang; Portal mit Taustabprofilierung. Haustür mit Oberlicht aus der Zeit um 1800. Seitenflügel mit vorkragen-

dem Fachwerk-OG und Resten der Fensterzargen der Renaissance. Im Inneren des Vorderhauses Geschoßdecken aus der Bauzeit mit profilierten Deckenbalken über dem Zwischengeschoß; barocker Fensterpfosten im oberen hofseitigen Dielenfenster. Treppe aus der zweiten Hälfte 19. Jh. Im Vorderhaus und Seitenflügel Ausstattungsdetails einer biedermeierlichen Umbauphase.
Erste Erwähnung des Grundstücks 1312 (bebaut). 1495 gehören vier Buden dazu. Umbau Mitte 17. Jh., weitere Veränderungen 19. und 20. Jh. Älteste nachgewiesene Bebauung 1659 (Renaissance), prägend 1800-1870 (Klassizismus).
(Dms. seit 1967/1996: Gesamtes Gebäude [Vorderhaus und Seitenflügel])

63 Klassizistisches Kleinhaus mit Zwerchhaus und abschließendem Dreiecksgiebel. Das Dornsenfenster wurde um 1900 zum Ladenfenster umgebaut. Nr. 63 bildete den rechten Teil des ehemaligen Doppelhauses 61/63 (siehe Nr. 61). Die klassizistische Putzfassade des Baues von 1790-1810 blieb erhalten.

(Dms. seit 1979: Äußeres und erhaltenswerte Teile im Inneren)

64 Wohnhaus mit gotischem Treppengiebel über drei Lukengeschossen mit spitzbogig geschlossenen Blenden und segmentbogigen Doppelluken (Fasenstein). Kreisrunde Nischen im ersten OG und in den äußeren Staffeln mit Hohlkehlen, oberhalb der Luken mit Schmuckformsteinen vermauert. EG 1980 neuzeitlich überformt.
Erste Erwähnung des Grundstücks 1318 (bebaut). 1804 A. P. Eschenburg, 1928 Roeper Handelsgesellschaft. Älteste nachgewiesene und prägende Bebauung 1465-1500 (Gotik).
(Dms. seit 1967: Äußeres, insbesondere Straßenfassade)

65 Klassizistisches Traufenhaus, dessen prägende Bauteile aus den Jahren 1790-1810 stammen. Großes erhaltenes Dornsenfenster. Die benachbarten Häuser entstanden ebenfalls alle um die gleiche Zeit, nachdem das seit 1377 gleichmäßig bebaute Großgrundstück von der Ecke Tünkenhagen 32 an geteilt wurde. So entstand in der Hundestraße eine schützenswerte

Kleingruppe von verputzten Traufenhäusern.
(Dms. seit 1979: Äußeres und erhaltenswerte Teile im Innern)

66 Klassizistische Putzfassade mit Attikaabschluß auf Blattkonsolen. EG genutet, Sohlbankgesims im ersten OG. Im Kern älter. Rückwärtig dreieckiger Giebel, verputzt. Beschnitzte klassizistische Haustür, Oberlicht in den Ecken rot verglast. Hofgebäude in Backstein, Ursprüngliche Gliederung (16. Jh.) in Taustabformsteinen erkennbar. Möglicherweise Teil einer älteren, parallel zur Straße verlaufenden Bebauung. Im Inneren des Haupthauses Dielenraum mit Einbauten des Jugendstils, Treppe des 19. Jh.
Erste Erwähnung des Grundstücks 1315 (bebaut). Im 19. Jh. als Gerberhaus genutzt. 1875 und 1905 größere Umbauten. Älteste nachgewiesene Bebauung 1592, prägend 1875-1905 (mit Stilelementen des Klassizismus).
(Dms. seit 1978: Äußeres sowie auf den Dielenraum im Inneren, ferner auf das Äußere des älteren selbständigen Hofgebäudes)

67 Klassizistisches Traufenhaus, prägende Bauteile aus den Jahren 1790-1810. Blockzargenfenster aus der Zeit um 1800, größtenteils erhalten. Das Fachwerkzwerchhaus datiert wahrscheinlich älter als die klassizistische Fassade. Das Haus gehört in die Kleinhausgruppe Tünkenhagen bis Hundestraße 59.

(Dms. seit 1979: Äußeres und erhaltenswerte Teile im Inneren)

68 Bürgerhaus mit gotischen Treppengiebel, Lukengeschosse, spitzbogig geschlossene Blenden mit Viertelstab als vorgelegte Lisene. Im ersten OG werden die Segmentdoppelluken und Mittelpfeiler durch einen Vollstein, runde Blendnischen und Staffel durch Doppelfase gebildet. EG neuzeitlich verändert.
Erste Erwähnung des Grundstücks 1312 (bebaut). Im 18. und 19. Jh. als Gerberhaus genutzt. Älteste nachgewiesene und prägende Bebauung 1500 (Gotik).

(Dms. seit 1967: Äußeres, insbesondere Straßenfassade)

69 Klassizistisches Traufenhaus aus den Jahren 1790-1810. Dornsenfenster erhalten. Der ungewöhnlich breite Fachwerkerker ist ein Umbau aus dem frühen 19. Jh. (Dms. seit 1979: Äußeres und erhaltenswerte Teile im Inneren)

71 Eckhaus der Renaissance zum Tünkenhagen mit Zwerchhaus mit barockem Schweifgiebel über der Mittelachse. Portal mit Rundbogennische. Mit Tünkenhagen 17 unter einem Dach. Rückfassade größtenteils neu.

Erste Erwähnung des Grundstücks 1328 (bebaut). Bis ins 17. Jh. gemeinsames Großgrundstück Tünkenhagen 17/Hundestraße 71. 1599 drei Buden, „warvon twee an sinem orthus in der hundestraten belegen im Tunnekenhagen, die dritte in der hundestraten achter dem huse". Eigenständigkeit im 18. Jh., Aufsatz des barokken Schweifgiebels. 1982-1983 saniert. Älteste nachgewiesene Bebauung 1300-1399 (Gotik), prägend 1550-1599 (Renaissance/Barock).
(Dms. seit 1967: Äußeres)

73 Klassizistische Putzfassade mit schlichtem Giebelaufsatz oberhalb eines profilierten Gesimses, dünnes Gurtgesims unterhalb der Fenster im ersten OG.

Erste Erwähnung des Grundstücks 1333 (bebaut). In der jetzigen Form in der zweiten Hälfte 16. Jh. erbaut. Im 18. Jh. Wohn- und Tischlerhaus. Klassizistische Fassade im 19. Jh. vor das Haus gesetzt. 1982-1983 saniert. Prägende Bebauung 1790-1810 (Klassizismus/Neuzeit)
(Dms. seit 1980: Äußeres sowie erhaltenswerte Teile im Inneren)

74 Wohnhaus mit Renaissance-Treppengiebel. Staffel des Giebels, segmentbogige Lukenöffnungen sowie das halbbogenförmige Portal durch Fasenstein gebildet. Links und rechts vom Eingang hohe Dielenfenster.
Erste Erwähnung des Grundstücks 1304 (bebaut). 1978 saniert. Älteste nachgewiesene und prägende Bebauung 1600-1649 (Renaissance).
(Dms. seit 1967: Äußeres, insbesondere Straßenfassade)

75 Wohnhaus mit backsteinsichtiger Renaissance-Giebelfassade, gegliedert durch

Fasensteinblenden (Fenster im OG und Luken).
Ehemaliger Treppengiebel durch Abschweifung und Dreiecksbekrönung 1791 verändert. Geschmiedete Zahlenanker im Giebelfeld. EG verputzt.
Erste Erwähnung des Grundstücks 1302 (bebaut). Vorderhaus im späten 16 Jh. mit Renaissance-Giebel gestaltet. 1791 Giebel abgeschweift. In jener Zeit als Gerberhaus genutzt, im Hof großes Gerberhaus, „worin eine Stube, eine Kammer und ein Boden auch zwei Kälwe, 3 Gruben, 5 Färben und 2 Torfrähmen". Bis 1950 Maschinenfabrik und Apparatebauanstalt Carl Osterloh. 1982-1983 saniert, dabei ursprüngliche Blenden im OG wiederhergestellt. Prägende Bebauung 1590-1610 (Renaissance).
(Dms. seit 1967: Äußeres)

76 Gotisches Giebelhaus, durch abgeschweifte Schultern barock verändert. Spitzbogig geschlossene Blenden (Fasenstein) als Lisene vermauert. Als Pfeiler eingelegter Rundstab der segmentbogigen Doppelluken. Fenster und Tür neuzeitlich.
Erste Erwähnung des Grundstücks 1312 (bebaut). 1797-1863 als Lohgerberhaus geführt. 1986 saniert. Älteste nachgewiesene Bebauung 1500-1600 (Gotik), prägend 1864-1986 (unter Beibehaltung der Stilelemente der Gotik/Neuzeit).
(Dms. seit 1967: Äußeres, insbesondere Straßenfassade)

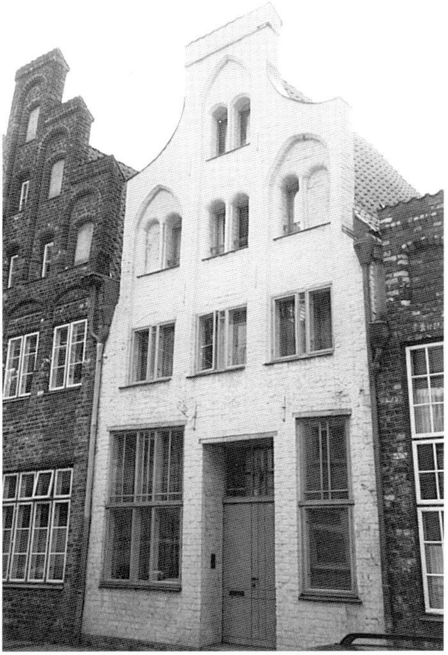

77 Dielenhaus mit backsteinsichtigem Renaissance-Treppengiebel, gegliedert durch Fasenstein-Fenster- und Lukenblenden. EG verputzt mit rundbogigem Portal, unter dem Putz Reste alter Formsteinstaffelung.

Erste Erwähnung des Grundstücks 1330 (bebaut). Vorderhaus in jetziger Form um 1600 erbaut, das Dachwerk stammt noch aus dem 15. Jh. OG im 19. Jh. verputzt. 1982-1983 saniert, dabei urprüngliche Blenden im OG wiederhergestellt, Putz entfernt. Von der historischen Substanz blieb nur die Vorderfassade erhalten. Prägender Bau der Vorderfassade 1590-1610 (Renaissance).
(Dms. seit 1967: Äußeres)

78 Wohnhaus mit Renaissance-Treppengiebel über drei Lukengeschossen. Segmentbogenförmig geschlossene Blenden, flachbogige Luken und Nischen im ersten OG mit Fasenstein vermauert. Halbbogenförmige Portaleinfassung durch Doppelfase, abgeschlagenen Bogen durch Formsteine gebildet. EG neuzeitlich verändert.

Erste Erwähnung des Grundstücks 1301 (bebaut). 1526 St.-Agneten-Armenhaus, Geverdes-Armenhaus (eine von Hans Geverde begründete Armenstiftung). Anfang des 19. Jh. in desolatem Zustand, 1827 mit dem Til-Gercken-Armenhaus (Johannisstraße 78) vereinigt. 1981 Umbauten, saniert. Älteste nachgewiesene und prägende Bebauung 1526-1800 (unter Beibehaltung der Stilelemente der Renaissance).
(Dms. seit 1967: Äußeres, insbesondere Straßenfassade)

80 Klassizistische Putzfassade mit abgeschweiftem, dreiecksbekrönten Giebel.

Sohlbankgesims im ersten OG. Empire-Haustür mit reichem plastischen Schmuck, breiter profilierter Kämpfer und Oberlicht.
Erste Erwähnung des Grundstücks 1299 (bebaut). 1299 „Loschenmaker“, 1459 Haus des „Rotloschers“. 1983 saniert. Älteste nachgewiesene Bebauung 1750-1799, prägend 1850 (Klassizismus).
(Dms. seit 1967: Äußeres, insbesondere Haustür)

83 Schillingshof, Haus 1 Eine von drei Buden im Stil der Renaissance in dem einseitig bebauten Gang, mit stichbogigen Fenstern in Fasensteinblenden und Holzsturz. Ehemalige Öffnung der Haustür als Fenster umgestaltet.
Erste Erwähnung des Grundstücks 1300 (bebaut). 1333 wurden die Grundstücke Hundestraße 81-95 zusammengelegt, 1392 acht unter einem Dach liegende Häuser. Ab 1592 eigenständig, Gang neu errichtet. Zugang durch das Vorderhaus Nr. 85. 1788 noch zum Vorderhaus gehörig. 1797 Er-

werb durch den Unteroffizier Hinrich Schilling, nach dem der Gang seither benannt ist (zwischenzeitlich auch nach dem Schiffszimmermann Johann Christian Schreiber, der ihn 1845 kaufte). Seit 1800 Eigenständigkeit der einzelnen Buden. Prägende Bebauung 1575- 1625 (Renaissance)
(Dms. seit 1998: Auf alle aus der Bauzeit erhaltenen Teile)

83 Schillingshof, Haus 2 Mittlere von drei Buden im Stil der Renaissance in dem einseitig bebauten Gang. Vom ursprünglichen Bau sind die Fasensteinöffnungen im EG und ersten OG erhalten. Im EG ein nachgebautes quergesproßtes Kreuzstock-Blockzargenfenster des 19. Jh.
Erste Erwähnung des Grundstücks 1300 (bebaut). 1333 wurden die Grundstücke Hundestraße 81-95 zusammengelegt, 1392 acht unter einem Dach liegende Häuser.

Ab 1592 eigenständig, Gang neu errichtet. Zugang durch das Vorderhaus Nr. 85. 1788 noch zum Vorderhaus gehörig. 1797 Erwerb durch den Unteroffizier Hinrich Schilling, nach dem der Gang seither benannt ist (zwischenzeitlich auch nach dem Schiffszimmermann Johann Christian Schreiber, der ihn 1845 kaufte). Seit 1800 Eigenständigkeit der einzelnen Buden. Älteste nachgewiesene und prägende Bebauung 1575-1625 (Renaissance/Neuzeit).
(Dms. seit 1998: Auf alle aus der Bauzeit erhaltenen Teile)

83 Schillingshof, Haus 3 Eine von drei Buden im Stil der Renaissance in dem einseitig bebauten Gang. Rechtes Dielenfenster mit originaler Zarge. Rundbogiges Portal und Dornsenfenster nachgebaut.
Erste Erwähnung des Grundstücks 1300 (bebaut). 1333 wurden die Grundstücke Hundestraße 81-95 zusammengelegt, 1392 acht unter einem Dach liegende Häuser. Ab 1592 eigenständig, Gang neu errichtet. Zugang durch das Vorderhaus Nr. 85. 1788

noch zum Vorderhaus gehörig. 1797 Erwerb durch den Unteroffizier Hinrich Schilling, nach dem der Gang seither benannt ist (zwischenzeitlich auch nach dem Schiffszimmermann Johann Christian Schreiber, der ihn 1845 kaufte). Seit 1800 Eigenständigkeit der einzelnen Buden. Älteste nachgewiesene Bebauung 1575-1625 (Renaissance), prägend 1960-1980 (Neuzeit).
(Dms. seit 1998: Auf alle aus der Bauzeit erhaltenen Teile)

84 Gekalkte klassizistische Backsteinfassade mit Fachwerk-Zwerchhaus. Segmentbogenförmige Eingangsöffnung durch gefasten Stein gebildet. Traufbrett als Abschluß. Unter einem Dach mit Nr. 82 und 86. Haustür im Zopfstil.
Erste Erwähnung des Grundstücks 1299 (bebaut). Gemeinsames Grundstück mit Nr. 82 und 86. Ab 1353 drei Häuser unter einem Dach. Ab 1588 separiert mit einer Bude. Älteste nachgewiesene und prägende Bebauung 1700-1830 (Klassizismus).
(Dms. seit 1975: Gesamtes Gebäude einschließlich der schutzwürdigen Teile im Inneren)

88 Wohnhaus mit Renaissance-Treppengiebel, Fassade darunter klassizistisch ver-

putzt, im EG neuzeitlich verändert. Sohlbankgesims im ersten OG. Zweites OG beidseitig mit Blendfenstern sowie einzelnen Sohlbänken. Profiliertes Abschlußgesims vor dem backsteinsichtigen Giebel. Im ersten OG des Flügels kleiner Saal mit barocker Stuckdecke mit figürlichen Darstellungen.
Erste Erwähnung des Grundstücks 1305 (bebaut). Im 18. und 19. Jh. als Gerberhaus genutzt. 1977 Veränderung der Fassade. Älteste nachgewiesene Bebauung 1600-1649 (Renaissance), prägend 1885-1895 (Renaissance/Klassizismus).
(Dms. seit 1967/1978: Äußeres sowie auf den im ersten OG des Flügels gelegenen kleinen Saal mit Stuckdecke)

90 Bürgerhaus mit gotischem Treppengiebel. Spitzbogig geschlossene Blenden mit Halbstab als vorgelegte schmale Rund-Lisene vermauert, zerstörte oder vermauerte Doppelluken. EG klassizistisch verputzt. Klassizistische Haustür.
Erste Erwähnung des Grundstücks 1313 (bebaut). Im 18. und 19. Jh. als Gerberhaus genutzt. Älteste nachgewiesene Bebauung 1490 (Gotik), prägend 1758-1861 (Gotik/Klassizismus).
(Dms. seit 1966: Äußeres)

94 Bürgerhaus mit gotischem Treppengiebel, Blenden und spitzbogig verputzten Doppelluken; Staffel mit Sägefries aus dem 14. Jh. EG klassizistisch verputzt, durch profiliertes Gesimsband abgeschlossen. Klassizistische Haustür. Hölzerne Wangen (mit Fugen) des Eingangs korrespondierend zur Tür. Im Inneren alter Dielenraum mit Treppenanlage und Ausstattung aus der Zeit um 1800. Im ersten OG des Seitenflügels Wandmalerei um 1600, Rokoko-Paneel.

Erste Erwähnung des Grundstücks 1302 (bebaut). Erste belegte beheizbare Dornse um 1380. Im 18. und 19. Jh. Haus eines Rotlöschers. 1982 saniert. Älteste nachgewiesene Bebauung 1284-1285 (Gotik), prägend 1869 (Gotik/Klassizismus).
(Dms. seit 1967/1981: Gesamtes Gebäude)

98 Renaissance-Eckhaus mit backsteinsichtigem Nebengiebel zur Wakenitzmauer. An den Nebengiebel anschließend ein Flügelbau mit kleinem Binnenhof. Fassade zur Hundestraße klassizistisch überformt und verputzt, Zwerchhaus mit Dreiecksgiebel. Fenster und Haustür klassizistisch. Im Inneren Ausstattung aus der Umbauphase um 1800: Verglaster Kücheneinbau mit Feuerstelle, Türen, Stuckbogen mit Wandpilastern, gestäbte Treppe.

Erste Erwähnung des Grundstücks 1308 (bebaut). Gemeinsames Grundstück mit Nr. 96 mit Buden an der Wakenitzmauer (als im „Sack" liegend beschrieben). Älteste nachgewiesene Bebauung 1559, prägend 1863-1880 (Klassizismus).
(Dms. seit 1993: Gesamtes Gebäude (Vorderhaus, Flügel) einschließlich der inneren Bauausstattung der Umbauphase um 1800, auch auf die Hofanlage in deren Begrenzung)

103 Klassizistische Backsteinfassade mit dreieckigem Zwerchgiebel, gleichartig wie das Nachbarhaus gestaltet, mit dem es unter einem Dach liegt. Originale Blockzargenfenster mit originalen Beschlägen und teilweise altem Glas. Original Haustür mit stichbogigem Oberlicht mit altem Glas. Kleiner Flügel aus dem 18. Jh. oder älter.

Erste Erwähnung des Grundstücks 1305 (bebaut). Im späten 18. Jh. mit klassizistischer Fassade versehen, ursprünglich verputzt (Backstein 1978 bei Instandsetzung freigelegt; Seitenflügel blieb in seiner Struktur erhalten). Prägende Bebauung 1775-1799 (Klassizismus).
(Dms. seit 1980: Gesamtes Gebäude)

105 Klassizistische Backsteinfassade mit dreieckigem Zwerchgiebel, gleichartig wie das Nachbarhaus gestaltet, mit dem es unter einem Dach liegt. Originale Blockzargenfenster mit originalen Beschlägen und teilweise altem Glas. Mittelalterlicher Kern erhalten.

Erste Erwähnung des Grundstücks 1307 (bebaut). Eck-Großgrundstück, das bis an die Wakenitzmauer reichte. 1317 bis zur Reformationszeit eine Badestube. 1597 „wöste stede“, Neubau der Buden. Im späten 18. Jh. mit klassizistischer Fassade versehen, ursprünglich verputzt (Backstein 1978 bei Instandsetzung freigelegt; Seitenflügel von der linken auf die rechte Seite des Gebäudes versetzt). Älteste nachgewiesene Bebauung 1325-1375 (Gotik), prägend 1775-1799 (Klassizismus).
(Dms. seit 1980: Gesamtes Gebäude)

107 Renaissance-Traufenhaus mit Backsteinfassade, Fasenstein-Fensterblenden und doppeltgestuftes Fasenstein-Portal; kleines Fachwerkzwerchhaus. Nachgebaute Fenster mit wiederverwendeten alten Beschlägen und vorindustriellem Glas.
Erste Erwähnung des Grundstücks 1307 (bebaut). Eck-Großgrundstück, das bis an die Wakenitzmauer reichte. 1317 bis zur Reformationszeit eine Badestube. 1597 „wöste stede“, Neubau der Buden. Jetziges Gebäude um 1600 errichtet zusammen mit dem Nachbarhaus Nr. 109 (ehemals gemeinsame Fachwerkrückfront). Vermutlich erstreckte sich die Reihe von Renaissance-Bauten bis an die Wakenitzmauer. Älteste nachgewiesene Bebauung 1325-1375 (Gotik), prägend 1575- 1625 (Renaissance).
(Dms. seit 1980: Gesamtes Gebäude)

109 Klassizistische Putzfassade. Kassettierte Tür des 19. Jh. Fenster erneuert.
Erste Erwähnung des Grundstücks 1307 (bebaut). Eck-Großgrundstück, das bis an die Wakenitzmauer reichte. 1317 bis zur Reformationszeit eine Badestube. 1597 „wöste stede“, Neubau der Buden. Jetziges Gebäude um 1600 errichtet zusammen mit dem Nachbarhaus Nr. 107 (ehemals gemeinsame Fachwerkrückfront). Vermutlich erstreckte sich die Reihe von Renaissance-Bauten bis an die Wakenitzmauer. Älteste nachgewiesene Bebauung 1325-1375 (Gotik), prägend 1800-1824 (Klassizismus).

(Dms. seit 1980: Äußeres sowie besonders erhaltenswerte Teile im Inneren)

Jacobikirchhof

5-6 Historisches Pastorenhaus im Stil des Neobarock. Straßenfassade mit Schweifgiebel, doppelte Voluten und geschwungene Haube; Giebelgeschosse durch breite Gurtbänder unterteilt.
Erste Erwähnung des Grundstücks 1290 (bebaut): Hennecke Wullenpunt schenkte zwei beim Kirchhof gelegene Häuser der Jacobikirche. Nr. 5 Pastorenhaus, Nr. 6 1797-1837 Predigerwitwenwohnung, anschließend Wohnung des Turmbläsers. 1730 durch Brand beschädigt. 1907 teilweise abgerissen, 1908 neu erbaut. Der Neubau steht auf den Fundamenten des gotischen Vorgängerbaus.
(Dms. seit 1986: Gesamtes Gebäude)

Kaiserstraße

1438 plates Caesaris, 1441 apus turrim Caesaris, 1462 By dem Kaiserthorne, 1592 Kayserstrate, seit 1852 Kaiserstraße.

6-8 Doppelhaus der Renaissance mit abgetrepptem Zwerchgiebel, darunter Fassade geschlämmt. Eingang Nr. 8 klassizistische Haustur. Fenster neuzeitlich verändert.
Erste Erwähnung des Grundstücks 1289 (bebaut 1351). Grundstücke Kaiserstraße 2-8 und Wakenitzmauer 2-8 gehörten bis ins 15. Jh. zum Großgrundstück Große Burgstraße 9-11. Der Hofbereich war bebaut mit einem Kornspeicher. In der er-

sten Hälfte 15. Jh. wurden die Grundstükke Kaiserstraße (Kornspeicher) abgetrennt, Bau eines Hauses und vier Buden unter einem Dach. Älteste nachgewiesene und prägende Bebauung 1575 (Renaissance).
(Dms. seit 1967: Äußeres, insbesondere Straßenfassade sowie auf die klassizistische Haustür)

Kapitelstraße

1309 Parva platea inter plateam arenae et plateam molendinorum, 1387 Papenstrate by dem Dome, 1441 Papenstrate, 1852 Pfaffenstraße bei der Parade, seit 1884 Kapitelstraße.

4 Renaissance-Treppengiebel, Dornsenfenster über stichbogigem Kellerhals mit gestuftem, abgefasten Gewände; rundbogiges Portal, ebenfalls mit gestuftem Gewände und Fasenkante. Geschosse horizontal gegliedert durch waagerechte Gesimse. Haustür aus dem 18. Jh. mit Rokoko-Oberlicht.
Erste Erwähnung des Grundstücks 1597 (bebaut mit „ein kleyn gevelhus"). Vermutlich ursprünglich Quergebäude auf dem Eckgrundstück Mühlenstraße/Kapitelstraße, ab 1597 eigenständig geführt. 1977 saniert. Prägende Bebauung 1575-1624 (Renaissance).
(Dms. seit 1967: Äußeres einschließlich der Haustür)

5 Rokoko-Fassade als Überformung einer ehemaligen Renaissance-Fassade eines Dielenhauses. Geringe Reste an der Fassade vom Ursprungsbau des 14 Jh. Über dem Eingang Wappen mit der Jahreszahl 1581. Neben der Eingangstür großes Dornsenfenster unter Segmentbogen. Fenster größtenteils aus dem 18. Jh. erhalten, Haustür um 1800. Balkenkeller, von dem vermutet wird, daß er einmal zu einem frei auf dem Grundstück stehenden Wohnturm gehörte. Rückwärtige Fassade klassizistisch.
Erste Erwähnung des Grundstücks 1290 (bebaut). In der zweiten Hälfte 14 Jh aufgestockt, neue Vorder- und Rückfassade.

1410 Vikarienwohnhaus, auch die „Papenkollatie“ genannt. Entscheidender Umbau 1581. Im 18. Jh. Wohnung des Stadtkommandanten Graf Chasot. Während der Zeit in die jetzige Form verändert. Ehemals ein Weinbrennerhaus. 1854 an die Stadt verkauft, die es ein Jahr später an die katholische Gemeinde veräußerte, die es als Schulhaus nutzte. 1873 Verkauf an einen Fuhrmann. Bewohner 1879: Droschkenfuhrmann, Schumacher, Steinhauer, Schneidergehilfe. 1980 saniert. Älteste nachgewiesene Bebauung 1300-1400 (Gotik), prägend 1750-1799 (Rokoko).
(Dms. seit 1966: Äußeres)

6 Bürgerhaus mit schlichtem Treppengiebel mit Stilelementen der Gotik und des Barock. Spitzbogiges Mittelportal mit gestuftem Gewände und Fasenkante, Fenster in stichbogigen Blendnischen mit Fasenkanten. Der Treppengiebel wurde im 18. Jh. neu aufgemauert.
Erste Erwähnung des Grundstücks 1597 (erstmals eine Bude erwähnt). Ehemals Nebengebäude der Domherrenkurie an der Ecke Kapitelstraße/Pferdemarkt. 1865 von der Gesellschaft zur Beförderung gemeinnütziger Tätigkeit erworben und als Gewerbeschule eingerichtet. 1890 Station einer Polizei-Nachtwache, ab 1902 polizeiliche Untersuchungsstelle für Nahrungsmittel. 1977 saniert. Prägende Bebauung 1450-1799 (Gotik/Barock).
(Dms. seit 1967: Äußeres)

7 Klassizistisches Bürgerhaus mit Putzfassade. Nachgebaute Blockzargen-Kreuzstockfenster und Haustür mit Oberlicht. Im Kern Gebäude des 14. Jh. Rückwärtige Fassade Renaissance.
Erste Erwähnung des Grundstücks 1323 (bebaut). Das Haus gehörte seit 1415 zum Domkapitel, das im Seitenflügel Vikarienwohnungen einrichtete, zudem eine Kapelle im Vorderhaus. In ihr wurden von 1755 an von der katholischen Gemeinde heimlich Messen gelesen, bis schließlich offiziell die Widmung als Kirche genehmigt wurde. 1865 durch Beschluß des Ra-

tes der katholischen Gemeinde als Eigentum überlassen. 1873 von der Gemeinde verkauft. Von 1875 bis 1902 lebte in dem Haus der Konditor Jul. Aug. Höppner, Vater des Jugendstil-Malers Hugo Höppner, der sich „Fidus“ nannte. 1980 saniert. Älteste nachgewiesene Bebauung 1400-1500 (Gotik), prägend 179-1810 (Klassizismus). (Dms. seit 1966: Äußeres)

8 Ehemals Domherrenkurie an der Ecke Kapitelstraße/Pferdemarkt, bebaut mit einem zurück von der Straße liegenden Hauptgebäude, erhalten ist nur der dazu-

gehörige Schuppen. Teil einer mittelalterlichen Kelleranlage aus dem 14. Jh., bestehend aus drei unterschiedlich großen Räumen.
(Dms. seit 1995: Gesamte erhaltene Kelleranlage)

Kleine Altefähre

1307 Parva platea apud Oldenvere, 1335 In Oldenvere, 1385 Lutken Oldenvere, 1608 Klene Oldenvere, seit 1852 Kleine Altefähre.

1 Barocker Schweifgiebel mit drei flachbogigen Fensterreihen in den ehemaligen Luken der Speichergeschosse. Hohes EG, in der zweiten Hälfte des 18. Jh. überformt, spätbarockes rundbogiges Portal; über den heutigen Fensteröffnungen flachbogige Entlastungsstürze der ehemaligen Fensteröffnungen. Rokoko-Haustür mit Oberlicht. Alte Treppenanlage mit beschnitzten Pfosten.
Erste Erwähnung des Grundstücks 1297 (bebaut). Seit der ersten Erwähnung bis in das 20. Jh. ununterbrochen als Backhaus genutzt. 1533 durch das Vermächtnis des Brand Harkeson kurzzeitig im Besitz der St. Petrikirche, die es aber bald wieder verkaufte. 1777 Überformung, Ausbau im Inneren. Älteste nachgewiesene Bebau-

ung 1200-1299 (Gotik), prägend 1750-1799 (Barock).
(Dms. seit 1967: Äußeres)

2 Klassizistische Putzfassade mit halbrund abgeschlossenem Zwerchgiebel in breiter profilierter Rahmung. Hauseingang mit breiter Freitreppe. Profilierte Gurt- und Sohlbankgesimse; Brüstungsfelder im Zwerchhaus und OG mit Putzkartuschen (von Akanthusranken flankierter Kopf auf stilisierter Muschel).

Erste Erwähnung des Grundstücks 1309 (bebaut). Bewohner im 19. Jh.: Schiffer, Siegellackfabrikant. 1983 saniert. Älteste nachgewiesene und prägende Bebauung 1797 (Klassizismus).
(Dms. seit 1967: Äußeres)

8 Klassizistische Putzfassade mit Attika, EG mit Bänderputz und abschließendem Gesims. Im Kern mittelalterlich mit Backsteinseitenfront zum Burgkloster und dreieckigem Backsteingiebel der Renaissance an der Rückseite.

Erste Erwähnung des Grundstücks 1328 (bebaut). 1352 von einem Silberschmied (Silberbrenner) bewohnt. Bewohner im 19. Jh.: Schiffer, Jurist. Älteste nachgewiesene Bebauung 1300-1349 (Gotik), prägend 1775-1824 (Klassizismus).
(Dms. seit 1978: Gesamtes Gebäude)

10 Bürgerhaus mit gotischem Giebel, im 18. Jh. durch Abschweifung, dreieckigen Giebelaufsatz und neue Anordnung der Fenster verändert. Spitzbogige Hochblenden. EG verputzt. Rokoko-Haustür mit feingliedrigem Oberlicht, geschweifter Kämpfer mit Volutenschnitzerei und floralem Motiv. Im Inneren Rokoko-Treppe mit ornamentiertem Pfosten aus der Zeit des Umbaus von 1782.
Erste Erwähnung des Grundstücks 1319 (bebaut), Haus eines Bäckers. Bewohner im 19. Jh : Schiffer, Böttcher. Älteste nachgewiesene Bebauung 1339-1341 (Gotik), prägend 1750-1799 (Barock).

(Dms. seit 1967: Äußeres, insbesondere Straßenfassade, auf die Haustür und die Treppenanlage)

12 Zwei zusammengehörende Häuser, das linke mit verputzter Fassade, einem kleinen geschweiften Giebel des Klassizismus mit Lünettenblende und dreieckiger Giebelbekrönung; das rechte im EG verputzt, darüber backsteinsichtig im Stil der Renaissance mit flachbogigen Hochblenden, umlaufende Formsteine mit einfacher Fase, ehemaliger Treppengiebel zu einfachem Dreiecksgiebel mit Firstzinne verändert. Zwei kleine flachbogige Blendnischen.
Erste Erwähnung des Grundstücks 1320 (bebaut). Seit 1460 in einem Besitz, in dieser Zeit möglicher Umbau der ehemaligen Traufenhäuser zu zwei Giebelhäusern. Bewohner im 19. Jh.: Schlammmeister, Schiffer, Steuermann, Träger. Älteste nachgewiesene Bebauung des linken Hauses 1300-1349 (Gotik), prägend 1500-1549 (Renaissance). Älteste nachgewiesene Bebauung des rechten Hauses 1300-1349 (Gotik), prägend 1775-1824 (Klassizismus).
(Dms. seit 1965/82: Gesamtes Gebäude)

15 Klassizistische Putzfassade mit Zwerchhaus unter Dreiecksgiebel, EG durch Brüstungsgesims als hohes Sockelgeschoß betont. Klassizistische Haustür mit Mäandermotiv. Im Kern älter, alter Schornstein von der ehemaligen Feuerstelle.
Erste Erwähnung des Grundstücks 1309 (bebaut). Bewohner im 19. Jh.: Schiffer, Theerbinder, Seefahrer, Steuermann, Mauergeselle. 1982 unbewohnbar. 1984 saniert. Älteste nachgewiesene Bebauung 1250-1349 (Gotik), prägend 1800-1824 (Klassizismus).
(Dms. seit 1993: Äußeres und erhaltenswerte ältere Teile im Inneren)

17 Klassizistische Putzfassade mit einfachem Zwerchhaus mit horizontalem Profilabschluß, rundbogige Portalöffnung mit umlaufender Fasenkante. Klassizistische Haustür im Zopfstil, Oberlicht über mehrfach profiliertem Kämpfer gestäbt.
Erste Erwähnung des Grundstücks 1309 (bebaut). Bewohner im 19. Jh.: Schiffer, Steuermann, Schuster, Schoutdiner. Älteste nachgewiesene Bebauung 1300-1349 (Gotik), prägend 1800-1849 (Klassizismus).
(Dms. seit 1967: Äußeres, einschließlich Haustür mit Oberlicht, im Inneren auf die Diele)

19 Klassizistisch überformtes, im Kern gotisches Haus. Traufenständige Fassade mit geschweiftem Zwerchhaus (halbrunde, stark profilierte Bekrönung); rundbogige Portalöffnung. Klassizististische Haustür im Zopfstil mit halbrundem Oberlicht [Zopfstil-Sprossung]).
Erste Erwähnung des Grundstücks 1311 (bebaut 1328 mit einem Haus). Bewohner im 19. Jh.: Schiffer. Bis Ende 19. Jh. „Das Schifferhaus" genannt. 1867 Eröffnung eines Wirtschafts-Locals, 1869 Caffee- und Frühstückslokal. Älteste nachgewiesene Bebauung 1300-1349 (Gotik), prägend 1800-1824 (Klassizismus).
(Dms. seit 1967: Äußeres, insbesondere Straßenfassade)

21 Rot geschlämmtes Wohnhaus mit Renaissance-Treppengiebel, flachbogige ehemalige Lukenöffnungen der beiden Speicherböden; rundbogige, einfach gestufte Portalöffnung mit umlaufender Fasenkante; gesamte Fassade neuzeitlich verändert.

Erste Erwähnung des Grundstücks 1321 (bebaut). 1603 erwähnt: dahinter ein Salzraum. Bewohner im 19. Jh.: Schiffer, Buchhalter, Viehhändler, Wirth, Schlammeister. 1954 unbewohnbar. 1990-1991 saniert. Älteste nachgewiesene und prägende Bebauung 1550-1599 (Renaissance). (Dms. seit 1982: Gesamtes Gebäude)

Kleine Burgstraße

1334 Vicus, quo descenditur de cimiterio fratrum predicatorum ad Oldenvere, 1391 Vicus, quo iturde Koberge ad praedicatores, 1460 Lütte Borchstrate, seit 1852 Kleine Burgstraße.

2 Klassizistische Putzfassade mit übergiebeltem Zwerchhaus, halbrundes Fenster im Giebelfeld. Erste Erwähnung des Grundstücks 1289 (bebaut). Befand sich mit Burgtreppe 1-5 und Kleine Altefähre 4-6 im Besitz der Burgkirche. Abbruch der Vorgängerbauten 1805. Bewohner im 19.

Jh.: Schiffer. Älteste nachgewiesene und prägende Bebauung 1805 (Klassizismus). (Dms. seit 1966: Äußeres)

11 Klassizistische Putzfassade, Zwerchhaus mit profiliertem, segmentbogigen

Blendgiebel; einfaches Sohlbank- und Gurtgesims, Brüstungsfelder im OG. Im Kern mittelalterliche Bude.
Erste Erwähnung des Grundstücks 1286 (bebaut 1292). Die Grundstücke 11-15 gehörten zusammen, seit 1337 wahrscheinlich im Besitz der Familie Mornewech. Im 18. Jh. als „Das Rebhühnenken" bezeichnet. 1978-1981 saniert. Älteste nachgewiesene Bebauung 1290-1292 (Gotik), prägend 1795 (Klassizismus).
(Dms. seit 1979: Äußeres)

16 Wohnhaus mit Renaissance-Treppengiebel. Leibung des ehemaligen Rundbogenportals mit Taustäben und Fase, Rundbogenabschluß im Rahmen der klassizistischen Überformung vom ersten OG geschnitten. Ursprüngliche Diele im Mauerwerk ablesbar. Segmentbogige Fenster- und Blendfensternischen mit Fensterformen des 19. Jh. In beiden OG profilierte Sohlbankgesimse. Im ersten OG Maueranker mit dem Erbauungsjahr 1594.

Erste Erwähnung des Grundstücks 1299 (bebaut). Seit 1444 als Schmiedehaus geführt. 1594 unter Beibehaltung der gotischen Brandmauern neu errichtet. Dielengeschoß im 19. Jh. klassizistisch überformt. 1986-1988 saniert. Älteste nachgewiesene Bebauung 1299 (Gotik), prägend 1594 (Renaissance).
(Dms. seit 1977: Gesamtes Gebäude)

19 Klassizistische Putzfassade mit übergiebeltem Zwerchhaus; Giebelfeld in breiter profilierter Rahmung, profiliertes Traufgesims, schlichtes Gurtgesims.

Erste Erwähnung des Grundstücks 1305 (bebaut). Gehörte zum Besitz des Hermann Mornewech. Neue Fassade um 1800. 1982 saniert. Älteste nachgewiesene Bebauung 1337 (Gotik), prägend 1790-1810 (Klassizismus)
(Dms. seit 1982: Äußeres sowie erhaltenswerte Teile in Inneren)

22 Gotisches Gebäude des vor 1284 gegründeten Kranen-Konvents. Durch Viertelstäbe gestuftes, spitzbogiges Portal mit vorgelagerter Freitreppe. Fensteröffnungen im EG segmentbogig mit umlaufender Fase, die übrigen Fenster- und gekuppelten Lukenöffnungen spitzbogig mit umlaufender Kante. Überformungen der Renaissance. Fenster aus dem 18. und 19. Jh. Seitenflügel aus dem 14. und 16. Jh.

Erste Bebauung des Grundstücks 1281. 1797 Wohnung für 20 arme Frauen. 1856 als Siechenhaus bezeichnet. Nutzung als Altenheim. Älteste nachgewiesene und prägende Bebauung 1281-1282 (Gotik).
(Dms. seit 1967: Äußeres)

24-26 Neubau im Stil des Historismus, gebaut 1903-1904 nach Entwürfen von Baudirektor Johannes Baltzer. Ziegelbau mit Sandsteinschmuckformen der niederländischen Renaissance. Zwei Quergiebel mit jeweils geschweiftem Blendgiebel. Auf Mittelachse des breiteren Blendgiebels im zweiten OG ein von Figurenpilastern flankiertes Fenster, bekrönt von einem verkröpften, profilierten Gesims, darüber Putzkartusche mit der Inschrift „A.D. 1904“. Von gekuppelten Säulen in Taustab flankiertes Portal, über dem Schloßstein beflügelter Engelskopf, zwischen den beiden mit Kugeln besetzten Säulen eine Putzkartusche mit der Inschrift „ERNESTINENSCHVLE / GEGRÜNDET 20.

III. 1804“. Hinter dem Portal kleine Vorhalle mit Kreuzrippengewölbe.
Erste Erwähnung des Grundstücks 1299 (bebaut, verbunden mit den Häusern Kleine Burgstraße 24 und Koberg 1). 1333 Trennung von Kleine Burgstraße, 1360 von Koberg 1. Um 1800 unbewohnt. Neubau 1904 anstelle von drei barocken Bürgerhäusern der ehemaligen Bernstorffschen Kurie errichtet, wobei der alte Fassadenumriß in veränderten Proportionen frei wiederholt und die geschwungene Bauflucht aufgegriffen worden ist. Prägende Bebauung 1903-1904 (Historismus).
(Dms. seit 1987: Gesamtes Gebäude)

31 Linhöfts Gang, Haus 3 Fachwerkbude der Renaissance. Fassade im OG vollständig erhalten, im EG verändert. Profilierte Balkenköpfe vorkragend. Im EG teilweise Lehmschlagdecke der ehemaligen Dornse, daran anschließend offene Feuerstelle mit Schlotzug; in der Diele Reste von Wandmalerei.

Erste Erwähnung des Grundstücks 1324 (bebaut). Kleine Burgstraße 27-41 gehörten im beginnenden 14. Jh. zu Koberg 20-21. Nr. 3 ursprünglich im 16. Jh. mit Nr. 1 und 2 in Serie gebaut. Seit 1811 Linhöfts Gang genannt. Im 19. Jh. verändert. Älteste nachgewiesene und prägende Bebauung 1500-1599 (Renaissance).
(Dms. seit 1987: Gesamtes Gebäude)

Kleine Gröpelgrube

1297 Parva platea lutifigulorum, 1334 Parva Gropergrove, 1459 Lütke gropergroven, seit 1852 Kleine Gröpelgrube.

11 Renaissance-Traufenhaus mit barokkem geschweiftem Zwerchhausgiebel, zwei Flügelbauten und Querhaus. Abgeschrägtes rundbogiges Portal, darüber in Eisenklammern die Buchstaben MWM. Erste Erwähnung des Grundstücks 1351 (bebaut). Gemeinsames Grundstück Nr. 9-13. 1448 Nr. 9 und 11 eigenständige Liegen-

schaften. 1798 Haus eines Branntweinbrenners. 1797 hinter dem Haus ein Schweinekoben. 1816 mit Nr. 9 zusammengelegt. Zwerchhaus im 18. Jh. verändert. Branntweinbrenner bis ins 19. Jh., anschließend weiterhin Gaststätte. 1981 saniert und mit Nr. 9 zu einem Mehrfamilien-Wohnkomplex umgebaut. Älteste nachgewiesene Bebauung 1375-1399 (Gotik), prägend 1600-1649 (Renaissance/Barock).
(Dms. seit 1967: Äußeres, insbesondere Straßenfassade)

17 Dielenhaus mit Renaissance-Treppengiebel, im 18. Jh. dreigeschossig ausgebaut.

Giebel durch Fasensteinblenden gegliedert; geschoßtrennende Gesimse. In den OG teilweise alte Zargen der klassizistischen Fenster. Zweiflügelige Rokokotür mit Oberlicht über geschweiftem Kämpfer.
Erste Erwähnung des Grundstücks 1341 (bebaut). Umbau 16. Jh. Bis zur Errich-

tung der Budenreihe an der Wakenitzmauer reichte das Grundstück bis an die Mauer. Im 18. Jh. dreigeschossig ausgebaut. Älteste nachgewiesene Bebauung 1300-1349 (Gotik), prägend 1590-1610 (Renaissance).
(Dms. seit 1967: Äußeres)

24-26 Renaissance-Reihenhausanlage, unter einem Dach zusammengefaßte Hauseinheiten mit jeweils eigenen Zugängen (Nr. 24-30), zugehörig Kleine Gröpelgrube 26, Haus 6. Steiler Dachstuhl aus der Bauzeit. Schlichte Putzfassade (Renaissance/Klassizismus) in spiegelbildlicher Anordnung zu Nr. 28. Zwischen beiden Bauten Durchgang zum Kinderhüschen Gang. Im Inneren im 18. und frühen

19. Jh. überformte, ursprüngliche Geschoßbalkenlage.
Erste Erwähnung des Grundstücks 1324 (bebaut). In der zweiten Hälfte 17. Jh. wurde an die Stelle der mittelalterlichen Vorgängerbauten eine traufenständige Reihenhausanlage mit drei eigenständigen Hauseinheiten (Nr. 24, 28, 30) sowie dem Ganghaus Kinderhüschen Gang 6 unter einem Dach errichtet. Um 1800 klassizistisch überformt. 1993 saniert. Älteste nachgewiesene Bebauung 1300-1399 (Gotik), prägend 1600-1649 (Renaissance).
(Dms. seit 1990: Äußeres des Genbäudeensembles, Dachstuhl und Geschoßbalkenlage)

28 Renaissance-Reihenhausanlage, unter einem Dach zusammengefaßte Hauseinheiten mit jeweils eigenen Zugängen (Nr. 24-30). Steiler Dachstuhl aus der Bauzeit. Backsteinsichtige Fassade der Renaissance in spiegelbildlicher Anordnung zu Nr. 24. Fenster in den OG in stichbogigen Fasensteinöffnungen; rechts Durchgang

zum Kinderhüschen Gang. Zahlenanker 1632. Im Inneren im 18. und frühen 19. Jh. überformte, ursprüngliche Geschoßbalkenlage.
Erste Erwähnung des Grundstücks 1324 (bebaut). In der zweiten Hälfte 17. Jh. wurde an die Stelle der mittelalterlichen Vorgängerbauten eine traufenständige Reihenhausanlage mit drei eigenständigen Hauseinheiten (Nr. 24, 28, 30) sowie dem Ganghaus Kinderhüschen Gang 6 unter einem Dach errichtet. Um 1800 im Inneren verändert. 1989 saniert. Älteste nachgewiesene Bebauung 1300-1399 (Gotik), prägend 1600-1649 (Renaissance).
(Dms. seit 1990: Äußeres des Genbäudeensembles, Dachstuhl und Geschoßbalkenlage)

30 Renaissance-Reihenhausanlage, unter einem Dach zusammengefaßte Hauseinheiten mit jeweils eigenen Zugängen (Nr. 24-30). Steiler Dachstuhl aus der Bauzeit. Klassizistische Putzfassade mit klassizistischen, quergesproßten Blockzargenfenstern und kleinem Zwerchhaus; Zahlenanker (1632) über dem OG vom Putz ausgespart, ebenso der Rundbogen des ehemaligen Renaissance-Portals. Im Inneren im 18. und frühen 19. Jh. überformte, ursprüngliche Geschoßbalkenlage.
Erste Erwähnung des Grundstücks 1324 (bebaut). In der zweiten Hälfte 17. Jh. wurde an die Stelle der mittelalterlichen Vorgängerbauten eine traufenständige Reihenhausanlage mit drei eigenständigen Hauseinheiten (Nr. 24, 28, 30) sowie dem Ganghaus Kinderhüschen Gang 6 unter einen Dach errichtet. Um 1800 klassizistisch überformt. 1993 saniert. Älteste nachgewiesene Bebauung 1300-1399 (Gotik), prägend 1600-1649 (Renaissance).
(Dms. seit 1990: Äußeres des Gebäudeensembles, Dachstuhl und Geschoßbalkenlage)

Kleine Kiesau

1317 Kysow, 1347 Kysowdwerstrate, 1447 Antiqua Kysow, 1463 Olde Kiesouwe, 1852 Kiesau, seit 1884 Kleine Kiesau.

8 Wohnhaus mit Renaissance-Dreiecksgiebel, Firstzinne und einfachen Luken im Giebel sowie flachbogigen Fensteröffnungen. An der Traufseite zur Kleinen Kiesau Reste des ehemaligen Portals und der ältere Fenstergliederung im OG. Im 19. Jh. bei Umbauten auch Fenster und Portal neu angelegt. Klassizistische Haustür.

Erste Erwähnung des Grundstücks 1304 (bebaut). Bis 1595 bildeten Nr. 2-8 ein gemeinsames Grundstück. Älteste nachgewiesene Bebauung 1560-1600, prägend 1560-1880 (unter Beibehaltung der Stilelemente der Renaissance).
(Dms. seit 1980: Äußeres)

Kleine Petersgrube

1298 latea Tankonis, 1407 Tankenstrate, 1476 Lutke Petersgrove, 1583 Kleyne Petersgrouve, seit 1852 Kleine Petersgrube.

4 St.-Jürgen-Gang Renaissance-Eingang zum St.-Jürgen-Gang mit reich profiliertem Taustabgewände. Darüber Doppelwappen (links St. Georg, rechts Mühlrad mit Lilie) mit Inschrift „wahr dine Thune mit flit/und truwe godt/De segen et alle tidt./1587". Zweigeschossige Ganghausgruppe unter einem Dach, mit drei Rundbogenportalen.

Erste Erwähnung des Grundstücks 1293 (bebaut). Gemeinsames Grundstück mit Pagönnienstraße 1-9, Kolk 14-18, Kleine Petersgrube 4-10. 1300 geteilt. Ehemals Pockengang mit sieben Buden. Nutzung als Museum für Puppentheater. Älteste nachgewiesene Bebauung 1587-1600 (Renaissance), prägend 1874-1975 (unter Bebehaltung der Stilmittel der Renaissance).
(Dms. seit 1968: Gebäudefront)

5 Traufenständiges Haus mit Fachwerk-Zwerchgiebel. Links zwei Stufen abwärts Durchgang zu einem Innenhof.
Erste Erwähnung des Grundstücks 1294 (bebaut). Bis 1579 gemeinsames Grundstück mit Kleine Petersgrube 1-5 und Kolk

20-22. Älteste nachgewiesene Bebauung 1600, prägend 1862-1979.
(Dms. seit 1967: Äußeres, insbesondere Straßenfassade)

6 Wohnhaus der Renaissance mit vorgekragendem zweiten Fachwerk-OG, Vorderhaus zum St.-Jürgen-Gang (rechts Zugang).
Erste Erwähnung des Grundstücks 1293 (bebaut). Älteste nachgewiesene Bebauung 1587-1600 (Renaissance), prägend 1912-1979 (unter Bebehaltung der Stilmittel der Renaissance).
(Dms. seit 1967: Äußeres einschließlich Portal und darüberliegender Wappentafel)

7 Ehemaliger Speicher mit geschlämmter Fassade. Windenvorrichtung erhalten.
Erste Erwähnung des Grundstücks 1303 (bebaut). Bis 1431 zum Grundstück Große Petersgrube Nr. 4 gehörend. Älteste nachgewiesene Bebauung 1700-1750, prägend 1901-1980. 1979 saniert.

(Dms. seit 1967: Äußeres, insbesondere Straßenfassade)

8 Wohnhaus der Renaissance.
Erste Erwähnung des Grundstücks 1293 (bebaut). Gemeinsames Grundstück mit Pagönnienstraße 1-9, Kolk 14-18, Kleine Petergrube 4-10. In der zweiten Hälfte 19. Jh. überformt. Älteste nachgewiesene Bebauung 1600-1650 (Renaissance), prägend 1912-1979 (unter Beibehaltung der Stilmittel der Renaissance).

(Dms. seit 1967: Äußeres, insbesondere Straßenfassade)

9 Klassizistische Putzfassade mit Attika, Gesimsband über EG.
Erste Erwähnung des Grundstücks 1313 (bebaut). Bis 1595 ein Grundstück mit Große Petersgrube Nr. 6. 1973 Instandsetzung und Veränderung der Fassade. Älteste nachgewiesene Bebauung 1500, prägend 1875 (mit Stilmitteln des Klassizismus).
(Dms. seit 1967: Äußeres, insbesondere Straßenfassade)

10 Wohnhaus der Renaissance mit vorgekragendem zweiten Fachwerk-OG, mittig

rundbogiges Eingangsportal (Oberlicht) mit Rundstabgewände.
Erste Erwähnung des Grundstücks 1293 (bebaut). Gemeinsames Grundstück mit Pagönnienstraße 1-9, Kolk 14-18, Kleine Petersgrube 4-8. Älteste nachgewiesene und prägende Bebauung 1600-1650 (Renaissance).
(Dms. seit 1967: Äußeres, insbesondere Straßenfassade)

11 Dielenhaus der Renaissance mit abgeschweiftem Giebel mit Dreiecksbekrönung (vermutlich aus dem 17. Jh., später umgestaltet), Fassade im 19. Jh. verändert. Hohes schmales Portal mit Tau- und Rundstab gemauert. Klassizistische Haustür, hohes, halbbogenförmiges Oberlicht. Rückwärtig Dreiecksgiebel.
Erste Erwähnung des Grundstücks 1294 (bebaut 1316). Bis 1466 zum Grundstück Große Petersgrube Nr. 8 gehörend. Älteste nachgewiesene und prägende Bebauung 1650-1880 (unter Beibehaltung der Stilmittel der Renaissance).

(Dms. seit 1968: Äußeres, insbesondere Straßenfassade)

12 Wohnhaus der Renaissance mit vorgekragendem zweiten Fachwerk-OG, mittig rundbogiges Eingangsportal noch vorhanden, aber vermauert unter Beibehaltung des Oberlichts der ehemaligen klassizistischen Haustür (jetzt Fenster) mit Rundstabgewände.

Erste Erwähnung des Grundstücks 1292 (bebaut). Älteste nachgewiesene Bebauung 1600-1650 (Renaissance), prägend 1875-80 (unter Beibehaltung der Stilmittel der Renaissance).
(Dms. seit 1967: Äußeres, insbesondere Straßenfassade)

13-15 Ehemaliger Speicher, Dacherker mit Windenvorrichtung.
Erste Erwähnung des Grundstücks 1291 (bebaut). Ab 1339 zum Grundstück Große Petersgrube 10 gehörend. Älteste nachgewiesene Bebauung 1830 (Klassizismus), prägend 1982 (neuzeitlich).
(Dms. seit 1967: Äußeres, insbesondere Straßenfassade)

14 Klassizistische Putzfassade mit dreiecksbekröntem Dacherker. Mehrfach verändert.

Erste Erwähnung des Grundstücks 1292 (bebaut). 1880 Abbruch und Neubau. Älteste nachgewiesene und prägende Bebauung 1880 (mit Stilmitteln des Klassizismus).
(Dms. seit 1967: Äußeres, insbesondere Straßenfassade)

Koberg

1287 Koberg, 1449 Kuebergh, 1552 Koopbarg, 1629 Kökeberg, 1853 Kaufberg, seit 1884 Koberg.

1 Im Stil der italienischen Renaissance erbautes Haus von 1888-1889 (Architekt Julius Grube). In Bändern verputzte Attikafassade, erschlossen über eine Freitreppe, rundbogige Tür sowie Fenster im EG und erstem OG; im EG mit Masken besetzte Schlußsteine, darüber Gurtgesims; im als Attika ausgebildeten zweiten OG rundbogig abschließende Zwillingsfenster mit Pilastergliederung, Sohlbänken auf mit Akanthusblättern belegten Konsolen, vor-

kragendes profiliertes Attikagesims mit unterlegter Zahnschnittleiste, als Abschluß steinerne Balustrade , mittig ein von einer Wappenkartusche bekröntes Feld mit dem Erbauungsjahr: „A: MDCCXXXIX“, darüber drei Kronen zur Erinnerung an den von 1645-1888 bestehenden Gasthof „Die drei Kronen“.
Erste Erwähnung des Grundstücks 1299 (bebaut). 1484 Herberge „Thor widen Doren“, 1600 Herberge „Zur weiten Tür“. 1753 Wirtshaus „Die Drey Kronen“. Haupthaus der Hopfenpacker. Im 19. Jh. hinter dem Wirtshaus Ställe für 80 Pferde. 1888 Abriß des Treppengiebel-Hauses und Neubau. 1984 saniert. Älteste nachgewiesene und prägende Bebauung 1888-1889 (Historismus).
(Dms. seit 1975: Äußeres, insbesondere Straßenfassade)

2 Hoghe Hus Klassizistische Attikafassade mit abschließender Balustrade über profiliertem Gesims, Säulenportal, im ersten OG profiliertes Sohlbankgesims, Fenster im Putzrahmen, segmentbogig überdacht, Festons (Bogengehänge) unterhalb der auf Kosolen liegenden Verdachung. Fassade vor zwei Giebelhäuser gesetzt. Rückwärtig gotischer Backsteingiebel. Im Inneren Diele mit barockem Treppenaufgang sowie Saal im EG des Flügelbaues mit Stuckdecke des frühen 18. Jh. Speichergebäude im Hof aus dem 17. Jh.

Erste Erwähnung des Grundstücks 1307 (bebaut, Seitenflügel von 1280). 1353 „Hoghehus“ genannt. 1968 Gaststätte im EG. 1979 großer Umbau und Teilsanierung durch die Industrie- und Handelskammer. 1982 bemalte Deckenbalken mit allegorischen Figuren abgenommen und eingelagert. Älteste nachgewiesene Bebauung 1276-1278 (Gotik), prägend 1796 (Klassizismus).
(Dms. seit 1967: Äußeres sowie im Inneren auf die Diele, den EG-Saal im Flügelbau mit Stuckdecke und überwölbtem Keller)

3 Klassizistische Putzfassade mit Attika, abschließende Balustrade über Gesims, das auf Konsolen (unterlegte Zahnschnittleiste) aufliegt: Fenster im EG mit Rundbogenabschluß, im ersten OG von Lisenen mit korinthischen Kapitellen flankiert, kassettierte Brüstungsfelder, Balkon mit schmiedeeiserner Brüstung, Fenster im zweiten und dritten OG mit Sohlbänken und schmalen Überdachungen. Reste figürlicher Malerei, Rankenwerk.

Erste Erwähnung des Grundstücks 1307 (bebaut 1315). 1578 „Thom gulden Ringe“ genannt. 1850 Bau der Fassade. 1983-1986 saniert. Älteste nachgewiesene Bebauung 1340-1360 (Gotik), prägend 1875-1900 (Historismus).
(Dms. seit 1975: Äußeres, insbesondere Straßenfassade)

4 Klassizistische Putzfassade; über dem flach rustizierten EG steigen vier überlange Kolossalpilaster auf, die die drei OG der gequaderten Fassade zusammenfassen und gliedern. Der waagerechte Abschluß der Front wird durch ein schweres Kranzgesims mit Attika gebildet.
Erste Erwähnung des Grundstücks 1286 (bebaut 1322). 1357 „Tho der Wintmölen“ und „Tho deme Lamme“ (zwei Gasthäuser). 1694 Weinkrug, Wohnhaus mehrerer Weinhändler. 1807 aufgestockt, jetzige Fassade aus dieser Zeit. 1865 Umbau. 1958 Restaurant im EG. 1993 saniert. Älteste nachgewiesene Bebauung 1372 (Gotik), prägend 1807-1828 (Klassizismus).

(Dms. seit 1975: Äußeres, insbesondere Straßenfassade)

5 Klassistische Putzfassade, durch gestufte Attika gegliedert. Mittelfenster von schweren Segmentgiebeln überdacht. Rustizierung aus dem 19. Jh.

Erste Erwähnung des Grundstücks 1286 (bebaut 1289). Mittelalterliches Backhaus, im 17. Jh. durch Neubau ersetzt, im 19. Jh. überformt. Älteste nachgewiesene Bebauung 1775-1799 (Klassizismus), prägend 1857-1885 (unter Bewahrung der Stilmittel des Klassizismus).
(Dms. seit 1975: Äußeres, insbesondere Straßenfassade)

6 Gebäude der Renaissance hinter klassizistischer Putzfassade mit Attika, profiliertem und gestaffeltem Gesimsabschluß, profiliertes Gurtgesims über EG, darüber Sohlbankgesims, im zweiten OG Lünette mit kleinem Fenster, EG überformt.
Erste Erwähnung des Grundstücks 1286 (bebaut 1296 mit Steinhaus). 1819 als

Handelshaus genutzt. Älteste nachgewiesene Bebauung 1500-1574 (Renaissance), prägend 1831-1832 (Klassizismus). (Dms. seit 1966: Äußeres)

12 Klassizistische Putzfassade vor einem im Kern mittelalterlichen Dielenhaus (vermauerter spätromanischer Hintergiebel). Geschweifter frühklassizistischer Giebel (aufgesetztes Giebeldreieck mit Lünettenfenster und umlaufendem Zahnfries); hohes ehemaliges Dielengeschoß mit mittigem rundbogigen Portal und flankierenden hohen Dornsenfenstern, durch einfaches profiliertes Gurtgesims abgeschlossen, Fenster im OG und DG gerahmt. Portaltür mit asymmetrischen Rokokospiegeln, darüber profilierter Kämpfer und rundbogiges, verglastes Oberlicht. Erste Erwähnung des Grundstücks 1285 (bebaut). Nr. 12 ist das Haupthaus zu den als Nebenwohnungen bezeichneten Adressen Koberg 13-15 und Kleine Burgstraße 48 (mit Nr. 12 unter einem Dach). Bis 1854 Gewürzladen, Weinlokal, Restaurant, Krämerladen, Warenlager. Älteste nachgewiesene Bebauung 1315 (Gotik), prägend 1775-1799 (Klassizismus). (Dms. seit 1967: Äußeres einschließlich barocker Haustür)

13-15 Traufenständiges Haus der Renaissance. Schleppgauben im Satteldach 1977 eingebaut, EG überformt. Ehemalige Renaissancegliederung durch flache Entlastungsbögen und ehemalige Stürze noch ablesbar.
Erste Erwähnung des Grundstücks 1315 (bebaut, Nebenhaus von Nr. 12). In der

zweiten Hälfte 18. Jh. umgebaut und überformt, ebenfalls im 19. Jh. und 1976. Als Hotel genutzt. Älteste nachgewiesene Bebauung 1275-1349 (Gotik), prägend 1550-1599 (Renaissance).
(Dms. seit 1967: Äußeres, insbesondere Straßenfassade)

16 Historistische Putzfassade, EG mit schweren Rustikaquadern, Fenster in den OG bekrönt und durch Brüstungsreliefs hervorgehoben, DG mit Brüstungsrelief.

Erste Erwähnung des Grundstücks 1313 (bebaut). 1357 zwei Häuser, eines „to der Wintmolen“, das andere „To deme Lamme“ genannt. Umbauten in der zweiten Hälfte 16. Jh., weiterer Umbau 1898. 1978 saniert, Nutzung als Hotel. Bewohner im 19. Jh.: Krüger, Sattler, Gutsbesitzer. Älteste nachgewiesene Bebauung 1300-1349 (Gotik), prägend 1897 (Historismus).
(Dms. seit 1975: Äußeres, insbesondere Straßenfassade)

18 Klassizistische Putzfassade, geschoßweise reduzierte Putzbänderung und horizontale Gliederung durch Gesimse, abgeschlossen durch Attika über Friesband mit Akanthusblattmotiv und Kranzgesims. EG-Fenster wulstig umrahmt; erstes OG als Bel-étage ausgebildet, Fenster mit flachen Dreiecksgiebeln bekrönt, gestützt auf flache Putzpilaster; Brüstungsfelder mit Reliefkartuschen, im zweiten OG mit ionischen Kapitellen gerahmte Fenster. Im Durchgang drei Stuckmedaillons mit

antiken Tugendallegorien, zwei signiert von Thorwaldsen.
Erste Erwähnung des Grundstücks 1297 (bebaut). 1574 „De olde Wismarsche Herberge“, 1695 „Der weiße Schwan“. 1828 neuer Giebel, „Benthiens Gasthof“. Älteste nachgewiesene Bebauung 1500-1599 (Renaissance), prägend 1800-1828 (Klassizismus).
(Dms. seit 1964: Äußeres, insbesondere Reliefs in der Tordurchfahrt)

20 Klassizistische Putzfassade, über dem Kranzgesims 1969 aufgestockt. Im ersten OG Fenster mit Kreisrosetten in den Brüstungsfeldern, durch profiliertes Gesims bekrönt; Fenster der Mittelachse übergiebelt; profiliertes Gurtgesims über EG.

Erste Erwähnung des Grundstücks 1287 (bebaut). Bildete mit Koberg Nr. 21 vom 14. Jh. bis zum Neubau 1804 eine Liegenschaft. Dazu gehörten auch Kleine Burgstraße 27-41. 1538 schenkte Johann Rode das Grundstück der Vorsteherschaft des Pockenhauses vor dem Burgtor, die es 1546 wieder verkaufte. Bewohner im 18./19. Jh.: Mietkutscher, Spiegelmacher, Schiffsmakler. Älteste nachgewiesene und prägende Bebauung 1804 (Klassizismus). (Dms. seit 1975: Äußeres, insbesondere Straßenfassade)

21 Klassizistische Putzfassade, im EG schwach rustiziert, Fenster schlicht gerahmt. Im EG und ersten OG profilierte Sohlbankgesimse. Ursprünglich abschließendes Traufgesims auf mit Akanthus besetzten Konsolen lagernd, nach Aufstokkung 1969 Sohlbankgesims des dritten OG. Beschnitzte klassizistische Haustür mit gesproßtem Oberlicht.

Erste Erwähnung des Grundstücks 1287 (bebaut). Bildete mit Koberg Nr. 20 vom 14. Jh. bis zum Neubau 1804 eine Liegenschaft. Dazu gehörten auch Kleine Burgstraße 27-41. 1538 schenkte Johann Rode das Grundstück der Vorsteherschaft des Pockenhauses vor dem Burgtor, die es 1546 wieder verkaufte. Bewohner im 17./19. Jh.: Mietkutscher, Spiegelmacher, Gewürzkrämer, Weinhändler, Kaufmann. Älteste nachgewiesene und prägende Bebauung 1804 (Klassizismus). (Dms. seit 1975: Äußeres, insbesondere Straßenfassade)

Königstraße

1313 platea regis, 1359 platea regum, 1395 Koninghesstrate, 1476 Koninckstrate, 1614 Küninghstrate, seit 1852 Königstraße. Die späte Namensgebung wird unterschiedlich gedeutet: 1. Die Straße war schon vor der Stadtgründung vorhanden und wurde als Straße des Königs nicht mit in die frühe Bebauung einbezogen. 2. Die Straße war nicht vorhanden oder von untergeordneter Bedeutung, der Name leitet sich vom Dänenkönig Erich Menved ab.

2 Wohnhaus mit Renaissance-Treppengiebel, barock überformt. Barockes Portal mit aufwendig geschnitztem Oberlicht in Putzrahmen.

Erste Erwähnung des Grundstücks 1307 (bebaut). 1575 wurde das Haus der Jacobi-Kirche geschenkt, die es als Amtswohnung des Predigers nutzte. Älteste nachgewiesene Bebauung 1525-1575 (Renaissance), prägend 1750-1780 (Rokoko).
(Dms. seit 1968: Historische Substanz, insbesondere Straßenfassade)

4-6 Putzfassade im Stil des Historismus, aufwendig verziert. Breites Gurtgesims oberhalb des EG. Erstes OG durch Balkon (konsolgestützt) betont, unter den Fenstern durchgehendes Sohlbankgesims; breite Putzfaschen, gerade profilierte Verdachungen. Im zweiten OG Fenster mit flachgiebeliger Verdachung, Putzfaschen mit floralen Motiven. Oberhalb des zweiten OG Gurtgesims mit kleinen Konsolen. Abschließend weit auskragendes Traufgesims.

Erste Erwähnung des Grundstücks 1306 (bebaut). Ursprünglich gotisches Querhaus. 1850 Errichtung einer neuen Giebelwand. 1893 mit Nebenhaus Nr. 6 abgerissen und gemeinsam neu erbaut. Älteste nachgewiesene und prägende Bebauung 1893 (Historismus)
(Dms. seit 1994: Gesamtes Gebäude einschließlich Seitenflügel)

5 Gemeinnützige Klassizistische Putzfassade mit tiefer Putznutung im EG. Durch Gesimsband zwischen EG und erstem OG gegliedert. Fenster im Hauptgeschoß ge-

rahmt und verdacht (Konsolen und Balusterdoggen in den Brüstungsfeldern). Die Fassade schließt ein kräftiges Frontispiz mit umlaufendem Konsolengesims ab, den First ziert eine Weltkugel. Inschriftenband mit goldenen Lettern: „GESELLSCHAFT ZUR BEFÖRDERUNG GEMEINNÜTZIGER TÄTIGKEIT - GEGR. 1789". Im Flügelbau neun Schäferszenen des Rokoko.
Erste Erwähnung des Grundstücks 1288 (bebaut). 1377 Vereinigung der Häuser Nr. 5 und 7. Zeitweilig gehörten auch Nr. 3 und Nr. 9 a zu der Liegenschaft, dabei war Nr. 3 Nebenhaus zu Nr. 5, dazu gehörten zudem ein Torweg und drei Buden, die 1831 abgerissen wurden. Der Garten hatte durch den Grünen Gang einen Ausgang zum Langen Lohberg und der dort liegenden Reitbahn. Errichtung der klassizistischen Fassade um 1800. 1840 Quartier des Königs Christian VIII. von Dänemark. Seit 1891 im Besitz der Gesellschaft zur Beförderung Gemeinnütziger Tätigkeit, im gleichen Jahr wurde die stilisierte Weltkugel vom vorherigen Gesellschaftshaus in der Breiten Straße auf den First gesetzt. Umbau des Hauses durch den Architekten Satori. Älteste nachgewiesene Bebauung 1425-1475 (Gotik), prägend 1790-1810 (Klassizismus).
(Dms. seit 1967: Äußeres, insbesondere Straßenfassade, sowie auf den Rokoko-Bildersaal des Flügelbaues)

7 Klassizistische Putzfassade mit mittigem Zwerchhaus (dreiecksbekrönt), im EG Toreinfahrt.
Erste Erwähnung des Grundstücks 1288 (bebaut). 1377 Vereinigung der Häuser Nr. 5 und 7. Zeitweilig gehörten auch Nr. 3 und Nr. 9 a zu der Liegenschaft, zudem ein Torweg und drei Buden, die 1831 abgerissen wurden. Der Garten hatte durch den Grünen Gang einen Ausgang zum Langen Lohberg und der dort liegenden Reitbahn. 1830 als Nebenhaus neu ausgebaut. Seit 1891 im Besitz der Gesellschaft zur Beförderung Gemeinnütziger Tätigkeit. Gartensaal 1965 abgebrochen.
Älteste nachgewiesene Bebauung 1425-1475 (Gotik), prägend 1830 (Klassizismus).

(Dms. seit 1967: Äußeres, insbesondere Straßenfront)

8 Klassizistisch überformte Renaissance-Fassade, ehemaliger Treppengiebel durch Abschweifung und dreieckigen Giebelaufsatz verändert. Rokoko-Haustür mit niedrigem Oberlicht. Im Inneren des Vorderhauses Diele mit spätbarocker Ausstattung, nahezu vollständig erhalten, Kücheneinbau mit Verglasung, ehemalige Esse und Wandpaneele. Hohes Dielenfenster mit rundem Fensterstock, spätbarokker Treppenaufgang. Im Inneren des Seitenflügels Esse aus der Renaissance im OG, im DG Fachwerkkonstruktion (Balken vermutlich zweitverwendet).
Erste Erwähnung des Grundstücks 1292 (bebaut). Verbunden mit Grundstück Breite Straße 9, 1332 Trennung. 1529 Wohnhaus des Bürgermeisters Nikolaus Brőmse. Älteste nachgewiesene Bebauung 1600-1625, prägend 1780-1800 (Klassizismus).

(Dms. seit 1967/1996: Gesamtes Vorderhaus und vorderer älterer Teil des Seitenflügels)

9 Drägerhaus. Klassizistische Putzfassade, vor zwei mittelalterliche Giebelhäuser (1845 umgebaut) gesetzt. EG genutet mit drei Ladenfenstern. Über der rechteckigen Tür ein Relief von 1716 mit einem ein Trinkglas haltenden Reiter (zur Erinnerung an den Knochenhaueraufstand 1384). Abschluß der Fassade durch ein Konsolgesims. Im EG des Flügelbaus Rokokosaal mit Landschaftsmalerei.

Erste Erwähnung des Grundstücks 1302 (bebaut). Zwei eigenständige Häuser bis zur Zusammenlegung durch Bürgermeister Nikolaus Brőmse 1538. Zu dem Haus gehörte der am Langen Lohberg gelegene Torweg mit elf Buden (als Langs Torweg 1843 abgetrennt). Im 19. Jh. Einbau der Schaufenster. 1980 saniert, Nutzung als Museum. Älteste nachgewiesene Bebauung 1475-1525 (Gotik), prägend 1845 (Klassizismus).
(Dms. seit 1967: Äußeres, insbesondere Straßenfassade, sowie die historischen Räume im Flügelbau)

11 Behnhaus. Klassizistische Putzfassade mit Attika, vor zwei vereinigte Giebelhäuser gesetzt. Im EG genutet, Galerie über einem kräftigen Konsolgesims. Im ersten OG ist jedes zweite Fenster mit einem Baluster/Brüstungsgesims sowie stichbogiger Verdachung auf Volutenkonsolen und einer Rahmung mit Zahnschnittkante betont. Balustradenfiguren der griechischen Mythologie aus Terrakotta. Im Garten ein Pavillon, 1930 entworfen von dem Architekten W. Bräck für Kunstausstellungen der Overbeck-Gesellschaft.
Erste Erwähnung des Grundstücks 1286 (bebaut 1317). Großes, bis zum Langen Lohberg reichendes Grundstück, 1429 ein Teil davon abgetrennt für die Stiftung eines Armenhauses durch Everadus Moyelken (das Armenhaus bestand bis 1906). Im 15. Jh. im Besitz der Familien Vickinghusen, Grawert und Wickede; von 1537 bis 1548 im Besitz des Bürgermeisters Brömse, 1548-1567 von Gerd von Höveln. 1776 erhebliche Umbauten durch Friedrich Bernhard von Wickede. 1779 kaufte der Kaufmann und spätere Bürgermeister Peter Hinrich Tesdorpf das Haus und ließ es nach den Plänen eines französischen Architekten umbauen, die Seitenflügel und Obergeschosse gestaltete um 1800 J. Chr. Lillie. Das Haus wurde so zum Hauptbeispiel des frühen Klassizismus in Lübeck. 1804 Erwerb durch Joachim Matthias Rodde, der es lange Zeit leerstehen ließ. 1823 Kauf durch Dr. G. H. Behn. 1921 Einrichtung als Museum. Älteste nachgewiesene Bebauung 1300-1399 (Gotik), prägend 1779 (Klassizismus).
(Dms. seit 1967: Gesamtes Gebäude einschließlich des Inneren)

12 Klassizistische, symmetrisch gegliederte Putzfassade vor einem Haus mit Renaissance-Kern. EG gebändert, Eingang mit vorgelagerter Wangentreppe. Erste OG als Bel-étage, herausgehoben durch bodentiefe Fenster mit breiten Putzfaschen; weit auskragende, segmentbogige Verdachungen auf Konsolen, schmiedeeiserne Gitter. Im zweiten OG niedrigere Fenster mit Putzfaschen und Sohlbänken, über jedem Fenster ein querovales Putzfeld; kräftig profilierte Traufe mit Zahnschnitt, darüber Attika, auf der vier Ziervasen stehen. Klassizistische Haustür.

Erste Erwähnung des Grundstücks 1290 (bebaut 1310). 1869-1876 stark überformt. Wohnhaus Emanuel Geibels in seinen letzten Lebensjahren (an der Hausstür ein Schild: Emanuel Geibel, 1880-84. Gestorben 6.4.1884). Saniert. Älteste nachgewiesene Bebauung 1680-1730, prägend 1790-1800 (Klassizismus)
(Dms. seit 1967: Äußeres, insbesondere Straßenfassade sowie Haustür)

13 Reich gegliederte klassizistische Putzfassade, EG genutet, OG durch fünf kannelierte Kolossalpilaster mit korinthischen Kapitellen (an den Seiten von Blumen umrankte Vögel) gegliedert. Zwischen den Geschossen großformatige Reliefplatten mit allegorischen Darstellungen (antike Szenen) und ein Fries mit Palmetten. Abschluß durch ein ausladendes Kranzgesims mit steinerner Balustrade, auf der fünf Vasen stehen. Klassizistische Eingangstür.
Erste Erwähnung des Grundstücks 1285 (bebaut). 1865 wurde ein spätbarockes Giebelhaus mit Volutenschweifgiebel verkauft, zu dem ein Hinterhaus mit großem Stall samt Kalkgrube gehörten. Klassizistische Überformung. Ab 1930 Haus des Gewerkschaftsbundes für Angestellte (DAG). 1963 Umbau zu einem Jugendheim. Älteste nachgewiesene Bebauung 1300-1399 (Gotik), prägend 1865 (Klassizismus).
(Dms. 1967: Äußeres, insbesondere Straßenfassade)

15 Umgebautes Giebelshaus aus der zweiten Hälfte 18. Jh. mit Fassade im Stil des Historismus. Dreieckig überdachte Fenster im ersten OG und Eingangstür des Rokoko verweisen noch auf den vorherigen Bau. EG genutet, Mezzanin unterhalb des Kranzgesimses. Dielentreppe aus der Entstehungszeit.
Erste Erwähnung des Grundstücks 1294 (bebaut). 1829 von Professor Ackermann, ab 1837 von Dr. Deecke geleitetes Knabenstift. Ab 1853 Mädchenpensionat, 1897 Mädchenschule der Ancolie Roquett und

ein Lehrerinnenseminar. 1897 Straßengiebel abgetragen, Fassade mit geradem Abschluß mit Mezzanin versehen. Heute Anton-Schilling-Schule (Förder- und Sonderschule). Älteste nachgewiesene Bebauung 1300-1349 (Gotik) prägend 1750-1799 (Barock/ Historismus)
(Dms. seit 1967: Gesamtes Gebäude)

16 Ehemals gotisches Doppelhaus (mit Nr. 14), dessen alte Substanz im Kern und im Dachstuhl noch erhalten ist. Mit klassizistischer Fassade neuzeitlich überformt. Flügel spätmittelalterlich mit gotischer Blendgliederung. Ausstattungsteile des 18. Jh. im gesamten Gebäude.

Erste Erwähnung des Grundstücks 1300 (bebaut). Zusammengehörig mit Nr. 14, 1319 zwei Häuser unter einem Dach. 1780 als Bude bezeichnet. 1303 und Mitte 19. Jh. überformt. Älteste nachgewiesene Bebauung 1320-1340 (Gotik), prägend 1850-1875 (Historismus).
(Dms. seit 1988: Gesamtes Gebäude)

17 Aufwendig gestaltete klassizistische Putzfassade. EG rustiziert, OG durchgehend gequadert. Fenster in Putzrahmung mit Eierstab. Im ersten und zweiten OG Fenster verdacht, florale Brüstungsfelder. Schmiedeeiserner Balkon. Abschluß durch vorspringendes Kranzgesims auf stuckierten Konsolen oberhalb eines Rankenfrieses, Balustrade mit schmiedeeisernem Geländer.
Erste Erwähnung des Grundstücks 1284 (bebaut). 1367-1377 Wohnhaus des Bürgermeisters Jacob Pleskow. 1816-1825 Nutzung durch die Thurn- und Taxische Post. 1853-1854 durch den Kaufmann und Großherzoglichen Mecklenburgischen-

Strelitzschen Konsul Peter Hinrich Rodde neuerbaut. 1895-1907 Frauengewerbe- und Kochschule. Anfang 20. Jh. Orthopädische Heilanstalt, Bau einer „Turnhalle“. Älteste nachgewiesene Bebauung 1300-1400 (Gotik), prägend 1853-1854 (Klassizismus).
(Dms. seit 1967: Äußeres, insbesondere Straßenfassade)

18 Reformierte Kirche Monumentale klassizistische Putzfassade einer Saalkirche, hervorgegangen aus einem Barockpalais. Vorgeblendete Fassade des Stadtbau-

meisters Börm. Links Nebeneingang, Tür mit mächtiger, flachgiebliger Verdachung, darüber Gurtgesims. Im ersten OG rundbogige Arkadenfenster mit Sohlbankgesims und abgesetztem Kämpfer, darüber nochmals Gurtgesims. Im zweiten OG Doppelarkade mit Sohlbankgesims. Auf der eigentlichen Kirchenfassade doppelflügeliges Portal mit halbrundem Oberlicht, darüber Flachgiebel über die gesamte Risalitbreite. Flache Profilbänder als Gesimse. Seiten-Risalite glatt verputzt. Im Inneren halbkreisförmiger Gemeinderaum mit Empore auf dorischen Säulen. Zweischiffiger gotischer Keller mit Kreuzgewölbe auf zwei Mittelpfeilern. Gartenflügel des Barockhauses erhalten (Gartensaal mit Stuckdecke).
Erste Erwähnung des Grundstücks 1290 (bebaut). Ehemals drei gotische Gebäude. 1527 Vereinigung der Grundstücke, Bau eines großen Gebäudes. Im 18. Jh. großes Haus mit zwölf Zimmern. 1823 im Innern ausgeräumt und 1826 zur Kirche umgebaut, alte Bausubstanz dabei erhalten. Älteste nachgewiesene Bebauung 1700-1760 (Barock), prägend 1824-1826 (Klassizismus).
(Dms. seit 1966: Äußeres)

19 Barockes Haus mit zweigeteiltem Schweifgiebel. EG genutet mit ausschwingendem Gesims über dem Portal. Barocke Haustür mit gesproßtem Oberlicht.
Erste Erwähnung des Grundstücks 1286 (bebaut 1302) Auf den Grundmauern des ersten Baues im 16. Jh. Errichtung eines Hauses mit Seitenflügel. Vorderhaus im 18. Jh. grundlegend umgebaut. 1914 von der Stadt gekauft, Zentrale für private Fürsorge bis 1922. Älteste nachgewiesene

Bebauung 1300-1349 (Gotik), prägend 1725-1774 (Barock).
(Dms. seit 1967/97: Gesamtes Gebäude einschließlich Seitenflügel)

20 Renaissancehaus, Fassade und im Inneren klassizistisch überformt. Verputzte Fassade, Giebel mit geschwungener Haube, in der Spitze ein Blendokulus. Große Diele mit Treppen- und Galerieanlage, Dornsen.
Erste Erwähnung des Grundstücks 1288 (bebaut 1298). In der Renaissance erneuert, 1804 überformt mit Schweifgiebel. Älteste nachgewiesene Bebauung 1650-1650 (Renaissance), prägend 1775-1800 (Klassizismus).

(Dms. seit 1977: Gesamtes Gebäude)

21 Ehemaliges Haus der Junker- und Zirkelkompagnie. Fassade im Zopfstil, durch einen flachen Mittelrisalit gegliedert. Aufwendiges Sandsteinportal, Haustür (mit männlicher Büste) samt Oberlicht (mit Laterne und Türgriffe aus Messing) aus der Entstehungszeit. EG durch Putznutung betont. Abschluß durch Kranzgesims mit darüberliegender durchbrochener Galerie und einem von Figuren geschmückten Giebel (Figuren von Dietrich Jürgen Boy, bestehend aus zwei seitlichen Vasen und zwei liegenden weiblichen Figuren, „Frieden" und „Eintracht", ein Wappen haltend). Kreuzstock-Fenster mit stichbogigen Oberlichtern, teilweise noch mit vorindustriellem Glas. Im Inneren gesamte Treppenanlage erhalten. Zudem ursprüngliche Raumaufteilung sowie Ausstattungselemente des Spätrokoko (Wandpaneele, Türen und Stuckdecken). Im Seitenflügel ehemaliger Festsaal der Zirkelkompagnie, in der heutigen Form mit eiserner Wendeltreppe, eiserner Deckenrosette; Flügelerweiterung ebenfalls mit Stuck und Rosette.
Erste Erwähnung des Grundstücks 1286 (bebaut). 1466 Kauf durch die Ratsherren Bertram Luneborch und Diderik Basedowen, 1479 von Hans Hermann Bere für die Junker- und Zirkelkompagnie gekauft. Während der Reformation verfiel das Haus, 1580 kauften es elf Zirkelbrüder und errichteten es neu. Die Keller wurden dabei als Wohnkeller für die Knechte eingerichtet. Den Festsaal im Flügelbau stattete der Bildschnitzer Tönnies Evers aus. Die Zirkelkompagnie bestand 1737 nur noch aus drei Mitgliedern, dennoch wurde das Haus 1777-1779 umgebaut, die Kompagnie übernahm sich jedoch bei der Finanzierung. Fr. Bernhard von Wickede mietete das Haus und richtete darin eine Erziehungsanstalt ein. Während der französischen Besetzung Militärhospital, anschließend von Graf August von Rantzau gemietet. Die letzten Mitglieder der Zirkelkompagnie überließen das Gebäude der Zarrentinschen Stiftung. 1822 Verkauf des Hauses. 1824 Sitz des Oberappellationsgerichts, Umbau des Hauses. Im Wappen wurde das Zeichen der Kompagnie, der geöffnete Zirkel, durch eine Waage er-

setzt. 1879 Staatsarchiv, anschließend öffentliche Bücherei und Völkerkunde-Museum. Seit 1980 Nutzung durch das Katharineum. Älteste nachgewiesene Bebauung 1300-1349 (Gotik), prägend 1777-1779 (Zopfstil).
(Dms. seit 1967/94: Äußeres, gesamtes Gebäude einschließlich des Seitenflügels [Flügelbau nebst Erweiterung von 1865])

23 Neogotische Putzfassade im Stil der Burgenromantik. Geschosse durch profilierte Putzgesimse getrennt, vertikale Gliederung durch flache Seitenrisalite, im oberen Bereich von Ecktürmen mit Zinnenkränzchen flankiert. Oberer Abschluß durch eine geometrisch gegliederte Attika. Im EG rundbogige Fenster mit weit vorkragenden Sohlbänken mit Akanthuskonsolen, in den OG Fenster mit Tudorbögen bekrönt. Seitenflügel des 17. Jh. mit Gartensaal, Kaminsaal mit barocker Stuckdecke, 1698 von dem Italiener Jac. Anton Rossi gestaltet. Im Hof ein Hinterhaus der Renaissance.
Erste Erwähnung des Grundstücks 1309 (bebaut 1317). Mehrere Ratsfamilien als Eigentümer: 14. Jh. Warendorps, 1369-1502 Pleskow, 16. Jh. Basedow und Grentzin. Mittelalterliche Nebengebäude mit Stallung blieben erhalten. Haupthaus im Kern ebenfalls mittelalterlich, 1855 durch Kaufmann Lind neogotisch umgebaut. Nutzung durch die evangelische Kirche als Gemeinschafts- und Versammlungshaus. Älteste nachgewiesene Bebauung 1250-1349 (Gotik), prägend 1855 (Neogotik).
(Dms. seit 1968: Straßenfassade, ferner der ältere Flügelbau mit seinem erhaltenen barocken Innenräumen)

25 Klassizistische Putzfassade, Fenster im OG in Putzfaschen und verdacht, Abschluß durch Hauptgesims, besetzt mit drei Vasen. EG neuzeitlich überformt.
Erste Erwähnung des Grundstücks 1303 (bebaut 1319). Großes Eckgrundstück Königstraße/ Glockengießerstraße, bebaut mit sechs Buden. Im 16. Jh. umgebaut. 1844 vom geselligen Verein gekauft, mit neuer Fassade versehen und im Inneren zum Versammlungshaus umgebaut (Kammermusik-Konzerte). Ab 1907 „Gesellschaftshaus Bürgerverein". 1918-1919

Einbau eines Kinos in den großen Saal des ersten OG (Volks-Kino des Bürgervereins, später Kino „Eden“). Gegenwärtig im ehemaligen Kino das Tanzlokal „Hanseatendiele“. Älteste nachgewiesene Bebauung 1250129 (Romanik/Gotik), prägend 1850-1874 (Klassizismus).
(Dms. seit 1968: Äußeres)

27-31 Katharineum. Schulbau von 1890 in romantisch-klassizistischer Neugotik. Die Schule steht auf dem Gelände, auf dem 1350 ein Franziskanerkloster gebaut wurde. 1531 wurde die Schule in dem ehemaligen Klosterkomplex untergebracht. Bis zum Bau des heutigen Schulgebäudes in zwei Phasen (1879/80 und 1890/92) war der Umriß des Klosterkomplexes erhalten geblieben. Weite Teile der Klosteranlage wurden in den Umbau mit einbezogen. Die unter Denkmalschutz stehenden Teile sind von außen nicht sichtbar.

(Dms. seit 1967: Zwei Höfe der ehemaligen Klosteranlage mit den dazugehörigen Kreuzgang- und Gebäudeteilen aus dem 14. Jh.)

28 Mittelalterliches Dielenhaus mit klassizistischer Fassade. Im Inneren Wandmalerei im Seitenflügel: Einhorn, flankiert von einer weiblichen und einer männlichen Gestalt. Beide Personen sind durch eine Leine verbunden, die sich um das Einhorn schlingt.

Erste Erwähnung des bebauten Grundstücks 1292 als „domus lapidea“. Seitenflügel um 1463 gebaut, Vorderhaus um 1469 umgebaut. Die Fassade zur Straße wurde 1849 abgebrochen und neu aufgebaut. Haustür Mitte 19. Jh. Auf der Flügelwand Wandmalerei von 1500 (Einhornjagd), begleitet von einem Wappenfries.
(Dms. seit 1985: Gesamtes Gebäude)

30 Gotisches Dielenhaus, um 1300 errichtet. Der Giebel ist einer der ältesten in

Lübeck. Er ist gegliedert durch profilierte Hochblenden, deren Struktur glasierte und unglasierte Ziegel im Wechsel betonen. Reich beschnitzte Haustür im Zopfstil.
Erste Erwähnung 1260. Seitenflügel 1576, das Vorderhaus 1587 erneuert. Dabei erhielt es seine Firstzinne, zwei zusätzliche Staffeln um Giebel sowie das rundbogige Portal. Sockel Ende 18. Jh. verputzt. Von 1551 bis 1595 befand sich das Haus im Besitz des Domkapitels Ratzeburg.
(Dms. seit 1967: Äußeres, insbesondere Fassade zur Königstraße mit Haustür, im Inneren Diele mit Treppe, seit 1967)

42 Neugotischer Bau (Entwurf Max Hasak), als Filiale der Reichsbank 1892 errichtet (später Katasteramt, heute Bibliothek der Medizinischen Universität zu Lübeck). Von 1451-1488 lebten in dem Haus der Ratsherr Hinrich Castorp, nachfolgende mehrere Generationen der Familie. 1452 und 1544 brannte das Haus ab. Hieronymus Küsel ließ an der Stelle 1752 ein Stadtpalais bauen, vollkommen mit Kupfer eingedeckt (Küsel galt als reichster Mann in Lübeck). Das Palais wurde 1892 abgebrochen.
(Dms. seit 1987: Gesamtes Gebäude)

43 Bürgerhaus mit gotischem Treppengiebel um 1500, durch Verputzung 1852 stark verändert, alte Gliederung noch erkennbar. Rokoko-Oberlicht an der Haustür zur Königstraße.
Erste Erwähnung 1321. 1432 kauft Ludeka Stenhorst das Eckhaus, 1546 Erwerb duch die Vorsteher des Heiligen-Geist-Hospitals, 1574 mit Buden der Stadt überlassen, einem Hausdiener als Dienstwohnung zugewiesen). 1815-1860 angegeben als Giebelhaus mit einer unbewohnten Wohnbude. Abgeschnittene Bogenansätze zeigen ehemalige Verbindung zu Dr.-Julius-Leber-Straße 22. 1815 verkaufte die Stadt das Haus. Älteste nachgewiesene Bebauung 14. Jh. (Gotik), prägend verändert und überformt 19. Jh.
(Dms. seit 1967: Äußeres, insbesondere Giebel an der Königstraße)

47 Moderner Wohnbau mit Fassade von 1952, unter Schutz steht der durchgehend gewölbte Kellerkomplex des Hauses.

Erste Erwähnung des Grundstücks 1305 (kein Hinweis auf Bebauung). Das Gebäude bildete ehemals mit Nr. 49 ein bedeutendes frühgotisches Doppelgiebelhaus, errichtet durch den Bürgermeister Bertram Stalbuk 1309. Im 14. Jh. Patrizierhaus der Familie Morneweg. 22.2.1621 Quartier des Königs Friedrich V. von Böhmen auf der Flucht. Beim Verkauf 1760 als „neu ausgebaut" bezeichnet. Zusammen mit Nr. 49 bis 1813 als Weinhaus geführt.
(Dms. 1989: Keller)

49 Bürgerhaus des ausgehenden 19. Jh. mit mittelalterlichen Brandmauern und erhaltener mittelalterlicher Gliederung in den Brandmauern. Unter Schutz steht der Kellerkomplex, siehe Haus Nr. 47, mit dem das Gebäude als gotisches Doppelhaus eine Einheit bildete. Ab 1770 befand sich im Seitenflügel eine Zuckersiederei. Nach 1842 werden an der Stelle zwei neue Häuser gebaut. Seit 1992 Teil der König-Passage.
(Dms. seit 1989: Keller)

51 Frühgotisches Haus, 1810/30 und im ausgehenden 19. J. weitgehend erneuert;

Seitenflügel fragmentarisch aus dem 15. Jh. Erhaltene Kelleranlage; mittelalterliche Wandmalerei, die zu den frühesten in Profanbauten der Stadt zählen.
Erste Erwähnung des Grundstücks 1289 (bebaut). In der ehemaligen Diele heraldische Darstellungen mit ursprünglich mindestens 17 Wappen (darunter die Wappen der Herzogtümer Bayern, Österreich, Schlesien und der Königreiche Norwegen, England und Böhmen. Dazu zahlreiche Ritterfiguren, Helme und Helmzier. Vier Heilige im hinteren Bereich der Diele, darunter ein überlebensgroßer Christopherus, einzigartig in Lübeck. Als Auftraggeber der Malerei gilt Radolfus Campsor. Seit 1992 Teil der König-Passage.
(Dms. seit 1989/92: Gesamtes Gebäude einschließlich der historischen Ausstattungen der Hauptumbauphasen)

53 König-Passage mit Kellerkomplex aus den 18. Jh. Die Ursprünge des Gebäudes sind frühgotisch, oberirdisch jedoch vollkommen erneuert. Erste Erwähnung des

Grundstücks 1292 (ab 1307 bebaut). Abbruchgenehmigung für das Vorderhaus 1990.
(Dms. seit 1989: Keller)

55 König-Passage, in zwei Phasen gewölbter Kellerkomplex. Ursprünge der Bebauung frühgotisch. Erste Erwähnung des Grundstücks 1290 (bebaut 1299). 1752 Giebelhaus mit gewölbtem Keller. 1893

Kauf durch Ch. Coleman, 1894 Neubau. 1990 Genehmigung zum Abbruch.
(Dms. seit 1989: Keller)

57 Fassade im sogenannten Heimatstil, hervorgegangen aus dem Fassadenwettbewerb 1901. Zeichnet sich durch qualitätvolle Gestaltung aus und gehört zu den wenigen noch erhaltenen Beispielen dieses Stils in der Stadt.
Erste Erwähnung des Grundstücks 1295 (bebaut 1324). 1797 Giebelhaus, 1863

Umbau durch den (späteren) Senator Brehmer. 1906 Kauf durch Ch. Coleman, 1908 Um- und Neubau.
(Dms. seit 1989: Fassade zur Königstraße)

60 Barockes Bürgerhaus vom Typ Palais des späten 18. Jh.; Traufenhaus mit breitem Zwerchgiebel und Mansarddach. Nach Ladeneinbau zurückversetzte Rokoko-Haustür mit Oberlicht. Mittlere Fenster mit Putzeinfassung und halbrunder Verdachung. Beiderseits des Giebels stehende Gauben mit geschwungenem Blechdach.
Erste Erwähnung des Grundstücks 1290 (als Erbe des Bernardi de Parchem). Zu der Zeit wurde bereits eine Waserleitung bei dem Haus erwähnt. 1556 im Besitz des Bartolomeus Tinappel. Prägende Bebauung 1768-1791 (Barock).
(Dms. seit 1968: Äußeres, insbesondere Straßenfassade und Haustür)

74 Klassizistisches Fabrik- und Wohngebäude aus der 2. Hälfte 18. Jh. mit Attika, EG 1925 überformt. 1990/92 in die Geschäftserweiterung Hüxstraße 10-28 einbezogen. Bei der hofseitigen Doppelflügelanlage ist weitgehend die spätgotische Konstruktion im EG erhalten, das OG aus um 1800.
Das gesamte Gebäude steht auf den bis auf heutiges Niveau abgetragenen Mauer-

resten eines hochmittelalterlichen Gebäudekomplexes. Der älteste Backsteinbau des Komplexes wird dem 13. Jh. zugerechnet. Prägende Bebauung 1804 (Klassizismus).
(Dms. seit 1990: Gesamtes Vordergebäude mit Dachstuhl und Kelleranlage sowie südlicher Seitenflügel mit Kelleranlage; außerdem auf die Reste einer mittelalterlichen Hausanlage mit integrierter Kloake)

79 Klassizistisches Wohn- und Geschäftshaus, Putzfassade, Attika mit Mezzanin und liegenden Rautenfenstern, Fenster überdacht und gerahmt, im EG überformt.

Erste Erwähnung des Grundstücks 1292 (bebaut). 1292-1428 als „Dat Hemelrike" bezeichnet. 1804 neu gebaut. Älteste nachgewiesene Bebauung 1266-1299, prägend 1804 (Klassizismus).
(Dms. seit 1967: Äußeres, insbesondere Straßenfassade)

80 Barockes Wohnhaus mit Zwerchgiebel, Reste der mittelalterlichen Öffnungsgliederung überformt durch Laden. Mit Nr. 82 unter einem Dach.
Ursprünglich zwei Buden unter einem Dach. 1526 vom Eckhaus Wahmstraße 21 abgetrennt und 1566 geteilt. Prägende Bebauung Ende 18. Jh. (Barock). 1975/76 Neubau hinter der alten Fassade.
(Dms. seit 1967: Äußeres, insbesondere Straßenfassade)

81 Rokoko-Wohnhaus, Putzfassade mit Mittelrisalit und geschweiftem Giebel,

Bel-étage durch Balkon (auf einem Adler ruhend) mit schmiedeeisernem Gitter, Giebelaufsatz und Balustrade stark betont; mit Vasen und Fabeltieren bekrönt. Gerahmtes Portal mit korbbogigem Oberlicht. Im Garten ein Quergebäude von 1768. Im Inneren Ausgestaltung der Räume aus der Bauzeit noch nahezu vollständig erhalten: Stuckdecke, Jahreszeitembleme, Putten mit Fruchtkorb. Sehr reich verzierte Dielentreppe, am Aufgang ein geschnitzter bärtiger Wassermann und eine Meerjungfrau. Diele im OG mit Paneele. Das schmale Balkonzimmer besitzt ein Tonnengewölbe, teils als Sternenhimmel ausgemalt, zudem holzverkleidete Wände, die teils in Holz, teils in Stuck Zeichen der Jagd, Musik und Fischerei zeigen. Im Flügelanbau ein Rokoko-Saal mit Stuckdecke.
Erste Erwähnung des Grundstücks 1289 (bebaut). Auftraggeber des Neubaues von 1773 war der Kaufmann J. C. Blohm. 1804 und 1835 als Weinhandlung ausgewiesen. Einbau der Schaufenster 1979 (rechts) und 1984 (links). Älteste nachgewiesene Bebauung 1289-1299, prägend 1773 (Rokoko).
(Dms. seit 1966: Gesamtes Gebäude)

83 Barock überformtes gotisches Haus mit Bel-étage und Schweifgiebel, überformt durch Laden. Rückwärtiger Giebel backsteinsichtig, mit spitzbogigen Hochblenden.
Erste Erwähnung des Grundstücks 1301 (bebaut). 1798 Haus eines Gewandschneiders. 1840 Weinhandlung. 1979 Einbau des Schaufensters. Älteste nachgewiesene Bebauung 1266-1299, prägend 1450-1799 (Gotik, barock überformt).
(Dms. seit 1967: Äußeres einschließlich des gotischen Hintergiebels sowie im Inneren auf der ehemaligen Diele der Treppenlauf aus dem 18. Jh.)

85 Klassizistische Putzfassade mit Attika, Fenster überdacht in der Bel-étage; Fassade vor ein im Kern mittelalterliches Die-

lenhaus gesetzt, im EG überformt. Im Inneren Malerei auf Holzbalkendecke.
Erste Erwähnung des Grundstücks 1283 (bebaut). 1663 bis 1796 Zunfthaus der Gewandschneiderkompagnie. 1958 Einbau Schaufenster. Älteste nachgewiesene Bebauung 1266-1299, prägend 1803 (Klassizismus).
(Dms. seit 1967: Äußeres, insbesondere Straßenfassade)

93 Wohnhaus mit Renaissance-Treppengiebel, rundbogige Hochblenden mit Fasenkanten, Luken in stichbogigen Nischen mit Fasenkanten, Ende 18. Jh. wurde das EG des Vorderhauses verändert mit rundbogigen Fenstern und klassizistischer Zopfstil-Haustür. Ornamental verzierter Treppenlauf. Ensemble des Vorder- und Querhauses aus dem 16. Jh.
Erste Erwähnung des Grundstücks 1329 (von der Liegenschaft Königstraße 91-95 abgeteilt). Im 19. Jh. eine Gewürzkrämerei. Älteste nachgewiesene Bebauung 1325-1349, prägend 1575-1599 (Renaissance).

(Dms. seit 1967/97: Äußeres, insbesondere Straßenfassade mit Haustür, ferner im Inneren auf die Treppe mit Pfosten)

110 Renaissance-Bürgerhaus, Dreiecksgiebel mit Firstzinne, rundbogiges Portal. Backsteinmauerwerk geschlämmt. Durchgreifend umgebaut, besonders im EG.
Erste Erwähnung des Grundstücks 1295 (bebaut). 1340 als Schmiede. 1596 als Backhaus erwähnt. Einbau von Schaufenster und Ladentür 1975. Älteste nachgewiesene Bebauung 1300-1343, prägend 1590-1899 (Renaissance, überformt).
(Dms. seit 1978: Äußeres sowie erhaltenswerte Teile im Inneren)

112 Gotisches ehemaliges Dielenhaus mit geschlämmtem Treppengiebel, gegliedert durch spitzbogige Hochblenden; ehemalige Luken durch Fenster ersetzt. Ehemaliges Dielengeschoß im 19. Jh. durch Putzfront verändert.
Erste Erwähnung des Grundstücks 1286 (bebaut). Schon früh als Krughaus geführt, blieb bis in die Gegenwart Gaststät-

te. Trug 1704 den Namen „Im Einhorn", 1816 „Der schwarze Löwe". Die Hökerei mit Kruggerechtigkeit stand bis zum Anfang des 20. Jh. in schlechtem Ruf, da vornehmlich Vagabunden und Diebe zu den Gästen gezählt haben sollen. Älteste nachgewiesene Bebauung 1250-1293, prägend 1400-1894 (unter Beibehaltung der Stilelemente der Gotik).
(Dms. seit 1978: Äußeres, insbesondere Straßenfassade und erhaltenswerte ältere Teile im Inneren)

118 Kleinbürgerhaus des 17./18. Jh., 1823 überformt. Giebel in Fachwerk. Im EG überformt. Seltenes Beispiel eines ehemaligen Hintergebäudes mit Fachwerk-Vordergiebel. Im Inneren klassizistische Treppe vom EG bis ins 2. OG. Feuerstelle mit Rauchabzug im EG.
Gehörte ursprünglich zum Haus Mühlenstraße Nr. 15. Prägende Bebauung 1600-99 (Renaissance).
(Dms. seit 1990/92: Gesamtes Gebäude, Äußeres und im Inneren Treppenanlage und Bauausstattung)

Kolk

Die Straße wurde benannt nach Gerhard vom Kolke, der im 14. Jahrhundert Liegenschaften in ihr besaß.

14 Gotischer Treppengiebel, EG und Fenster neuzeitlich verändert. Bögen in ehemaliger Dielenhöhe erkennbar. Im ersten OG Segmentöffnungen mit gefastem Stein, gotische Spitzbögen und Lukenöffnungen
Erste Erwähnung des Grundstücks 1293 (bebaut). Gemeinsam mit Pagönnienstraße 1-9, Kolk 14-18 und Kleine Petersgrube 4-10 bebautes Eckgrundstück. 1893 großer Umbau. Älteste nachgewiesene und prägende Bebauung 1526-27 (Gotik).
(Dms. seit 1967: Äußeres)

16 Eines der schmalsten Häuser Lübecks. Einachsige gotische Fassade. EG und Fenster neuzeitlich verändert. Reste von figürlicher Wandmalerei des 16. Jh. („Wilder Mann" und Frauenfigur).
Erste Erwähnung des Grundstücks 1293 (bebaut). Gemeinsam mit Pagönnienstraße 1-9, Kolk 14-18 und Kleine Petersgrube 4-10 bebautes Eckgrundstück. Bauherr war 1574 ein Pulvermacher. Älteste nachgewiesene und prägende Bebauung 1574 (Gotik).
(Dms. seit 1967: Äußeres)

20-22 (Kleine Petersgrube 1-3) Renaissance-Eckhaus mit schlichter Backstein-Fassade. Portal aus dem 17. Jh. Treppengiebel mit gotischen Rundbögen, Lukengeschossen und Nischen; Rekonstruktion von 1977.
Erste Erwähnung des Grundstücks 1294 (bebaut). Bis 1587 gemeinsames Grundstück mit Kleiner Petersgrube Nr. 1-5 und Kolk Nr. 20-22. 1334 „To dem Kolke" bezeichnet, so benannt nach Gerhard vom Kolke, der es 1327 erworben hatte. Wohnkeller im 18./19. Jh. Älteste nachgewiese-

ne und prägende Bebauung 1600 (Renaissance), 1977 überformt, Umbau zum Studentenwohnheim.
(Dms. seit 1967: Äußeres)

Krähenstraße

1280 Kreienstrate, 1293 Platea cornicum, 1295 Platea Kreien, seit 1852 Krähenstraße.

14 Klassizistische Putzfassade, Wohnhaus mit Attika (abgestuft, mit Halbkreisfenster) und Bel-étage, durch waagerechte Gesimse gegliedert; EG um neuzeitlich verändert.

Erste Erwähnung des Grundstücks 1313 (bebaut). 1841 durch den Rothlöscher P. H. Rohde abgerissen und neu erbaut. Älteste nachgewiesene Bebauung 1275-1313, prägend 1841 (Klassizismus).
(Dms. seit 1967: Äußeres)

16 Wohnhaus mit Renaissance-Treppengiebel, Fenster unter Entlastungsbogen und stichbogigen Blendnischen, EG nachträglich verputzt, rundbogiges Portal.

Erste Erwähnung des Grundstücks 1296 (bebaut). Älteste nachgewiesene Bebauung 1250-1296, prägend 1700-1799 (Barock).
(Dms. seit 1967: Äußeres, insbesondere Straßenfassade)

20 Zerrenthiens Armenhaus. Spätmittelalterliches Traufenhaus, Vorderhaus des

1437 gegründeten Armenhauses. Das gotische Haus wurde 1865-1867 weitgehend umgebaut. Von der ursprünglichen Gliederung blieb ein spitzbogiges Portal an der rechten Seite.
Erste Erwähnung des Grundstücks 1294 (bebaut). Von Heinrich Zerrenthien 1437 gekauft und als Armenhaus geführt. Mitte des 19. Jh. gehörten rückwärtig 18 Wohnungen dazu (zum Teil in der späteren „Vereinsstraße" gelegen). 1884-1896 zwei Hofgebäude neu erbaut. Entkernung und Umbau des Vorderhauses 1983/1984. Älteste nachgewiesene Bebauung 1250-1294, prägend 1437-1869 (Gotik/Spätklassizismus).
(Dms. seit 1981: Äußeres und erhaltenswerte Teile im Inneren)

Langer Lohberg

1287 Poggenpohl, 1370 super Lohberg, 1393 Up dem Looberge, 1408 Pockgenpol, 1581 Loheberg, 1644 Lohberg, seit 1852 Langer Lohberg. Name leitet sich von Lohgerbern ab (am Weiten Lohberg wurde die Lohe gelagert).

3 Barockes Kleinhaus mit kräftig geschlämmter Backsteinfassade. Zwerchhaus mit halbrundbekröntem Giebel; Traufe mit profiliertem Traufbrett. Originale Blockzargenfenster mit vorindustriellem Glas. Haustür 19. Jh. Im Inneren kleine Vorderstube mit Stuckrahmen.
Keine frühe eigenständige Erwähnung des Grundstücks, es gehörte bis 1400 zum Großgrundstück zwischen Weiter Lohberg und Großer Gröpelgrube. Bebaut 1400, ein Haus mit Werkstatt. Im 18. Jh. war die spätmittelalterliche Bude Langer Lohberg 3 eigenständig und wurde barock überformt. Sitz einer Kerzengießerei. 1987/89 saniert. Älteste nachgewiesene Bebauung 1450-1550 (Gotik), prägend 1750-1799 (Barock).
(Dms. seit 1988: Gesamtes Gebäude)

20 Backsteinsichtiges Dielenhaus mit Renaissance-Treppengiebel, durch flachbogige Fasensteinblenden gegliedert. EG durch Fasensteingesims abgeschlossen. OG mit eng zusammenliegenden hohen Fenstern.
Erste Erwähnung des Grundstücks 1309 (bebaut). Zeitweise mit dem Nachbargrundstück verbunden, gehörte in den Besitz Königstraße 9. Um 1600 Bau eines

Renaissance-Dielenhauses. Bis 1840 gehörte ein Gang zu dem Haus. 1975 saniert. Älteste nachgewiesene Bebauung 1300-1400 (Gotik), prägend 1600-1632 (Renaissance).
(Dms. seit 1975: Äußeres einschließlich schutzwürdiger Teile im Inneren)

21 Spönken-Hof, Haus 1 Ganghaus mit klassizistischer Putzfassade, im Kern aus dem 16. Jh. stammend; in der ersten Hälfte 19. Jh. als Teil der Budenreihe 1-4 umgebaut.

Der Gang wurde erstmals 1583 erwähnt. Er gehörte zu den Grundstücken Langer Lohberg 19 und 23, bebaut mit elf Buden. 1805 gingen die Häuser in Einzeleigentum über. Der Name des Hofes ist nicht eindeutig belegt, möglicherweise wurde der Gang nach dem Kleinweber Carsten Spenken 1618 benannt. Älteste nachgewiesene Bebauung 1577-1599 (Renaissance), prägend 1800-1849 (Klassizismus).
(Dms. seit 1967: Äußeres)

21 Spönken-Hof, Haus 2 Ganghaus mit klassizistischer Putzfassade, im Kern aus dem 16. Jh. stammend; in der ersten Hälfte 19. Jh. als Teil der Budenreihe 1-4 umgebaut. Rückfront mit neuer großer Schleppgaube. Blockzargenfenster original erhalten, teilweise vorindustrielles Glas. Haustür 19. Jh.
Der Gang wurde erstmals 1583 erwähnt. Er gehörte zu den Grundstücken Langer Lohberg 19 und 23, bebaut mit elf Buden. 1805 gingen die Häuser in Einzeleigentum über. Der Name des Hofes ist nicht ein-

deutig belegt, möglicherweise wurde der Gang nach dem Kleinweber Carsten Spenken 1618 benannt. Älteste nachgewiesene Bebauung 1577-1599 (Renaissance), prägend 1800-1849 (Klassizismus).
(Dms. seit 1967: Äußeres)

21 Spönken-Hof, Haus 3 Ganghaus mit klassizistischer Putzfassade, im Kern aus dem 16. Jh. stammend; in der ersten Hälfte 19. Jh. als Teil der Budenreihe 1-4 umge-

baut. Fassadengliederung spiegelsymmetrisch zu Haus 2 und 4. Haustür mit Oberlicht 19. Jh.
Der Gang wurde erstmals 1583 erwähnt. Er gehörte zu den Grundstücken Langer Lohberg 19 und 23, bebaut mit elf Buden. 1805 gingen die Häuser in Einzeleigentum über. Der Name des Hofes ist nicht eindeutig belegt, möglicherweise wurde der Gang nach dem Kleinweber Carsten Spenken 1618 benannt. Älteste nachgewiesene Bebauung 1577-1599 (Renaissance), prägend 1800-1849 (Klassizismus).
(Dms. seit 1967: Äußeres)

21 Spönken-Hof, Haus 4 Ganghaus mit klassizistischer Putzfassade, im Kern aus dem 16. Jh. stammend; in der ersten Hälfte 19. Jh. als Teil der Budenreihe 1-4 umgebaut. Fassadengliederung spiegelsymmetrisch zu Haus 3. Dreiflügeliges Dornsenfenster des 19. Jh. mit vorindustriellem Glas und Beschlägen original, ebenfalls das einflügelige Dielenfenster. Beschnitze Haustür um 1800 mit Oberlicht über profiliertem Kämpfer..
Der Gang wurde erstmals 1583 erwähnt. Er gehörte zu den Grundstücken Langer Lohberg 19 und 23, bebaut mit elf Buden. 1805 gingen die Häuser in Einzeleigentum über. Der Name des Hofes ist nicht eindeutig belegt, möglicherweise wurde der Gang nach dem Kleinweber Carsten Spenken 1618 benannt. Älteste nachgewiesene Bebauung 1577-1599 (Renaissance), prägend 1800-1849 (Klassizismus).
(Dms. seit 1967: Äußeres)

21 Spönken-Hof, Haus 5 Ganghaus mit klassizistischer Putzfassade, im Kern aus dem 16. Jh. stammend; in der ersten Hälfte 19. Jh. umgebaut. Dreiflügeliges Dornsenfenster des 19. Jh. mit vorindustriellem Glas und Beschlägen original, ebenfalls das einflügelige Dielenfenster sowie die dreiflügeligen Fenster im OG. Haustür um 1900.

Der Gang wurde erstmals 1583 erwähnt. Er gehörte zu den Grundstücken Langer Lohberg 19 und 23, bebaut mit elf Buden. 1805 gingen die Häuser in Einzeleigentum über. Der Name des Hofes ist nicht eindeutig belegt, möglicherweise wurde der Gang nach dem Kleinweber Carsten Spenken 1618 benannt. Älteste nachgewiesene Bebauung 1577-1599 (Renaissance), prägend 1800-1849 (Klassizismus). (Dms. seit 1967: Äußeres)

21 Spönken-Hof, Haus 6 Ganghaus, als einziges ursprünglich zweigeschossig in dem ansonsten ehemals eingeschossigen Gang, mit klassizistischer Putzfassade, im

Kern aus dem 16. Jh. stammend; in der ersten Hälfte 19. Jh. umgebaut. Rückwärtig wurde ein historischer Anbau integriert. Teil der Vorderfassade von Haus 5 überdeckt. Haustür um 1900.
Der Gang wurde erstmals 1583 erwähnt. Er gehörte zu den Grundstücken Langer Lohberg 19 und 23, bebaut mit elf Buden. 1805 gingen die Häuser in Einzeleigentum über. Der Name des Hofes ist nicht eindeutig belegt, möglicherweise wurde der Gang nach dem Kleinweber Carsten Spenken 1618 benannt. Älteste nachgewiesene Bebauung 1350-1399 (Gotik), prägend 1800-1849 (Klassizismus). (Dms. seit 1967: Äußeres)

21 Spönken-Hof, Haus 7 Ganghaus, letzte eingeschossige Bude mit Zwerchhaus (Dreiecksgiebel); mit klassizistischer Putzfassade; im Kern aus dem 16. Jh. stammend; in der ersten Hälfte 19. Jh. umgebaut. Haustür 1900 Jh.
Der Gang wurde erstmals 1583 erwähnt. Er gehörte zu den Grundstücken Langer Lohberg 19 und 23, bebaut mit elf Buden. 1805 gingen die Häuser in Einzeleigentum

über. Der Name des Hofes ist nicht eindeutig belegt, möglicherweise wurde der Gang nach dem Kleinweber Carsten Spenken 1618 benannt. Prägende Bebauung 1825-1874 (Klassizismus).
(Dms. seit 1968: Äußeres)

21 Spönken-Hof, Haus 8 Ganghaus mit klassizistischer Putzfassade, im Kern aus dem 16. Jh. stammend; in der ersten Hälfte 19. Jh. umgebaut. Blockzargenfenster des 19. Jh. original erhalten, teilweise vorindustrielles Glas und original Beschläge. Haustür um 1900.

Der Gang wurde erstmals 1583 erwähnt. Er gehörte zu den Grundstücken Langer Lohberg 19 und 23, bebaut mit elf Buden. 1805 gingen die Häuser in Einzeleigentum über. Der Name des Hofes ist nicht eindeutig belegt, möglicherweise wurde der Gang nach dem Kleinweber Carsten Spenken 1618 benannt. Älteste nachgewiesene Bauung 1575-1599 (Renaissance), prägend 1850-1899 (Klassizismus).
(Dms. seit 1967: Äußeres)

21 Spönken-Hof, Haus 9 Ganghaus mit klassizistischer Putzfassade, im Kern aus dem 16. Jh. stammend; in der ersten Hälfte 19. Jh. umgebaut Zwerchhaus mit Dreiecksgiebel

Der Gang wurde erstmals 1583 erwähnt. Er gehörte zu den Grundstücken Langer Lohberg 19 und 23, bebaut mit elf Buden. 1805 gingen die Häuser in Einzeleigentum über. Der Name des Hofes ist nicht eindeutig belegt, möglicherweise wurde der Gang nach dem Kleinweber Carsten Spenken 1618 benannt. Älteste nachgewiesene Bebauung 1575-1599 (Renaissance), prägend 1850-1899 (Klassizismus).
(Dms. seit 1967: Äußeres)

27-31 Reihenhausanlage der Renaissance. Backsteinfassade aus der zweiten Hälfte des 16. Jh. mit asymmetrischer Achsaufteilung. Haus Nr. 27 mit verputzter Aufstokkung mit geradem Abschluß; stichbogiges Portal mit Taustabgewände. Bei Haus Nr. 29 wurde der Eingang im 19. Jh. nach rechts verlegt; ehemaliges, rundbogiges Fasensteinportal erkennbar. Haus Nr. 31 mit geschoßtrennender Eichenbohle. Rechts stichbogiger Durchgang zum Ketten-Gang.

Erste Erwähnung des Grundstücks 1322 (bebaut). 1340 ein Querhaus. Ende des 15. Jh. grundlegend verändert. Älteste nachgewiesene Bebauung 1300-1324 (Gotik), prägend 1550-1599 (Renaissance).
(Dms. seit 1991: Gesamte Reihenhausanlage, wobei beim Haus Nr. 27 die zur Straße gelegene Aufstockung des 19. Jh. ausgenommen und beim Haus Nr. 29 der Dms. auf das Äußere begrenzt ist)

38-40 Renaissance-Doppelgiebelhaus, eine Eigentumseinheit von Haupt- und Nebenhaus (Nr. 38). Giebel durch Fasensteinluken und -blenden gegliedert, beide Fassaden identisch. Untergeschosse in der Fenstereinteilung im 19. Jh. verändert (bei Nr. 38 auch erstes OG). Auf der rechten Seite von Nr. 38 lag der Zugang zum Wandmacher-Gang, heute durch eine Haustür in einem Fasensteinportal geschlossen.
Erste Erwähnung des Grundstücks 1286 (bebaut). 1330 mit dem Grundstück Langer Lohberg 34 verbunden. Um 1600 Bau des Doppelgiebel-Hauses, Nr. 38 diente dabei als Giebelhaus zum Wandmacher Gang mit sieben Wohnungen. 1975 saniert, dabei Putz von der Fassade entfernt, ursprüngliche Öffnungen (Dielen- und Dornsenfenster, Portal wieder sichtbar gemacht). Älteste nachgewiesene Bebauung 1400-1449 (Gotik), prägend 1600-1632 (Renaissance).
(Dms. seit 1968: Äußeres, insbesondere Straßenfront)

41 Giebelhaus des Historismus mit Flügel, im Kern aus dem 14. Jh. Gerades Abschlußgesims auf Blattkonsole. Im EG Putznutung und profiliertes Gesimsband. Fenster im ersten OG in profilierten Putzfaschen mit geraden Verdachungen, im zweiten OG mit diamantförmigen Schlußsteinen in den Faschen.
Erste Erwähnung des Grundstücks 1309 (bebaut 1322, aus dieser Zeit Brandmauern und Teile des rückwärtigen Giebels erhalten). Im Mittelalter eine Gerberei, später Brauhaus, seit 1592 Rotbrauhaus. Im

15. Jh. Seitenflügel angefügt (Dachwerk erhalten). Im 16. Jh. zum Backstein-Giebelhaus umgebaut. 1890 Vorderhaus umgebaut und aufgestockt. 1987/88 saniert. Älteste nachgewiesene Bebauung 1300-1324 (Gotik), prägend 1890 (Historismus). (Dms. seit 1989: Umfassungsmauerwerk des Vorderhauses und gesamter Seitenflügel)

42-44 Wohnhaus mit Renaissance-Treppengiebel, sehr schmale Backsteinfassade mit zwei ehemaligen Fasenstein-Lukenöffnungen. Hohe stichbogige Fenster im ersten OG aus dem 18. Jh.
Erste Erwähnung des Grundstücks 1308 (bebaut). Großgrundstück Langer Lohberg 42-46, zwei Häuser unter einem Dach (bleiben bis 1900 verbunden) 1515 gehört dazu ein Gang. Um 1600 Bau des Giebelhauses mit Durchgang zum Gang, errichtet als Nebenhaus zu Nr. 46. Dahinter Scharbaus oder Diercks Gang mit zuletzt vier Fachwerkbuden. Erste Buden in den 1950er Jahren abgebrochen, Rest bei der Sanierung 1973-1975 entfernt. Älteste nachgewiesene Bebauung 1300-1400 (Gotik), prägend 1590-1610 (Renaissance). (Dms. seit 1967: Äußeres)

43 Haupthaus Fassade des Historismus mit Mezzaningeschoß und vorkragendem profilierten Attikaabschluß. Durchlaufende Gesimsbänder und einfache Putzfaschen an den Fenstern in den OG. Neuzeitlich verklinkert. Im Kern 14. Jh. Bedeutendste Mönch- und Nonnendachdekkung in Lübeck. Seitenflügel Mitte 16. Jh, erhaltene Holzrinne an der Traufe.
Erste Erwähnung des Grundstücks 1318 (bebaut 1365, ein Haus mit Getreidespeicher). Brandmauern aus dieser Zeit erhalten. Um 1600 mittelalterliches Haus zum zweigeschossigen Dielenhaus verändert, Dachdeckung aus dieser Zeit. 1555-1843 als Färberei genutzt, 1752 Schönfärberei „Die blaue Hand“. Das Grundstück reichte ursprünglich bis zur Wakenitzmauer, mit Walkmühle und Wassersteg an der Wakenitz. Im 19. Jh. Historismus-Fassade

vorgesetzt. Älteste nachgewiesene Bebauung 1340-1360 (Gotik), prägend 1875-1899 (Historismus).
(Dms. seit 1989: Äußeres, insbesondere erhaltene Mönchs- und Nonnendachdekkung des Haupthauses und alle Bauteile der Zeit vor 1350)

46 Dielenhaus mit Renaissance-Treppengiebel, durch flachbogige Luken- und Blendöffnungen gegliedert. Das hohe Dielengeschoß wurde im Rokoko zur Beletage verändert, höhere Dielen- und Dornsenfenster verkleinert. Rundbogiges Renaissance-Portal mit Taustabprofilierung. Rokoko-Haustür mit Oberlicht (geschwungenes Sprossenwerk über profiliertem Kämpfer, in dessen Scheitel in einer Rocaille ein Putto sitzt). Hölzerne Verkleidung der Gewände. In den Luken Bleiverglasung (zum größten Teil original). Fenster im OG aus dem 18. Jh. Rückwärtige Fassade in Fachwerk, ebenfalls der Seitenflügel.

Erste Erwähnung des Grundstücks 1308 (bebaut). Großgrundstück Langer Lohberg 42-46, zwei Häuser unter einem Dach (bleiben bis 1900 verbunden). 1515 gehört dazu ein Gang. Um 1600 Bau des Giebelhauses mit Durchgang zum Gang, errichtet als Haupthaus zu Nr. 44, hinter dem Scharbaus oder Diercks Gang mit zuletzt vier Fachwerkbuden lag. Im 18. Jh. hohe Diele zugunsten eine Bel-étage niedrigergelegt, neue Fenster und Türen eingebaut. Bis 1880 als Branntweinbrenner-Haus genutzt, Kruggerechtigkeit, wurde als „Im Bömken“, „Im grünen Baum“, „Im Bäumchen“ bezeichnet. Erste Buden des Ganges in den 1950er Jahren abgebrochen, Rest bei der Sanierung 1973-1975 entfernt. Erste Erwähnung des Grundstücks (bebaut). Älteste nachgewiesene Bebauung 1300-1400 (Gotik), prägend 1590-1610 (Renaissance).
(Dms. seit 1967: Äußeres und das Portal)

47 Dielenhaus mit Renaissance-Treppengiebel mit waagerecht angeordneten

flachbogigen Blenden, einige mit Luken. Haustür im Zopfstil mit Oberlicht und Beschlägen. Im Inneren Diele im Zopfstil ausgestattet (Säule, Unterzugsbalken). Reste von Wandmalerei.
Erste Erwähnung des Grundstücks 1289 (bebaut vor 1286 mit einem Holzhaus). 1372 reichte das Grundstück bis an die Wakenitzmauer. 1530-1538 Umbau. 1545 Brauhaus, 1588 Weißbrauhaus (Reste der alten Darrenanlage und hölzernes Steigrohr der Wasserleitung gefunden). 1530-38 als Dielenhaus errichtet. EG im 18. Jh. mit Zopfstil-Diele ausgebaut. In den 1920er Jahren Lübecks ältester Nachtclub „Die rote Katze". 1986/88 saniert, seither Wohnhaus. 1989 Säule wieder aufgerichtet. Älteste nachgewiesene Bebauung 1275-1299 (Gotik), prägend 1530-1538 (Renaissance).
(Dms. seit 1968: Gesamtes Gebäude)

49 Dielenhaus mit Renaissance-Treppengiebel, EG verputzt, neuzeitlich verändert. Über dem EG fünf senkrechte, rundbogige Blenden, im oberen Giebelteil gereihte, breite flachbogige Blenden. Im Inneren Teile des Vorgängerbaus des 13. Jh.
Erste Erwähnung des Grundstücks 1309 (bebaut). 1442-1453 verlassenes, brachliegendes Grundstück, anschließend unter Verwendung der mittelalterlichen Brandmauern Haus neu errichtet. 1545 erstmals als Brauhaus erwähnt (bis in die erste Hälfte 19. Jh.). Um 1600 umgebaut mit neuer Straßenfassade. Vermutlich nach Feuer Ende 17. Jh. Balkenlage über EG und OG erneuert. 1867 Umbau, weiterer Umbau Ende 19. Jh. zum Mietshaus. Seit 1870 Backhaus. 1880 gerichtlich an die Deutsche Lebensversicherung. 1943 verputzt, Nutzung als Bäckerei. Hintergebäude 1988 abgerissen. Älteste nachgewiesene Bebauung 1290-1310 (Gotik), prägend 1590-1610 (Renaissance).
(Dms. seit 1967: Äußeres, insbesondere Straßenfassade)

51 Klassizistische Putzfassade mit Zwerchhaus. Klassizistische Haustür (von einem anderen Haus übernommen). Im Inneren durchlaufende klassizistische Treppe mit vergitterter Brüstung bis ins DG.
Erste Erwähnung des Grundstücks 1296 (bebaut). Teil einer bereits 1316 angeführten Bebauung mit Buden an der Ecke Langer Lohberg 51-63 im Anschluß an das Eckhaus Glockengießer-Straße. 1575 wurde die Zahl der Buden mit sechs angegeben, das entspricht der heutigen Struktur. Die einzelnen Häuser wurden im 18. Jh. eigenständig. Zwischen 1790-1825 überformt, mit klassizistischer Fassade versehen. 1797 Haus eines Goldschmieds. Älteste nachgewiesene Bebauung 1300-1349 (Gotik), prägend 1790-1810 (Klassizismus).

(Dms. seit 1980: Äußeres sowie Treppenanlage im Inneren)

53 Klassizistische Putzfassade mit dreieckig übergiebeltem Zwerchhaus. Klassizistische Haustür.
Erste Erwähnung des Grundstücks 1296 (bebaut). Teil einer bereits 1316 angeführten Bebauung mit Buden an der Ecke Langer Lohberg 51-63 im Anschluß an das

Eckhaus Glockengießer-Straße. 1575 wurde die Zahl der Buden mit sechs angegeben, das entspricht der heutigen Struktur. Die einzelnen Häuser wurden im 18. Jh. eigenständig. Zwischen 1789-1803 wurde die bis dahin eingeschossige Bude um ein Geschoß aufgestockt und mit dem Zwerchhaus ausgestattet. Haus eines Freitischlers. Instandsetzung 1983. Älteste nachgewiesene Bebauung 1300-1349 (Gotik), prägend 1790-1810 (Klassizismus).
(Dms. seit 1982: Äußeres sowie erhaltenswerte ältere Teile im Innere)

61 Klassizistische Putzfassade, Zwerchhaus mit geradem, abgestuftem Attikaabschluß. Mit Nr. 63 unter einem Dach. Im Inneren durchgehende Treppenanlage mit Wangenschmuck und Stabwerkgeländer des frühen 19. Jh.
Erste Erwähnung des Grundstücks 1296 (bebaut). Teil einer bereits 1316 angeführten Bebauung mit Buden an der Ecke Langer Lohberg 51-63 im Anschluß an das Eckhaus Glockengießer-Straße. 1575 wurde die Zahl der Buden mit sechs angegeben, das entspricht der heutigen Struktur.

Die einzelnen Häuser wurde im 18. Jh. eigenständig. Um 1800 klassizistisch überformt und mit dem Zwerchhaus ausgestattet. 1802 Haus eines Kornträgers. 1982 saniert. Älteste nachgewiesene Bebauung 1300-1349 (Gotik), prägend 1790-1810 (Klassizismus).
(Dms. seit 1982: Äußeres sowie erhaltenswerte ältere Teile im Inneren [Treppenanlage])

Lichte Querstraße

1309 Platea transversalis inter fossam ducis et fossam Tanquardi, 1586 Lichte Dwerstrate, 1852 Lichte Dwasstraße, seit 1884 Lichte Querstraße.

12 Klassizistische Putzfassade mit abgetreppter Attika, im Kern spätmittelalterlich. Hauseingang mit gequaderter Umrahmung, profiliertes Kranzgesims. Im Inneren vollständig erhaltene Raumstruktur des 19. Jh. (schmale Diele mit Windfang, verglaster Kücheneinbau, zahlreiche Ausstattungsdetails, z. B. Fenster, Zimmertüren, Treppe zum DG.
Erste Erwähnung des Grundstücks 1312 (bebaut). Gehörte zum Eckhaus Hartengrube 28, Anfang 14. Jh. selbständig, 1499 Neubau. 1561-1562 in Inneren umgebaut. Im ersten Drittel 19. Jh. mit Attikafassade versehen. 1995 saniert. Älteste nachgewiesene Bebauung 1290-1309, prägend 1832 (Klassizismus).
(Dms. seit 1994: Gesamtes Gebäude)

Marlesgrube

1266 Fossa Marlevi, 1338 Marlowesgrowe, 1354 Marlevesgrove, 1401 Merlves fossa, 1476 Marloffgrove, 1601 Marlsgrowe, 1630 Marquardsgrube, 1695 Marlsgrube, 1852 Marlitzgrube, seit 1884 Marlesgrube.

42 Klassizistisches Traufenhaus, die Mitte betont durch Zwerchhaus mit flachem Dreiecksgiebel über durchlaufendem Gesims. Veränderung im EG im 19. Jh. durch große Einfahrt (zu einer Schlosserei).
Erste Erwähnung des Grundstücks 1295 (bebaut 1315). Im 18. Jh. Krughaus „Die drei Kronen“. 1900 Einrichtung einer Schmiede. Älteste nachgewiesene Bebau-

ung 1300-35, prägend 1450-1774 (Klassizismus). 1988 saniert.
(Dms. seit 1978: Gesamtes Gebäude)

48 Wohnhaus mit Renaissance-Treppengiebel. Geschoßgliederung im 19. Jh. verändert, neue Fenster im EG und OG, Fassade über beide Geschosse verputzt. Backsteingiebel mit rundbogigen Hochblenden und stichbogigen Luken.
Erste Erwähnung des Grundstücks 1299 (bebaut). Im 19. Jh. Kramhaus. 1988-1993 saniert. Prägende Bebauung 1550-1892 (Renaissance).
(Dms. seit 1968: Äußeres, insbesondere Straßenfassade)

50 Ehemaliges Dielenhaus mit Renaissance-Treppengiebel, Diele im 19. Jh. ausgebaut, in den 1930er Jahren umgebaut. Verputzter Vordergiebel, niedriges EG und OG. Rundbogige Hochblenden mit Fasenkante, stichbogige Luken, stichbogige Blendnischen.

Erste Erwähnung des Grundstücks 1301 (bebaut 1312). 19. Jh. Kramladen. Prägende Bebauung 1550-1939 (unter Beibehaltung der Stilmittel der Renaissance).
(Dms. seit 1966: Äußeres)

53 Wohnhaus mit Gotik/Renaissance-Treppengiebel aus der Zeit um 1500. Erbaut als Dielenhaus; spitzbogige Hochblenden, stichbogige Doppel-Luken, Fenster im OG in stichbogigen Blendnischen mit Fasenkanten. Von dem Gebäude ist nur die Fassade erhalten, die im EG mit Klinkern überformt wurde.

Erste Erwähnung des Grundstücks 1315 (bebaut). Älteste nachgewiesene Bebauung 1275-1315, prägend 1400-1969 (unter Beibehaltung der Stilmittel der Gotik und Renaissance).
(Dms.: Äußeres, insbesondere Straßenfassade, seit 1974)

56 Durchgang, Haus Nr. 1 Kleines Ganghaus im „Durchgang“ zwischen Marlesgrube 56 und Depenau 45; vermutlich mit Mauerresten des 15./16. Jh., 1800 und 1974 umbaut.
Erste Erwähnung des Grundstücks 1300 (bebaut). Älteste nachgewiesene Bebauung 1300-1331, prägend 1500-1974.

(Dms. seit 1967: Äußeres)

56 Durchgang, Haus Nr. 2 Kleines Ganghaus im „Durchgang“ zwischen Marles-

grube 56 und Depenau 45. Vordere Fassade im 16. Jh. und in der ersten Hälfte 19. Jh. umgebaut.
Erste Erwähnung des Grundstücks 1324 (bebaut 1331). Älteste nachgewiesene Bebauung 1438-1475, prägend 1550-1850. 1993 saniert.
(Dms. seit 1965: Fassade einschließlich Fenster)

56 Durchgang, Haus Nr. 3 Kleines Ganghaus im „Durchgang" zwischen Marlesgrube 56 und Depenau 45. Teil einer vor 1475 unter einem Dach erbauten Hausreihe (2-4). Vordere Fassade im 16. Jh. umgebaut. Fachwerkgaube gemeinsam mit Nr. 56/4.

Erste Erwähnung des Grundstücks 1300 (bebaut). 1981-1982 saniert, zusammengelegt mit Nr. 4. Älteste nachgewiesene Bebauung 1438-1475, prägend 1550-1599 (Renaissance).
(Dms. seit 1967: Äußeres)

56 Durchgang Haus Nr. 4 Kleines Ganghaus im „Durchgang" zwischen Marles-

grube 56 und Depenau 45. Teil einer vor 1475 unter einem Dach erbauten Hausreihe (2-4). Vordere Fassade im 16. Jh. umgebaut. Fachwerkgaube gemeinsam mit Nr. 56/3. Rundbogiges Portal mit doppelt gestufter Laibung mit Fasenkante.
Erste Erwähnung des Grundstücks 1300 (bebaut). 1981-1982 saniert, zusammengelegt mit Nr. 3. Älteste nachgewiesene Bebauung 1438-1475, prägend 1550-1599 (Renaissance).
(Dms.: Äußeres, seit 1967)

56 Durchgang, Haus Nr. 6 Kleines Ganghaus im „Durchgang" zwischen Marlesgrube 56 und Depenau 45. Teil einer im 15. Jh. unter einem Dach erbauten Hausreihe (Nr. 6-8). Im 19. Jh. umgebaut. Breites Zwerchhaus.
Erste Erwähnung des Grundstücks 1300 (bebaut). 1987-1988 saniert. Älteste nachgewiesene Bebauung 1400-1475, prägend 1800-1849 (Klassizismus).
(Dms. seit 1967: Äußeres)

56 Durchgang, Haus Nr. 7 Kleines Ganghaus im „Durchgang“ zwischen Marlesgrube 56 und Depenau 45. Teil einer im 15. Jh. unter einem Dach erbauten Hausreihe (Nr. 6-8). In der zweiten Hälfte 16. Jh. Backsteinfassade spiegelsymmetrisch zu Nr. 56/8 umgebaut; rundbogiges Portal mit doppelt gestufter Laibung aus dem 17. Jh. Zwei Fachwerkgauben, die rechte gemeinsam mit Nr. 56/8.
Erste Erwähnung des Grundstücks 1300 (bebaut). 1986-1988 saniert. Älteste nachgewiesene Bebauung 1436-1456, prägend 1550-1599 (Renaissance).
(Dms. seit 1967: Äußeres)

56 Durchgang, Haus Nr. 8 Kleines Ganghaus im „Durchgang“ zwischen Marlesgrube 56 und Depenau 45. Teil einer im 15. Jh. unter einem Dach erbauten Hausreihe (Nr. 6-8). In der zweiten Hälfte 16. Jh. Backsteinfassade spiegelsymmetrisch zu Nr. 56/7 umgebaut; rundbogiges Portal mit doppelt gestufter Laibung aus dem 17. Jh. Zwei Fachwerkgauben, die linke gemeinsam mit Nr. 56/7.
Erste Erwähnung des Grundstücks 1300 (bebaut). 1983-1986 saniert.

Älteste nachgewiesene Bebauung 1436-1456, prägend 1550-1599 (Renaissance). (Dms. seit 1967: Äußeres)

Mengstraße

1259 Mengestrate (nach einem Bürgermeister), 1267 Platea Mengonis, 1327 Platea Mixta, 1364 Platea Megghonis/Menghenstrate, 1666 Mängestraße, 1700 Menggrube, seit 1852 Mengstraße.

4 Buddenbrook-Haus. Barocke Fassade mit Schweifgiebel, bekrönt durch Vase, flankiert von Giebelplastiken des Bildbauers Dietrich Jürgen Boy von 1758 (1957 wiederhergestellt). Schmuck der Brüstungsfelder mit aneinandergereihten Rosetten und Ovalen. Zwischen den Fenstern im Giebelfeld Vasenreliefs. Alle Fenster gerahmt. In der Mitte der Fassade ein schlichtes, hohes Portal (Löwenkopf im Scheitel). Über der Tür Inschrift „Anno Dominus providebit 1758“. Im Inneren Treppenpfosten des 18. Jh.

Erste Erwähnung des Grundstücks 1289 (bebaut). Wohnhaus des Bürgermeisters Bruno Warendorp, der 1369 als Admiral der hansischen Flotte in Schonen starb. Von 1377 bis 1381 Wohnhaus des Bürgermeisters Jacob Pleskow. Von 1537 bis 1704 Wohnsitz mehrerer Ratsherren aus der Familie von Dorne. 1842 kaufte Joh. Sig. Mann, der Großvater Thomas Manns das Haus. 1894 Teile der Bebauung abgerissen. Thomas Mann machte das Haus zum Schauplatz seines Romans „Buddenbrooks“. 1890-1895 Restaurant „Zum Münchner Kindl“. 1895 wurde das Haus zusammen mit Nr. 6 angekauft, um eine Markthalle darin zu errichten. 1898 Wirtschaft „Zur kleinen Börse“. Ab 1900 gewerbliche Bibliothek und Archiv der Gewerbekammer. Schwere Beschädigungen 1942. 1957 Wiederaufbau als Bankgebäude unter Erhalt der Fassade. Heinrich-und-Thomas-Mann-Zentrum seit Mai 1993. Prägende Bebauung 1758 (Barock). (Dms. seit 1967: Äußeres, insbesondere Straßenfassade)

6 Breite Fassade mit gotischem Treppengiebel, Blenden reich profiliert. Im EG Durchfahrt zum Parkhaus.
Erste Erwähnung des Grundstücks 1290 (bebaut 1373). 1599-1623 Wohnsitz des Ratsherrn Heinrich von Brokes. 1908 Restaurant der Markthalle. 1942 zerstört. Wiedererrichtet 1955 mit den Ziegeln des ebenfalls 1942 zerstörten Hauses Fischstraße Nr. 19. Älteste nachgewiesene und prägende Bebauung 1400/1955 (unter Beibehaltung der Stilelemente der Gotik)
(Dms. seit 1967: Straßenfassade)

8 a-d Die Wehde. Dreiteiliges Gebäude, Mittelbau aus dem 18. Jh., Seitenteile mit

schlichten Renaissance-Treppengiebeln. Östlicher Hintergiebel noch weitgehend in alter Substanz von 1700.
Erste Erwähnung des Grundstücks 1393. „Die Wehde" genannt. Ehemaliges Amtshaus der Geistlichen an St. Marien. 1807-1830 Ernestinenschule. April 1840 alte Häuser abgebrochen und neuerbaut, 1841 als Küsterwohnung bezogen. Prägende Bebauung 1700 (mit Stilmitteln der Renaissance).
(Dms. seit 1968: Äußeres, insbesondere Straßenfassade)

19 Klassizistische Putzfassade mit flacher Dreiecks-Attika. EG als Sockelgeschoß mit durchlaufendem Mäanderfries, unter hohen Fenstern Ziergitter in Nischen. Im Inneren Ausstattung aus der ersten Hälfte 19. Jh. (Treppe, Zimmertüren, Fußleisten).

Im OG Ausstattung aus der zweiten Hälfte des 19. Jh. Seitenflügel im Kern mittelalterlich. Wandmalerei, besonders hervorzuheben ist eine Petrusdarstellung aus der zweiten Hälfte 16. Jh.
Erste Erwähnung des Grundstücks 1285 (bebaut). Älteste nachgewiesene Bebauung 1550, prägend 1830-1850 (Klassizismus).
(Dms. seit 1974/1994: Gesamtes Gebäude einschließlich Seitenflügel)

21 Klassizistische Putzfassade mit rechtekkigem Giebelaufsatz, EG genutet, OG mit hohen überdachten Fenstern und schmiedeeisernen Ziergittern. Im Inneren verglaste Türen und Paneele in EG und OG. Wandmalerei, dargestellt wird Rankenwerk.
Erste Erwähnung des Grundstücks 1285 (bebaut 1296). Im 13. Jh. Packhaus. Älteste nachgewiesene Bebauung 1700, prägend 1830 Klassizismus).
(Dms. seit 1976/1978: Gesamtes Gebäude)

23 Wohnhaus mit Renaissance-Treppengiebel, Fenster- und Blendeneinfassung im Giebel durch Taustabprofilierung. Dachstuhl aus dem 13. Jh. EG verändert. Renaissance-Seitenflügel.
Erste Erwähnung des Grundstücks 1286 (bebaut). 1985 saniert. Älteste nachgewiesene Bebauung 1269-1289 (Gotik), prägend 1557-1561 (Renaissance).
(Dms. seit 1967: Äußeres, insbesondere Straßenfassade)

25 Gotisches ehemaliges Dielenhaus, um 1500 durch Veränderung der Luken und Blendgliederungen sowie der Staffeln umgestaltet. Gotische Spitzbögen, segmentbogenförmige und spitzbogige Luken, mit verschiedenen Formsteinen profiliert. Portalgliederung um 1500. Über dem Portal eine Tafel mit einem Hirsch. Rokoko-Haustür mit Oberlicht (1750). Rückwärtig Dreiecksgiebel. Im Inneren drei Stuckreliefs der ehemaligen Diele von 1643 mit der Darstellung der Elemente Erde, Luft und Feuer.
Erste Erwähnung des Grundstücks 1299 (bebaut). 1556 als „Im goldenen Hirschen" bezeichnet (auch „Im grünen Hirsch"). Vorderer Teil im 18. Jh. als Packhaus ge-

nutzt. 1965 und 1976 Umbauarbeiten. Älteste nachgewiesene und prägende Bebauung 1400-1500 (Gotik).
(Dms. seit 1967: Äußeres, insbesondere Straßenfassade mit alter Haustür, im Inneren auf drei Stuckreliefs)

27 Haus mit Renaissance-Treppengiebel, Portal mit Taustabprofilierung. Über dem EG Terrakottafries aus der Werkstatt des Statius von Düren mit der Relieffolge „Gesetz und Gnade" sowie Porträtmedaillons und Prophetenbilder. Rokoko-Haustür mit Oberlicht (um 1750). Segmentbogenförmige Lukenöffnungen mit Rundstabprofilierung.

Erste Erwähnung des Grundstücks 1293 (bebaut). Bauliche Veränderungen im 16. Jh., 18. Jh. und 19. Jh. Älteste nachgewiesene Bebauung 1560-1570 (Gotik), prägend 1800 (Renaissance).
(Dms. seit 1967: Äußeres, insbesondere Straßenfassade)

29 Gotisches ehemaliges Dielenhaus mit Treppengiebel, in der Renaissance umgestaltet. Reste des Portals im Bogengesims mit Tau- und Rundstabprofilierung, Staffel mit Taustabprofilierung. Im Kern wohl 14. Jh.

Erste Erwähnung des Grundstücks 1304 (bebaut). Umbauten im 16. Jh. und 1935. Älteste nachgewiesene und prägende Bebauung 1400-1450 (Gotik).
(Dms. seit 1967: Äußeres, insbesondere Straßenfassade)

31 Wohn- und Geschäftshaus mit Renaissance-Treppengiebel, Lukenöffnungen mit Rundstabprofilierung. Rückwärtig Dreiecksgiebel. Seitenflügel von 1830. Im Inneren Diele mit barocker Treppe, umfangreiche Befunde verschiedener Epochen von Renaissance bis Biedermeier; Malerei. Im Seitenflügel großer Saal mit reicher Ausstattung des 18./19. Jh.
Erste Erwähnung des Grundstücks 1297 (bebaut). Fassade von 1612, weitere bauli-

che Veränderungen im 18. und 19. Jh. Über mehrere Generationen Betrieb einer Glaswerkstatt. Älteste nachgewiesene Bebauung 1612, prägend 1719 (Renaissance).
(Dms. seit 1967/1996: Gesamtes Gebäude, bestehend aus Vorderhaus und Seitenflügel)

33 Ehemaliger Speicher, 1761 durch Umbau eines älteren Hauses entstanden (Datumstafel an der Traufseite). Schlicht verputzte Fassade. Hohes, glatt gelaibtes Rundbogenportal mit Haustür (Oberlicht) aus dem 18. Jh. zur Mengstraße. Im Inneren neben dem Rokoko-Saal mit Stuckaturen, Reste der alten Treppenanlage.
Erste Erwähnung des Grundstücks 1292 (bebaut 1317) Im 18. Jh. Packhaus für Nr. 35. 1976 Umbau zum Jugendzentrum. Prägende Bebauung 1761.
(Dms. seit 1975: Gesamtes Gebäude einschließlich der schutzwürdigen Teile im Inneren)

35 Klassizistische Putzfassade mit reichem Stuckzierrat in den oberen Geschossen,

Balustrade auf stark vorkragendem Kranzgesims mit Eierstab und Blattkonsole. Im Inneren Treppenhaus und aufwendig ausgebaute Räume aus der Entstehungszeit.
Erste Erwähnung des Grundstücks 1292 (bebaut). Im 19. Jh. gemeinsame Erwähnung mit dem Speicher Nr. 33. Prägende Bebauung 1870-1890 (mit Stilmitteln des Klassizismus).
(Dms. seit 1975: Fassade und Teile im Inneren)

36 Reste des Renaissance-Sandsteinportals (1595) vom ehemaligen Schabbelhaus: Teile des Gewändes, Gebälk mit Aufsatz und figürlicher Schmuck; eingebaut in einen Neubau von 1957.
Erste Erwähnung des Grundstücks 1296 (bebaut 1308). Im 18. Jh. mit dazugehörigem Brauhaus in der Blocksquerstraße. 1905 ausgebrannt, 1906 durch Schabbelstiftung wieder aufgebaut. 1942 zerstört, Neubau 1956-1957.
(Dms. seit 1967: Reste des in den Neubau wieder einbezogenen alten Renaissance-Portals)

38 Klassizistische Putzfassade mit hoher Attika. Abschlußgesims mit Eierstab, Rankenfries und Blattkonsolen im Wechsel mit Rosetten. Klassizistische Haustür mit Oberlicht. Obere Füllungen verglast, mit Ziergitter. Von dem ursprünglichen gotischen Bürgerhaus ist noch der rückwärtige Dreiecksgiebel erhalten. An der Längsfront vier Strebebögen über die Blocksquerstraße.
Erste Erwähnung des Grundstücks 1287 (bebaut). Im 18./19. Jh. gehörten Speicher in der Blocksquerstraße zu dem Haus. 1858 Abbruch des Portals, 1876 großer Umbau. Sitz der Weinhandlung Lorenz Harms & Söhne. In den Privaträumen von Heinrich Harms befand sich der Kamin aus dem Haus der Krämerkompagnie (Schüsselbuden 24), der 1904 für das Museum erworben wurde. Älteste nachge-

wiesene Bebauung 1500 (Gotik), prägend 1876 (mit Stilmitteln des Klassizismus). (Dms. seit 1967: Äußeres, insbesondere auf den gotischen Hofgiebel)

40 Zwei zu einem Haus zusammengelegte Bürgerhäuser. Schmales Eckhaus mit Renaissance-Treppengiebel, vier Strebebögen an der Längsfront zur Blocksquerstraße. EG und erstes OG mit segmentbogenförmigen Öffnungen. Neben dem Renaissance-Haus ein Haus mit aufwendiger Rokoko-Fassade, EG genutet und schweres Gesimsband, Betonung der Mittelachse durch Volutengiebel oberhalb der Attika. Rokoko-Haustür mit Oberlicht. Über dem Portal eine Weintraube. Im Inneren gewölbte Kellerräume, Diele mit drei eingebauten Rokoko-Schränken, Kachelofen des späten 18. Jh. Im EG des Flügelanbaus Reste gotischer Wandmalerei aus dem 14. Jh.
Erste Erwähnung des Grundstücks 1291 (bebaut). 1598 wurde ein kleines Haus mit acht Buden angegeben. Größere Umbauten um 1780 und 1820 (eine Haustür vermauert). Älteste nachgewiesene Bebauung des Renaissance-Hauses 1276, prägend 1400 (Renaissance). Älteste nachgewiesene Bebauung des Rokoko-Hauses 1276, prägend 1400-1800 (dominierend Stilmittel des Rokoko).
(Dms. seit 1967: Äußeres sowie Details im Inneren)

41-43 Dielenhaus der Renaissance mit zwei Zwerchgiebeln des 18. Jh. Fassade von Nr. 41 durch Veränderungen von Fenstern und Tür im 19. Jh. überformt. Bei Nr. 43 ist noch das Renaissance-Portal mit reichem Backsteinprofil, ausladendem Kämpfergesims sowie Schlußstein mit Löwenkopf im Scheitelpunkts des Bogens erhalten. Im Inneren im EG bemalte Holzdecke (evtl. um 1680, Zweitverwendung). Erste Erwähnung des Grundstücks 1294 (bebaut). 1962 Instandsetzung und Umbau zum Geschäfts- und Wohnhaus. Ho-

hes Dielengeschoß von 1600 neuerstellt 1972. Nr. 43 ehemals Speicher von Nr. 41. 1975 Umbau zum Jugendzentrum. Prägende Bebauung 1590 (Renaissance).
(Dms. seit 1968: Äußeres, insbesondere Straßenfassade)

42 Klassizistische Putzfassade mit Attikageschoß; EG genutet, geschoßweise Gesimsbänder, Fenster überdacht und gerahmt, Attika mit vier Tafeln als Fries geschmückt. Im Kern ist das Haus älter. Von dem älteren Gebäude ist noch der Hofflügel (mit veränderter Fenstergliederung) erhalten. Deckenmalerei des 15. Jh.

Erste Erwähnung des Grundstücks 1285 (bebaut 1291). 1297 wird bereits ein Kaufmannshaus angegeben. An- und Umbauten 1868, 1875 und 1919. 1922 eine Weingroßhandlung. 1945 Instandsetzung nach Bombeneinschlag. Älteste nachgewiesene Bebauung 1400, prägend 1850 (Klassizismus).
(Dms. seit 1981: Gesamtes Gebäude)

44 Kaufmannshaus (mit Speicher) mit Renaissance-Treppengiebel, Lisenen der fünf Bögen mit Formstein gemauert, Luken und Fenster mit Rundstab gefaßt EG. neuzeitlich verändert und verputzt. Diele mit Treppenanlage des Spätmittelalters, im 18. Jh. überformt; Galerie und großer verglaster Dielenschrank des Empire; Vorderdornse und Kücheneinbau um 1770. Im Flügelanbau Reste spätgotischer figürlicher Malerei, bemalte Holzdecken, datiert um 1680-1700. Geschnitzte Fenstersäule aus dem 16. Jh. Im gesamten Gebäude Bauausstattung aus dem 18. Jh. (Paneele, Fenster, Türen, Beschläge).

Erste Erwähnung des Grundstücks 1294 (bebaut). Um 1900 kirchliche Nutzung durch Baptisten. Älteste nachgewiesene Bebauung 1565, prägend 1600-1900 (unter Beibehaltung der Stilelemente der Renaissance).
(Dms. seit 1966/1992: Gesamtes Gebäude)

45 Eckhaus an der Obertrave, im oberen Teil Rest des einstigen gotischen Backsteingiebels. Der durch spitzbogige Blenden gegliederte ehemalige Treppengiebel wurde im 19. Jh. durch Abschrägung und Verputzung verändert.

Erste Erwähnung des Grundstücks 1294 (bebaut 1313). Gemeinsames Grundstück mit Mengstraße Nr. 43. Altes Krughaus, im 19. Jh. Weinhandlung. 1974 Brandschaden im DG. Älteste nachgewiesene Bebauung 1500 (Gotik), prägend 1876 (unter Beibehaltung der Stilelemente der Gotik).
(Dms. seit 1979: Äußeres und erhaltenswerte Teile im Inneren)

48 Schabbelhaus (zusammen mit Nr. 50). Haus mit Renaissance-Treppengiebel, im 18. Jh. durch Abschweifung und dreieckigen Giebelkopf sowie neue Anordnung der Fenster verändert. Rokoko-Haustür mit Oberlicht und Laterne. Rückwärtig Dreiecksgiebel. Am Flügel Terrakottaplatten aus der Werkstatt Statius von Düren (ursprünglich an der vorderen Fassade angebracht). Im Inneren alte Diele mit hoher, stark beschnitzter Dielensäule

und barocken Dielenschränken. Galerie mit durchbrochener Brüstung. Im EG des Flügels Wohnräume des 18. Jh. mit Stuckdecke und Ofennische. Gartensaal des Rokoko, Stuckdecke mit Blumenranken, Amor im Wagen über Wolken fahrend; runder Kachelofen. Im OG bemalte Balkendecke im früheren Renaissance-Festraum.
Erste Erwähnung des Grundstücks 1285 (bebaut). 1797 bewohnt von Senator Hach, 1803 der spätere Senator Duhn, 1855 Kaufmann Chr. Erasmi. 1888 mit Nr. 50 zusammengelegt. 1955 als Ersatz für das 1942 zerstörte Schabbelhaus als Gaststätte eingerichtet. Älteste nachgewiesene Bebauung 1558, prägend 1600-1950 (unter Beibehaltung der Stilelemente der Renaissance).
(Dms. seit 1967: Gesamtes Gebäude einschließlich der historischen Innenräume mit ihrer Ausstattung)

50 Schabbelhaus (zusammen mit Nr. 48). Wohnhaus mit Renaissance-Treppen-

giebel, korbbogige Fenster und flachbogige Giebelluken. Backsteinportal (mit glasierten Steinen) der Renaissance mit seitlichen Taustabstützenpaaren; Gebälk mit Fries (Kindermord zu Bethlehem und Josephs Flucht aus Ägypten), Hausmarke mit Inschrift. Das Portal gehörte ursprünglich zum Glandorpschen Haus Fischstraße 34 (in seiner Art einmalig in Lübeck). Rückwärtig Dreiecksgiebel. Im Inneren Diele mit bemalter Balkendecke aus der Entstehungszeit des Hauses. Barocke Zimmertür. Im Flügel Rokoko-Gartensaal mit Stuck des 18. Jh., reich beschnitzte Türen, Paneele und Fenstergewände, an der Ofennische vier Schäferszenen (Öl auf Leinwand), ebenso wie der Rokoko-Ofen aus Beständen des Museums.
Erste Erwähnung des Grundstücks 1313 (bebaut 1330). Am 7. März 1561 schwer beschädigt durch die Explosion von dort gelagertem Büchsenpulver. 1835-1856 Spielkartenfabrik. 1863 im Besitz des Kaufmanns Chr. Erasmi, 1888 mit Nr. 48 zusammengelegt. 1955 Instandsetzung und Umbau. Prägende Bebauung 1700-1950 (unter Beibehaltung der Stilelemente der Renaissance).
(Dms. seit 1967: Gesamtes Gebäude einschließlich der historischen Innenräume mit ihrer Ausstattung)

52 Wohnhaus mit Renaissance-Treppengiebel, Fassade im unteren Teil neuzeitlich verändert (verputzt). Haustür mit Oberlicht um 1800.
Erste Erwähnung des Grundstücks 1288 (bebaut). Im 18./19. Jh. hinteres Gebäude teilweise als Tabakfabrik genutzt. 1970 wurde hinter dem Haus ein Treppenturm gebaut. Prägende Bebauung 1700-1980 (unter Beibehaltung der Stilmittel der Renaissance).

(Dms. seit 1967: Historische Substanz des Gebäudes, insbesondere Straßenfassade)

54 Eckhaus mit Renaissance-Treppengiebel. Unterer Teil der Fassade im 19. Jh verändert. Rundbögen und Lisene mit gefa-

stem Stein. An der Traufseite zur Siebenten Querstraße Fachwerk und drei Strebebögen zum Haus Mengstraße 56.
Erste Erwähnung des Grundstücks 1292 (bebaut). 1326 als Eckhaus bezeichnet. Älteste nachgewiesene Bebauung 1471 (Teile des Daches erhalten), prägend 1500-1880 (Renaissance/Klassizismus).
(Dms. seit 1967: Äußeres, insbesondere Straßenfassade)

56 Barockes Wohnhaus mit Schweifgiebel, drei Strebebogen über die Siebente Querstraße.

Erste Erwähnung des Grundstücks 1286 (bebaut). 1289 bis ins 1828 als Backhaus geführt. 1782 Einsturz des Hauses, 1829 neu erbaut. Prägende Bebauung 1829 (Barock).
(Dms. seit 1966: Äußeres)

60 Klassizistische Putzfassade mit Attika, Kranzgesims, Fenster überdacht und gerahmt. Rückwärtig dreieckiger Backsteingiebel mit Resten der ehemaligen Lukengliederung des 17. Jh.; überformt. Langgestreckter Flügelanbau. Im Inneren des Vorderhauses: Kleiner Dielenschrank des 18. Jh. Im Saal des Seitenflügels ein spätgotisches Wandbild aus der Zeit um 1500. Gezeigt wird eine von Ranken und Blüten umgebene liegende Person: die „Wurzel Jesse".
Erste Erwähnung des Grundstücks 1289 (bebaut). Bereits bei der ersten Erwähnung als Backhaus genutzt. 1809 Weinhandlung Römer. 1894 Metallknopf-Fabrik Grimm. Älteste nachgewiesene Bebauung 1500, prägend 1891 (mit Stilmitteln des Klassizismus).
(Dms. seit 1977: Gesamtes Gebäude)

62 Klassizistische Putzfassade mit Attika, Fenster überdacht und gerahmt. Rückwärtig dreieckiger Backsteingiebel aus dem 17. Jh., stark überformt. Langgestreckter Flügelanbau des 18. Jh., vor eine vorhandene Fassade gesetzt, im EG überformt.
Erste Erwähnung des Grundstücks 1294 (bebaut). 18./19. Jh. Wohnhaus des Kauf-

manns und Bürgermeisters Jürg. Blohm, 1981 saniert. Prägende Bebauung 1866 (Klassizismus).
(Dms. seit 1979: Gesamtes Gebäude)

64 Speicher mit Renaissance-Treppengiebel (verputzt, ursprüngliche Gliederung entstellt). Großes profiliertes Portal aus gotländischem Kalkstein. Hofgiebel dreieckig, mit ursprünglicher Gliederung. In der später durch ein Hängegeschoß unterteilten Diele große Dielensäule und Unterzugsbalken mit figürlichen Schnitzereien (um 1700).
Erste Erwähnung des Grundstücks 1306 (bebaut). Um 1544 erbaut als stilprägendes Haus im Übergang von der Spätgotik zur Renaissance, Ablösung der vertikalen durch horizontale Gliederung. 1808 als Packhaus genutzt. 1844 Speicher des Kaufmanns Joh. Aug. Hasse. 1982-1984 saniert. Älteste (vermutete) Bebauung 1306, nachgewiesen 1544 (Gotik).
(Dms. seit 1967: Äußeres einschließlich des rückwärtigen Giebels, ferner auf die im Inneren erhaltene historische Substanz, insbesondere auf die Dielensäule mit ihrem reichen Schnitzwerk)

68-70 Hausteinportal der Spätrenaissance (frühes 17. Jh.) in besonders reicher dekorativer Gestaltung mit von Figuren („Krieg“ [rechts] und „Frieden [links]) geschmücktem Aufsatz, auf zwei dorischen Halbsäulen ruhend, die mit kleinteiligen, blütenartigen Diamantrustika überzogen sind. Rokoko-Haustür mit Laterne und Oberlicht aus dem 18. Jh. Eingebaut in ein Geschäftshaus von 1909. Erste Erwähnung des Grundstücks 1287 (bebaut mit fünf Buden). Häuser Mengstraße 68-70 wurden 1907 mit den Häusern Untertrave 91-94 im Neubau der Weingroßhandlung C. Tesdopf zusammengelegt. Im Haus Mengstraße 70 bestand die Weinhandlung bereits seit dem Ende des 18. Jh. Prägende Bebauung 1909.
(Dms. seit 1967: Portal einschließlich Rokoko-Haustür)

Mühlenbrücke

Ursprüngliche Bezeichnung: Torstraße, 1880 Mühlenthorbrücke, seit 1880 Mühlenbrücke.

5b Stadtvilla im historistischen Stil, 1890 von Architekt C. Heidenreich entworfen. Attikaabschluß über Mezzanin, Haupt- und wasserseitige Nebenfassade bauplastisch durch Bänderputz und Mittelrisalit gegliedert. Alle Hauptfenster durch Pilaster- und Säulengliederung gerahmt, mit unterschiedlichen Schmuckgiebeln bzw. Bekrönungen. Im Inneren weitestgehend erhaltene originale Bauausstattung mit Schmuckparkettböden, Stuckdecken und strukturierten Wandgliederungen. Gewendelte und gestäbte Treppenanlage mit buntverglasten Deckenfenstern.
Erste Erwähnung des Grundstücks: Keine Eintragung im Oberstadtbuch. Prägende Bebauung 1880 (Historismus).
(Dms. seit 1992: Gesamtes Gebäude mit erhaltener Bauausstattung der Bauzeit und der umgebenden Grundstücksfläche)

7 Im Stil des Historismus erbaute repräsentative ehemalige Stadtvilla. Fassade zur Straße mit stark vorspringendem Mittelresalit; die Breite wird durch eine korbbogig überfangene Balkon-Loggia und einen reichverzierten Dacherker hervorgehoben. Umlaufende Gesimsbänder (Sockel-, geschoßtrennendes, Kranzgesims). Fensterfaschen. Korbogige, reliefgeschmück-

te Felder mit Masken-Schlußstein, Oberlichter mit originaler Bunt-Bleiverglasung. Eingangsbereich durch einen im Original erhaltenen hölzernen Vorbau mit Buntglasfenstern betont.
Errichtet auf dem Gelände eines ehemaligen Wachhauses von 1742, das von der Bürgerwache bis 1811 genutzt wurde. 1842 von dem Orthopäden Dr. med. M. L. Leithoff als Sommerwohnung gekauft. 1889 durch den Architekten C. Heidenreich zur Stadtvilla mit turmartigem Anbau umgebaut. 1903 abermaliger Umbau. 1946 Schankerlaubnis. 1960 Veranda durch massiven Anbau ersetzt. Prägende Bebauung 1889 (Historismus).
(Dms. seit 1992: Äußeres mit Dachwerk und den umgebenden Grundstücksflächen sowie die erhaltenen blei- bzw. buntverglasten Fenster und Teile der Bauausstattung von 1898)

Mühlendamm

1615 De grote Molendamm, seit 1852 Mühlendamm.

20 Klassizistische Putzfassade, vor zwei ältere Gebäude gesetzt. Attika im Mittelteil erhöht (mit Kranzgesims), zwei Halbkreisfenster. Fenster im EG mit Läden, Gurtgesims, auskragendes Kranzgesims. Rückwärtig noch Reste der alten Gliederung erkennbar.
Keine Erwähnung des Grundstücks vor 1600. 1895 neu gebautes Haus anstelle von

zwei im Besitz der Stadt befindlichen Häusern, von denen das eine von dem Torschließer des Mühlendammes, das andere von einem Pulvermacher, später von einem Malzschreiber bewohnt wurde. Älteste nachgewiesene Bebauung 1550-1559, prägend 1825 (Klassizismus).
(Dms. seit 1976: Äußeres)

Mühlenstraße

1259 Platea molendinorum, 1291 Molenstrate, seit 1852 Mühlenstraße. Die Mühlenstraße bestand vermutlich schon als vorgeschichtlicher Handelsweg, der über eine Furt in der Wakenitz führte. 1181 ist eine Mühle an der (aufgestauten) Wakenitz erwähnt, ab 1188 bestand die Mühlenbrücke.

1-3 Spätklassizistische Putzfassade (Neorenaissance) mit Attika, reich gegliedert, schweres Kranzgesims mit Konsolen, profilierte Fensterrahmung, mit Dreiecken und Segmentbögen überdacht, Blattreliefs. Vor eine vorhandene Fassade gesetzt, im EG 1990 überformt. Hochmittelalterliche Kelleranlage.
Erste Erwähnung des Grundstücks 1286 (bebaut). 1596 als Backhaus geführt. Älteste nachgewiesene Bebauung 1250-1286, prägend 1866-1867 (Klassizismus).
(Dms. seit 1990: Hochmittelalterliche Kelleranlage mit dem unter den Trottoir gelagerten Kellerteilen sowie auf die Fassade zur Mühlenstraße und die Pfettendachkonstruktion mit Binnenstruktur)

7 Schlichtes klassizistisches Wohnhaus mit verputzter Fassade unter flachem Dreiecksgiebel. Mansarddach teilweise noch mit handgestrichenen S-Pfannen. Vertreter der in Lübeck seltenen Form der „Tempelfassade".
Erste Erwähnung des Grundstücks 1305 (bebaut, als Wirtschaft benannt). 1544-1549 im Besitz des Bürgermeisters E. Hyrick Berndes. Im 18. Jh. „Der weiße Schwan". 1866 abgebrannt, 1868 neu er-

baut. 1982-1985 Umbau Hinterhaus und EG-Fassade. Älteste nachgewiesene Bebauung 1275-1305, prägend 1802 (Klassizismus).
(Dms. seit 1966: Äußeres)

8 Barockes Wohnhaus mit dreiecksbekröntem Volutengiebel; überformt durch Laden.
Erste Erwähnung des Grundstücks 1321 (bebaut). Altes Gebäude 1976 abgebrochen und hinter erhaltener Fassade neu

gebaut. Älteste nachgewiesene Bebauung 1300-1321, prägend 1976 (Fassade 1775 (Barock).
(Dms. seit 1976: Äußeres, insbesondere Straßenfassade)

9 Barockes Wohnhaus mit geschweiftem Volutenaufsatz und geschweiftem, segmentbogigen Aufsatz, leicht vorstehende Schnecken.
Erste Erwähnung des Grundstücks 1296 (bebaut). Seit ältester Zeit wurde das Haus als Schmiede genutzt (Hufeisen im Giebel), ebenso die benachbarten Häuser

11, 13, 15, 17 und 19. Vor den Häusern 9 und 10 stand ein Notstall zum Beschlagen der Pferde (1852 wurde angegeben, der Notstall sei seit mehreren Jahren nicht mehr vorhanden). Älteste nachgewiesene Bebauung 1250-1296, prägend 1733-1765 (Barock).
(Dms. seit 1966: Äußeres)

12 Klassizistische Attikafassade mit Mezzanin-Brüstungsgesims, im EG überformt. Im Inneren des Vorderhauses Raumstruktur, Türen und Fenster weitgehend erhalten. Fragmente mittelalterlicher Wandmalerei mit Kassettenmotiv und vermauerte Rundbogennische erhalten. Im EG mit Ranken bemalte Bohlen. Im Seitenflügel Decke aus Eichenbalken; Brunnen im Keller mit Schachtmauerwerk.
Erste Erwähnung des Grundstücks 1309 (bebaut). 1842 verkauft und neuerbaut. Kramhaus, Gerechtigkeit der Hökerei. Älteste nachgewiesene Bebauung 1250-1309, prägend 1842-1859 (Klassizismus).
(Dms. seit 1996: Gesamter Keller sowie Brandwände)

14 Klassizistische Putzfassade, entstanden aus dem Umbau einer älteren Giebelfassade, mit Attika. Hoffront mit Dreiecksgiebel. Seitenflügel aus dem frühen 17. Jh. mit reich gegliederter Backsteinfassade, stichbogige Blendnischen mit Fasenkanten, runde Putzfelder, vermutlich von Terrakottaplatten.

Erste Erwähnung des Grundstücks 1327 (bebaut 1333). 1948 Einbau der Schaufenster, 1989 umgebaut. Älteste nachgewiesene Bebauung 1300-1333, prägend 1500-1819 (Fassade Klassizismus).
(Dms. seit 1981: Gesamtes Gebäude)

15 Barockes Wohnhaus mit verputztem Volutenschweifgiebel; überformt durch Laden. Rückwärtiger Giebel Fachwerk, ehemaliger Segmentbogenaufsatz 1804 in geraden Abschluß verändert. Im Inneren Barocktreppe vom EG bis ins zweite OG mit klassizistischer Weiterführung ins DG. Barocke/klassizistische Raumaufteilung.

Erste Erwähnung des Grundstücks 1293 (bebaut). Früh als Schmiede genutzt (siehe Nr. 9). Um 1600 neu erbaut, 1755 mit Zwischengeschoß und Schweifgiebel umgebaut. Im 18. und 19. Jh. Wirtshaus „Der Thüringer Wald“. Älteste nachgewiesene Bebauung 1250-1293, prägend 1590-1755 (Barock).

(Dms. seit 1990: Gesamtes Gebäude: Äußeres mit Dachstuhl und Fensterelementen sowie Haustür, im Inneren Teppenanlage, Raumaufteilung, incl. Paneele und Türelemente, Balkenkelleranlage des Vorgängerhauses)

16 Klassizistische Putzfassade, Fenster im ersten OG überdacht (auf Konsolen und durch Ornamentfriese stark betont gerahmt), im EG überformt.

Erste Erwähnung des Grundstücks 1329 (bebaut, 1334 wieder als unbebaut angegeben). Umbau des mittelalterlichen Hauses 1772. Im 18. Jh. „Die Linde" genannt. „Sonnenapotheke" seit 1827. 1828 aufgestockt. Umbau der Ladenräume 1950 und 1978. Älteste nachgewiesene Bebauung 1300-1329, prägend 1500-1828 (Klassizismus).
(Dms. seit 1968: Äußeres, insbesondere Straßenfassade)

17 Spätklassizistisches (Neorenaissance) Wohn- und Geschäftshaus mit Mansardenwalmdach, verputzt und backstein-

sichtig, angedeutete Bel-étage mit Brüstungsfeldern, Fenster gerahmt.
Erste Erwähnung des Grundstücks 1328 (bebaut). Früh und durchgehend als Schmiede genutzt (siehe Nr. 9). 1866 Verkauf des Schmiedehauses. Im Haus befand sich ein Wohnkeller, vor dem Haus eine Arbeitsbude. Älteste nachgewiesene Bebauung 1300-1328, prägend 1899 (mit Stilmitteln des Klassizismus).
(Dms. seit 1990: Äußeres, erhaltene gußeiserne Säulen im Ladenlokal, Kelleranlage mit Balkendecke, Treppenhaus)

26 Barockes Wohnhaus mit dreiecksbekröntem Schweifgiebel, ovales Fenster; überformt durch Laden.
Erste Erwähnung des Grundstücks 1297 (bebaut). Ab 1320 bis ins 16. Jh. eine Bäkkerei. 1661 Neubau eines Dielenhauses. Im 18. Jh. mit verputzter Fassade umgebaut. EG-Fassade 1985 verändert. Älteste nachgewiesene Bebauung 1250-1297, prägend 1661-1793 (Barock).
(Dms. seit 1966: Äußeres)

28 Barockes Wohnhaus, Schweifgiebel mit geöffnetem Dreiecksgiebelaufsatz; hohe

Bel-étage, im zweiten OG vertiefte Brüstungsfelder; überformt durch Laden.
Erste Erwähnung des Grundstücks 1313 (bebaut). 1451 bezeichnet „To dem Lamme", 1589 „Dat Lembcken", im 19. Jh. „Im Lämmchen" (Weinwirtschaft). Vordergiebel 1831 umgebaut. EG 1982 umgebaut. Älteste nachgewiesene Bebauung 1300-1313, prägend 1450-1831 (im Inneren Gotik/Renaissance, Fassade Barock).
(Dms. seit 1967: Äußeres)

50 Klassizistische Putzfassade mit Attika, Blockzargenfenster im OG in profilierten Faschen, Mittelachse durch gemeinsame Gebälkbekrönung betont, im EG im 19. Jh. überformt. Beschnitzte Haustür von 1830. Im Inneren erhaltene Treppenanla-

ge durch alle Geschosse mit klassizistischem Stabwerkgeländer.
Erste Erwähnung des Grundstücks 1292 (bebaut). 1521-1535 im Besitz der Domkirche. Hinter dem Haus ein Stall. 1802 neu erbaut. Einbau des Ladens und Verlegung der Haustür im 19. Jh. 1982 saniert.

Älteste nachgewiesene Bebauung 1300-1400 (Gotik), prägend 1790-1810 (Klassizismus).
(Dms. seit 1981: Gesamtes Gebäude)

51 Wohnhaus und Geschäftshaus mit verputztem Renaissance-Treppengiebel, spitzbogige Hochblenden und stichbogige Doppelluken, in der rückwärtigen Giebelspitze eine auskragende Winde nachträglich eingebaut.

Erste Erwähnung des Grundstücks 1301 (bebaut). 1539-1546 gehörte das Haus dem Domkapitel zu Ratzeburg. 1704 Krug „In der Rose“, 1719 „Im schwarzen Bären“. 1876 Bel-étage eingebaut, dabei Konsole als Abtrennung zum Renaissance-Giebel gesetzt, Fenster tiefer gelegt, gerahmt und verdacht; EG verblendet. Älteste nachgewiesene Bebauung 1300, prägend 1400-1895 (Gotik/Renaissance/Historismus).
(Dms. seit 1967: Äußeres, insbesondere Straßenfassade)

55 Klassizistische Putzfassade mit geschweiftem, dreiecksbekrönten Giebel. Nachträglich eingebaute Bel-étage, Fenster gerahmt, im EG überformt. Alte Haustür (nach hinten versetzt in seltener Ausführung-Glasscheiben statt Füllungen, Rokoko-Oberlicht). Rückwärtiger Giebel backsteinsichtig mit gefasten Hochblenden.
Erste Erwähnung des Grundstücks 1310 (Verkauf aus den großen Grundstück

Mühlenstraße/ St.-Annenstraße). 1437 durch ein Feuer zerstört, als Brauhaus neu erbaut, später Mälzerhaus. 1761: „Die weiße Taube“, es wurde auf „Kunstwasser“ vor der Tür hingewiesen. Älteste nachgewiesene Bebauung 1300-1324, prägend 1450-1799 (Klassizismus).
(Dms. seit 1967: Äußeres, insbesondere Straßenfassade und die Haustür aus der Entstehungszeit)

56 Klassizistische Putzfassade mit Dreiecksgiebel in profilierter Rahmung, im

Giebelfeld querliegendes Oculus mit Sprossenkreuz, Fenster in profilierten Faschen; im EG überformt. Kern des Hauses aus der Renaissance.
Erste Erwähnung des Grundstücks 1312 (bebaut). 1437 durch ein Feuer zerstört, im gleichen Jahr wurde „ene wurt" gekauft (Platz für Hausbau oder landwirtschaftliche Nutzung, zur Sicherung erhöht oder umzäunt), wo zuvor ein Haus stand. 1506 als Backhaus geführt, später Mälzerhaus. 1798 neuerbaut. 1812 eine Seifenfabrik mit Ölmühle. Im Quergebäude Pferde- und Hühnerstall. Älteste nachgewiesene und prägende Bebauung 1798-1985 (Klassizismus). Quergebäude im Anschluß an den Seitenflügel 1500-1599 (Renaissance).
(Dms. seit 1976: Äußeres, insbesondere Straßenfassade)

60 Wohn- und Geschäftshaus mit reichgegliedertem Renaissance-Treppengiebel; rundbogige Blendnischen, in denen sich segmentbogige Fenster befinden; Blendfenster und verblendete Rundfenster; EG neuzeitlich überformt, ursprüngliche Aufteilung mit einem breiten und einem schmalen Fenster und rundbogigem Portal noch erkennbar. Rückwärtiger Giebel mit gotischen Blendnischen.
Erste Erwähnung des Grundstücks 1315 (bebaut). 1383 zwei Häuser im Besitz des Loduvici Tuschenbeck. Gemeinsam mit Nr. 58 1443 dem Ratsherrn Johann Bere zu treuen Händen für Herzog Adolf von Holstein zugeschrieben. 1463 an König Christian von Dänemark verkauft. Ab 1580 (bis Mitte 20. Jh.) als Gasthaus genutzt unter den Namen „In den drey Kronen" „„Die Krone", „Goldene Krone", „Fiedeler Bauer". Älteste nachgewiesene Bebauung 1290-1315 (Gotik), prägend 1500-1530 (Renaissance).
(Dms. seit 1967: Äußeres, insbesondere Straßenfassade)

65 Klassizistisches Eckhaus mit horizontal gegliederter Attikafassade, Dreiecksgiebelaufsatz. Haustür mit Pilasterornament und oval gesproßtem Oberlicht; Schaufenster mit gesproßtem Oberlicht von 1900.
Erste Erwähnung des Grundstücks 1301 (bebaut). Seit 1301 als Backhaus genutzt. Im Keller war bis 1920 eine Schankwirtschaft mit Hökereigerechtigkeit. Bis 1920 bestand die Bäckerei in dem Haus, 1921

wurde eine Konditorei mit angeschlossenem „St.-Annen-Café“ eröffnet. 1987-1989 saniert. Älteste nachgewiesene Bebauung 1300-1324, prägend 1775-1824 (Klassizismus).
(Dms. seit 1967: Äußeres einschließlich der Haustür)

71 Renaissance-Treppengiebel, an der Fassade zwei Sandsteinwappen mit Jahreszahl 1600 sowie Buchstaben RB. Im EG überformt.

Erste Erwähnung des Grundstücks 1310 (bebaut). Das Grundstück reichte bis an die Düvekenstraße. Bereits 1355 wurde ein Quergebäude erwähnt, um 1600 Umbau mit Renaissance-Giebel. Diele in 1930er Jahren umgebaut. 1972-1974 Abbruch und Umbau des Hauses mit Ausnahme des Vordergiebels. Älteste nachgewiesene Bebauung 1300-1324, prägend 1600-1974.
(Dms. seit 1976: Äußeres, insbesondere Straßenfassade)

72 Palaisartiges klassizistisches Haus, durch kannelierte ionische Pilaster flankiertes, dreiecksübergiebeltes vorstehen-

des Portal; flaches Walmdach mit aufgesetztem schmiedeeisernen Gitter. Das Gebäude ist errichtet über zwei parallel angeordneten Kellern mit Tonnengewölben eines mittelalterlichen Baues (vermutlich Wirtschaftsgebäude/Scheune eines Bischofshofes). Im Inneren Raumstruktur und Ausstattung weitgehend erhalten; Veitsbül mit kannelierten Pilastern und umlaufendem Klötzchenfries.
Keine Erwähnung des Grundstücks vor 1600, gleichbleibender Besitz der Domkurie. 1820 bezogen von Senator Mentze. 1885 kauft der Staat das Grundstück, 1888 ausgebaut zum Stadt und Landamt. 1942 bombensicheren Aktenraum angebaut. Nutzung durch das Wasser- und Hafenbauamt. Prägende Bebauung 1819 (Klassizismus).
(Dms. seit 1967/95: Gesamtes Gebäude, Inneres und Äußeres)

75 Klassizistische Putzfassade vor einem im Kern mittelalterlichen Dielenhaus. Ehemaliger Stufengiebel im späten 18. Jh. verputzt und mit halbrundem Giebelkopf ausgestattet. An der Rückfront noch Rest des gotischen Dreieckgiebels mit spitzbogigen Hochblenden aus dem 15. Jh. Vordere Fassade im EG überformt.
Erste Erwähnung des Grundstücks 1309 (bebaut). Umbau Ende 18. Jh. In dieser Zeit unter der Bezeichnung „Das weiße Lamm“ geführt.

Älteste nachgewiesene Bebauung 1300-1324, prägend 1450-1799.
(Dms. seit 1976: Äußeres)

79 Brandes-Hof, Haus 1 Ganghaus in dem oberhalb der Straßenflucht gelege-

nen Wohngang Brandes-Hof; eingeschossig mit ausgebautem Mansarddach.
Erste Erwähnung des Grundstücks 1318 (bebaut). 1589 wurden Nr. 77, 79 und 81 als „Die Papenkollatie“ bezeichnet, im 17. Jh. „Der Papenklas“. Nach der Reformation übertrug sich dieser Name auf das Ganghaus. 1910 noch mit zehn Wohnbuden. 1979-1983 saniert. Prägende Bebauung 1766-1983.
(Dms. seit 1978: Äußeres)

79 Brandes-Hof, Haus 2 Ganghaus in dem oberhalb der Straßenflucht gelegenen Wohngang Brandes-Hof; eingeschossig mit ausgebautem Mansarddach.

Erste Erwähnung des Grundstücks 1318 (bebaut). 1589 wurden Nr. 77, 79 und 81 als „Die Papenkollatie“ bezeichnet, im 17. Jh. „Der Papenklas“. Nach der Reformation übertrug sich dieser Name auf das Ganghaus. 1910 noch mit zehn Wohnbuden. Prägende Bebauung 1766-1984. 1979-1984 saniert und mit Nr. 1 zusammengelegt.
(Dms. seit 1978: Äußeres)

79 Brandes-Hof, Haus 3 Ganghaus in dem oberhalb der Straßenflucht gelegenen Wohngang Brandes-Hof.
Erste Erwähnung des Grundstücks 1318 (bebaut). 1589 wurden Nr. 77, 79 und 81 als „Die Papenkollatie" bezeichnet, im 17. Jh. „Der Papenklas". Nach der Reformation übertrug sich dieser Name auf das Ganghaus. 1910 noch mit zehn Wohnbuden. Älteste nachgewiesene Bebauung 1550-1649, prägend 1766-1799.
(Dms. seit 1978: Äußeres)

79 Brandes-Hof, Haus 4 Ganghaus in dem oberhalb der Straßenflucht gelegenen Wohngang Brandes-Hof.
Erste Erwähnung des Grundstücks 1318 (bebaut). 1589 wurden Nr. 77, 79 und 81 als „Die Papenkollatie" bezeichnet, im 17. Jh. „Der Papenklas". Nach der Reformation übertrug sich dieser Name auf das Ganghaus. 1910 noch mit zehn Wohnbuden. Älteste nachgewiesene Bebauung 1550-1649, prägende 1766-1799.
(Dms. seit 1978: Äußeres)

79 Brandes-Hof, Haus 6 Ganghaus in dem oberhalb der Straßenflucht gelegenen Wohngang Brandes-Hof.

Erste Erwähnung des Grundstücks 1318 (bebaut). 1589 wurden Nr. 77, 79 und 81 als „Die Papenkollatie“ bezeichnet, im 17. Jh. „Der Papenklas“. Nach der Reformation übertrug sich dieser Name auf das Ganghaus. 1910 noch mit zehn Wohnbuden. 1990-1992 saniert. Prägende Bebauung 1766-1990.
(Dms. seit 1978: Äußeres)

79 Brandes-Hof, Haus 7 Ganghaus in dem oberhalb der Straßenflucht gelegenen Wohngang Brandes-Hof.

Erste Erwähnung des Grundstücks 1318 (bebaut). 1589 wurden Nr. 77, 79 und 81 als „Die Papenkollatie“ bezeichnet, im 17. Jh. „Der Papenklas“. Nach der Reformation übertrug sich dieser Name auf das Ganghaus. 1910 noch mit zehn Wohnbuden. 1990-1992 saniert. Prägende Bebauung 1766-1992.
(Dms. seit 1978: Äußeres)

79 Brandes-Hof, Haus 8 Ganghaus in dem oberhalb der Straßenflucht gelegenen Wohngang Brandes-Hof.

Erste Erwähnung des Grundstücks 1318 (bebaut). 1589 wurden Nr. 77, 79 und 81 als „Die Papenkollatie“ bezeichnet, im 17. Jh. „Der Papenklas“. Nach der Reformation übertrug sich dieser Name auf das Ganghaus. 1910 noch mit zehn Wohnbuden. 1990-1992 saniert. Prägende Bebauung 1766-1992.
(Dms. seit 1978: Äußeres)

79 Brandes-Hof, Haus 9 Ganghaus in dem oberhalb der Straßenflucht gelegenen Wohngang Brandes-Hof.
Erste Erwähnung des Grundstücks 1318 (bebaut). 1589 wurden Nr. 77, 79 und 81 als „Die Papenkollatie“ bezeichnet, im 17. Jh. „Der Papenklas“. Nach der Reformation übertrug sich dieser Name auf das Ganghaus. 1910 noch mit zehn Wohnbuden. 1989 saniert. Prägende Bebauung 1766-1989.

(Dms. seit 1973: Äußeres)

79 Brandes-Hof, Haus 10 Ganghaus in dem oberhalb der Straßenflucht gelegenen Wohngang Brandes-Hof.

Erste Erwähnung des Grundstücks 1318 (bebaut). 1589 wurden Nr. 77, 79 und 81 als „Die Papenkollatie" bezeichnet, im 17. Jh. „Der Papenklas". Nach der Reformation übertrug sich dieser Name auf das Ganghaus. 1910 noch mit zehn Wohnbuden. 1961 umgebaut. Prägende Bebauung 1766-1961.
(Dms. seit 1978: Äußeres)

91 Römisches Reich, Haus 1 Ganghaus mit Dacherker. Anfang 19. Jh. als Traufenhaus neu erbaut. 1975 abgebrochen und mit Nachbarhaus Nr. 2 nach altem Vorbild wiedererrichtet.

Erste Erwähnung des Grundstücks 1315 (bebaut). Vermutlich mittelalterliche Bude eines Ackerhofes. Im 16. Jh. und Ende 18. Jh. neugebaut. 1594 zwei Bezeichnungen: „Der Mohlenhagen" (de Molenhagen), „Das Römische Reich" (Romisches Rike); elf Wohnungen. Älteste nachgewiesene Bebauung 1300-1324, prägend 1975.
(Dms. seit 1968: Äußeres)

91 Römisches Reich, Haus 2 Ganghaus mit Dacherker. Anfang 19. Jh. als Traufenhaus neu erbaut. 1975 abgebrochen und mit Nachbarhaus Nr. 1 nach altem Vorbild wiedererrichtet.

Erste Erwähnung ,des Grundstücks 1296 (bebaut 1315). Vermutlich mittelalterliche Bude eines Ackerhofes. Im 16. Jh. und Ende 18. Jh. neugebaut. 1594 zwei Bezeichnungen: „Der Mohlenhagen“ (de Molenhagen), „Das Römische Reich“ (Romisches Rike); elf Wohnungen. Älteste nachgewiesene Bebauung 1300-1324, prägend 1975.
(Dms. seit 1968: Äußeres)

91 Römisches Reich, Haus 3 Ganghaus mit Dacherker. Anfang 19. Jh. als Traufenhaus neu erbaut.
Erste Erwähnung des Grundstücks 1296 (bebaut 1315). Vermutlich mittelalterliche Bude eines Ackerhofes. Im 16. Jh. und Ende 18. Jh. neugebaut. 1594 zwei Bezeichnungen: „Der Mohlenhagen“ (de Molenhagen), „Das Römische Reich“ (Romisches Rike); elf Wohnungen. Älte-

ste nachgewiesene Bebauung 1300-1324, prägend 1766-1799.
(Dms. seit 1968: Äußeres)

91 Römisches Reich, Haus 4 Ganghaus mit Dacherker. Anfang 19. Jh. als Traufenhaus neu erbaut.
Erste Erwähnung des Grundstücks 1296 (bebaut 1315). Vermutlich mittelalterliche Bude eines Ackerhofes. Im 16. Jh. und Ende 18. Jh. neugebaut. 1594 zwei Bezeichnungen: „Der Mohlenhagen“ (de Molenhagen), „Das Römische Reich“ (Romisches Rike); elf Wohnungen. Älteste nachgewiesene Bebauung 1300-1324, prägend 1766-1799.
(Dms. seit 1968: Äußeres)

91 Römisches Reich, Haus 5 Ganghaus mit Dacherker. Anfang 19. Jh. als Traufenhaus neu erbaut. Fassade durch Rauhputz und Fenster verändert.
Erste Erwähnung des Grundstücks 1296 (bebaut 1315). Vermutlich mittelalterliche Bude eines Ackerhofes. Im 16. Jh. und Ende 18. Jh. neugebaut. 1594 zwei Bezeichnungen: „Der Mohlenhagen" (de Molenhagen), „Das Römische Reich" (Romisches Rike); elf Wohnungen. Älteste nachgewiesene Bebauung 1300-1324, prägend 1766-1980.
(Dms. seit 1968: Äußeres)

91 Römisches Reich, Haus 6 Ganghaus mit linksseitigem Dacherker. Anfang 19. Jh. als Traufenhaus neu erbaut.
Erste Erwähnung des Grundstücks 1296 (bebaut 1315). Vermutlich mittelalterliche Bude eines Ackerhofes. Im 16. Jh. und

Ende 13. Jh. neugebaut. 1594 zwei Bezeichnungen: „Der Mohlenhagen" (de Molenhagen), „Das Römische Reich" (Romisches Rike); elf Wohnungen. Älte-

ste nachgewiesene Bebauung 1300-1324, prägend 1766-1799.
(Dms. seit 1968: Äußeres)

91 Römisches Reich, Haus 7 Ganghaus mit Dacherker. Anfang 19. Jh. als Traufenhaus neu erbaut.

Erste Erwähnung des Grundstücks 1296 (bebaut 1315). Vermutlich mittelalterliche Bude eines Ackerhofes. Im 16. Jh. und Ende 18. Jh. neugebaut. 1594 zwei Bezeichnungen: „Der Mohlenhagen" (de Molenhagen), „Das Römische Reich" (Romisches Rike); elf Wohnungen. Älteste nachgewiesene Bebauung 1300-1324, prägend 1766-1799.
(Dms. seit 1968: Äußeres)

91 Römisches Reich, Haus 8 Ganghaus mit Dacherker. Anfang 19. Jh. als Traufenhaus neu erbaut. Fenster und Tür (teilweise nach Vorbild) erneuert. Erste Erwähnung des Grundstücks 1296 (bebaut 1315). Vermutlich mittelalterliche Bude eines Ackerhofes. Im 16. Jh. und Ende 18. Jh. neugebaut. 1594 zwei Bezeichnungen: „Der Mohlenhagen" (de Molenhagen), „Das Römische Reich" (Romisches Rike); elf Wohnungen. Älteste nachgewiesene Bebauung 1300-1324, prägend 1766-1799.
(Dms. seit 1968: Äußeres)

91 Römisches Reich, Haus 9 Ganghaus mit Dacherker. Anfang 19. Jh. als Traufenhaus neu erbaut. Fenster und Tür (teilweise nach Vorbild) erneuert.
Erste Erwähnung des Grundstücks 1296 (bebaut 1315). Vermutlich mittelalterliche Bude eines Ackerhofes. Im 16. Jh. und Ende 18. Jh. neugebaut. 1594 zwei Bezeichnungen: „Der Mohlenhagen" (de Molenhagen), „Das Römische Reich" (Romisches Rike); elf Wohnungen. Älteste nachgewiesene Bebauung 1300-1324, prägend 1766-1799.

(Dms. seit 1968: Äußeres)

91 Römisches Reich, Haus 10 Ganghaus mit Dacherker. Anfang 19. Jh. als Traufenhaus neu erbaut. Fenster erneuert.
Erste Erwähnung des Grundstücks 1296 (bebaut 1315). Vermutlich mittelalterliche Bude eines Ackerhofes. Im 16. Jh. und Ende 18. Jh. neugebaut. 1594 zwei Bezeichnungen: „Der Mohlenhagen“ (de Molenhagen), „Das Römische Reich“ (Romisches Rike); elf Wohnungen. Älteste nachgewiesene Bebauung 1300-1324, prägend 1766-1799.
(Dms. seit 1968: Äußeres)

91 Römisches Reich, Haus 11 Ganghaus mit dreiachsigem Dacherker (flache Attika). Anfang 19. Jh. als Traufenhaus neu erbaut.
Erste Erwähnung des Grundstücks 1296 (bebaut 1315). Vermutlich mittelalterliche Bude eines Ackerhofes. Im 16. Jh. und Ende 18. Jh. neugebaut. 1594 zwei Bezeichnungen: „Der Mohlenhagen“ (de

Molenhagen), „Das Römische Reich" (Romisches Rike); elf Wohnungen. Älteste nachgewiesene Bebauung 1300-1324, prägend 1766-1799.
(Dms. seit 1968: Äußeres)

93-95 Eckhaus Mühlenstraße/St.-Annen-Straße mit Renaissance-Treppengiebel an der Schmalseite. Vordere Fassade Ende 18./Anfang 19. Jh. errichtet mit breitem Dreiecksgiebel über Zwerchhaus, flankiert von ebenso bekrönten Gauben. Über der Haustür zur Mühlenstraße Terrakottafigürchen „Wilder Mann" vom alten Fries des Holstentores.
Erste Erwähnung des Grundstücks 1296 (bebaut). Teil eines mittelalterlichen Akkerhofes. Ende des 16. Jh. zwei Traufenhäuser unter einem gemeinsamen Dach mit seitlichem Treppengiebel neu erbaut. 1594 als „De olde Tollbode" bezeichnet (Der alte Zolln; möglicherweise Wohnung des Zöllners am Mühlentor). Laut Niederstadtbuch wurde am 15. März 1649 das Haus am Mühlentor belegen und „Der alte Zollen" genannt „mit Wirtshausinventar sampt der Bude und Keller" verkauft. 18./19. Jh. erneuert und Fassade zur Mühlenstraße überformt. 1950 Einbau einer Fuhrwerkswaage; 1956 Einsturzgefahr. 1972 Gaststätte „Im alten Zolln". Saniert 1980-1981. Älteste nachgewiesene Bebauung 1275-1299, prägend 1550-1799 (Renaissance/Klassizismus).
(Dms. seit 1966: Äußeres)

Musterbahn

1614 Munsterbahn, seit 1852 Musterbahn (auf dem Gelände fand die Musterung des Bürgermilitärs statt).

3 Wohnhaus aus den 80er Jahren des 19. Jh. mit Terrakotten (Hermenpilaster und Medaillons) aus der Werkstatt des Statius von Düren (1549); ergänzt durch neue Reliefs. Attika; EG verputzt, OG mit Backstein verblendet. EG rustizierte Randlise-

nen, rundbogige Öffnungen zwischen Halbsäulen bzw. Pilastern, Gurtgesims, OG Randlisenen, im zweiten OG als Doppelpilaster, offene Loggien mit rundbogigen Arkaden, zurückliegende Wandebene mit rundbogigen Öffnunge, bzw. Blendnischen, im ersten OG mit Pilastern, zweites OG breite Frieszone, auskragendes Kranzgesims auf Konsolen.
Keine Erwähnung des Grundstücks vor 1600. An das Mühlentor grenzend, lag an dieser Stelle ein der Stadt gehöriges Krughaus, das 1855 abgebrochen wurde. Prägende Bebauung 1878-79 (Neorenaissance).
(Dms. seit 1967: Fassade, insbesondere auf die vom ehemaligen Haus Braunstraße 4 übernommenen Terrakotten)

6 Naturhistorisches Museum. Auf dem ehemaligen Klosterbezirk an die Stelle des Domkreuzganges, bzw. des im Krieg zerstörten Dommuseums gesetzter Neubau von 1959-1961. Im Innenhof zum Dom Rest des Mitte des 13. Jh. erbauten Domkreuzganges, sechseinhalb kreuzrippengewölbte Joche; Westflügel zum Hof mit der zweigeschossigen Schauwand des in den 1460er Jahren errichteten Predigerhauses, siebeneinhalb spitzbogige Arkaden, spitzbogige EG-Arkaden und spitzbogige Blendfenster im OG.
Keine Erwähnung des Grundstücks vor 1600, gleichbleibender Besitz der Dumkurie. 1850 Allgemeines Krankenhaus. 1851-1887 der Vorsteherschaft des Krankenhauses überwiesen, die darin eine Entbindungsanstalt einrichtete. 1864 in den Besitz des Krankenhauses übergegangen. 1890 Bau des Museums. 1957 Abbruch der Ruine des im Krieg zerstörten Dom-Museums. 1992-1993 Einrichtung einer Museumscafeteria im Innenhof. Älteste nachgewiesene Bebauung 1173-1247, prägend 1959-1961.
(Dms. seit 1967: Die erhaltenen Bauteile des spätromanischen Kreuzgangflügels sowie die in den Neubau des Archivs einbezogene zweigeschossige spätgotische Schauwand des ehemaligen Predigerhauses)

19 Neoklassizistisches Stadtpalais von 1887, erweitert durch die Architekten Schöss, Schöss und Redelsdorf. Fassade verputzt, Sockel mit profiliertem Gesims, EG gekröpftes Gesimsband, darüber wuchtige Quaderung mit Fugenrillen. Rundbogiger Hauseingang, Fenster flankiert von Pilastern. Im OG verkröpfte Brüstungszone, eingetiefte Brüstungsfelder mit Rosettenschmuck, Brüstungsgesims, profilierte Fensterrahmungen und Verdachungen auf Konsolen, Mezzanin mit unterbrochenem Gesims, Kranzge-

sims mit Eierstab und Konsolen. Verglaste Haustür mit seitlich freistehenden Elementen. Im Inneren im EG vollständig erhaltene Wand- und Deckenvertäfelung mit plastischen Stuckfriesen und Treppenanlage im Stil der Reformbewegung von 1907.
Ehemals an der Stadtmauer gelegenes Zeughaus (Luntenhaus). 1887 durch einen Neubau ersetzt. 1907-1908 Erweiterung durch Senator Emil Possehl. 1926 Bau einer seitlichen Garage (1993 zur Wohnung ausgebaut). Nutzung durch das Wasser- und Schiffahrtsamt. 1993 saniert und wieder zum Wohnhaus verändert. Prägende Bebauung 1887-1908 (Neorenaissance).
(Dms. seit 1989: Äußeres und erhaltenswerte Teile im Inneren (Raumstruktur und Einrichtungen von 1907). Im Einzelnen: Im EG: Eßzimmer in seiner Gesamtheit; Treppenanlage mit Treppenlauf, Wandverkleidung, Postamenten und Geländer; Windfang mit Marmorinkrustation, Spiegel, Haupt- und Zwischentüren; Heizung – sämtliche Heizkörperverkleidungen von 1907, gußeiserne Heizkörper; Fensterflügel und -beschläge; Türen, Parkett. Im ersten OG: Fenster, Türen, Wandverkleidungen, Heizkörperverkleidungen von 1907, gußeiserne Heizkörper. Im Mezzanin: Umgang mit Lichthof und Türen. Kellergeschosse: Fußbodenbelag, Türen)

Parade

1482 Forum equorum, seit 1852 Parade. Der Straßenzug erhielt seinen Namen, weil dort das Lübecker Stadtmilitär exerzierte.

1 „Schloß" Rantzau. Neugotisches Palais von 1858 im Stil der Burgen- und Schloßromantik unter Verwendung des gotischen Hintergiebels aus dem 15. Jh. Die vordere Fassade wird durch einen markanten Staffelgiebel geprägt, der von einem Türmchen bekrönt ist, flankiert von zwei minarettartigen Säulen (Spitzen verschwunden). Über dem mittigen Haupteingang ein breiter Balkon mit Balustergeländer, getragen von ornamentalen und mit Figuren besetzten Konsolen. Die Ecken des Gebäudes sind markiert durch übereck gestellte Doppelerker mit Staffelgiebel und Ecktürmchen. Zinnenartiger Dachabschluß. Mittleres Fenster unter dem Balkon mit den Initialen „K.R.B.", ebenso die ehemalige verglaste Hauseingangstür. In der nördlichen Fassade doppelflügelige neugotische Haustür (heute Haupteingang). Die backsteinsichtige rückwärtige Fassade betont wie die vordere die Mittelpartie. Giebelfassade des ehemaligen gotischen Hauses, dessen Staffelgiebel im 19. Jh. mit Hochblenden und Zwillingsluken wiederhergestellt wurde. Im dritten OG kreuzgesproßte, spitzbogige Fenster. Kern des Gebäudes gotisch; gotisches Kellergewölbe. Hölzer des Dachstuhls auf 1317 datiert. Bemalte Deckenbalken aus dem 17. Jh. unter dem Saal von 1605. Barocke Türeinfassungen im EG. Im ersten OG Rokokosaal des 18. Jh., ausgestaltet von Johann Nepomuk Metz, der auch am Domhof in Ratzeburg tätig war.
Im Nebengebäude ehemaliger Pferdestall mit früherer Bediensteten-/Kutscherwohnung. 1858 mit dem Schloß neugotisch überformt. Im Innern Stall mit Fußbodenbelag, Futterraufe und Holzsäule nahezu vollständig erhalten.

Erste Erwähnung des Grundstücks 1290 (bebaut). Erster Erbauer eines Hauses war der Domherr Mohr. Letztes erhaltenes Beispiel einer freistehenden Domherren-Kurie mit Nebengebäude (im Gegensatz zum lübschen Stadtrecht, das Blockbebauung vorschrieb, durften die Grundstücke im Dombezirk freistehend bebaut werden). 1804 vom letzten Domherren, dem preußischen Kammerherren Franz Ludwig Freiherr von Höveln, der Stadt überlassen. Beim Staatsbesuch im Juni 1823 Einquartierung der Königin von Schweden. 1858 kaufte Kuno von Rantzau-Breitenburg das Gebäude. Mit seinem Umbau wollte er den Stil der Gotik wiederbeleben, gleichzeitig dem Zeitgeist mit seiner Begeisterung für das mittelalterliche Rittertum entsprechen. So entstand ein einzigartiges Beispiel der Neogotik in Lübeck. Während des Krieges 1870-1871 Militärlazarett. 1900-1901 kurzzeitig Frauengewerbeschule, dann wurde das Grundstück zum Bau einer Schwimmhalle vorgesehen. Anschließend verschiedene Verwendungen durch die städtische Verwaltung. Älteste nachgewiesene Bebauung 1300-1400 (Gotik), prägend 1858 (Neogotik).
(Dms. seit 1967/1995: Gesamtes Gebäude mit Nebengebäude)

Petersilienstraße

1323 Goldogenstrate, 1376 Petersilienstrate, 1458 Peter-Cilienstrate, 1541 Petercillienstrate, 1608 Petersyllienstrate, seit 1852 Petersilenstrate. Möglicherweise leitet sich der Name von den dort ansässigen Gärtnereien ab.

4 Neuzeitlich verändertes Renaissance-Haus, kleines Zwerchhaus mit Dreiecksgiebel. Doppelflügelige Haustür mit dreigeteiltem Oberlicht. Im Inneren Reste des Fachwerkverbandes der ursprünglichen Dornse, kleine gestäbte Treppenanlage, Zimmertüren des 18. und 19. Jh.
Keine frühe eigenständige Erwähnung des Grundstücks, gehörte bis 1448 in den Besitz Engelswisch 12. Bewohner im 19. Jh.: Seefahrer, Ballastböter, Fischer,

Schiffszimmermann. 1881 saniert. Älteste nachgewiesene Bebauung 1475-1549 (Renaissance), prägend 1950-1974.
(Dms. seit 1991: Gesamtes Gebäude)

Pferdemarkt

(ältere Bezeichnung: platea arenae). Die Straße wurde bevorzugt von Malern, Goldschmieden, Glasern und Bildschnitzern bewohnt.

7 Klassizistische Putzfassade mit Attika, EG rustiziert mit Fugenrillen, Mittelportal flankiert von kannelierten Lisenen, seitlich Füllhornschnecken, schweres Kranzgesims, Segmentbogenaufsatz, dekoriert mit Füllhörnern, Fenster überdacht und gerahmt.
Erste Erwähnung des Grundstücks 1291 (bebaut). Das Grundstück gehörte zu Mühlenstraße 10. Bei der ersten Bebauung handelte es sich um das Hinterhaus Mühlenstraße 10. 1352 aufgeteilt und einzeln verkauft. Im Besitz eines Malers. 1791-1797 durch den Kaufmann Daniel Christian Lehmann neu erbaut. 1881-1909 eine Bäckerei. Älteste nachgewiesene Bebauung 1250-1291, prägend 1791-1797 (Klassizismus).
(Dms. seit 1966: Äußeres)

11 Etagenmietshaus der Jahrhundertwende mit neobiedermeierlicher Putzfassade. Das Gebäude steht auf einer mittelalterlichen Kelleranlage mit einer tonnengewölbten Zone unter dem Bürgersteig. Im Inneren originale Ausstattung der Jahrhundertwende (Fenster, Türen, Treppenhaus, Paneele)
Erste Erwähnung des Grundstücks 1295 (unbebaut). 1324 war ein Goldschmied Eigentümer des Hauses. Älteste nachgewiesene Bebauung 1250-1305, prägend 1909.
(Dms. seit 1990: Gesamtes Gebäude)

17 Neogotisches Haus von 1857 mit friesverziertem Dreiecksgiebel (mit Firstzinne), Erker, beschnitzte Haustüren aus

dem 18. Jh. (Haupttür aus dem Haus Hundestraße 92, Nebentür aus dem Haus Krähenstraße Nr. 34).
Erste Erwähnung des Grundstücks 1318 (bebaut). Zusammen mit Nr. 15 1334 neu erbaut, 1362 einzeln verkauft. Vikarienhaus des Domkirche. Im 19. Jh. „Die Rheinbergsche Curie“ genannt. Bis 1814 Militärlazarett. 1815 von der Stadt verkauft. 1819 zum Speicher umgebaut. 1857 Umbau zum Wohnhaus, 1935 Umgestaltung der Fassade. Älteste nachgewiesene Bebauung 1300-1318, prägend 1700-1857 (Neogotik).
(Dms. seit 1976: Äußeres, insbesondere Straßenfassade)

Rosengarten

1326 Dwerstrate inter plateam canum et sancti Johannis, 1460 By dem Rosegarde sunte Johannis“, 1484 Im Rosengarde, 1536 Rosenstrate, 1757 Rosengarn, seit 1852 Rosengarten. Die Straße wurde benannt nach dem Garten der Äbtissin des Johannisklosters.

1-3 Doppelhaus mit vorkragendem Fachwerk- OG und Fachwerk-Zwerchhaus aus

dem 17. Jh., neuzeitlich verändert. Im Inneren des Hauses Nr. 3 wesentliche Merkmale der Raumstruktur der Bauzeit sowie gemauerte Schüre der Esse der ehemaligen Küche.
Erste Erwähnung des Grundstücks 1326 (bebaut). Im 14. Jh. drei Häuser im Rosengarten mit dem Konvent vereinigt. Seit 1433 als Backhaus nachgewiesen. Älteste nachgewiesene Bebauung 1600-1699, prägend 1974-1990 (Neuzeit).
(Dms. seit 1967/1994: Äußeres, insbesondere Straßenfront, für Nr. 3 Raumstruktur und die Esse)

2 Klassizistisches Eckhaus mit breitem, flach geschweiftem und durch Dreiecksaufsatz gekrönten Giebel aus dem 18. Jh. Der Kern des Hauses ist sehr viel älter.

Erste Erwähnung des Grundstücks 1315. 1322 erhielt Engelbertus Stencop ein Haus auf dem Grund von Werner, Johannes und Albert Brothen als Brautschatz. Seit 1433 bis ins 20. Jh. als Backhaus genutzt. In der Hundestraße gehörten mehrere Buden zu dem Eckhaus, zeitweise auch das Nebenhaus und der Rosengang. Die gegenwärtigen Abmessungen erhielt das Haus um 1700, Überformung 1800 mit verputzter Giebelfront. Älteste nachgewiesene Bebauung 1300 - 1400 (Gotik), prägend 1725-1824 (Klassizismus).
(Dms. seit 1967: Äußeres)

4 Bürgerhaus mit Rokoko-Fassade, im Kern Teil eines mittelalterlichen Reihenhauses.

Erste Erwähnung des Grundstücks 1347 (bebaut mit „tres bodas“ auf dem Grundstück Nr. 4-8). Ab 1357 bis ins 18. Jh. zum Komplex des Backhauses Rosengarten 2 gehörend, samt dem Rosengang. Nördlicher Teil der Reihenhausanlage Rosengarten 4-10. Älteste nachgewiesene Bebauung 1300-1400 (Gotik), prägend 1781 (Rokoko).
(Dms. seit 1990: Gesamtes Gebäude)

5 Wohnhaus mit Renaissance-Treppengiebel, zwei halbbogenförmige Lukengeschosse (von 1954). Halbbogige Portaleinfassung, Nischen im OG durch Fasenstein gebildet. Dielenfenster mit mittig liegendem Kämpfer.

Erste Erwähnung des Grundstücks 1304 (bebaut). Im 14. Jh. drei Häuser im Rosengarten mit dem Konvent vereinigt. Liegenschaft gehörte zum Eckhaus Hundestraße 75, 1874 abgetrennt. Giebel wegen Sturmschaden 1954 abgetragen, 1983 wurde die gesamte Fassade wiederhergestellt. Älteste nachgewiesene und prägende Bebauung 1600-1649/1954-1980 (unter Beibehaltung der Stilmittel der Renaissance).
(Dms. seit 1967: Äußeres, insbesondere Straßenfassade)

Rosenstraße

1352 Rosenstrate, 1360 Platea rosarum, 1441 Platea rosae, seit 1852 Rosenstraße.

4 Klassizistische Putzfassade mit geradem Abschluß, Putz im EG genutet, schmale, geschoßtrennende Gesimsbänder. Klassizistische Haustür mit Oberlicht. Im Inneren des Haupthauses und des Flügels Grundstruktur und Ausstattungsteile de

18. und 19. Jh.: Treppe, Türen, Paneele und Decken mit farbigen Fassungen, zum Teil ornamentalen und floralen Motiven aus der Spätrenaissance, teilweise mit barocken Überformungen.
Erste Erwähnung des Grundstücks 1322 (bebaut). Grundstücke Nr. 4 und 6 bebaut mit einem Haus, 1345 ein Haus mit zwei Wohnungen unter einem Dach angegeben. Auf den Grundmauern wurde in der ersten Hälfte des 17. Jh. ein Renaissance-Traufenhaus errichtet (nur Rosenstraße 6 erhalten). Im 18. Jh. Wirtshaus „Im Pelikan", Krug- und Hökergerechtigkeit. Vorderhaus 1800 mit Putzfassade versehen, 1884 um ein Geschoß aufgestockt, mit Flachdach versehen. 1989 saniert, dabei ursprünglichen Zustand wiederhergestellt. Älteste nachgewiesene Bebauung 1300-1349 (Gotik), prägend 1884 (Klassizismus/Historismus).
(Dms. seit 1990: Gesamtes Gebäude)

7 Renaissance-Haus mit klassizistischer Putzfassade; Zwerchhaus. Im EG links ein Dornsen-, rechts ein Dielenfenster, im OG über profilierten Sohlbänken. Im Inneren kleiner Dielenraum mit Küchenverschlag und Treppe vom Ende 18. Jh.

Erste Erwähnung des Grundstücks 1308 (bebaut). Gemeinsames Grundstück Rosenstraße 5-11 und Wakenitzmauer 56-58. 1412 mit sechs Buden bebaut,1443 zwei Buden an der Wakenitzmauer abgetrennt. Die vier Traufenhäuser Rosenstraße 5-11 blieben in der Struktur bis heute erhalten. Ab 16. Jh. eigenständige Liegenschaften. Klassizistische Fassade im 18. Jh. vor das Haus gesetzt. Saniert. Älteste nachgewiesene Bebauung 1550-1599 (Renaissance), prägend 1800-1849 (Klassizismus).
(Dms. seit 1977: Gesamtes Gebäude)

17 Rosen-Gang, Haus 2 Kleinhaus mit klassizistischer Putzfassade, auf der Mittelachse ein Zwerchhaus.
Keine frühe eigenständige Erwähnung des Grundstücks. Der Gang besteht seit 1669, die heutige Bebauung seit 1803. 1980 saniert. Älteste nachgewiesene Bebauung 1600-1674 (Renaissance), prägend 1803 (Klassizismus).
(Dms. seit 1980: Äußeres und erhaltenswerte ältere Teile im Inneren)

17 Rosen-Gang, Haus 3 Kleinhaus mit klassizistischer Putzfassade, auf der Mittelachse ein Zwerchhaus.

Keine frühe eigenständige Erwähnung des Grundstücks. Der Gang besteht seit 1669, die heutige Bebauung seit 1803. 1980 saniert. Älteste nachgewiesene Bebauung 1600-1674 (Renaissance), prägend 1803 (Klassizismus).
(Dms. seit 1980: Äußeres und erhaltenswerte ältere Teile im Inneren)

17 Rosen-Gang, Haus 4 Kleinhaus mit klassizistischer Putzfassade, auf der Mittelachse ein Zwerchhaus.
Keine frühe eigenständige Erwähnung des Grundstücks. Der Gang besteht seit 1669, die heutige Bebauung seit 1803. 1980 saniert. Älteste nachgewiesene Bebauung 1600-1674 (Renaissance), prägend 1803 (Klassizismus).

(Dms. seit 1980: Äußeres und erhaltenswerte ältere Teile im Inneren)

17 Rosen-Gang, Haus 5 Kleinhaus mit klassizistischer Putzfassade, auf der Mittelachse ein Zwerchhaus.

Keine frühe eigenständige Erwähnung des Grundstücks. Der Gang besteht seit 1669, die heutige Bebauung seit 1803. 1980 saniert. Älteste nachgewiesene Bebauung 1600-1674 (Renaissance), prägend 1803 (Klassizismus).
(Dms. seit 1980: Äußeres und erhaltenswerte ältere Teile im Inneren)

17 Rosen-Gang, Haus 6 Kleinhaus mit klassizistischer Putzfassade, auf der Mittelachse ein Zwerchhaus.
Keine frühe eigenständige Erwähnung des Grundstücks. Der Gang besteht seit 1669, die heutige Bebauung seit 1803. 1980 saniert. Älteste nachgewiesene Bebauung 1600-1674 (Renaissance), prägend 1803 (Klassizismus).
(Dms. seit 1980: Äußeres und erhaltenswerte ältere Teile im Inneren)

17 Rosen-Gang, Haus 7 Kleinhaus mit klassizistischer Putzfassade, auf der Mittelachse ein Zwerchhaus.

Keine frühe eigenständige Erwähnung des Grundstücks. Der Gang besteht seit 1669, die heutige Bebauung seit 1803. 1980 saniert. Älteste nachgewiesene Bebauung 1600-1674 (Renaissance), prägend 1803 (Klassizismus).
(Dms. seit 1980: Äußeres und erhaltenswerte ältere Teile im Inneren)

17 Rosen-Gang, Haus 8 Kleinhaus, zur Kernbebauung des Ganges gehörig, vordere Fassade durch Verkleidung des Zwerchhauses mit Kunststoffplatten und Ganzglasfenstern neuzeitlich verändert.

Keine frühe eigenständige Erwähnung des Grundstücks. Der Gang besteht seit 1669, die heutige Bebauung seit 1803. Älteste nachgewiesene Bebauung 1600-1674 (Renaissance), prägend 1803 (Klassizismus/ Neuzeit). (Dms. seit 1980: Äußeres und erhaltenswerte ältere Teile um Inneren)

17 Rosen-Gang, Haus 9 Kleinhaus mit klassizistischer Putzfassade, auf der Mittelachse ein Zwerchhaus.

Keine frühe eigenständige Erwähnung des Grundstücks. Der Gang besteht seit 1669, die heutige Bebauung seit 1803. 1980 saniert. Älteste nachgewiesene Bebauung 1600-1674 (Renaissance), prägend 1803 (Klassizismus).
(Dms. seit 1980: Äußeres und erhaltenswerte ältere Teile im Inneren)

17 Rosen-Gang, Haus 10 Kleinhaus mit klassizistischer Putzfassade, auf der Mittelachse ein Zwerchhaus.
Keine frühe eigenständige Erwähnung des Grundstücks. Der Gang besteht seit 1669, die heutige Bebauung seit 1803. 1980 saniert. Älteste nachgewiesene Bebauung 1600-1674 (Renaissance), prägend 1803 (Klassizismus).
(Dms. seit 1980: Äußeres und erhaltenswerte ältere Teile im Inneren)

17 Rosen-Gang, Haus 11 Kleinhaus mit klassizistischer Putzfassade, auf der Mittelachse ein Zwerchhaus.

Keine frühe eigenständige Erwähnung des Grundstücks. Der Gang besteht seit 1669, die heutige Bebauung seit 1803. 1980 saniert. Älteste nachgewiesene Bebauung 1600-1674 (Renaissance), prägend 1803 (Klassizismus).
(Dms. seit 1980: Äußeres und erhaltenswerte ältere Teile im Inneren)

17 Rosen-Gang, Haus 12 Kleinhaus mit klassizistischer Putzfassade, auf der Mittelachse ein Zwerchhaus.

Keine frühe eigenständige Erwähnung des Grundstücks. Der Gang besteht seit 1669, die heutige Bebauung seit 1803. 1980 saniert. Älteste nachgewiesene Bebauung 1600-1674 (Renaissance), prägend 1803 (Klassizismus).
(Dms. seit 1980: Äußeres und erhaltenswerte ältere Teile im Inneren)

17 Rosen-Gang, Haus 13 Kleinhaus mit klassizistischer Putzfassade, auf der Mittelachse ein Zwerchhaus.

Keine frühe eigenständige Erwähnung des Grundstücks. Der Gang besteht seit 1669, die heutige Bebauung seit 1803. 1980 saniert. Älteste nachgewiesene Bebauung 1600-1674 (Renaissance), prägend 1803 (Klassizismus).
(Dms. seit 1980: Äußeres und erhaltenswerte ältere Teile im Inneren)

17 Rosen-Gang, Haus 14 Kleinhaus mit klassizistischer Putzfassade, auf der Mittelachse ein Zwerchhaus.
Keine frühe eigenständige Erwähnung des Grundstücks. Der Gang besteht seit 1669, die heutige Bebauung seit 1803. 1980 saniert. Älteste nachgewiesene Bebauung 1600-1674 (Renaissance), prägend 1803 (Klassizismus).
(Dms. seit 1980: Äußeres und erhaltenswerte ältere Teile im Inneren)

17 Rosen-Gang, Haus 15 Kopfhaus der südlichen Ganghausreihe mit klassizistischer Putzfassade. Bei der Sanierung wur-

de statt des einachsigen Zwerchhauses ein zweiachsiges gebaut und das Dach erhöht. Keine frühe eigenständige Erwähnung des Grundstücks. Der Gang besteht seit 1669, die heutige Bebauung seit 1803. 1980 saniert. Prägende Bebauung 1803 (Klassizismus).
(Dms. seit 1980: Äußeres und erhaltenswerte ältere Teile im Inneren)

21 Klassizistische Putzfassade mit kräftig profiliertem Hauptgesims, Giebel von leichten Anschwüngen belebt, von Dreiecksabschluß bekrönt. Einziges Giebelhaus auf dieser Straßenseite.
Erste Erwähnung des Grundstücks 1304 (bebaut). 1595 Erwähnung eines Hauses beim „werkmeister Sanct Jacob gange" (später Vereinigungs-Gang). 1787 Töpferhaus mit Brennofen im Seitengebäude. Um 1800 klassizistisch überformt. Seitenflügel um 1900 um ein Geschoß aufgestockt und mit Flachdach versehen. 1980 saniert, Satteldach wiederhergestellt. Äl-

teste nachgewiesene Bebauung 1300-1400 (Gotik), prägend 1790-1810 (Klassizismus).
(Dms. seit 1980: Äußeres und erhaltenswerte Teile im Inneren)

31 Klassizistische Putzfassade mit einem hölzernen Traufgesims, mit karniesförmigen Deckenbalken abschließend. Fachwerk-Zwerchhaus mit hölzernen Pilastern neben den Fenstern. Unter einem Dach mit Nr. 29. Kreuzstockfenster des 19. Jh. im EG und erstem OG; im Zwerchhaus kleinteilig gesproßte Blockzargenfenster mit originaler Verglasung (Ende 18. Jh.). Haustür im Zopfstil mit gesproßtem Oberlicht, original verglast. Im Inneren kleine Diele mit Küchenwand, alte Treppe aus der Entstehungszeit des Hauses.

Erste Erwähnung des Grundstücks 1289 (bebaut). 1308 mit den Nachbargrundstücken Nr. 29 und 33 zu einem Großgrundstück zusamengelegt, vermutlich bis ins 18. Jh. zusammengehörig. 1451 mit Traufenhäusern bebaut. 1448 ein Gang mit fünf Buden. 1780 als Kramhaus genutzt. Backstein-Seitenflügel aus dem späten 19. Jh. 1995 saniert. Älteste nachgewiesene Bebauung 1400-1450 (Gotik), prägend 1750-1799 (Klassizismus).
(Dms. seit 1978: Gesamtes Gebäude)

Sandstraße

Eigenständige Straßenbezeichnung seit 1884, wurde zuvor zum Klingenberg gerechnet.

24-28 Expressionistischer Klinkerbau, aus rot- und blaubunten Klinkern gefügt, betonte vertikale Gliederung, zwei horizontal gelagerte, zurückversetzte DG. Burgartige Betonung der Ecke zur Schmiedestraße.
Erste Erwähnung des Grundstücks 1289 (bebaut 1303). Nr. 24 1373-1398 „Ad Campanam“ genannt. vermutlich Gasthaus. 1802-1817 bekannte Konditorei, während der napoleonischen Besatzung vor allem von französischen Offizieren bevorzugt. Nr. 26 1596 „Tom witten Pferde“ genannt. In ihm wohnte der Bäcker Johann Kalefeld, einer der Wortführer beim Aufstand der Knochenhauer. Nr. 28 von 1290-1370 Bäckerei. Älteste nachgewiesene und prägende Bebauung 1928-1930 (Expressionismus)
(Dms. seit 1989: Äußeres, insbesondere Straßenfassaden zur Sand- und Schmiedestraße, hofseitige Fassade vom Denkmalsschutz ausgenommen)

St.-Annen-Straße

Im nördlichen Teil zwischen Staven- und Weberstraße 1464 Apud sanctum Egidium/By sunte Ilgen, im südlichen Teil zwischen Weber- und Mühlenstraße 1366 Parva platea, qua itur ad sanctum Egidium, 1438 Platea milites, 1460 Ridderstrate (der Name leitet sich ab von den adligen Familien, die in der Straße lebten, namentlich die Ritter von Tisenhusen), seit 1884 St. Annenstraße.

4 Palaisartiges Gebäude im Stil des Klassizismus, Fassade vor ein 1580-1581 erbautes Traufenhaus gesetzt. Verputzte Attikafassade mit leicht vorspringendem Mittelrisalit, im EG rustiziert, Dreiecksgiebel. Im Inneren Diele mit Treppenpfosten im Stil Louis XVI. Rektorzimmer der Jenisch'schen Freischule mit reicher Stuckdecke. Unter dem nördlichen Seitenflügel einer der ältesten gotischen Keller Lübecks aus der zweiten Hälfte des 13. Jh.
Erste Erwähnung des Grundstücks 1291 (bebaut). Auf dem Grund standen ehemals zwei Häuser, eines wurde als „frigidum cellarium“ (kalter Keller) bezeichnet. Das Anwesen befand sich seit 1320 (bis 1790) u. a. im Besitz der Familien von Morum, von Cölln, von der Brügge, Morkerke, Warendorp, Vorade, Gloxin, von Reventlow, Brömse, Wickede. 1821 für das orthopädische Institut des Dr. Matthias Leithoff erworben. 1825 wurde im Hof ein Speisesaal gebaut, 1835 ein Hallenbad, das jedoch 1852 wieder angebrochen wurde. 1872 als Jenisch'sche Freischule eingerichtet. Älteste nachgewiesene Bebauung 1275-99, prägend 1580-1800 (Renaissance/Barock/Rokoko/Klassizismus).
(Dms. seit 1967/1996: Gesamtes Gebäude, bestehend aus Vorderhaus und zwei Seitenflügeln)

6 Traufenhaus der Renaissance mit profiliertem Rundbogenportal aus der ersten Hälfte 17. Jh.; Haustür aus der Entstehungszeit. Rückseitig Erweiterungsbau mit Mansarddach, 18. Jh.
Erste Erwähnung des Grundstücks 1302 (bebaut 1320). 1417 im Besitz des Königs von Dänemark. 1463-1510 im Eigentum des Klosters Cismar. 1557 Ankauf durch „de Vorstendere der vader unde moderlosen Kinder to Lubeck“. Das Waisenhaus nutzte das Gebäude als Weißbrauhaus.

Führte die Bezeichnung „Das Armenkinderhaus“. 1567 wieder verkauft, aber weiter als Brauhaus geführt. 1820 für das orthopädische Institut Dr. Leithoff erworben und als Kesselhaus für Warmwasserbereitung der Bäder genutzt. 1978 saniert, Gaube eingebaut. Älteste nachgewiesene Bebauung 1567 (Renaissance), prägend 1567-1799 (Renaissance).
(Dms. seit 1974: Äußeres)

7 Gotisches Traufenhaus mit schlichtem Treppengiebel aus dem 18. Jh. zur Weberstraße. Hohes EG mit spitzbogigem Mittelportal und seitlichen Fenstern in stichbogigen Blendnischen. Dielendecken nachträglich herabgesetzt, EG-Fenster verkleinert; Gurtgesims als deutsches Band; OG-Fenster nachträglich vergrößert.
Erste Erwähnung des Grundstücks 1326 (bebaut). 1328 Teil eines ehemaligen Akkerhofes. In einer Reihe von drei miteinander verbundenen Traufenhäusern. 1923 zur jüdischen Gemeinde gehörig. Prägende Bebauung der Fassade 1328-1329 (Gotik), des Gebäudes 1328-1800 (Gotik/Barock).
(Dms. seit 1967: Äußeres, insbesondere Giebelfassade)

9 Gotisches Traufenhaus, weitgehend erhalten, im 19. Jh. oberflächlich verändert. Verputzte Fassade, ursprüngliche Geschoßeinteilung mit hohem EG erhalten.

Zweiachsiger Seitenflügel aus der zweiten Hälfte 16. Jh. In der Rückfassade und im Seitenflügel teilweise Blockzargenfenster. Erste Erwähnung des Grundstücks 1326. 1328-1329 vermutlich als Teil eines mittelalterlichen Ackerhofes erbaut. Verbunden mit den Häusern Nr. 7 und 11. Prägende Bebauung 1328-1849 (unter Beibehaltung der Stilelemente der Gotik).
(Dms. seit 1989: Gesamtes Gebäude)

11 Ehemaliges Wohn- und Altenheim der jüdischen Gemeinde, 1903-1904 nach den Entwürfen von C. Hahn erbaut. Plastisch gegliederter Doppelgiebel über Ornamentfries.

Erste Erwähnung des Grundstücks 1326. Vermutlich 1328 als eines von drei miteinander verbundenen Traufenhäusern eines mittelalterlichen Ackerhofes gebaut. 1939 Umbau des Wohn- und Altenheimes zu Wohnungen. Älteste nachgewiesene Bebauung 1300-1326, prägend 1903-1904 (Neogotik).
(Dms. seit 1991: Gesamtes Äußeres des Ensembles einschließlich der Gartenanlage und der straßenseitigen Mauer)

13 Synagoge. Vorderfassade von 1939, backsteinsichtiger Giebel mit gekrönten Seitenrisaliten. Im Inneren neugotischer Gebetsraum von 1879-1880.
Erste Erwähnung des Grundstücks 1326. An dem Platz befand sich vermutlich das Hauptgebäude des größten Ritterhofes (Ackerhofes) der Stadt, zu dem auch die Liegenschaften St.-Annen-Straße Nr. 7-1, Weberstraße 2-30 und An der Mauer 126-142 gehörten. 1366 im Besitz des Ritters J. Tisenhusen, 1548-1716 der Familie Wickede. 1783-1811 als Hannoversches Posthaus genutzt und dafür umgebaut. Ab 1811 nutzte die jüdische Gemeinde das Gebäude als Synagoge, 1862 erwarb sie das Grundstück und bebaute es 1879-1880 nach den Plänen von F. Münzenberger mit einer Synagoge im mauresken Stil mit Mittelrisalit und Kuppel. 1938 von der Stadt enteignet. 1938-1940 Abriß der Kuppel, Umgestaltung der Fassade nach Plänen des Baudirektors H. Pieper als „Ritterhof". 1945 Rückgabe an die jüdische Gemeinde; Hakenkreuz im Giebel durch Davidstern ersetzt. Am 1.6.45 Neueinweihung. Spruchband: „Es danken Dir, Gott, die Völker", Psalm 67,4. Älteste nachgewiesene Bebauung 1300-1326, prägend für das Gebäude 1879-1880, für die Fassade 1939.

(Dms. 1991: Gesamtes Äußeres des Ensembles einschließlich der Gartenanlage und der straßenseitigen Mauer sowie auf das Innere der Synagoge)

15 Ehemaliges St.-Annen-Kloster der Augustinerinnen. Klostergebäude von 1502-1518. Vierflügeliger spätgotischer Kreuzgang (spitzbogige Fenster zum Klosterhof) sowie ein- bzw. zweischiffige Haupträume in den drei Gebäudeflügeln. Westfassade der ehemaligen Klosterkirche: zwei Portale mit profiliertem Sandsteingewände und Laubwerkkämpfer, zwei Figurennischen in gleicher Ausgestaltung; über dem Portal zum Mittelschiff in einer

Nische Figur Annaselbdritt aus Sandstein. Im Klostergebäude Reste von Gewölbemalerei, Fragment eines Wandbildes der Heiligen Familie. Kapitelsaal mit achtekkiger Mittelstütze und Kreuzgewölben. Im Ostflügel ehemaliger Tagesraum der Nonnen als zweischiffige Halle ausgestaltet, Stuckkonsolen mit Stifterwappen. Wohnung der Priorin als schmale Kammer mit Kreuzgewölbe. Saal mit Sterngewölbe, zusamengesetzt aus vier Kreuzgewölben. Im Südflügel ein Wärmeraum mit Sterngewölbe, ein zweischiffiges Nonnenrefektorium, ein Laienrefektorium mit Netzgewölbe, Eingangshalle zur Straße mit zwei Kreuzgewölben. Torgebäude zum Wirtschaftshof an der Straße An der Mauer Nr. 144 a und b.
Erste Erwähnung des Grundstücks: Ende des 13. Jh. zwei Ackerhöfe. 1601 Umwidmung zum Armen- und Werkhaus (Zuchthaus). Das Zuchthaus wurde 1909 in die Strafanstalt Lauerhof verlegt. Prägende Bebauung 1502-1518 (Gotik/Renaissance).

(Dms. seit 1967: Historische Substanz des Außenbaus sowie die erhaltenen Räumlichkeiten des Klosters)

17 Klassizistisches Eckhaus mit Attikafassade zu beiden Straßenseiten mit Halbkreisfenster (zur St-Annen-Straße); Haustür aus der Entstehungszeit mit Rauten- und Kreuzbogenornamenten, Oberlicht. Rückwärtiger Giebel teilweise Fachwerk. Erste Erwähnung des Grundstücks 1297. 1495 ein Haus mit sieben Buden, in denen „arme lude umme Godes willen" wohnen. 1504 Teil des St.-Annen-Klosters. 1810 als Teil des Werk- und Zuchthauses neuerbaut. Bis 1874 Dienstwohnung des Wundarztes des Armenhauses, bis 1909 des Oberaufsehers. 1916 als Bibliothek und Lesezimmer des Museums für Kunst- und Kultur eingerichtet. Älteste nachgewiesene Bebauung 1300-1354, prägend 1810 (Klassizismus).

(Dms. seit 1967: Äußeres)

Schildstraße

Bis 1884 hießen beide Arme der Straßengabelung an der Aegidienkirche Aegidienstraße. Im 15. Jh. wurde unterschieden zwischen „by den Geren" (nördlicher Arm) und „up dem Ruggen" (südlicher Arm). 1884 wurde der südliche Arm in Schildstraße umbenannt.

10 Wohnhaus mit abgeschweiftem Renaissance-Treppengiebel, Sandsteinportal mit Beschlag und Knorpelwerk aus der ersten Hälfte des 17. Jh. (heute geschlossen, mit Fenster versehen), Hochblenden Ende 18. Jh. gekappt und zum dreiecksbekrönten Schweifgiebel verändert.
Erste Erwähnung des Grundstücks 1302 (bebaut 1326). Bezeichnet als „Das lange Haus der Müller" (das Haus befand sich Ende des 17. Jh. im Besitz des Kaufmanns Adrian Müller), „Das landgräfliche Haus" (1737 erwarb der Landgraf von Hessen-Philippsthal das Haus, der den Reformierten gestattete, in dem Haus heimlich Gottesdienste abzuhalten bis ein Ratsdekret das am 18. Dez. 1737 untersagte), „Der Fürstenhof" (1773-1784 im Besitz der Herzogin von Sachsen-Meiningen). Seit 1788 Eigentum der Stadt, als Leihhaus bis 1902 geführt, anschließend private Leih-Vorschuß-Anstalt bis 1907. 1893 wurde das Haus mit der angrenzenden Schule umgebaut. 1910 Sitz des Eichamtes und der Brockensammlung, später Zentrale des Roten Kreuzes. Heute als Schule genutzt. Älteste nachgewiesene Bebauung 1300-1324, prägend 1550-1899 (Renaissance/Barock/Historismus).
(Dms. seit 1967: Äußeres einschließlich Portal)

11 Barockes Traufenhaus mit geschweiftem Zwerchgiebel, klassizistische Haustür; dreigeschossiger Seitenflügel. EG-Fenster 1970 verkleinert.
Erste Erwähnung des Grundstücks 1315 (bebaut). 1847 verkauft, dazu gehörend ein Pferdestall mit Heuboden. Älteste nachgewiesene Bebauung 1300, prägend 1733-1765 (Barock).
(Dms. seit 1966: Äußeres)

12-14 ehemaliger Brömserhof. Palaisartiges Gebäude im Stil des Spätbarock mit Mansarddach und Putzfassade, leicht vorspringendem Mittelrisalit und Dreiecksgiebel. Überrest einer mittelalterlichen Hofanlage mit teilweise erhaltener Budenreihe des 15. Jh. Im Inneren Kleiner Saal im EG mit Rokokostukkaturen. Barocke Originalsubstanz in der Konstruktion, Raumstruktur und Ausstattung nahezu vollständig erhalten, besonders die Treppe über drei Geschosse, Räume zur Straße mit wandhohen Holzpaneelen und Stuckdecken.

Erste Erwähnung des Grundstücks 1291 (bebaut). Ehemals zwei Ackerhöfe. Dazu gehörten die vor dem Mühlentor gelegenen Ländereien. 1300 als Eigner Ratsherr Marquard Vorade. Stammsitz der Familie Vorade. Im 15. Jh. im Besitz des Ritters Engelbert Tisenhusen, später der Familien von Calven, Brömse, Gloxin, Lüneburg. Im 17. und 18. Jh. „Der Bömserhof". Die Anlage wurde 1819 von Dr. Matthias Leithoff für sein orthopädisches Institut erworben und 1878 umgebaut. An der östlichen Grenze des Grundstücks lag Gloxins Armengang, der von Leithoff im gleichen Jahr gekauft wurde. Diesen Gang ließ er abbrechen und gliederte den freien Platz in die Fläche des Vorhofes ein. Älteste nachgewiesene Bebauung 1275-1299, prägend 1759 (Spätbarock/Rokoko/Klassizismus).
(Dms. seit 1967/1994: Gesamtes Gebäude)

Schlumacherstraße

1303 Dwerstrate inter plateam hucorum et plateam carnificum, 1376 Salunenmakerstrate, 1388 Tzillunenmakerstrate, seit 1852 Schlumacherstraße.

3 Klassizistische Putzfassade. Durchgehendes Abschlußgesims, Zwerchhaus mit Attikagesims. Durchgang zu Zobels Hof. Erste Erwähnung des Grundstücks 1310 (bebaut). 1439 Haus mit Buden, zu Fleischhauerstraße 102/4 gehörend. 1534 im Besitz der Vorsteherschaft des St.-Annen-Klosters. 1579 „wüste Stette". 1806 neu gebaut. Älteste nachgewiesene und prägende Bebauung 1806 (Klassizismus).
(Dms. seit 1986: Äußeres)

4 Traufenständiges Haus des 17. Jh. mit Zwerchgiebel um 1800, neuzeitlich wiederhergestellt. Rückwärtig hohe Fensteranlage des 18. Jh. zur Diele und traufenständiger Fachwerkflügel. Im EG Balkendecke der Renaissance mit beschnitzen Balkenköpfen und Bemalung aus der 2. Hälfte 17. Jh.

Erste Erwähnung des Grundstücks 1247, bildete mit Fleischhauerstraße 88 ein Grundstück, bebaut mit einem Haus und vier Buden. 1572 Weißbrauhaus, 1596 Abtrennung von dem Grundstück Fleischhauerstraße. Ältere nachgewiesene Bebauung 1750 (unter Beibehaltung der Stilelemente Gotik/Renaissance).
(Dms. seit 1967: Gesamtes Gebäude)

5 Zobels Hof, Haus 3 Kleinhaus mit Zwerchhaus (Abschluß Dreiecksgiebel). OG in Fachwerk, bei späterer Überformung verputzt.
Erste Erwähnung des Grundstücks 1310 (bebaut). 1439 Haus mit Buden, zu Fleischhauerstraße 102/4 gehörend. 1534 im Besitz der Vorsteherschaft des St.-Annen-Klosters. 1579 „wüste Stette". 1799-1803 vormals Münster-Gang, rechts acht, links zehn Wohnungen und ein freier Platz. Neu erbaut von Christian Zobel, über dem Zugang zu der Anlage eine Steintafel mit der Inschrift „Zobels Hoff. Neu erbauet A°-1803". Älteste nachgewiesene Bebauung 1600-1700, prägend 1806.
(Dms. seit 1990: Äußeres)

5 Zobels Hof, Haus 4 Kleinhaus mit Zwerchhaus (Abschluß Dreiecksgiebel). OG in Fachwerk, bei späterer Überformung verputzt.

Erste Erwähnung des Grundstücks 1310 (bebaut). 1439 Haus mit Buden, zu Fleischhauerstraße 102/4 gehörend. 1534 im Besitz der Vorsteherschaft des St.-Annen-Klosters. 1579 „wüste Stette". 1799-1803 vormals Münster-Gang, rechts acht, links zehn Wohnungen und ein freier Platz. Neu erbaut von Christian Zobel. Älteste nachgewiesene Bebauung 1600-1700, prägend 1806.
(Dms. seit 1990: Äußeres)

5 Zobels Hof, Haus 6 Kleinhaus mit Zwerchhaus (Abschluß Dreiecksgiebel). OG in Fachwerk, bei späterer Überformung verputzt.

Erste Erwähnung des Grundstücks 1310 (bebaut). 1439 Haus mit Buden, zu Fleischhauerstraße 102/4 gehörend. 1534 im Besitz der Vorsteherschaft des St.-Annen-Klosters. 1579 „wüste Stette". 1799-1803 vormals Münster-Gang, rechts acht, links zehn Wohnungen und ein freier Platz. Neu erbaut von Christian Zobel. Älteste nachgewiesene Bebauung 1600-1700, prägend 1806.
(Dms. seit 190: Äußeres)

5 Zobels Hof, Haus 10 Kleinhaus mit Zwerchhaus (Abschluß Dreiecksgiebel). OG in Fachwerk, bei späterer Überformung verputzt.
Erste Erwähnung des Grundstücks 1310 (bebaut). 1439 Haus mit Buden, zu Fleischhauerstraße 102/4 gehörend. 1534 im Besitz der Vorsteherschaft des St.-Annen-Klosters. 1579 „wüste Stette". 1799-1803 vormals Münster-Gang, rechts acht, links zehn Wohnungen und ein freier Platz. Neu erbaut von Christian Zobel. Älteste nachgewiesene Bebauung 1600-1700, prägend 1806.
(Dms. seit 1990: Äußeres)

5 Zobels Hof, Haus 15 Kleinhaus mit Zwerchhaus (Abschluß Dreiecksgiebel). OG in Fachwerk, bei späterer Überformung verputzt. Zwerchgiebel mit originalen Blockzargenfenstern und Giebelbrettern mit geschwungenem Abschluß. Im Inneren Ausstattung des 19. Jh.: gestäbte Treppe, Türen und Fenster mit Buntverglasung; außerdem Esse in der ehemaligen Küche, Reste alter Dielung.
Erste Erwähnung des Grundstücks 1310 (bebaut). 1439 Haus mit Buden, zu Fleischhauerstraße 102/4 gehörend. 1534 im Besitz der Vorsteherschaft des St.-Annen-Klosters. 1579 „wüste Stette". 1799-1803 vormals Münster-Gang, rechts acht, links zehn Wohnungen und ein freier Platz. Neu erbaut von Christian Zobel. Älteste nachgewiesene Bebauung 1600-1700, prägend 1806.

(Dms. seit 1990: Äußeres)

5 Zobels Hof, Haus 17 Kleinhaus mit Zwerchhaus (Abschluß Dreiecksgiebel). OG in Fachwerk, bei späterer Überformung verputzt. Klassizistische Haustür. Im Inneren Ausstattung des 19. Jh.: gestäbte Treppe und Türfüllungen.
Erste Erwähnung des Grundstücks 1310 (bebaut). 1439 Haus mit Buden, zu Fleischhauerstraße 102/4 gehörend. 1534 im Besitz der Vorsteherschaft des St.-Annen-Klosters. 1579 „wüste Stette“. 1799-1803 vormals Münster-Gang, rechts acht, links zehn Wohnungen und ein freier Platz. Neu erbaut von Christian Zobel. Älteste nachgewiesene Bebauung 1600-1700, prägend 1806.
(Dms. seit 1990: Äußeres)

7 Klassizistische Putzfassade. Gesimsband über dem EG, Attikagiebel, geschlossenes Zwerchhaus. Durchgang zu Zobels Gang. Erste Erwähnung des Grundstücks 1310 (bebaut). 1333 von Margaretha von Offendorf der Vorsteherschaft des Heiligen-Geist-Hospitals geschenkt, die es bald wieder veräußerte. 1439 Haus mit Buden, zu Fleischhauerstraße 102/4 gehörend.

1534 um Besitz der Vorsteherschaft des St.-Annen-Klosters. 1579 „wüste Stette". 1799-1803 vormals Münster-Gang, rechts acht, links zehn Wohnungen und ein freier Platz. 1803 Erwerb durch den Maurer Christian Zobel, neu erbaut. Älteste nachgewiesene und prägende Bebauung 1806 (Klassizismus).
(Dms. seit 1986: Äußeres)

9 Klassizistische Putzfassade, abgeschlossen durch flaches Giebeldreieck, Geschosse durch Gesimse getrennt, über dem EG mit griechischem Ornamentmotiv des „Laufenden Hundes". Beschnitzte klassizistische Haustür. Im Inneren alter Treppenlauf mit beschnitzten Rokoko-Pfosten und geschwungenen Brüstungsbrettern des 18. Jh.

Nach 1333 für kurze Zeit im Besitz des Heiligen-Geist-Hospitals. Älteste nachgewiesene Bebauung Anfang 14. Jh., prägend Anfang 19. Jh. (Klassizismus).
(Dms. seit 1977: Gesamtes Gebäude)

10 Traufenständiges Haus mit schlichter Putzfassade, unter einen Dach mit Nr. 12 (14. Jh.), Zwerchhaus (um 1800). Rückwärtig Seitenflügel und Quergebäude mit Fachwerk im OG Beschnitzte klassizistische Haustür.

Erste Erwähnung des Grundstücks 1303. Ein Großgrundstück mit Nr. 10-14. 1311 ein Haus erwähnt, 1351 traufenständiges Haus mit zwei „Wohnungen unter einem Dach". Älteste nachgewiesene Bebauung 1700, prägend 1800 (Klassizismus), rückwärtiges Gebäude 1600.
(Dms. seit 1983: Gesamtes Gebäude und selbstständiges Hofgebäude)

14 Bürgerhaus mit gotischem Treppengiebel, Luken durch Fenster ersetzt.
Erste Erwähnung des Grundstücks 1303. Großgrundstück Nr. 10-14, 1311 ein Haus erwähnt, 1351 ein traufenständiges Haus mit „zwei Wohnungen unter einem Dach", 1389 Teilung in die heutigen Parzellen 10, 12 und 14. Zu Beginn 19. Jh. als Branntweinbrenner-Haus geführt. 1904

Restaurant „Zur deutschen Eiche". Prägende Bebauung 1500 (Gotik).
(Dms. seit 1967: Äußeres, insbesondere Straßenfassade)

15-23 Ehemaliger Von-Dornes-Hof. Spätgotisches Traufenhaus, Fassade durch lisenenartige Mauerstreifen gegliedert zwischen segmentbogenförmigen Blendnischen, Durchgang zum Innenhof, über dem Eingang Kruzifix mit der Jahreszahl 1652. Erste Erwähnung des Grundstücks 1300 (bebaut 1318). 1458 von Hermann Evinghusen und Johann Berskamp als mildtätige Stiftung eingerichtet. Die Bezeichnung leitet sich nach der Familie Dorne ab, die lange Zeit die Verwaltung führte und das Stiftungskapital vermehrte. Bauliche Veränderungen im 17. und 19. Jh. 1974 saniert. Älteste nachgewiesene Bebauung 1458-1473 (Gotik), prägend 1652 (unter Beibehaltung der Stilelemente der Gotik).
(Dms. 1967: Äußeres)

Schwönekenquerstraße

1327 Dwerstrate inter fossam piscatorum et fossam anglicam, 1347 Swenekendwerstrate, 1377 Zwenekenstrate, 1598 Schwoencken-Dwasstrate, 1608 Schwonckendwerstrate, seit 1852 Schwönekenquerstraße (Name leitet sich ab von einer dort befindlichen Badestube, betrieben von Swoneken, Ehefrau des Heynekin Clot).

1 Gewerbe- und Lagerhaus von 1904. EG durch Bänderputz abgesetzt, OG backsteinsichtig, Vertikale durch geputzte Lise-

nen betont, flacher Schweifgiebel. Durchgang zum Binnenhof Engelsgrube 53.
Erste Erwähnung des Grundstücks 1319 (bebaut 1353). 1417 ein Haus mit mehreren Buden. 1591 Essigbrauhaus. Prägende Bebauung 1904 (Historismus).
(Dms. seit 1991: Äußeres)

3 Kleinbürgerhaus des 16. Jh mit mittigem Zwerchhaus, im 19. Jh. klassizistisch überformt. Rückseitig Backstein. Dachstuhl aus der Erbauungszeit.
Erste Erwähnung des Grundstücks 1320 (bebaut). 1591 Weißbrauhaus mit zwei Buden. 1992 saniert. Älteste nachgewiesene Bebauung 1550-1599 (Renaissance), prägend 1860-1870 (mit Stilelementen des Klassizismus).

(Dms. seit 1992: Äußeres mit Konstruktion des Dachstuhls)

5 Kleinbürgerhaus des 16. Jh mit mittigem Zwerchgiebelhaus
(mit Giebeldreieck), im 19. Jh. klassizistisch überformt. Rückwärtig backsteinsichtig, OG vorkragend in Fachwerkkonstruktion. Im Inneren Treppe, Fenster, Flurtür von Anfang 19. Jh.; Reste früher Ausmalung (17. Jh.).

Erste Erwähnung des Grundstücks 1320 (bebaut). 1591 Weißbrauhaus mit zwei Buden. 1992 saniert. Älteste nachgewiesene Bebauung 1550-1650 (Renaissance), prägend 1850-1890 (mit Stilelementen des Klassizismus).
(Dms. seit 1993: Gesamtes Gebäude)

10 Kleinhaus mit klassizistischer Fassade, Zwerchhaus von Pilastern mit korinthischen Kapitellen flankiert, beidseitig eine Schleppgaube. Im Inneren Medaillonmalerei auf einer Balkendecke im OG.
Erste Erwähnung des Grundstücks 1294 (bebaut). Die Nr. 2-12 bildeten ein gemeinsames Grundstück. 1463 sechs Buden, Teilung des Grundstücks, Nr. 4-12 bleiben zusammen, 1466 Abtrennung Nr. 12. Bewohner im 19. Jh.: Schiffszimmermann, Stuhlmacher. 1990 saniert, dreieckig überformten Giebel dabei wieder als Rundbogen ausgebildet. Älteste nachge-

wiesene Bebauung 1496 (Gotik), prägend 1730-1760 (Klassizismus).
(Dms. seit 1990: Straßenfassade mit Zwerchgiebel, Dachstuhl, bemalte Decke im OG)

12 Klassizistische Fassade mit Mansarddach und Dacherker. Haustür im Zopfstil. Im Inneren Treppenlauf aus der Entstehungszeit des Hauses mit ornamentierten Treppenpfosten im Zopfstil.
Erste Erwähnung des Grundstücks 1294 (bebaut). Die Nr. 2-12 bildeten ein gemeinsames Grundstück. 1463 sechs Buden, Teilung des Grundstücks, Nr. 4-12 bleiben zusammen, 1466 Abtrennung Nr. 12. Neubau 1774 mit Backstube im Seitenflügel (Kuchenbäcker). 1955 Einbau eines Ladens mit Schaufenster. 1968 nicht bewohnt. 1983 Sanierungsarbeiten. Älteste nachgewiesene Bebauung 1567 (Renaissance), prägend 1774 (Klassizismus).
(Dms. seit 1968: Äußeres, insbesondere Straßenfassade einschließlich Haustür, im Inneren auf den alten Treppenlauf)

14 Renaissance-Treppengiebel mit Zwerchhaus (segmentbogige Fenster), Fassade geschlämmt. Hohe EG-Fenster im ehema-

ligen Dielengeschoß. Reich beschnitzte Rokoko-Haustür, deren oberer Abschluß gegen 1800 für das niedriger angelegte Portal beseitigt wurde. Im Inneren Diele mit barocker Treppe des 18. Jh., alte Herdstelle des ehemaligen Kücheneinbaus. Im Flügel kleiner Saal mit sparsamem Deckenstuck (Landschaften) und eingebautem Rokoko-Wandschränkchen. Reste von Malerei.
Erste Erwähnung des Grundstücks 1291 (bebaut). Seit dem 13. Jh. ein Badhaus, genannt „Swenekenstove“ (1350-1585) nach der Witwe Sweneke, der das Haus seit 1343 gehörte. 1777 Haus eines Kerzengießers. 1984 saniert. Älteste nachgewiesene Bebauung 1579 (Renaissance), prägend 1700-1749 (Rokoko).
(Dms. seit 1968/1980: Gesamtes Gebäude)

15 Kleinhaus mit zwei barocken Gauben, auf der vorderen Traufseite klassizistisch überformt. Im Kern auf das 17. Jh. zurückgehend. Flachbogige Fenster, klassizistische Haustür.
Erste Erwähnung des Grundstücks 1305 (bebaut, gehörte zum Besitz Große Burgstraße 32-36). 1982 saniert, 1984 Neubau des Flügels. Älteste nachgewiesene Bebauung 1550-1650 (Renaissance), prägend 1750-1850 (Barock/Klassizismus).
(Dms. seit 1982: Äußeres sowie erhaltenswerte ältere Teile im Inneren)

16 Traufenständiges Haus mit spätbarocker/klassizistischer Putzfassade, abgeschlossen von profiliertem Traufgesims, nach rechts versetztes Zwerchhaus mit geschweiftem Zwerchgiebel. Im OG des Seitenflügels Holzdecke mit barocker szenischer Bemalung (um 1700).
Erste Erwähnung des Grundstücks 1291 (bebaut 1321). Ein gemeinsames Grundstück mit Nr. 18. 1359 vereinigt mit Nr. 2-12. Zwischen 1780 und 1800 Umbau mit

barocken/klassizistischen Formen. Im 19. Jh. Branntweinbrenner-Haus. 1972 Renovierung einer Gastwirtschaft. 1995 saniert. Älteste nachgewiesene Bebauung 1600-1674 (Renaissance), prägend 1780 (Barock/Klassizismus).
(Dms. seit 1977/1995: Äußeres, bestehend aus Vorderhaus und Seitenflügel sowie die

Konstruktion beider Gebäudeteile und die Deckenmalerei im OG des Seitenflügels)

17 Klassizistische Putzfassade mit dreiecksbekröntem Dacherker über profiliertem Traufgesims. Beschnitzte klassizistische Haustür. Im Inneren: Kleiner Dielenraum mit altem Treppenlauf.

Erste Erwähnung des Grundstücks 1305 (bebaut, gehörte zum Besitz Große Burgstraße 32-36). 1978 saniert. Älteste nachgewiesene Bebauung 1550-1650 (Renaissance), prägend 1840-1850 (Klassizismus). (Dms. seit 1977: Gesamtes Gebäude)

18 Wohnhaus mit backsteinsichtigem Renaissance-Treppengiebel, Fassade im EG und OG verputzt. Wiedereingebaute klassizistische Haustür.
Erste Erwähnung des Grundstücks 1309 (bebaut). Gemeinsames Grundstück mit Nr. 16, 1981-1983 saniert. Älteste nachgewiesene und prägende Bebauung 1600-1649 (Renaissance).
(Dms. seit 1978: Äußeres, insbesondere Straßenfassade sowie erhaltenswerte Teile im Inneren)

20 Klassizistische Putzfassade mit Dreiecksgiebel in profilierter Rahmung, profiliertes Sohlbankgesims.

Erste Erwähnung des Grundstücks 1309 (bebaut). 1337 im gemeinsamen Besitz mit Nr. 16 und 18, 1359 mit Nr. 2-12. Bewohner im 19. Jh.: Schuster, Träger. 1980 saniert. Älteste nachgewiesene und prägende Bebauung 1755-1790 (Klassizismus).
(Dms. seit 1978: Äußeres, insbesondere Straßenfassade sowie erhaltenswerte Teile im Inneren)

Siebente Querstraße

1401 Zoghestrate, 1469 Seghendwasstrate, 1574 Soghendwerstrate, 1787 Siebendwerstrate, 1852 Siebente Dwasstraße, seit 1884 Siebente Dwasstraße (ältere Bezeichnung vermutlich nach dort befindlichen Schweinekoben).

3 Verputztes, traufenständiges Fachwerkhaus der Renaissance mit vorkragendem OG. Haustür mit pfeilerartig gebildetem Anschläger aus dem 18. Jh. Verzierte Winkelbänder an den EG-Fenstern.

Erste Erwähnung des Grundstücks 1600. Zusammen mit Nr. 5 und 7 aufgeführt als drei Buden, die zum Backhaus Beckergrube 81 gehören. Unter einem Dach mit Nr. 5 und 7. Prägende Bebauung 1600-1800 (unter Beibehaltung der Stilmittel der Renaissance).
(Dms. seit 1967: Äußeres, insbesondere Straßenfassade einschließlich Haustür)

5 Verputztes, traufenständiges Fachwerkhaus der Renaissance mit vorkragendem OG. Verputztes Traufbrett als Abschluß vor dem Dach, Dacherker.

Erste Erwähnung des Grundstücks 1600. Zusammen mit Nr. 3 und 7 aufgeführt als drei Buden, die zum Backhaus Beckergrube 81 gehören. Unter einem Dach mit Nr. 3 und 7. Prägende Bebauung 1600-1800 (Renaissance).
(Dms. seit 1966: Äußeres)

7 Verputztes, traufenständiges Fachwerkhaus der Renaissance mit vorkragendem

OG. Verputztes Traufbrett als Abschluß vor dem Dach. Dacherker mit sichtbaren Balkenköpfen auf profilierten Balken liegend.
Erste Erwähnung des Grundstücks 1600. Zusammen mit Nr. 3 und 5 aufgeführt als drei Buden, die zum Backhaus Beckergrube 81 gehören. Unter einem Dach mit Nr. 3 und 5. Prägende Bebauung 1600-1800 (Renaissance), Veränderungen im 19. Jh.
(Dms. seit 1966: Äußeres)

8 Bürgerhaus des Barock mit Volutenschweifgiebel, Seitenflügel 16. Jh.
Erste Erwähnung des Grundstücks 1287, zum Grundstück Mengstraße 58 bis 1820 gehörend. 1803 das Krughaus von Mengstraße 58 („Im deutschen Haus"/„Zum Deutschen Haus"). Älteste nachgewiesene Bebauung 1550, prägend 1750 (Barock).
(Dms. seit 1967: Äußeres, insbesondere Straßenfassade)

9 Verputztes, traufenständiges Haus der Renaissance mit Dachgaube aus dem 17. Jh. Haustür im Portal mit gesproßtem Oberlicht.
Erste Erwähnung des Grundstücks 1570 (bebaut mit einer Bude). Prägende Bebauung 1700-1850 (Renaissance), Veränderungen im 20. Jh.
(Dms. seit 1967: Äußeres)

13-15 Ehemaliger Speicher mit gotischem Dreiecksgiebel. Luken durch Fenster ersetzt. Fünf gotische Spitzbögen im Giebel, wie Fenster und Lukenöffnungen mit gefastem Stein gemauert. EG neuzeitlich verändert.
Erste Erwähnung des Grundstücks 1321 (bebaut mit zwei Häusern). Von der ersten Erwähnung bis ins 19. Jh. zum Haus Mengstraße 54 gehörig. 1935 für Wohnzwecke verändert. Älteste nachgewiesene Bebauung 1458, prägend 1500 (Gotik),

(Dms. seit 1967: Äußeres, insbesondere Straßenfassade)

Tünkenhagen

1313 Tunnekenhagen, 1435 Tunckenhagen, 1755 Tönnchenhagen, seit 1852 Tünkenhagen (die Bezeichnung erfolgte nach Johann Tunneken, der ab 1294 Eigentümer eines großen Grundstückes war, das fast die gesamte westliche Straßenseite einnahm.

2 Das schmale Eckhaus gehörte mit der folgenden Reihe von Häusern (bis Tünkenhagen 16) bis ins 18. Jh. zum Haupthaus Glockengießerstraße 42. Gemeinsam mit dem Haupthaus wurde der Giebel Tünkenhagen 2 barock überformt. Die beiden verputzten Schweifgiebel zeigen auf einmalige Weise die ehemalige Zusammengehörigkeit der beiden Häuser.

Die älteste Bebauung des Grundstücks datiert von 1400. Von 1375 bis ins 18. Jahrhundert bestand das zusammenhängende Großgrundstück Tünkenhagen 2-16. Besitzer des gesamten Geländes, das bis auf zwei Grundstücke an der Hundstraße die gesamte Länge der Straße einnahm, war 1294 Johannes Tunneken, nach dem die Querstraße benannt wurde. Bereits im 14. Jh. Buden als Ergänzung zum Haupthaus genannt. Prägende Bebauung 1725 -1775 im Stil des Barock.
(Dms. seit 1967: Äußeres)

8 Kleinhaus mit dreiecksübergiebeltem Dacherker (gehört nicht zur klassizistischen Giebelfront), die Backsteinfront war ursprünglich verputzt. Teil der zweigeschossigen, zweiachsigen Traufenhausreihe 2-16, die seit 1429 belegt ist. Beschnitzte klassizistische Haustür aus der Entstehungszeit des jetzigen Gebäudes um 1800.

(Dms. seit 1978: Gesamtes Äußeres, insbesondere Fassade)

9 Klassizistische Putzfassade vor einem Haus aus dem 16. Jh. mit waagerecht abgeschlossenem Zwerchhaus, unter einem Dach mit Tünkenhagen Nr. 9. Dünnes profiliertes Gesimsband zwischen EG und OG. Kassettierte Haustür aus dem 19. Jh. Erste Erwähnung des Grundstücks 1336 (bebaut), verbunden mit Tünkenhagen Nr. 11. 1376 verbunden mit Hundestraße Nr. 73. 1983 saniert. Älteste nachgewiesene Bebauung 1550-1599 (Renaissance), prägend 1790-1810 (Klassizismus). (Dms. seit 1980: Gesamtes Gebäude)

11 Renaissance-Treppengiebelhaus, mit flachbogigen Fasensteinluken und Blendreihen im OG gegliedert. EG als hohes Dielengeschoß mit einer stichbogigen Wappentafelblende, links und rechts je ein Rundpaß in Fasenstein über dem Portal, Dornsenfenster mit stichbogigem Sturz, rundbogiges Portal in Normalstein. Erste Erwähnung des Grundstücks 1392 (bebaut), verbunden mit Tünkenhagen Nr. 7 und 9. 1376 verbunden mit Hundestraße Nr. 73. 1413 Teilung des Grundstücks. 1444 „TOR SCHLICHTEN DELE", Tuchmachergesellen-Herberge. Von hier lief eine Wasserleitung über den Hof zum Grundstück Hundestraße Nr. 73. 1548 von der Vorsteherschaft der Marienkirche gekauft und neu erbaut, 1560 mit einem daneben liegenden wüsten Grundstück wieder verkauft. Im 18. Jh. Kuchen-

bäcker-Herberge. Altes Krughaus. 1955 Einbau einer Gaststätte. 1983 saniert, dabei Originalpartien wieder freigelegt. Älteste nachgewiesene Bebauung 1325-1375 (Gotik), prägend 1590-1610 (Renaissance).
(Dms. seit 1980: Äußeres sowie erhaltenswerte Teile im Inneren)

15 Renaissance-Haus, klassizistisch verändert, Teil eines Doppelhauses unter einem Dach. Leicht vorkragendes Fachwerk-OG. Im 19. Jh. verputzt und mit einem Zwerchhaus mit Frontispiz versehen.

Erste Erwähnung des Grundstücks 1328 (bebaut), Eckgrundstück Tünkenhagen Nr. 17/Hundestraße Nr. 71. Eigenständig ab 19. Jh. 1956 Einrichtung eines Ladens. 1977 Freilegung und teilweise Erneuerung des Fachwerks, Fachwerk an der Rückseite original. Älteste nachgewiesene und prägende Bebauung 1540-1560 (Renaissance).
(Dms. seit 1977: Äußeres)

17 Dielenhaus mit Renaissance-Treppengiebel, geschlämmte Backstein-Fassade, gegliedert durch Fasenstein-Hochblenden, die über dem ersten OG ansetzen. Unter einem Dach mit Hundestraße Nr. 71. Mittig rundbogiges Portal, darüber eine Fasensteinnische für eine Wappentafel mit seitlich je einem Fasenstein-Rundpaß.
Erste Erwähnung des Grundstücks 1328 (bebaut). Bis ins 17. Jh. gemeinsames Grundstück mit Tünkenhagen Nr. 15/ Hundestraße Nr. 71. Eigenständigkeit im 16. Jh. 1983 Wiederherstellung der ur-

sprünglichen Backstein-Fassade. Älteste nachgewiesene Bebauung 1300-1399 (Gotik), prägend 1550-1599 (Renaissance).
(Dms. seit 1967: Äußeres)

18 Ehemaliges Schmiedehaus (seit 1597 belegt) der Renaissance mit fünffach abgetrepptem Zwerchhaus aus dem 16. Jh. In der Reihe der zweichachsigen Häuser der Straße fällt es besonders auf. Korbbogiges Portal mit innenliegenden Haus- und Ladenzugängen. Ursprüngliche Fenster in Fasensteinnischen im Zwerchhaus.

Das Grundstück wurde als erstes auf dem seit dem 15. Jh. zusammengehörigen Gelände Tünkenhagen 2-22 herausgelöst, das Gebäude blieb aber bis heute unter einem Dach mit den Nachbarhäusern. 1474 als „eyn dwerhus" bezeichnet. Giebel und Seitenflügel zwischen 1590-1610 errichtet, Erd- und Obergeschoß um 1800 verputzt. (Dms. seit 1968: Äußeres)

28 Im Kern gotisches Giebelhaus mit auffallend steilem Satteldach. Der zum Haus gehörende kleine Fachwerkseitenflügel wurde ebenfalls im Mittelalter gebaut. Der fünffach abgetreppte Renaissance-Staffelgiebel wurde im 16. Jh. vorgesetzt. Spätbarocke Fenster. Im Innern eine einläufige Rokokotreppe von 1779 mit aufwendigen, figuralen Schnitzereien auf den Antritts- und Austrittspfosten.
Erste Erwähnung des Grundstücks 1302. In dem Haus lebte der Kerzenmacher Hassonis. Später als „Krahmhaus" bezeichnet. Älteste nachgewiesene Bebauung 1400-1500, prägend im Stil der Renaissance 1590-1610.
(Dms. seit 1967: Gesamtes Gebäude)

32 Das Eckhaus an der Hundestraße erhielt im 18. Jh. einen Schweifgiebel, wurde verputzt und zweigeschossig umgebaut.

Ursprünglich ein ehemaliges eingeschossiges gotisches Dielenhaus mit Fachwerkrückfassade. Klassizistische Blockzargenfenster mit vorindustriellem Glas. Auf der Rückfront mittelalterliche Holzluken.
Erste Erwähnung des Grundstücks 1308 (bebaut). Das Eckgrundstück zog sich bis ins 18. Jh. bis zur Hundestraße Nr. 65. Die prägende spätbarocke Bebauung stammt aus den Jahren 1750-1799.
(Dms. seit 1978: Äußeres und erhaltenswerte Teile im Inneren)

Wahmstraße

1259 Platea aurigarum, 1313 Platea Waghemanni, 1332 Waghemanstrate, 1341 Platea Wagemannes, 1460 Wamestrate, 1468 Wagemestrate, 1580 Wamenstrate, 1608 Wamstrate, seit 1852 Wahmstraße.

28 Barockes Dielenhaus mit Schweifgiebel. Rundbogiges Mittelportal, beschnitzte klassizistische Haustür, übernommen vom Haus Engelsgrube 27.

Erste Erwähnung des Grundstücks 1314 (bebaut). 1971 Umbau des Vordergiebel mit Wiederherstellung der Dielen- und Dornsenfenster in ursprünglicher Höhe. Als Diskothek genutzt. Älteste nachgewiesene Bebauung 1300-1324, prägend 1733-1765 (Barock/Rokoko).
(Dms. seit 1955: Äußeres)

29 Dielenhaus mit gotischem Treppengiebel. Rundbogiges Portal aus dem 16./17. Jh.; im EG und 1. OG im 18. Jh. überformt und verputzt; Doppelluken, teilweise als Blendluken erhalten, in der mittleren Hochblende Blendluke mit Fasenkante.

Erste Erwähnung des Grundstücks 1289 (bebaut). 1353 im Besitz eines Brauers. Älteste nachgewiesene Bebauung 1266-1299, prägend 1400-1499 (Gotik), rückwärtiger Giebel 1560 (Renaissance)
(Dms. seit 1965: Straßenfassade einschließlich der Fenster)

31 Wohnhaus mit Renaissance-Treppengiebel, ursprünglich sehr hohe Diele, im 19. Jh. Zwischengeschoß eingebaut und

teilweise verputzt. Doppelt gefaste Luken.
Erste Erwähnung des Grundstücks 1289 (bebaut). Seit 1289 (bis ins 19. Jh.) als Brauhaus überliefert. Nach einem Brand 1560 neu erbaut. Darauf verweist eine Inschrift: „Godt betert dit Huss in de Grundt verbrandt/Godt will nu wedder helpen mit siner milden Hand!“ Älteste nachgewiesene Bebauung 1266-1299, prägend 1560 (Renaissance). (Dms. seit 1965: Straßenfassade einschließlich der Fenster)

33 Ehemaliges Dielenhaus mit Renaissance-Treppengiebel, reich geschmückt mit Terrakotten von Statius von Düren (Porträts und Wappen), in äußeren Blenden quadratische Terrakotten. Im Inneren Raumstruktur aus der Zeit der Erbauung, Hausbaum mit korinthischem Kapitell. Im 2. OG Darre erhalten. Umfangreiche Wand- und Deckenmalerei von Renaissance bis ins 19. Jh. im Seitenflügel (u. a. Schöpfung der Welt, Erschaffung der Eva, Anbetung des Jesuskindes, Gottvater, König David).
Erste Erwähnung des Grundstücks 1286 (bebaut). 1554 wird ein Gang mit drei Buden zu dem Haus gerechnet. Nach Brand 1560 von Nikolaus Bödecker (Schwiegervater des Ratsherrn Conrad Wolter) neu erbaut, gemeinsam mit Nr. 31 und 35. Ab 1599 als Rotbrauhaus belegt. 1915 wurde angeregt, das Haus von der Stadt erwerben zu lassen, um es als typisches Brauhaus samt Einrichtung zu erhalten. Der Plan fand keine Zustimmung. Älteste nachgewiesene Bebauung 1266-1299, prägend 1568 (Renaissance).
(Dms. seit 1963/1989/1991: Gesamtes Gebäude)

34 Klassizistische Putzfassade mit Schweifgiebel, im EG 1950 überformt. Rückwärtig backsteinsichtiger Dreiecksgiebel, EG und erstes OG verputzt.
Erste Erwähnung des Grundstücks 1312 (bebaut). 1477 kaufte der Eigentümer Kö-

nigstraße 99 den freien Wasserlauf durch Grundstück und Haus. Im 18. Jh. wurde das Haus als „Das weiße Pferd" bezeichnet, zuvor ein Gerberhaus. Älteste nachgewiesene Bebauung 1300-1324, prägende 1775-1790 (Spätbarock/Frühklassizmus). (Dms. seit 1967: Straßenfassade)

35 Ehemaliges Dielenhaus mit Renaissance-Giebel (ursprünglich Staffelgiebel, im 18. Jh. abgeschweift [mit kleinem, aufgesetzten Dreiecksgiebel], in Rundblenden reich geschmückt mit Terrakotten von Statius von Düren (Porträts, Putten und Wappen),
Erste Erwähnung des Grundstücks 1318 (bebaut). Nach Brand 1560 von Nikolaus Bödecker neu erbaut, geneinsam mit Nr. 31 und 33. Ab 1599 als Sehmhaus und Mälzerei belegt. Älteste nachgewiesene Bebauung 1275-1318, prägend 1555-1565 (Renaissance).
(Dms. seit 1966: Äußeres einschließlich der Terrakotten)

36 Wohnhaus mit Renaissance-Treppengiebel; über dem Eingang Inschriftentafel

mit Hirschkopf und dem Namen Martin Christ. Pasfahl von 1793, ein altes Garbereiterschild, das auf den früheren Verwendungszweck das Hauses hinweist. Hausbaum in der Diele mit Jahreszahl 1557; Windenrad auf dem Dachboden. Dornsen- und Dielenfenster.
Erste Erwähnung des Grundstücks 1300 (1303 bebaut). 1875 Wollspinnerei. Älteste nachgewiesene Bebauung 1300-1324, prägend 1557 (Renaissance). Unterer Teil des Giebels 1839 neu gebaut. 1981-1983 saniert.
(Dms. seit 1967/1981: Gesamtes Gebäude)

37 Ehemaliges Dielenhaus mit Renaissance-Giebel (ursprünglich Staffelgiebel, im 18. Jh. abgeschweift (mit kleinem, aufgesetzten Dreiecksgiebel), in Rundblenden reich geschmückt mit Terrakotten von Statius von Düren (Porträts, Putten und Wappen). In Höhe des verputzten ersten OG Wappentafel mit der Jahreszahl 1557.

Ehemalige Diele mit der klassizistischen Ausstattung aus der Zeit um 1800.
Erste Erwähnung des Grundstücks 1288 (bebaut). Ab 1548 als Brauhaus belegt. 1778 wird eine Malz- und Honigsieder-Gerechtigkeit erwähnt. Älteste nachgewiesene Bebauung 1266-1299, prägend 1557 (Renaissance).
(Dms. seit 1966: Äußeres einschließlich Reliefschmuck)

46 Durchgang, Haus Nr. 8 Traufenhaus einer ehemaligen Budenreihe unter einem Dach aus der 2. Hälfte 16. Jh. Fachwerk-OG und dreieckig geschlossener Zwerchgiebel.

Erste Erwähnung des Grundstücks 1304 (bebaut). 1544 Aufteilung des Besitzes, 1563 neu erbaut. Älteste nachgewiesene Bebauung 1550-1599. 1983/1984 abgerissen und neu erbaut unter Aufgabe der historischen Bausubstanz.
(Dms. seit 1983: Äußeres)

46 Durchgang, Haus Nr. 9 Traufenständiges Haus einer ehemaligen Budenreihe (5-11) mit Fachwerk-OG und schmalem Zwerchgiebel aus der 2. Hälfte 16. Jh.

Erste Erwähnung des Grundstücks 1304 (bebaut). 1544 Aufteilung des Besitzes, 1563 neu erbaut. Älteste nachgewiesene Bebauung 1550-1599. 1983/1984 abgerissen und neu erbaut unter Aufgabe der historischen Bausubstanz.
(Dms. seit 1983: Äußeres)

46 Durchgang, Haus Nr. 10 Traufenständiges Haus einer ehemaligen Budenreihe (5-11) mit Fachwerk-OG und breitem, dreieckig geschlossenem Zwerchgiebel aus der 2. Hälfte 16. Jh., später verputzt. Erste Erwähnung des Grundstücks 1304 (bebaut). 1544 Aufteilung des Besitzes, 1563 neu erbaut. Älteste nachgewiesene Bebauung 1550-1599. 1983/1984 abgerissen und neu erbaut unter Aufgabe der historischen Bausubstanz.

(Dms. seit 1983: Äußeres)

46 Durchgang, Haus Nr. 11 Traufenständiges Haus einer ehemaligen Budenreihe (5-11) mit vorgekragten Fachwerk-OG aus der 2. Hälfte 16. Jh.

Erste Erwähnung des Grundstücks 1304 (bebaut). 1544 Aufteilung des Besitzes, 1563 neu erbaut. Älteste nachgewiesene Bebauung 1550-1599. 1983/1984 abgerissen und neu erbaut unter Aufgabe der historischen Bausubstanz.
(Dms. seit 1983: Äußeres)

46 Durchgang, Haus Nr. 17 Traufenständiges Haus mit vorkragendem Fachwerk-OG aus dem 17. Jh. Fenstergliederung um 1800 erneuert. Im Inneren alter Treppenlauf mit Stabwerkbrüstung um 1800. Reste einer Deckenbemalung im EG und an der Balkendecke im OG. Inschrift auf dem Schwellbalken: „HILF GOT AVS NOT ABGVNST IST GROT GIB GELVCK IN DIS HAUS ALLES VNGELVCK MVSS HERAVS“.
Erste Erwähnung des Grundstücks 1304 (bebaut). 1544 Aufteilung des Besitzes, 1563 neu erbaut. 1927 instandgesetzt, 1986 saniert unter teilweiser Wiederherstellung des Fachwerks. Älteste nachgewiesene Bebauung 1533-1549, prägend 1775-1799.
(Dms. seit 1986: Gesamtes Gebäude)

46 Durchgang, Haus Nr. 23 Ganghaus, weitgehend noch in mittelalterlicher Bauweise erhalten, Dreiecksgiebel mit Fachwerk aus dem 18. Jh. Zweiflügelige Rokoko-Tür; die rechte Türhälfte führt zum EG, die linke zum OG.

Erste Erwähnung des Grundstücks 1304 (bebaut). Älteste nachgewiesene und prägende Bebauung 1575-1599. 1599 vermutlich neu gebaut. Auffallend ist das dielenartig erhöhte EG. Mitte 18. Jh. mit Saalwohnung im OG geteilt. Das Fachwerk wurde bei der Sanierung 1981-1984 freigelegt.
(Dms. seit 1968: Gesamtes Gebäude)

46 Durchgang, Haus Nr. 24 Ganghaus mit vorgekragendem Fachwerk-OG. Ehemals Teil der Budenreihe Nr. 24-27 aus dem 16. Jh.
Erste Erwähnung des Grundstücks 1304 (bebaut). Nach einem ersten Teilabbruch wurde das Haus 1980 vollständig abgebrochen und unter Verwendung historischer

Bauteile neu errichtet. Älteste nachgewiesene Bebauung 1550-1599, prägend 1980-1982.
(Dms. seit 1977: Äußeres)

47 Linkes Vorderhaus zu Bruskaus Gang mit geschweiftem Giebel im Stil des Rokoko. Verputzter Fachwerkbau.

1341-1598 als „De nackende Hof" bezeichnet, seit 1384 im Besitz der Familie Bruskow. 1510 gründete Johann Bruskow die Stiftung für Arme. 1790 wurden die Vorderhäuser durch die Verwaltung der Stiftung vom Gang getrennt und verkauft. Älteste nachgewiesene Bebauung 1275-1299, prägend 1750-1799 (Rokoko).
(Dms. seit 1967: Äußeres)

49 Bruskaus Gang. Renaissance-Törlein als Eingangspforte zu Bruskaus Gang. Kleiner Treppengiebel über rundbogiger Pforte, über dem Durchgang drei Stifterwappen der Familien Lunte, Bruskow und Warmböke, darüber ein Kruzifix. Das in mittelalterlicher Tradition stehende Tor

ist das einzige Beispiel dieser Art in Lübeck.
Erste Erwähnung des Grundstücks 1299 (bebaut). 1341-1598 als „De nackende Hof" bezeichnet, seit 1384 im Besitz der Familie Bruskow. 1371 wird erstmals ein Gang erwähnt. 1510 gründete Johann Bruskow die Stiftung für Arme, seit 1580 ist der Armengang überliefert. Prägende Bebauung 1550-1599 (Renaissance) Das Fachwerk-Ganghaus (1550-1649) wurde 1984 entkernt und saniert und neu aufge-

baut als Ensemble des vorreformatorischen Armenganges.
(Dms. seit 1967: Gesamte Anlage, insbesondere das Tor)

51 Rechtes Vorderhaus zu Bruskaus Gang mit geschweiftem Giebel im Stil des Rokoko. Verputzter Fachwerkbau.

1341-1598 als „De nackende Hof" bezeichnet, seit 1384 im Besitz der Familie Bruskow. 1510 gründete Johann Bruskow die Stiftung für Arme. 1790 wurden die Vorderhäuser durch die Verwaltung der Stiftung vom Gang getrennt und verkauft. Älteste nachgewiesene Bebauung 1550-1650, prägend 1750-1799 (Rokoko).
(Dms. seit 1967: Äußeres)

53 Klassizistische Attikafassade mit Beletage und Mezzanin, schwerem Kranzgesims, Fenster überdacht, vor ein ehemals mittelalterliches Dielenhaus gesetzt. Auf dem Hof langgestreckter Seitenflügel. Im Inneren aufwendig verglastes Treppenhaus.
Erste Erwähnung des Grundstücks 1301 (bebaut). Als Brauhaus geführt. 1815-1847 wohlfeile Speiseanstalt, ab 1864

staatliche Schule, danach Mädchenmittelschule. Älteste nachgewiesene Bebauung 1275-1324, prägend 1550 und 1865 (Renaissance und Klassizismus), Anbau barock.
(Dms. seit 1990: Gesamtes Gebäude einschließlich Dachkonstruktion und Fügel)

54 Ehemals Brauhaus und Speicher mit Renaissance-Treppengiebel, dreifach gestuftes rundbogiges Portal, teilweise Sandsteinrahmung, darüber eine Sandsteintafel mit Doppelwappen und Jahreszahl 1593; im OG weitgehend originale teilverglaste Luken; im Staffelgiebel rundbogige Hochblenden.
Erste Erwähnung des Grundstücks 1290 (bebaut). Älteste nachgewiesene Bebauung 1275-1299, prägend 1593 (Renaissance). Seit 1538 als Brauhaus überliefert, 1593 neu errichtet als typisches Brauhaus des 16. Jh. mit überhoher Diele und zusätzlichem OG. Die selbständige Brauerei bestand bis 1870. 1875 mit Nr. 56 zu einer größeren Brauerei vereinigt (in der u. a.

auch Bier nach bayrischer Art gebraut wurde). 1880 gemeinsam mit Haus Nr. 56 zwangsversteigert. Ab 1881 als Speicher genutzt. 1951 Möbellager, 1985 Sanierung und Umbau zu einem Wohn- und Geschäftshaus.
(Dms. seit 1967: Äußeres)

55 Barockes Wohnhaus mit dreiecksbekröntem Schweifgiebel, überformt im 19. Jh.
Erste Erwähnung des Grundstücks 1306 (bebaut, Nr. 55 und 57 gemeinsam). 1442 Nr. 55 abgetrennt. 1797-1835 von Gelbgießern bewohnt. Älteste nachgewiesene Bebauung 1250-1299, prägend 1550-1865, Fassade 1750-1874 (Barock).
(Dms. seit 1986: Gesamtes Gebäude)

56 Ehemals Brauhaus und Speicher, mit Renaissance-Treppengiebel; dreifach gestuftes rundbogiges Portal, teilweise Sandsteinrahmung, darüber eine Sandsteintafel mit Doppelwappen und Maueranker mit Jahreszahl 1593; im OG weitge-

hend originale teilverglaste Luken; im Staffelgiebel rundbogige Hochblenden. Im Seitenflügel bleiverglaste Kreuzstockfenster. Balkendecke im EG.
Erste Erwähnung des Grundstücks 1308 (bebaut). Älteste nachgewiesene Bebauung 1300-1324, prägend 1603 (Renaissance). 1600 neu errichtet als typisches Brauhaus des 16. Jh. mit überhoher Diele und zusätzlichem OG. Die selbständige Brauerei bestand bis 1870. 1875 mit Nr. 54 zu einer größeren Brauerei vereinigt. 1880 gemeinsam mit Haus Nr. 54 zwangsversteigert. Ab 1881 als Speicher genutzt. 1951 Möbellager, 1985 Sanierung und Umbau zu einem Wohn- und Geschäftshaus.
(Dms. seit 1967: Äußeres, insbesondere Straßenfassade, sowie die Balkendecke im EG)

58 Klassizistisches Wohnhaus mit Bel-étage und Seitenflügel, Fassade ehemals backsteinsichtig mit kräftigem Abschlußgesims unter dem Giebel mit Dreiecksaufsatz, im EG überformt. Im Inneren alte Treppenanlage mit verstäbter Brüstung

bis ins zweite OG, teilweise einfache Stuckdecken und Paneele.
Erste Erwähnung des Grundstücks 1294 (bebaut). Bis 1300 zusammen mit Nr. 60. 1808 getrennt. 1826 Abbruch und Neubau. Älteste nachgewiesene Bebauung 1325-1349, prägend 1826 (Klassizismus).
(Dms. seit 1981: Gesamtes Gebäude)

60 Dielenhaus mit gotischem Treppengiebel, spitzbogige Hochblenden, in denen sich Doppelluken mit Rundstäben befinden. Rundbogiges Portal, darüber ein Wappen mit den Buchstaben JG und Jahreszahl 1725. Im Inneren Diele mit Treppenanlage des 18. Jh. Rückwärtiger Giebel mit klassizistischem Dreiecksgiebel-Aufsatz.

Erste Erwähnung des Grundstücks 1294 (bebaut). Älteste nachgewiesene Bebauung 1275-1324, prägend 1475 (Gotik), rückwärtiger Giebel 1810 (Klassizismus).
(Dms. seit 1967: Äußeres sowie im Inneren auf Diele und Treppe)

62 Wohnhaus mit Renaissance-Treppengiebel, darin stichbogige Blendnischen. Unterer Teil um 1800 verputzt. Klassizistische Haustür aus dieser Zeit. Dielen- und Dornsenfenster zu Schaufenstern umgebaut.

Erste Erwähnung des Grundstücks 1301 (bebaut). 1461 von der Witwe Albert Loskens der Stadt vermacht, die es 1528 an die Vorsteherschaft von St. Marien verkaufte, die darin dem Organisten eine Dienstwohnung einrichtete; 1555 wieder verkauft. Älteste nachgewiesene Bebauung 1300-1324, prägend 1600 bis 1800.
(Dms. seit 1967: Äußeres, insbesondere Straßenfassade)

69 Barockes Wohnhaus mit dreiecksbekröntem Schweifgiebel, die backsteinsichtige Front wurde teilweise mit einer klassizistischen Putzfassade überformt. Seltenes Beispiel für einen spätbarocken backsteinsichtigen Giebel.
Erste Erwähnung des Grundstücks 1298 (bebaut). 1586 (bis 1837) als Brauhaus geführt. 1850-1880 von der Israelischen Gemeinde zu Moisling und Lübeck als Synagoge genutzt. Eine in dem Haus befindliche Quelle speiste ein jüdisches Frauenbad

für rituelle Waschungen. Älteste nachgewiesene Bebauung 1266-1299, prägend 1750 und 1881 (Barock und Klassizismus).
(Dms. seit 1967: Äußeres, insbesondere Straßenfassade)

70 Klassizistische Putzfassade vor einem im Kern älteren Haus mit einem von ei-

nem Attikagesims bekrönten Zwerchhaus. Im Inneren Dielenrest mit kleiner Rokoko-Treppenanlage.
Erste Erwähnung des Grundstücks 1318 (bebaut). 1598 angegeben als „ein hus, welchs vorher twee huser gewesen". Älteste nachgewiesene Bebauung 1300-1324, prägend 1979-1981 nach Abbruch durch Fassade mit klassizistischen Stilelementen.
(Dms. seit 1979: Äußeres sowie im Inneren Treppenanlage und Dielenfenster)

71 Barockes Wohnhaus mit dreiecksbekröntem Schweifgiebel, im Kern älter, mehrfach verändert. Im Inneren durchgehend alte Treppenanlage mit ovalen Brüstungsöffnungen aus dem 18. Jh.
Erste Erwähnung des Grundstücks 1303 (bebaut). Seit 1839 als Krughaus („Im Weinranken") überliefert. Der Bewohner prozessierte wegen regelmäßig abgeleiteten Badewassers gegen die benachbarte Jüdische Gemeinde, verlor den Rechtsstreit und konnte die Prozeßkosten nicht bezahlen, das Haus wurde 1854 von der Moislinger Israelischen Gemeinde gekauft. Älteste nachgewiesene Bebauung 1275-1324, prägend 1766-1799 (Barock).
(Dms. seit 1982: Äußeres sowie erhaltenswerte Teile im Inneren)

73-77 Von-Höveln-Gang. Spätmittelalterlicher Armengang, heute klassizistische Bebauung – zwei Vorderhäuser mit verbindender Pforte zum Gang und Flügel beiderseits des Ganges von 1792. Über dem Tor drei Wappentafeln (Sandstein und Holz) mit den Wappen der zeitweiligen Eigentümer (links hölzerne Wappentafel von 1570 mit Wappen der von Höveln, Evinghusen und Brömse, in der Mitte Tafel aus Sandstein mit den Wappen von Kerkring und Lüneburg von 1731, rechts Wappentafel aus Sandstein mit den Wappen der von Höveln von 1611; über der mittleren Sandsteintafel die Inschrift „Neu erbaut 1792".
Erste Erwähnung des Grundstücks 1309 (bebaut). 1371 erstmals als Gang erwähnt.

1472 als „De nakede Hagen" bezeichnet. 1481 als Armenang gestiftet. 1483 Stiftung der beiden Giebelhäuser. Älteste nachgewiesene Bebauung 1300-1324, prägend 1792 (Klassizismus). Die ursprüngliche Raumstruktur wurde bei Entkernung und Sanierung 1971-1973 beseitigt.
(Dms. seit 1967: Gesamte Anlage einschließlich Wappen)

74 Klassizistische Putzfassade mit Attika und Zwerchhaus, im Kern älter. Beschnitzte Haustür um 1800. Im Hauptraum im ersten OG Reste von Leinwandbespannung mit Landschaftsdarstellungen des 18. Jh.

Erste Erwähnung des Grundstücks 1316 (bebaut). Die Liegenschaft zählte mit zum Brigittenhof, gehörte im 13. Jh. zum Erbe der Familie Wullenpund. Prägende Bebauung 1775-1824 (Klassizismus).
(Dms. seit 1981: Gesamtes Gebäude)

76-86 Birgittenhof. Schlichter, rechtwinklig zum Hof angelegter Flügelbau aus Backstein. Vorderhaus Neubau von 1975. Erste Erwähnung des Grundstücks 1316 (bebaut). Mittelalterlicher Stadthof des Birgittenklosters Marienwohlde bei Mölln, das 1534 von Herzog von Holstein

eingenommen wurde, die Nonnen flüchteten nach Lübeck. Später Wohnstift für unverheiratete Frauen. Seitenflügel 1828 neu errichtet. Das Vorderhaus wurde 1942 schwer beschädigt und später abgebrochen. 1975 leicht zurückversetzt in den alten Proportionen neu erbaut. Älteste nachgewiesene Bebauung 1300-1334, prägende Bebauung des Vorderhauses 1975, der Flügelbauten 1828.
(Dms. seit 1977: Äußeres des Flügelbaus)

Wakenitzmauer

Bi den muhren (bei der Mauer), ab 1884 Wakenitzmauer.

4 Renaissance-Haus mit klassizistischer Putzfassade, dreiecksübergiebeltes Zwerchhaus, rundbogiges Portal. Unter einem Dach mit Nr. 2 und 6. Im Inneren Teilkeller unter der Dornse, hohe Diele aus der Bauzeit mit kleinen Gotländer Platten und Treppe zum ersten OG vom Ende 19. Jh. Dornse mit bemalter Lehmschlagdekke. Im ersten OG Raumaufteilung des frühen 19. Jh., einzelne Ausstattungsteile barock. Dachstuhl aus wiederverwendeten mittelalterlichen Hölzern.
Erste Erwähnung des Grundstücks 1289 (bebaut 1351). Gehörte mit Wakenitzmauer 2-8 und Kaiserstraße 2-8 zum Großgrundstück Große Burgstraße 9-11. Wake-

nitzmauer 2-8 seit Ende des 16. Jh. eigenständig, 1575 in zwei Grundstücke mit je zwei Buden aufgeteilt. Im 18. Jh. mit einem Zwerchhaus überformt. 1992 saniert. Älteste nachgewiesene Bebauung 1575-1599 (Renaissance), prägend 1800-1824 (Klassizismus).
(Dms. seit 1992: Äußeres, im Inneren auf die Balkenlage und Höhe der Diele, die Dornse mit bemalter Lehmschlagdecke und die darüberliegende Stube im ersten OG)

42 Klassizistische Putzfassade mit mittigem Zwerchhaus. Reich beschnitzte klassizistische Haustür mit originalem Türbeschlag und Türgriff, profilierter Kämpfer mit dreifach geteiltem Oberlicht. Blockzargenfenster, teilweise original.
Keine frühe eigenständige Erwähnung des Grundstücks. Wakenitzmauer 42 ist Teil des Renaissance-Eckhauses Rosenstraße 1 und 3, um 1800 in drei Hausteile umgebaut und klassizistisch überformt. Zum Beginn 19. Jh. als „J. G. Wilms Bude“ bezeichnet. Älteste nachgewiesene Bebauung 1550-1599 (Renaissance), prägend 1800-1849 (Klassizismus).
(Dms. seit 1977: Äußeres)

46 Klassizistische Putzfassade mit Zwerchhaus. Unter einem Dach mit Nr. 44-54. Zweiflügelige Haustür des 19. Jh. mit Rhombus- und Rechteckfüllungen.

Keine frühe eigenständige Erwähnung des Grundstücks. 1795 als Wohnhaus mit Saal beschrieben. Bis 1803 zum Eckgrundstück Rosenstraße 1-3/ Wakenitzmauer 42 gehörig. Anschließend selbständig und individuell überformt. 1978 saniert. Prägende Bebauung 1800-1849 (Klassizismus).
(Dms. seit 1978: Äußeres)

48-50 Klassizistische Putzfassade mit Zwerchhaus, geschoßtrennendes und Traufgesims, Dornsenfenster.
Keine frühe eigenständige Erwähnung des Grundstücks. 1795 zweigeschossiges Wohnhaus mit einem Saal. Bis 1803 zum Eckgrundstück Rosenstraße 1-3/Wakenitzmauer 42 gehörig. Anschließend selbständig und individuell überformt. Prägende Bebauung 1800-1849 (Klassizismus).
(Dms. seit 1978: Äußeres und erhaltenswerte Teile im Inneren)

52 Klassizistische Putzfassade mit Zwerchhaus, Dornsenfenster, Unter einem Dach mit Nr. 46-54.
Keine frühe eigenständige Erwähnung des Grundstücks. 1795 Bude mit einem Saal. Bis 1803 zum Eckgrundstück Rosenstraße 1-3/ Wakenitzmauer 42 gehörig.

Anschließend selbständig und individuell überformt. Prägende Bebauung 1800-49 (Klassizismus).
(Dms. seit 1973: Äußeres und erhaltenswerte Teile im Inneren)

54 Klassizistische Putzfassade mit Zwerchhaus, links schmales Dielenfenster, rechts Dornsenfenster. Unter einem Dach mit Nr. 46-52.

Keine frühe eigenständige Erwähnung des Grundstücks. 1795 eingeschossiges Wohnhaus mit zweigeschossigem Seitengebäude. Bis 1803 zum Eckgrundstück Rosenstraße 1-3/Wakenitzmauer 42 gehörig. Anschließend selbständig und individuell überformt. Prägende Bebauung 1800-1849 (Klassizismus).
(Dms. seit 1978: Äußeres und erhaltenswerte Teile im Inneren)

56 Klassizistische Putzfassade mit großem Zwerchhaus.
Keine frühe eigenständige Erwähnung des Grundstücks. Gehörte mit Nr. 58 zum Grundstück Rosenstraße 5-11, anschließend waren beide Buden selbständig. Im 18. Jh. in Einzelbesitz übergegangen. Drei-

eckübergiebeltes Zwerchhaus im 19. Jh. aufgesetzt. Älteste nachgewiesene Bebauung 1300-1400 (Gotik), prägend 1825-1875 (Klassizismus).
(Dms. seit 1978: Äußeres und erhaltenswerte Teile im Inneren)

58 Klassizistische Putzfassade mit großem Zwerchhaus, Sockel gefliest.
Keine frühe eigenständige Erwähnung des Grundstücks. Gehörte mit Nr. 56 zum

Grundstück Rosenstraße 5-11, anschließend waren beide Buden selbständig. Im 18. Jh. in Einzelbesitz übergegangen. Dreieckübergiebeltes Zwerchhaus im 19. Jh. aufgesetzt. Älteste nachgewiesene Bebauung 1300-1400 (Gotik), prägend 1825-1875 (Klassizismus).
(Dms. seit 1978: Äußeres und erhaltenswerte Teile im Inneren)

60 Klassizistische Putzfassade mit nach rechts verlegtem Zwerchhaus. Kleine Fensteröffnungen im OG (ursprüngliche Fasensteinöffnungen des Renaissance-Hauses). Links ehemaliges Renaissance-Portal mit Resten von Taustab- und Wellenprofil (ehemals Durchgang zu einem Gang auf dem Grundstück Rosenstraße 13. Der Gang hatte hier eine Verbindung zur Stadtmauer).

Keine eigenständige frühe Erwähnung des Grundstück, es gehörte bis 1586 zum Grundstück Rosenstraße 13. 1595 gehörten zu Rosenstraße 13 acht Buden. Die letzte Bude (Nr. 60) reichte bis an die Stadtmauer. 1990 saniert. Älteste nachgewiesene Bebauung 1575-1599 (Renaissance), prägend 1775-1824 (Klassizismus). (Dms. seit 1978: Äußeres und erhaltenwerte Teile im Inneren)

62 Klassizistische Putzfassade mit nach links verschobenem Zwerchhaus, Eingangtür rechts, links Dornsenfenster. Unter einem Dach mit Nr. 64-68.
Keine frühe eigenständige Erwähnung des Grundstücks. Zweigeschossige Traufenhausreihe Nr. 62-68 um 1600 errichtet. Klassizistische Fassade um 1800 vorgesetzt. Älteste nachgewiesene Bebauung 1400-1500 (Gotik), prägend 1775-1799 (Klassizismus).

(Dms. seit 1978: Äußeres)

64 Klassizistische Putzfassade mit Zwerchhaus, schmales Dielenfenster, Dornsenfenster. Unter einem Dach mit Nr. 62-68.
Keine frühe eigenständige Erwähnung des Grundstücks. Zweigeschossige Traufenhausreihe Nr. 62-68 um 1600 errichtet. 1784 ein Querhaus belegt.
Klassizistische Fassade um 1800 vorgesetzt. 1988 saniert. Älteste nachgewiesene Bebauung 1500-1599 (Renaissance), prägend 1800-1849 (Klassizismus).

(Dms. seit 1978: Äußeres und erhaltenswerte Teile im Inneren)

66 Klassizistische Putzfassade mit Zwerchhaus, Dornsenfenster. Fassade gegliedert durch geschoßtrennendes Gesims und Traufgesims. Unter einem Dach mit Nr. 62-68.

Keine frühe eigenständige Erwähnung des Grundstücks. Zweigeschossige Traufenhausreihe Nr. 62-68 um 1600 errichtet. 1800 gehörte zu der Liegenschaft ein zweigeschossiges Wohnhaus und hinter dem Hof im Nagels Gang ein Querhaus, bestehend aus zwei Fachwerk-Buden. Die Buden wurden 1866 verkauft und eigenständig (seit 1978 abgängig). Klassizistische Fassade um 1800 vorgesetzt. 1988 saniert. Älteste nachgewiesene Bebauung 1500-1599 (Renaissance), prägend 1800-1849 (Klassizismus).
(Dms. seit 1978: Äußeres und erhaltenswerte Teile im Inneren)

68 Klassizistische Putzfassade mit Zwerchhaus. Mittlere OG-Fenster vermauert, die anderen verkleinert. Neuzeitliche Veränderung im EG. Unter einem Dach mit Nr. 62-66. Auf der linken Seite Durchgang zum ehemaligen Nagels Gang (heute Kinderspielplatz).
Keine frühe eigenständige Erwähnung des Grundstücks. Zweigeschossige Traufenhausreihe Nr. 62-68 um 1600 errichtet. 1784 ein zweigeschossiges Wohnhaus. Klassizistische Fassade um 1800 vorgesetzt. Älteste nachgewiesene Bebauung 1500-1600 (Renaissance), prägend 1800-1849 (Klassizismus).

(Dms. seit 1978: Äußeres und erhaltenswerte Teile im Inneren)

72 Klassizistische Putzfassade mit Zwerchhaus.

Erste Erwähnung des Grundstücks 1342. Gehörte zum Großgrundstück Große Gröpelgrube 57-63/ Wakenitzmauer 72-80. Wakenitzmauer 57 wurde 1342 abgetrennt, das restliche Grundstück blieb bis 1800 eine Liegenschaft. 1379 erste Erwähnung einer Bebauung, ein Haus mit zwei Buden. 1593 ein Haus mit fünf Buden, verwaltet von der Vorsteherschaft des Heiligen-Geist-Hospitals (drei an der Wakenitzmauer, zwei in der Großen Gröpelgrube 59 und 61). 1792 mehrere eingeschossige Buden. Die Gebäude Wakenitzmauer 72-80 gehörten bis zum Durchgang zum Nagels Gang bis ins 18. Jh. zum Eckgrundstück Große Gröpelgrube 63. Um 1800 wurden Nr. 72 sowie die Nachbargebäude eigenständiger Besitz. Mitte 19. Jh. baulich verändert. Älteste nachgewiesene Bebauung 1400-1500 (Gotik), prägend 1825-1874 (Klassizismus).
(Dms. seit 1979: Äußeres und erhaltenswerte Teile im Inneren)

74 Klassizistische Putzfassade mit Zwerchhaus (über dem profilierten Abschlußgesims ein abgestuftes, gerade geschlossenes Giebelfeld mit Okulus). Links schmales Dielenfenster, rechts Dornsenfenster. Haustür aus der Gründerzeit, profilierter Kämpfer und ungeteiltes Oberlicht älter.
Erste Erwähnung des Grundstücks 1342. Gehörte zum Großgrundstück Große Gröpelgrube 57-63/ Wakenitzmauer 72-80. Wakenitzmauer 57 wurde 1342 abgetrennt, das restliche Grundstück blieb bis 1800 eine Liegenschaft. 1379 erste Erwähnung einer Bebauung, ein Haus mit zwei Buden. 1593 ein Haus mit fünf Buden, verwaltet von der Vorsteherschaft des Heiligen-Geist-Hospitals (drei an der Wakenitzmauer, zwei in der Großen Gröpelgrube 59 und 61) 1792 mehrere eingeschossige Buden. Die Gebäude Wakenitzmauer 72-80 gehörten bis zum Durchgang zum Nagels Gang bis ins 18. Jh. zum Eckgrundstück Große Gröpelgrube 63. Um 1810 eigenständiger Besitz. Mitte 19. Jh. baulich verändert. Älteste nachgewiesene Bebauung 1400-1500 (Gotik), prägend 1825-1874 (Klassizismus).
(Dms. seit 1978: Äußeres und erhaltenswerte Teile im Inneren)

76 Klassizistische Putzfassade mit Zwerchhaus, Putzritzung über die gesamte Fassade, einschließlich Zwerchhaus. Rechts schmales Dielenfenster, links ehemaliges Dornsenfenster. Neuzeitliche Veränderung durch Kunststoffenster.
Erste Erwähnung des Grundstücks 1342. Gehörte zum Großgrundstück Große Gröpelgrube 57-63/ Wakenitzmauer 72-80. Wakenitzmauer 57 wurde 1342 abgetrennt, das restliche Grundstück blieb bis 1800 eine Liegenschaft. 1379 erste Erwähnung einer Bebauung, ein Haus mit zwei Buden. 1593 ein Haus mit fünf Buden, verwaltet von der Vorsteherschaft des Heiligen-Geist-Hospitals (drei an der Wakenitzmauer, zwei in der Großen Gröpelgrube 59 und 61). 1792 mehrere eingeschossige Buden. Die Gebäude Wakenitzmauer 72-80 gehörten bis zum Durchgang zum Nagels Gang bis ins 18. Jh. zum Eckgrundstück Große Gröpelgrube 63. Um 1810 eigenständiger Besitz. Mitte 19. Jh. baulich verändert. Älteste nachgewiesene Bebauung 1400-1500 (Gotik), prägend 1800-1849 (Klassizismus).
(Dms. seit 1978: Äußeres und erhaltenswerte Teile im Inneren)

78 Klassizistische Putzfassade mit Zwerchhaus (im Dreiecksgiebel ein Halbkreis-Fenster). Sockel und Laibung der Eingangstür mit Mosaiksteinchen belegt. Links schmales Dielenfenster, rechts ehemaliges Dornsenfenster. Neuzeitliche Veränderung durch Kunststoffenster.
Erste Erwähnung des Grundstücks 1342. Gehörte zum Großgrundstück Große Gröpelgrube 57-63/ Wakenitzmauer 72-80. Wakenitzmauer 57 wurde 1342 abgetrennt, das restliche Grundstück blieb bis 1800 eine Liegenschaft. 1379 erste Erwähnung einer Bebauung, ein Haus mit zwei Buden. 1593 ein Haus mit fünf Buden, verwaltet von der Vorsteherschaft des Heiligen-Geist-Hospitals (drei an der Wakenitzmauer, zwei in der Großen Gröpelgrube 59 und 61). 1792 mehrere eingeschossige Buden. Die Gebäude Wakenitzmauer 72-80 gehörten bis zum Durchgang zum Nagels Gang bis ins 18. Jh. zum Eckgrundstück Große Gröpelgrube 63. Um 1810 eigenständiger Besitz. Mitte 19. Jh. baulich verändert. Älteste nachgewiesene Bebauung 1400-1500 (Gotik), prägend 1800-1849 (Klassizismus).
(Dms. seit 1978: Äußeres und erhaltenswerte Teile im Inneren)

80 Klassizistische Putzfassade mit Zwerchhaus. Sockel verklinkert, Laibung der Eingangstür mit Mosaiksteinchen belegt. Neuzeitliche Veränderung durch Ganzglasfenster.

Erste Erwähnung des Grundstücks 1342. Gehörte zum Großgrundstück Große Gröpelgrube 57-63/ Wakenitzmauer 72-80. Wakenitzmauer 57 wurde 1342 abgetrennt, das restliche Grundstück blieb bis 1800 eine Liegenschaft. 1379 erste Erwähnung einer Bebauung, ein Haus mit zwei Buden. 1593 ein Haus mit fünf Buden, verwaltet von der Vorsteherschaft des Heiligen-Geist-Hospitals (drei an der Wakenitzmauer, zwei in der Großen Gröpelgrube 59 und 61). 1792 mehrere eingeschossige Buden. Die Gebäude Wakenitzmauer 72-80 gehörten bis zum Durchgang zum Nagels Gang bis ins 18. Jh. zum Eckgrundstück Große Gröpelgrube 63. Um 1802 eigenständiger Besitz, nach Wechsel des Eigentümers klassizistisch überformt. Älteste nachgewiesene Bebauung 1400-1500 (Gotik), prägend 1800-1849 (Klassizismus).
(Dms. seit 1978: Äußeres und erhaltenswerte Teile im Inneren)

118 Barocker Speicher, zum Wohnhaus umgestaltet. Backsteinfassade, durch gleichmäßig angeordnete Fenster gegliedert, ehemalige Anordnung der Luken beibehalten. Über den Fenstern flache Entlastungsbögen.
Erste Erwähnung des Grundstücks 1311 (bebaut). 1527 „vorfallene wöste stede". 1750 Zuckerfabrik, seit Mitte 19. Jh. Speicher. 1951 Großfeuer, anschließend Wiederaufbau. 1962 zum Wohnhaus umgebaut. Älteste nachgewiesene Bebauung 1300-1332 (Gotik), prägend 1740-1760 (Barock).

(Dms. seit 1968: Äußeres)

130 Barocker Speicher, neuzeitlich verändert, 1975-1977 Umbau zum Wohnhaus, Fenster in die ehemaligen Lukenöffnungen gesetzt.
Erste Erwähnung des Grundstücks 1372 (bebaut). Die Liegenschaft bestand aus zwei Grundstücken, 1601 Teilung. 1536 „wöste stede". 1574 Färberhaus. 1747 Neubau für Kattundruckerei, 1798 Tapetenfabrik. 1818 Notaufnahmelager für 360 vertriebene Hamburger. Bis 1945 Möbellager der Firma Stüwe. Älteste nachgewiesene Bebauung 1300-1374 (Gotik), prägend 1747 (Barock).
(Dms. seit 1967: Äußeres)

132 Kattundrucker-Gang, Haus 5 Ganghaus der Renaissance, geschlämmte Backsteinfassade mit hohem rundbogigen, doppelt gestuften Formsteinportal und großem (rekonstruierten) Dornsenfenster. Fachwerk-Zwerchhaus über jeweils zwei Hauseinheiten.
Erste Erwähnung des Grundstücks 1372 (bebaut). Gehörte zum Grundstück Langer Lohberg 47. 1601 Gang gebaut (durch den Unternehmer Laurens Rodebart auf dem Gelände seiner Färberei), gehörte bis ins 19. Jh. zu Wakenitzmauer 134, danach selbständig und individuell überformt. Die im 19. Jh. überformte Fassade wurde in den 1980er Jahren freigelegt. Älteste nachgewiesene und prägende Bebauung 1575-1599 (Renaissance).

(Dms. seit 1989: Alle aus der Erbauungszeit erhaltenen Teile)

132 Kattundrucker-Gang, Haus 6 Ganghaus der Renaissance, verputzte Fassade,

Haustür original. Fachwerk-Zwerchhaus über jeweils zwei Hauseinheiten.
Erste Erwähnung des Grundstücks 1372 (bebaut). Gehörte zum Grundstück Langer Lohberg 47. 1601 Gang gebaut (durch den Unternehmer Laurens Rodebart auf dem Gelände seiner Färberei), gehörte bis ins 19. Jh. zu Wakenitzmauer 134, danach selbständig und individuell überformt. Älteste nachgewiesene Bebauung 1575-1599 (Renaissance), prägend 1850-1875 (Historismus).
(Dms. seit 1990: Alle aus der Erbauungszeit erhaltenen Teile)

132 Kattundrucker-Gang, Haus 7-8 Ganghaus der Renaissance, geschlämmte Backstein-Fassade. Haus 7 mit hohem rundbogigen, doppelt gestuften Formsteinportal und großem (rekonstruierten) Dornsenfenster. Fachwerk-Zwerchhaus über jeweils zwei Hauseinheiten.
Erste Erwähnung des Grundstücks 1372 (bebaut). Gehörte zum Grundstück Lan-

ger Lohberg 47. 1601 Gang gebaut (durch den Unternehmer Laurens Rodebart auf dem Gelände seiner Färberei), gehörte bis ins 19. Jh. zu Wakenitzmauer 134, danach selbständig und individuell überformt. Älteste nachgewiesene und prägende Bebauung 1575-1599 (Renaissance).
(Dms. seit 1989: Alle aus der Erbauungszeit erhaltenen Teile)

140 Teil eines Doppelhauses mit Stilelementen Renaissance/Klassizismus, Backstein verputzt. Spiegelbildlich zur Fassade Nr. 138 errichtet. Gemeinsames mittiges Zwerchhaus mit Dreiecksgiebel. Im Inneren schmale Diele mit hofseitiger Bohlentür und Fenstern des frühen 19. Jh. sowie in EG und OG Zimmertüren und Türbekleidung des Biedermeier (u. a. Verglasung mit bunten Eckelementen); Zwischengeschoß Hangelkammer mit Fenster zur Diele.
Erste Erwähnung des Grundstücks 1312 (bebaut). Nr. 136-146 eine gemeinsame Liegenschaft, Teilung bei der ersten Erwähnung. 1601 ein Gang mit vier Wohnungen, Errichtung der Renaissance-Häuser.

1972 Fassade verblendet. Älteste nachgewiesene Bebauung 1350-1399 (Gotik), prägend 1575/1600-1972 (Renaissance/Klassizismus).
(Dms. seit 1997: Gesamtes Gebäude)

142 Wohnhaus mit Renaissance-Treppengiebel, EG und OG verputzt, Giebel backsteinsichtig; gegliedert durch Fasenstein-Blendöffnungen. Im EG auf der linken Seite Portal in korbbogiger Fasensteinnische mit Taustabrahmung. Neuzeitlich überformt.

Erste Erwähnung des Grundstücks 1312 (bebaut). Nr. 136-146 eine gemeinsame Liegenschaft, Teilung 1381. Das 1441 erwähnte Haus wurde um 1600 überformt. Älteste nachgewiesene Bebauung 1350-1399 (Gotik), prägend 1590-1610 (Renaissance).
(Dms. seit 1967: Äußeres)

204 Geschlämmte klassizistische Backsteinfassade mit Dreiecksgiebel aus der zweiten Hälfte 16. Jh., um 1800 und im

weiteren Verlauf des 19. Jh. verändert. Zwei Lukengeschosse. Dielengeschoß mit ehemals halbbogigen hohen Eingangsportal. Hölzerne Verkleidung der Wangen aus dem 19. Jh., korrespondierend zur Tür. Im Inneren alter Dielenraum und Treppe mit Stabgeländer des frühen 19 Jh. Erste Erwähnung des Grundstücks 1308 (bebaut). Gemeinsames Grundstück mit Hundestraße 96-98 (als im „Sack" liegend erwähnt). Einzeln geführt, ab 1584 als eine von fünf Buden. 1988 saniert. Älteste nachgewiesene Bebauung 1491, prägend 1800-1850 (Klassizismus).
(Dms. seit 1984: Gesamtes Gebäude)

206 Klassizistisch verändertes Fachwerkhaus des 16. Jh., angelehnt an die Stadtmauer. Scharten in der Ostfassade. Das Haus besteht aus einem niedrigeren nördlichen Flügel und dem südlichen Teil mit höherem Dach. Haustür mit Oberlicht im Zopfstil um 1780.

Keine frühe eigenständige Erwähnung des Grundstücks, es befand sich im städtischen Eigentum. 1797-1845 ein Giebelhaus, dessen Seite an die Stadtmauer lehnt. Im 18. und 19. Jh. als Stadthaus erwähnt. Dienstwohnung eines Hausdieners. Bis 1884 führte der südlichste Teil der Wakenitzmauer ab Hundestraße die Bezeichnung „Im Sack". Ein Haus darin wurde bezeichnet als „de klefelappe", vermutlich handelte es sich dabei um Nr. 206. Saniert. Älteste nachgewiesene und prägende Bebauung 1780-1800 (Klassizismus).
(Dms. seit 1967: Äußeres sowie auf das nach Norden anschließende Reststück der Stadtmauer)

Weberstraße

1302 Platea textorum, 1359 Weverstrate, 1458 Wulvesstrate, seit 1852 Weberstraße (der Name leitet sich ab von den Leder und Stoff verarbeitenden Handwerkern [linifex, pellifex, bursifex], die sich in diesem Bereich niedergelassen hatten).

6 Klassizistisches Traufenhaus, über einem Kranzgesims Attika und Zwerchhaus.
Erste Erwähnung des Grundstücks 1494 (bebaut). War Bestandteil der zu einem Ackerhof gehörenden Bebauung mit kleinen Häusern in der gesamten Weberstraße. 1975 saniert. Älteste nachgewiesene Bebauung 1494, prägend 1804 (Klassizismus).

(Dms. seit 1975/1994: Äußeres)

7 Wohnhaus mit Renaissance-Treppengiebel, gegliedert durch rundbogige Hochblenden mit Fasenkanten, unterer Teil verputzt; rückwärtiger Giebel über dem Dielengeschoß in Fachwerk.
Erste Erwähnung des Grundstücks 1303 (bebaut). Ab 1376 bursifex, 1457 ein „gerhoff“, 1479 Olderlude des „ampts der budelmaker“ (Beutelmacher). Saniert 1994-1995. Älteste nachgewiesene Bebauung 1250-1303, prägend 1550-1899 (unter Beibehaltung der Stilmittel der Renaissance).
(Dms. seit 1976: Äußeres, insbesondere Straßenfassade)

8 Klassizistisches Traufenhaus mit dreiecksbekröntem Zwerchgiebel, beschnitzte klassizistische Haustür, links Dielen-, rechts Dornsenfenster
Erste Erwähnung des Grundstücks 1494 (bebaut). War Teil der zu einem mittelalterlichen Ackerhof gehörenden kleinen

Wohnhäuser in der gesamten Weberstraße. Ende des 18. Jh. selbständige Eintragung im Grundbuch. Älteste nachgewiesene Bebauung 1400-1494, prägend 1800-1824 (Klassizismus).
(Dms. seit 1982: Äußeres und erhaltenswerte Teile im Inneren)

9 Traufenständiges Haus der Renaissance mit dreiecksbekröntem Zwerchgiebel; EG Putz über Backstein, Fachwerk im OG.
Erste Erwähnung des Grundstücks 1323 (bebaut). Seit 1479 mit dem Häusern Nr.

7, 11 und 13 im Besitz des Amtes der Beutelmacher. 1946 Abbruch einer außenliegenden Freitreppe und des Außenputzes über dem Fachwerk. Sanierung 1977-1984. Prägende Bebauung 1600-1699 (Renaissance).
(Dms. seit 1970: Äußeres, insbesondere Straßenfassade)

11 Traufenständiges Erkerhaus im Stil der Kleinbürger- bzw. Arbeiterhäuser aus der Gründerzeit, auffallend dekorativ gestaltet: Dreiecksgiebel, Gesimse mit deutschem Band, Biberschwanzziegeln und Backsteinklötzchen.
Erste Erwähnung des Grundstücks 1323 (bebaut). Seit 1479 mit dem Häusern Nr. 7, 9 und 13 im Besitz des Amtes der Beutelmacher. Älteste nachgewiesene Bebauung 1275-1323, prägend 1859 (Historismus).
(Dms. seit 1988: Äußeres)

12 Traufenhaus des Spätbarock/Frühklassizismus, im Kern deutlich älter. Putzfassa-

de mit Dornsen- und Dielenfenster, niedrige Attika mit Zwerchhaus, Segmentbogenaufsatz. Zahlreiche Teile aus des Zeit des Umbaus im Zopfstil: Treppe, Innentüren, Fensterzargen. Zur Hofseite ein ursprüngliches Fenster mit Flügeln.
Erste Erwähnung des Grundstücks 1494 (bebaut). War Teil der zu einen mittelalterlichen Ackerhof gehörenden kleinen Wohnhäuser in der gesamten Weberstraße. Ende 18. Jh. selbständige Eintragung im Grundbuch. Älteste nachgewiesene Bebauung 1400-1494, prägend 1792 (Barock/Klassizismus). 1987 saniert.
(Dms. seit 1988: Gesamtes Gebäude)

14 Traufenhaus mit spätklassizistischer Putzfassade, niedrige Attika. Im Kern älter.
Erste Erwähnung des Grundstücks 1494 (bebaut). War Teil der zu einem mittelalterlichen Ackerhof gehörenden kleinen Wohnhäuser in der gesamten Weberstraße. Ende des 18. Jh. selbständige Eintragung im Grundbuch. 1880 wurde das vormals eingeschossige Haus dreigeschossig aufgebaut. Älteste nachgewiesene Bebauung 1400-1494, prägend 1800 (Klassizismus). 1983 saniert.
(Dms. seit 1982: Äußeres)

16 Klassizistische Putzfassade mit Attika, Dielen- und Dornsenfenster; beschnitzte klassizistische Haustür mit Oberlicht.
Erste Erwähnung des Grundstücks 1494 (bebaut). War Teil der zu einem mittelalterlichen Ackerhof gehörenden kleinen Wohnhäuser in der gesamten Weberstraße. Ende 18. Jh. selbständige Eintragung im Grundbuch; zu der Zeit zweigeschossig. Werkstatt eines Schuhmachers. Drittes Geschoß 1871 zugefügt. Älteste nachgewiesene Bebauung 1400-1494, prägend 1791-1871 (Klassizismus).
(Dms. seit 1977: Äußeres, insbesondere Straßenfassade mit Haustür)

18 Frühklassizistisches Traufenhaus, Fenster mit verputzter Rahmung; Zwerchhaus mit Dreiecksgiebel. Im Portal die Inschriftentafel „Ich lasse Dich nicht, Du segnest mich denn. 1790." Haustür aus der Entstehungszeit des Gebäudes.

Erste Erwähnung des Grundstücks 1494 (bebaut). War Teil der zu einem mittelalterlichen Ackerhof gehörenden kleinen Wohnhäuser in der gesamten Weberstraße. 1790 selbstständige Eintragung ins Grundbuch und neuerbaut. Älteste nachgewiesene Bebauung 1400-1494, prägend 1790 (Klassizismus). 1988 saniert.
(Dms. seit 1967: Äußeres)

24 Frühbarockes/spätklassizistisches Traufenhaus; Zwerchhaus mit eingezogenem Segmentbogenaufsatz; Dielen und Dornsenfenster. Dachstuhl mit Teilen des spätmittelalterlichen Vorgängerbaus.
Erste Erwähnung des Grundstücks 1494 (bebaut). War Teil der zu einem mittelalterlichen Ackerhof gehörenden kleinen Wohnhäuser in der gesamten Weberstraße. Ende 18. Jh. selbständige Eintragung ins Grundbuch und 1798 neuerbaut. Älteste nachgewiesene Bebauung 1400-1494, prägend 1798 (Barock/Klassizismus). 1992 saniert.
(Dms. seit 1991: Gesamtes Gebäude mit Ausstattungsbeständen des 18. und 19. Jh. [insbesondere Türen, Terrazzoboden im Hausflur, Giebelwand zu Haus Nr. 22])

30 Wohnhaus von 1874 mit klassizistischer Haustür aus der Zeit um 1800. Putzfassade mit zweiachsigem Zwerchhaus.
Erste Erwähnung des Grundstücks 1494 (bebaut). War Teil der zu einem mittelalterlichen Ackerhof gehörenden kleinen Wohnhäuser in der gesamten Weberstraße. Ende des 18. Jh. selbständige Eintragung ins Grundbuch. Älteste nachgewiesene Bebauung 1400-1494, prägend 1874 und 1953.

(Dms. seit 1967: Haustür)

Weiter Lohberg

1302 Nova civitas in Poggenpohle, 1392 in otrdine asscendendo de Wakenissa, 1431 Fossa sive Lobergh, 1458 Loberghe, seit 1852 Weiter Lohberg.

2 Eckhaus mit barockem Schweifgiebel zum Langen Lohberg. Zum Weiten Lohberg dreiecksübergiebeltes Zwerchhaus, EG durch flaches Gesimsband abgeschlossen, OG-Fenster mit schmaler Verdachung. Im Zwerchhaus und auf der rechten Achse Mittelkreuz-Blockzargenfenster aus dem 18. Jh. mit vorindustriellem Glas, die übrigen Fenster aus dem frühen 19. Jh. mit vorindustriellem Glas. Haustür aus dem 19. Jh. mit Oberlicht. Rückwärtiger Giebel in Fachwerk. Eines der wenigen Häuser in Lübeck, bei dem der Hof zur Straße liegt.
Erste Erwähnung des Grundstücks 1308 (bebaut). Mittelalterliche Brandwand aus

dieser Zeit erhalten. Umbauten um 1600. Seitenflügel 18. Jh. überformt. Eckhaus im 18. Jh. erhöht und barock überformt. Im 18./19. Jh. Zuckerfabrik, später Seifensiederei. In der Zeit gehörten die Liegenschaften Weiter Lohberg 2, 4, und 6 zusammen, ebenso die Ganghäuser des Ketten-Gangs (Langer Lohberg 33), Haus 2 und 3. Weiter Lohberg 6 wurde 1895 abgetrennt, Nr. 4 und die Ganghäuser 1920. Älteste nachgewiesene Bebauung 1290-1310 (Gotik), prägend 1750-1799 (Barock).
(Dms. seit 1967: Äußeres)

13-15 Barockes Kleinhaus mit geschweiftem Zwerchhaus (Ochsenauge). Um 1600 auf den Grundmauern einer mittelalterlichen Bude errichtet, im 18. Jh. barock überformt, durch Seitenflügel ergänzt. Blockzargenfenster des 19. Jh. original erhalten.
Erste Erwähnung des Grundstücks 1392, zum Großgrundstück zwischen Weitem Loberg und Großer Gröpelgrube gehörend. Bebaut mit einer Bude. Großgrundstück im Besitz der Familie von Alen, die es um 1400 aufteilte. Um 1600 Bau eines Renaissance-Hauses, im 18. Jh. barock überformt. In der ersten Hälfte 20. Jh. Umbau. Aufgabe eines im EG befindli-

chen Ladens. Älteste nachgewiesene Bebauung 1390-1410 (Gotik), prägend 1700-1749 (Barock).
(Dms. seit 1967: Äußeres)